V&R

Für
Hans Conzelmann

GERD LÜDEMANN

Das frühe Christentum nach den Traditionen der Apostelgeschichte

Ein Kommentar

VANDENHOECK & RUPRECHT
IN GÖTTINGEN

CIP-Kurztitelaufnahme der Deutschen Bibliothek

Lüdemann, Gerd:
Das frühe Christentum nach den Traditionen
der Apostelgeschichte: e. Kommentar /
Gerd Lüdemann. – Göttingen: Vandenhoeck
und Ruprecht, 1987
ISBN 3-525-53578-3 (Studienausg.)
ISBN 3-525-53577-5

Gesetzt aus Sabon auf Linotron 202 System 3 (Linotype).
Satz und Druck: Gulde-Druck GmbH, Tübingen
Bindearbeit: Hubert & Co., Göttingen.

Vorwort

Der einleitende Aufsatz geht auf meine Göttinger Antrittsvorlesung vom 1. Februar 1984 zurück. Die erste Fassung des nachfolgenden Kommentars entstand während einer Gastprofessur an der Vanderbilt Divinity School von Februar bis April 1984, ein weiterer Entwurf während eines Forschungsfreisemesters 1985, das ich an derselben Institution verbringen durfte. Dean Jack Forstman sei stellvertretend für alle Kollegen und Kolleginnen in Nashville für die herzliche Gastfreundschaft gedankt. In den Dank einzuschließen sind Jürgen Wehnert, Silke Röthke und die studentischen Mitarbeiter(innen) Astrid Berger, Andrea Kaiser, Gebhard Löhr, Vera Lohrmann, Rainer Reuter und Heike Wehnert sowie Dr. Friedrich Wilhelm Horn (Göttingen). Zu danken ist ferner Prof. Christoph Burchard (Heidelberg) für eine Kritik der ganzen Arbeit, Prof. Ulrich Luz (Bern) für eine Stellungnahme zum Einleitungsaufsatz sowie zum Konzept und dem Verleger Dr. Arndt Ruprecht für stetes Interesse an einem aus der wissenschaftlichen Notwendigkeit erwachsenen, außerhalb jeder Reihe erscheinenden Kommentar. Was ich schließlich meiner Frau Elke und unseren vier Töchtern Amrei, Eyke, Marei und Reiga schulde, ist nicht in Worten auszudrücken.

Zum Technischen sei noch bemerkt, daß die Abkürzungen, soweit sie sich nicht von selbst verstehen, den Verzeichnissen der RGG^3 und/oder der TRE (Berlin – New York 1976, ed. S. Schwertner) folgen. Die Übersetzungen sind, soweit nicht anders angegeben, von mir verantwortet.

Göttingen, den 29. Juni 1986   Gerd Lüdemann

Inhalt

Exkurse:

Der historische Wert der Apostelgeschichte

I

Als Adolf (von) Harnack im Jahre 1897 jenen in der Folgezeit vieldiskutierten Satz schrieb, wir seien in der Kritik der Quellen des ältesten Christentums in einer rückläufigen Bewegung zur Tradition (1897: X), da galt das besonders für die Apg, eine Quelle, die lt. Harnack neben den Paulusbriefen und Eusebs Kirchengeschichte ein Pfeiler für die historische Erkenntnis des frühen Christentums ist. Den Beweis für seine These trat Harnack in den Jahren 1906–1911 in drei glänzenden Monographien an: I. Lukas der Arzt (1906), II. Die Apostelgeschichte (1908), III. Neue Untersuchungen zur Apostelgeschichte (1911). Sie markieren das Ende der kritischen Actaforschung des 19. Jh.s (vgl. dazu bes. McGiffert, Beg. II: 363–433; Mattill 1959: 20–206; Kränkl 1972: 16–36; Gasque 1975: 21–106). Letztere nahm ihren Anfang in der Kritik Ferdinand Christian Baurs. Dieser war nach zögerndem Beginn auf Grund eines Vergleiches der geschichtlichen Daten der Paulusbriefe mit denen der Apg zum Ergebnis gekommen, daß eine „Vergleichung dieser beiden Quellen (...) zu der Ueberzeugung führen (sc. muß), daß bei der großen Differenz der beiderseitigen Darstellungen die geschichtliche Wahrheit nur entweder auf der einen oder der andern Seite seyn kann" (1845: 5). Dieser Leitsatz aus der Einleitung seines Paulusbuches von 1845 wird in dem ersten Teil (1845: 15–243; 1866: 19–272) für jedes Kapitel der Apg angewandt bzw. begründet. Baur behandelt hier „Das Leben und Wirken des Apostels Paulus", wobei er der Sequenz der Apg folgt. Dabei entsteht eine Art Kommentar zur Apg mit dem Hauptzweck, ihre historischen Elemente herauszuschälen. Kriterien der Ermittlung des Geschichtswertes sind der Vergleich mit den Paulusbriefen, der religionsgeschichtliche Vergleich, Literarkritik und Tendenzkritik. Jedoch haben nach Baur auf der Erzählebene nur wenige Abschnitte der Apg einen positiven historischen Wert. Dieser werde weiter durch eine Benutzung der Paulusbriefe durch den Verfasser der Apg gemindert. Auf der anderen Seite seien die von der Apg benutzten Traditionen von großer Wichtigkeit. Baur kann daher schreiben: Die Apg „bleibt (...) eine höchst wichtige Quelle für die Geschichte der apostolischen Zeit, aber auch eine Quelle, aus welcher erst durch strenge historische Kritik ein wahrhaft geschichtliches Bild der von ihr geschilderten Personen und Verhältnisse gewonnen werden kann" (1845: 13; 1866: 17). Strenge historische Kritik bediente sich der tendenzkritischen Frage nach dem Zweck der Apg (vgl. dazu auch Schneckenburger 1841 mit der Bemerkung Baurs 1845: 5 f; 1866: 8 f). Nach Baur ist die Apg im zweiten Jh. verfaßt worden, um die verfeindeten Parteien der Pauliner und Judaisten zu versöhnen (1845: 5 f; 1866: 8 f). Dieser tendenzkritischen Sicht schlossen sich in der Folgezeit die Baurschüler Albert Schwegler (1846: 73 ff) und Eduard Zeller (1854: 318) an und stellten den Wert der Apg als historische Quelle für die von ihr dargestellten Dinge ebenso entschieden in

Frage. Zudem erfuhr die Baursche Actakritik im Jahr 1870 durch Franz Overbeck, den Tübinger im allegorischen Sinne (1903: 3), in der Neubearbeitung des de Wetteschen Kommentares eine glänzende Vertiefung. Zwar bestimmt Overbeck den Zweck der Apg anders als Baur. Ihr Vf. sei von den alten Parteiungen fast unberührt und schreibe als Heidenchrist (vgl. dazu außerdem Overbeck 1872), der unbefangen die eigenen Verhältnisse in die der apostolischen Urzeit übertrage (vgl. den Kommentar von Schmidt 1910: 32f). Die Apg „ist der Versuch eines selbst vom urchristlichen Judaismus schon stark beeinflussten Heidenchristenthums sich mit der Vergangenheit, insbesondere seiner eigenen Entstehung und seinem ersten Begründer Paulus auseinander zu setzen" (Overbeck 1870: XXXI). Doch in der inneren Verpflichtung, das frühe Christentum rein historisch zu erforschen (Overbeck 1903: 4), ist sich Overbeck mit Baur einig. Über Baur hinaus verfeinert er wie bereits Zeller (1854: 489–524) vor ihm die quellenkritische Methode (vgl. seine Ausführungen zur „Wir-Quelle" [1870: XXXVII-LII]), denkt aber ebenfalls gering über den Geschichtswert der luk. Darstellung (vgl. zu Overbecks Actaanalyse noch Emmelius 1975).

Nun wäre der Eindruck sicher falsch, als ob die Baur-Overbecksche Actakritik im 19. Jh. allgemein anerkannt worden wäre. Das Gegenteil war der Fall. Sie wurde in regelmäßigen Abständen Zielscheibe gelehrter und ungelehrter Kritik (vgl. die Proben in Lüdemann 1983: 27–31). Gleichzeitig muß gesehen werden: Die Tübinger Actakritik (und zwar besonders ihre Einzelanalyse) blieb über Jahrzehnte hinweg selbstverständlicher Ausgangspunkt der Kritik auf kritisch-liberaler Seite (vgl. nur Pfleiderer 1902; Weizsäcker 1902), bis ausgerechnet von hier der wuchtige Gegenschlag Adolf v. Harnacks erfolgte, der nach dem eingangs zitierten Votum über die steigende Glaubwürdigkeit der altkirchlichen Traditionen in den Jahren 1906–1911 eine dreibändige Apologie des Lukas veröffentlichte und den Geschichtswert der luk. Darstellung ungleich höher veranschlagte als die Tübinger und die ihnen folgenden liberalen Theologen (vgl. Schürer 1906 und Holtzmann 1908 zur Kritik an Harnack). Nach der Meinung Harnacks ist die altchristliche Tradition (ältester Text um 185: Irenäus, haer III 1) darin im Recht, daß der Paulusbegleiter Lukas Vf. des LkEv und der Apg sei. Seine Person melde sich in den Wir-Stücken an, die zusammen mit allen anderen Texten im zweiten Teil der Apg wertvolle, historisch korrekte Berichte eines Augenzeugen seien. Die Schilderung der Ereignisse von Apg 1–12, bei denen der Augenzeuge Lukas naturgemäß nicht anwesend war, gehe dagegen auf verschiedene Quellen unterschiedlicher Qualität zurück.

Die Differenz zwischen Harnack und der Baurschule in der Einschätzung des historischen Wertes der Apg könnte daher kaum größer sein, und man mag die Tübinger und die Harnacksche Actaanalyse als die beiden großen Gegensätze in der deutschen protestantischen Forschung um die Jahrhundertwende bezeichnen, zwischen denen es zahlreiche vermittelnde Positionen gab. Baurschule und Harnack scheinen mir freilich bis heute die großen Antipoden zu sein, wie ein kurzer Blick auf die Actaforschung nach Harnack lehrt: Die Harnacksche Linie wird weitergeführt von Alfred Wikenhauser (1921), der in seinem bis heute nicht ersetzten Buch den Geschichtswert der Apg als hoch veranschlagt, und von keinem Geringeren als Eduard Meyer. Für ihn ist die Verfasserschaft des Paulusbegleiters Lukas eindeutig erwiesen, die Apg „eines der bedeutsamsten uns aus dem Altertum erhaltenen Geschichtswerke" (Meyer I: X). Band III seines Werkes „Ursprung und Anfänge des Christentums" bietet hauptsächlich auf der Grundlage der Apg eine „Geschichte" des frühen Christentums (vgl. zur Kritik Dibelius 1924). Besonderen Widerhall erfährt Harnacks Beitrag zur Apg im angelsächsischen Bereich bis auf den heutigen Tag (vgl. den Überblick von Gasque 1975: 251–266), und schließlich besteht in der gegenwärtigen deutschen Forschung manchenorts die Tendenz, den historischen Wert der Apg als hoch anzusehen (repräsentativ Hengel 1975, 1979, 1983; Roloff 1981); vgl. ebenso die sozialgeschichtlich orientierten Erforscher des frühen Christentums (z. B. Judge 1964; Theißen 1979).

In der Baur-Nachfolge befinden sich demgegenüber vornehmlich solche literarkritischen Arbeiten wie die von Julius Wellhausen (1907, 1914), die die Apg als Trümmerhaufen hinterlassen und hinter den eruierten Traditionen bzw. Quellen den Geschichtswert der Apg fast aus den Augen verloren haben. Zu ihr gehören aber auch die Arbeiten von Martin Dibelius, welche die stilkritische Methode an der Apg erfolgreich erprobten, und weite Teile der nordamerikanischen Forschung, die unter der Führung von Henry J. Cadbury, Kirsopp Lake und F. J. Foakes Jackson mit dem fünfbändigen Werk „The Beginnings of Christianity" (1920–1933) einen Markstein kritischer Actaforschung setzte und in Forschern wie John Knox (1936, 1939, 1950) und Donald W. Riddle (1940) den sekundären Charakter der Apg betonte. Sodann ist hier die von Hans Conzelmann (1972, 1977) und Ernst Haenchen (1977) begründete redaktionsgeschichtliche Erforschung des luk. Doppelwerks und insbesondere der Apg zu nennen. Ging es bei ihr vor allem darum, Leser des Lukas zu werden, d. h. den luk. Sinn des Berichts zu ermitteln, so ist kritisch anzumerken, daß entgegen der Absicht der Begründer jenes Auslegungsansatzes – Conzelmann (1978) hat ja immerhin eine Geschichte des Urchristentums geschrieben – die bis in die Gegenwart hinein in Europa (s. den Bericht von Bovon 1978) und Nordamerika (vgl. die Sammlungen von Talbert 1978, 1984) blühende redaktionsgeschichtliche Forschung nicht selten zu einer fast totalen Vernachlässigung der historischen Frage in Bezug auf das in der Apg Berichtete geführt hat. Diese Vernachlässigung ist einerseits in einer übergroßen Skepsis gegenüber fast allem, was Lukas geschrieben hat, begründet, andererseits in der Überzeugung, daß die Rekonstruktion der Geschichte theologisch fragwürdig und vor allem das Kerygma von Bedeutung sei. Demgegenüber muß darauf insistiert werden, daß seit dem Aufkommen des historischen Denkens die Rekonstruktion der Geschichte des frühen Christentums zum Verstehen des Kerygmas notwendig, ja überhaupt Voraussetzung seines Verständnisses ist. Da sich die Apg selbst als historischer Bericht über das frühe Christentum versteht (vgl. Lk 1,1–4), muß die wissenschaftliche Theologie den Geschichtswert dieses Dokuments immer wieder thematisieren (vgl. dazu den lesenswerten Bericht von Barrett 1961).

II

Im Verfolg dieser Aufgabe ist die Frage der Augenzeugenschaft des Vf.s der Apg von so großer Bedeutung, daß sie hier noch einmal behandelt werden muß. Im Falle einer positiven Antwort wäre die Apg neben die Paulusbriefe zu stellen und damit Primärquelle. Sollte dagegen der Vf. nicht Augenzeuge gewesen sein, wäre die Apg nur eine Sekundärquelle und ihr Geschichtswert im allgemeinen geringer als die Primärquelle der Paulusbriefe, es sei denn, sie hätte ihre Quellen schonend bewahrt. Die Paulusbriefe sind ja, soweit sie urchristliche Geschichte mitteilen oder erschließen lassen, Bericht eines *unmittelbar* Beteiligten und in den (meisten) Fällen, wo literarische Integrität vorliegt, eine Urquelle, während im letzten Falle der Bericht der Apg durch zumindest einen nicht mehr erhaltenen Kanal hindurchgegangen wäre (vgl. zur Unterscheidung von Urquelle und Sekundärquelle Bernheim 1908: 507). Es läge daher zwischen beiden Quellen ein qualitativer Unterschied vor. An dieser Feststellung und ihren oben genannten Konsequenzen könnte auch die Tatsache nichts ändern, daß Paulus *parteilich* ist und daher seine Berichte nicht als *objektive* Quelle angesehen werden dürfen. Diese Einsicht mahnt nur zu kritischem Umgang auch mit der Primärquelle und nötigt zum Eingeständnis, daß in manchen Fällen die Sekundärquelle der historischen Wahrheit näher stehen kann als die Primärquelle. Trotzdem ist kein Zweifel an der Aussage möglich, daß im Falle der Nicht-Augenzeugenschaft des Lukas der Geschichtswert der Apg geringer einzuschätzen ist als der der Paulusbriefe.

Doch aufgrund welcher Kriterien können wir in der hier angeschnittenen Frage ein zwingendes Ergebnis erreichen?

Ein Ansatz bestände darin, die Theologie des Paulus und der Apg (insbesondere des Paulus der Apg) miteinander zu vergleichen. Sollte sich eine große Differenz ergeben, so könnte die Paulusbegleiterschaft des Verfassers der Apg wohl ausgeschlossen werden. (Vgl. Vielhauer 1965: Lukas sei „in seiner natürlichen Theologie, Gesetzesauffassung und Eschatologie nachpaulinisch... Die offenkundige sachliche Distanz von Paulus läßt fragen, ob sie nicht auch eine zeitliche ist und ob man wirklich in Lukas, dem Arzt und Reisegefährten des Paulus, den Verfasser der Apg sehen darf" [26].) Dieser Weg muß aber ausscheiden, weil theologische Differenzen zwischen Paulus und Lukas untauglich zur Entscheidung dieser Frage sind. Zudem ist der Befund in Rechnung zu stellen, daß die paulinische Theologie bereits von den Zeitgenossen des Apostels in höchst unterschiedlicher Weise aufgefaßt worden ist (vgl. Röm 3,8 und andererseits 1 Kor 6,12; 8) und in der Folgezeit nur oberflächlich oder gar nicht mehr (2 Petr 3,15 f) verstanden wurde. Es ist daher nicht von vornherein auszuschließen, daß die so unpaulinische Theologie des luk. Paulus von einem Begleiter des historischen Paulus entworfen wurde (vgl. richtig Schneider 1977: 33).

Brauchbare Argumente zur Problemlösung dürften sich demgegenüber vor allem aus *historischen* Erwägungen gewinnen lassen: In diesem Zusammenhang wird nun ein Argument gegen die These der Augenzeugenschaft des Lukas unter Hinweis darauf vorgebracht, Lukas habe wesentliche Konflikte verschwiegen, wie sie aus den Paulusbriefen sichtbar werden. So erwähne er weder die Person des Heidenchristen Titus, um dessen Beschneidung auf der Jerusalemer Konferenz gestritten wurde, noch die Krisen in den paulinischen Gemeinden, von denen die paulinischen Briefe Zeugnis ablegten. Doch dürften auch solche Argumente nicht wirklich stichhaltig sein. Der Vf. der Apg schrieb nicht *sine ira et studio* (vgl. zu dieser Wendung des Tacitus Vogt 1936). Schon aus einer unbefangenen Lektüre der Apg geht hervor: Lukas wußte von mehr, als er berichtete. D.h., er hat mit Sicherheit aus einer bestimmten Absicht heraus gewisse Einzelheiten wie die Hinrichtung des Apostels oder die „Überbringung" der Kollekte während des letzten Jerusalembesuches des Paulus u.a.m. ausgelassen, deren Fehlen dann nicht zwingend als Argumente gegen eine Augenzeugenschaft in Anspruch genommen werden dürfen (vgl. Hommel 1955: 153).

Durchschlagende Argumente gegen eine Paulusbegleiterschaft des Lukas dürften erst solchen historischen Aussagen zu entnehmen sein, die eine totale persönliche Unkenntnis des Paulus durch den Vf. der Apg verraten.

Machen wir die Probe: Es gehört zu den großen Glücksfällen der Paulusforschung, daß das erhaltene Quellenmaterial ein sicheres Urteil über die Anzahl der Reisen des Apostels nach Jerusalem in seiner christlichen Zeit ermöglicht. Gal 1,15–24 sagt ausdrücklich (V. 20), daß Paulus zwischen der Bekehrung (V. 15 f) und der Jerusalemer Konferenz (2,1–10) nur einmal (V. 18) in Jerusalem war. Das Referat über die Kollektenvereinbarung (Gal 2,10) und die Geschichte der Kollekte in den paulinischen Gemeinden macht die These zwingend: Paulus war nach der Konferenz nur noch einmal in Jerusalem, nämlich um die Kollekte zu überbringen.

Die Prämisse der soeben aufgestellten These ist, daß die Kollekteneinsammlung in den paulinischen Gemeinden sich *direkt* an die Kollektenvereinbarung anschloß und nicht (so Georgi 1965) eine längere Zeit zum Erliegen gekommen war (durch den antiochenischen Zwischenfall), bis Paulus nach der Gründung seiner Gemeinden an die mehrere Jahre zurückliegende Kollektenvereinbarung anknüpfte. Steht die direkte Beziehung zwischen Vereinbarung und Einsammlung fest, kann also förmlich von einer Kollektenreise gesprochen werden, dann ist es wohl ausgeschlossen, daß Paulus vor der Ablieferung der Kollekte noch einmal nach Jerusalem fuhr, und zwar mit leeren Händen. (Außerdem sprechen gegen diese „Zwischenreise nach Jerusalem" finanzielle und organisatorische Gründe.)

D.h., Paulus fuhr in seiner christlichen Zeit mit an Sicherheit grenzender Wahrscheinlichkeit nur dreimal nach Jerusalem (vgl. Lüdemann 1980: 36 A48; 162 f; Jewett 1982: 141, 151 u.ö.; Hyldahl 1986: 2).

Demgegenüber berichtet die Apg von nicht weniger als fünf Jerusalemreisen (Kap. 9; 11; 15; 18,22; 21). Dieser Befund läßt sich am besten durch die Annahme erklären, Lukas habe keine persönliche Anschauung vom Leben des Paulus gehabt. Wer das Gegenteil für richtig hält, müßte verständlich machen, warum Lukas wider besseres Wissen zwei zusätzliche Reisen erfunden hat. Sosehr er z.T. der Tätigkeit Jesu und Pauli den Rahmen einer Reise gibt (s.u. S. 20), wird man einen solch umfassenden Verstoß gegen die historische Wahr-

13

heit Lukas kaum zutrauen dürfen. (Übrigens sind die drei Bekehrungsberichte Apg 9; 22; 26 keine Analogie, weil nur der erste Bestandteil der Erzählung ist, die anderen beiden dagegen Reden angehören.)

Sodann wäre im Falle einer Paulusbegleiterschaft des Lukas zu erwarten gewesen, daß er mehr über den frühen Paulus berichtet hätte.

Man wird daher die These der Augenzeugenschaft des Lukas nicht verwenden dürfen, sosehr anzuerkennen ist, daß die Forschung auch der gegenwärtigen Zeit zu schnell mit einer solchen Annahme fertig geworden ist (Harnack 1911: 21-28 [Lit.] behandelt eine Reihe von nicht stichhaltigen Gründen gegen die Paulusbegleiterschaft des Lukas; vgl. auch noch die wichtigen Sätze von Dibelius 1951: 119).

Nun war bereits im vorigen Abschnitt andeutungsweise davon die Rede gewesen, daß Lukas mehr wußte, als er berichtete. Ferner schreibt er im Prolog (Lk 1,1–4) selbst, daß er zumindest in Bezug auf Jesus Vorgänger hatte, deren Arbeiten er offensichtlich in seinem Doppelwerk verwendete. D.h., Lukas schrieb unter Verwendung von Traditionen (zur Definition s.u. S. 16). Woher stammen die in der Apg benutzten Traditionen? Wer übermittelte sie Lukas? Wie können sie rekonstruiert werden? Bezüglich der Frage des Ursprungs der Traditionen im Paulusteil der Apg ergeben sich drei Möglichkeiten:

1. Lukas kannte und verwendete nur die Paulusbriefe;
2. Lukas hatte nur Traditionen außerhalb der Paulusbriefe zur Verfügung;
3. Lukas benutzte sowohl Briefe als auch Traditionen.

Im Interesse der Lösung der uns gestellten Aufgabe ist jede einzelne Möglichkeit zu prüfen. Wir beginnen mit der zuerst genannten sowie dem ersten Teil der dritten Möglichkeit und fragen: Kannte und benutzte der Vf. der Apg die paulinischen Briefe?

III

Die Annahme, Lukas habe von Paulusbriefen gewußt, ist eine gut begründete Hypothese, die um so zwingender wird, je später das luk. Doppelwerk zu datieren ist. Sollte Lukas z.B. der dritten christlichen Generation angehören, so ist angesichts der Tatsache, daß er sich selbst als Schüler des Paulus versteht bzw. – vorsichtiger geurteilt – zum paulinischen Traditionskreis gehört (anders kann ich mir die ausführliche Zeichnung des Paulus nicht erklären), sein Wissen um die Existenz paulinischer Briefe (fast) sicher (vgl. Knox 1966). Die Frage würde in diesem Fall nicht lauten, ob Lukas paulinische Briefe *gekannt*, sondern ob er sie bei der Abfassung seines Werkes *benutzt* hat.

Sie kann nur dann entschieden werden, wenn sich sichere Spuren der Benutzung der Paulusbriefe finden lassen (vgl. Lindemann 1979: 165), d.h., wir müssen nach Übereinstimmungen zwischen Apg und Paulusbriefen suchen und weiter fragen, ob sie sich am besten durch eine Benutzungshypothese erklären lassen (vgl. den Überblick bei Walker 1985).

Im folgenden seien die wichtigsten Gründe angeführt (vgl. weiter Walker 1985: 8 f), die in der bisherigen Forschung zugunsten der Annahme einer Benutzung von Paulusbriefen durch Lukas vorgebracht wurden:

1. Alle in der Apg als Stationen der paulinischen Wirksamkeit erwähnten Orte und Landschaften mit Ausnahme von Cäsarea, Tarsus, Zypern und Beröa werden im Corpus Paulinum genannt (so Lindemann 1979: 165).

2. Die Reisestationen des Paulus in der Apg weisen an einem Punkt deutlich sichtbar überraschende Übereinstimmungen mit den aus den Briefen zu rekonstruierenden auf: So reist Paulus jeweils von Philippi über Thessalonich und Athen nach Korinth (vgl. Apg 16 ff mit 1 Thess 2 f).

3. Die Übereinstimmung zwischen 2 Kor 11 und Apg 9, den Berichten über Paulus' abenteuerliche Flucht aus Damaskus, ist um so bemerkenswerter, als beide an derselben Stelle abbrechen: Paulus wird in einem Korb durch die Stadtmauer hinabgelassen.

4. Die in der Apg genannten Namen der Mitarbeiter des Paulus entsprechen größtenteils den Angaben der paulinischen Briefe.

5. Einzelne Stellen wie Apg 19,21 f (vgl. Röm 15,14 ff) und Apg 26,17 f (vgl. Gal 1,16) oder Ausdrücke wie *porthein* Apg 9,21 (vgl. Gal 1,23) und *zelotes* Apg 22,3 (vgl. Gal 1,14) legen eine literarische Abhängigkeit nahe.

6. Lk 21,34–36 sei von 1 Thess 5,1–11 abhängig (Aejmelaeus 1985).

Die Überprüfung der obigen Argumente ergibt folgendes:

Zu 1 und 2: Eine weitgehende Identität der Reise- und Missionsstationen läßt auch andere Thesen als die der Abhängigkeit zu. Überdies ist Argument 1 fehlerhaft, weil z. B. Malta (Apg 28,1–10) *nicht* im Corpus Paulinum erscheint.

Zu 3: Hier bleibt zu bedenken, daß sich Lukas die nachfolgende Passage, 2 Kor 12,1–10, für seine Darstellung hätte entgehen lassen, was bei der Annahme der direkten Benutzung von 2 Kor 11,32 f durch Lukas kaum verständlich ist, und daß Apg 9,23–25 auf Tradition zurückgehen kann, die ihrerseits durch 2 Kor 11,32 f(!) vermittelt ist (vgl. Burchard 1970: 158).

Zu 4: Die Namen der paulinischen Mitarbeiter waren natürlich Bestandteil des Wissensschatzes der paulinischen Gemeinden und können keine Benutzung der Paulusbriefe beweisen.

Zu 5: Die Ausdrücke *porthein* oder *zelotes* werden bereits durch Gal 1 als Bestandteil mündlicher Tradition erwiesen. Die Kenntnis der Reise des Paulus Apg 19,21 f setzt nicht zwingend Benutzung der Briefe voraus.

Zu 6: Wenn 1 Thess 5,1–11 auf verschiedene Traditionselemente zurückgeht (vgl. den Überblick bei Aejmelaeus 1985: 136), so ist nicht einzusehen, warum die herkömmliche Ansicht, daß Lk 21,34–36 ähnliche Traditionselemente verwende, unwahrscheinlich wird. Die „Benutzungshypothese" von Aejmelaeus dürfte zu simpel sein; vgl. aber noch seine einschränkenden Bemerkungen zum „kumulative(n) Beweis" einzelner nicht plausibel tragender Fakten (136 f).

So weisen zwar die angeführten Gründe allesamt auf beachtliche Übereinstimmungen hin, doch erbringt kein einziger einen zwingenden Beweis für die Benutzung der Paulusbriefe durch Lukas. Es fragt sich daher, ob nicht, wie schon an einzelnen Punkten sichtbar wurde, der Befund besser durch die Annahme zu erklären ist, Lukas habe Traditionen der paulinischen Missionsgebiete benutzt, von denen einzelne aus der Lektüre der Briefe stammen mögen. Wir setzen die „Traditionshypothese" im folgenden probeweise als richtig voraus.

In die Diskussion der Frage, warum Lukas Paulusbriefe nicht benutzt habe, obgleich sie (bzw. einige) ihm bekannt waren, kann hier nicht eingetreten werden (s. z. B. Bauernfeind 1980: 295–298). Verschiedene Spielarten von Irrlehrerhypothesen bleiben eine Möglichkeit (zum Überblick vgl. Kümmel 1973: 153 f). Die zeitlich vorläufig letzte Irrlehrerhypothese findet sich bei Schmithals 1982: Lukas befinde sich im Kampf gegen praemarcionitischen hyperpaulinischen Gnostizismus, der sich auf die Paulusbriefe gestützt habe. Deswegen seien diese für Lukas verdächtig gewesen. Sie seien „ihm aber in der Diskussion mit den Irrlehrern auch partiell... bekannt" (16) geworden. Zu den Voraussetzungen dieser These vgl. u. S. 237 f zu Apg 20,17–38.

Ferner verdient die einfache Erklärung eine eingehende Prüfung, ob nicht Lukas deswegen auf eine Benutzung verzichtet hat, weil die Paulusbriefe (in einer Sammlung?) jedermann zugänglich waren. (Man beachte die Stellung der Apg im Kanon: Sie kann als Einleitung zu den Paulusbriefen gelesen werden, ohne daß die Leserschaft in den letzteren auf nennenswerte Wiederholungen stößt.) So verzichtet Tacitus darauf, Senecas publizierte letzte große Rede in sein Werk einzubeziehen, weil diese später veröffentlicht wurde (Ann XV 63), und Sallust läßt eine Rede Ciceros gegen Catilina aus (Cat 31,6). Im Unterschied zu Lukas merken die genannten Autoren diese Unterlassung aber ausdrücklich an.

IV

Gehen die o. angeführten Stellen nicht auf das Konto der Benutzung paulinischer Briefe, so dürften sie, allgemein gesagt, durch die Verwendung von „Traditionen" zu erklären sein, deren Alter, Herkunft und Ort erst noch zu bestimmen ist. Es empfiehlt sich dabei, den Begriff „Tradition" möglichst weit zu fassen, um die Ergebnisse nicht zu präjudizieren: „Tradition" bezeichnet im folgenden schriftliche Quellen, mündliche Überlieferung, aber auch allgemeine Informationen des Lukas (zur Schwierigkeit der Verwendung des Begriffs „Tradition" in der Apg vgl. Jervell 1984: 69).

In diesem Zusammenhang muß jetzt auch die Frage nach dem historischen Wert der Apg neu formuliert werden. Wir dürfen primär nicht nach dem historischen Wert der Apg selbst fragen, sondern nach dem historischen Wert der Traditionen in der Apg. Hat nämlich Lukas keine persönliche Anschauung der von ihm beschriebenen Vorgänge, wäre es kaum sinnvoll (zu Ausnahmen s. u. S. 26), den Geschichtswert der Apg auf der luk. Erzählebene zu ermitteln. Vielmehr besteht Lukas' schriftstellerische Tätigkeit darin, Traditionen miteinander zu verknüpfen, d. h. auf der Grundlage von Traditionen eine fortlaufende Erzählung zu komponieren. Daraus folgt als *erste* Aufgabe, Redaktion und Tradition voneinander zu scheiden. Die *zweite* Aufgabe besteht darin, den Geschichtswert der Tradition zu ermitteln.

Nun stehen der Eruierung von Traditionen in der Apg erhebliche Schwierigkeiten entgegen. Die Gründe hierfür liegen im literarischen Charakter der Apg und weiter darin begründet, daß anders als beim LkEv keine Vorlagen der Apg *erhalten* sind (abgesehen natürlich von den alttestamentlichen Zitaten und dem Rückgriff auf das LkEv). Aufgrund des spezifischen Charakters der Apg greifen die klassischen Methoden der Literarkritik nicht immer. Die *Vokabelstatistik* etwa ist nur selten fruchtbar, da Lukas die benutzten Vorlagen in seine Sprache umgeschmolzen hat (und um das zu beweisen, ist Vokabelstatistik unentbehrlich). Die Beobachtung von *Spannungen* führt nicht zwingend auf eine Vorlage zurück, da sie der Variation des Schriftstellers entspringen können (vgl. Ropes 1901; z. B. sind die Kriterien von Schmidt 1910: 285 unzureichend). Ohne den Wert der beiden methodischen Schritte in Frage stellen zu wollen, sind doch bei der Actaanalyse die soeben gemachten Einschränkungen ebenso zu beachten, wie die Tatsache der luk. Verarbeitung von Traditionen nochmals zu betonen ist. Andererseits beweisen luk. Sprache und Stil noch nicht, daß Lukas *keine* Tradition(en) benutzt hat.

Im folgenden wollen wir probehalber einige Texte untersuchen. Sie werden nicht ohne Absicht dem Paulusteil der Apg entnommen, denn hier besteht relativ oft die Möglichkeit, die redaktionsgeschichtliche und die historische Frage durch die Paulusbriefe voranzutreiben. Folgende Texte bzw. Angaben stehen zur Analyse an:

a) Apg 18 (Paulus in Korinth);
b) Die Reiserouten des Paulus in Apg 16 ff, 18 f und 27;
c) Apg 21 (Paulus in Jerusalem).

Wir gehen im einzelnen so vor, daß zunächst der red. Sinn, dann der Traditionscharakter und schließlich der historische Wert der Einzeltraditionen bestimmt wird (zur detaillierten Einzelanalyse vgl. den nachfolgenden Kommentar).

a) Apg 18 (Paulus in Korinth)

Die Perikope berichtet von der Mission des Paulus in Korinth, die der Apostel zunächst wöchentlich in der Synagoge, dann aber im angrenzenden Haus des Titius Justus durchführt. Silas und Timotheus stoßen aus Mazedonien kommend zu Paulus, der während seines Korinthaufenthaltes bei dem Ehepaar Aquila und Priskilla arbeitet. (Diese hatten aufgrund des Claudius-Ediktes Rom verlassen müssen und waren nach Korinth gekommen.) Hier kommt es zum berühmten „Prozeß" gegen Paulus vor dem Prokonsul Gallio, der aber die Anklagen der Juden gegen Paulus abweist (Apg 18,12–17).

Redaktionelle Züge sind in diesem Text mit den Händen zu greifen: Die allsabbatliche Predigt des Paulus in der Synagoge (Anknüpfung bei den Juden) und die positive Zeichnung Gallios, an dessen Haltung gezeigt wird, wie sich die Römer (im Gegensatz zu den Juden) gegenüber den Christen verhalten bzw. verhalten sollten, gehen wegen mannigfacher Parallelen in der Apg auf Lukas zurück.

Ansonsten scheint der Bericht aber *Traditionen* zu reflektieren, so die Beschäftigung des Apostels bei Aquila und Priskilla in Korinth kurz nach dem

Judenedikt des Claudius; die Ankunft des Silas und des Timotheus aus Mazedonien; Paulus' Predigttätigkeit im Haus des Titius Justus; die Bekehrung des Synagogenvorstehers Krispus; ein „Prozeß" vor Gallio; die Tätigkeit des Sosthenes als Synagogenvorsteher. Nicht sprachliche Gründe führen zu der Annahme von Traditionen, wohl aber die *Konkretheit* der obigen Nachrichten und – wichtiger – der später im einzelnen darzulegende Befund, daß ein nicht unbeträchtlicher Teil der Nachrichten wenigstens z.T. durch die Paulusbriefe bestätigt wird.

Nebenbei sei darauf hingewiesen, daß die genannten tendenzfreien Einzelnachrichten nicht dem Verdikt unterliegen, das Hans Conzelmann mit dem Blick auf alle kritiklose Acta-Exegese in seiner „Karl-May-Regel" (vgl. dazu J. Wehnert, Die „Karl-May-Regel" in der neutestamentlichen Wissenschaft, in: Mitteilungen der Karl-May-Gesellschaft 16. 1984, Nr. 61, S. 42) unvergeßlich zusammengefaßt hat: „Eine genaue Milieuschilderung oder auch die breite Wiedergabe wörtlicher Rede beweist für die Geschichtlichkeit oder ‚Richtigkeit' des erzählten Ereignisses überhaupt nichts" (H. Conzelmann/A. Lindemann, Arbeitsbuch zum Neuen Testament, [8]1985, S. 43). „Mit jenem Schluß läßt sich schließlich auch die Geschichtlichkeit der Erzählungen von Karl May beweisen" (H. Conzelmann, Bespr. von Gasque 1975, Erasmus 28. 1976, Sp. 65–68, hier: 68). Genau aus diesem Grunde wenden wir uns für die historische Untersuchung der Apg nicht dem luk. Erzählrahmen zu, sondern hauptsächlich den dahinter erkennbaren Einzeltraditionen.

Mit Blick auf den Text Apg 18 stellt sich dabei sofort die weitergehende Frage, ob die genannten Traditionen hier ihren chronologisch richtigen Ort haben und ob sie alle auf denselben Besuch des Paulus in Korinth zurückgehen. Diese Doppelfrage ist wohl aus drei Gründen zu verneinen:

1. Die Perikope weist zwischen V. 11 und V. 12 einen Sprung auf. V. 11 gibt abschließend die Zeitangabe: Paulus blieb achtzehn Monate in Korinth. Danach setzt ein neues Stück ein, und zwar mit der Einleitung: „Als aber Gallio Prokonsul in Achaja war…". D.h., schon rein äußerlich werden beide Einheiten voneinander abgesetzt.

2. V. 8 kennt einen Krispus als Synagogenvorsteher, V. 17 hat demgegenüber Sosthenes in dieser Funktion. Da das Amt des Synagogenvorstehers höchstwahrscheinlich nur von *einem* ausgeübt wurde, dürften beide Stücke auf verschiedene Zeitpunkte weisen (so freilich auch bei Lukas, denn Sosthenes ist etwa achtzehn Monate [V. 11] nach der Bekehrung des Krispus Synagogenvorsteher).

3. Die der Tradition angehörigen Zeitangaben weisen auf einen Abstand von etwa zehn Jahren voneinander hin. Die V. 2 vorausgesetzte Vertreibung von Juden aus Rom fand – darin ist sich die Mehrheit der internationalen Forschung einig – wohl im Jahre 41 statt, während Gallio etwa in den Jahren 51–52 im Amt war.

An dieser Stelle ist als Bestätigung der vorgeführten Traditionsanalyse darauf hinzuweisen, daß Lukas von der Mission des Paulus so berichtet, daß er die ihm bekannten Einzelinformationen in Erzählform an *einer* Stelle bringt. Wenn

Paulus später denselben Ort noch einmal besucht, berichtet Lukas gerafft/ summarisch davon.

Das gilt für Korinth (18,1 ff), obwohl er hier auf seiner späteren Reise drei Monate verbringt (20,2 f), für Thessalonich (17,1 ff), wo sich Paulus ebenfalls später noch einmal aufhält (20,2), für Philippi (16,12 ff), wohin Paulus später noch zweimal reist (20,2.3–6). Die Lystra-Episoden gehören gleichfalls hierher, da nur Apg 14,8–20 Traditionen enthält, wohingegen Apg 14,21 summarisch über eine Durchreise des Apostels berichtet (etwas anders Apg 16,1–3); vgl. noch Ephesus: Apg 19 finden sich mehrere Traditionen über Paulus' Wirksamkeit in dieser Stadt, während 18,19 ff lediglich als luk. Vorschaltung zum Apg 19 f geschilderten Ephesusaufenthalt anzusehen ist.

Aus diesen Beobachtungen folgt die Notwendigkeit, die eruierten Traditionen noch jeweils chronologisch einzuordnen. Sie trifft sich mit der obigen Analyse von Apg 18, nach der jener Abschnitt Traditionen enthält, die auf *verschiedene* Besuche des Apostels zurückgehen:

Der eine Traditionsblock führt wohl in das Jahr 41, da Paulus während seiner Erstmission in Korinth bei Aquila und Priskilla arbeitete, der andere etwa in die Jahre 51–52, als Gallio Prokonsul von Achaja war.

Prüfen wir nun den *historischen* Wert der Traditionen nach, so ist das Ergebnis positiv: Paulus' auch aus den Briefen erkennbare enge Verbindung mit Aquila und Priskilla während des Gründungsbesuches in Korinth (vgl. 1 Kor 16,19 b) findet durch den Actabericht ebenso eine Bestätigung wie die Nachricht, daß während der Erstmission in Korinth Silas und Timotheus zu ihm gestoßen sind. Denn diese dürften in enger Verbindung mit den mazedonischen Brüdern gestanden haben, die lt. 2 Kor 11,9 Paulus in Korinth finanziell unterstützt haben (vgl. 1 Thess 3,6). Für die Jahre 51–52 ist ein von dem Gründungsbesuch zu unterscheidender weiterer Aufenthalt des Apostels in Korinth aus den Paulusbriefen zu erheben. Er gehört in den Zeitraum der Kollektensammlung, die der Apostel in Übereinstimmung mit der Abmachung auf der Jerusalemer Konferenz unternommen hatte. Folgt aus dem Gesagten bereits ein hoher historischer Wert der Traditionen von Apg 18, so würde dieser noch mehr steigen, falls meine im Anschluß an John Knox vorgeschlagene Frühdatierung der paulinischen Erstmission sich als richtig erweisen sollte. Denn dann enthielte eines der Traditionselemente von Apg 18 die chronologisch korrekte Information über Pauli Ankunft in Korinth; sie wäre zu der Zeit zu denken, da Claudius Juden – unter ihnen Aquila und Priskilla – aus Rom vertrieb, im Jahr 41.

Der gleiche historische Wert wie für die in Apg 18 enthaltenen Traditionen könnte freilich nicht der luk. Redaktion zuerkannt werden. Indem Lukas aus heilsgeschichtlich-theologischen Gründen – die eigentliche Weltmission des Paulus darf nicht vor der Jerusalemer Konferenz (Apg 15) begonnen haben, denn dort mußte sie erst endgültig „abgesegnet" werden – die Erstmission in Korinth in die Zeit nach der Jerusalemer Konferenz legt und von über zehn Jahre voneinander entfernt liegenden Ereignissen in *einer* Erzählung berichtet, hat er die paulinische Mission in Griechenland um rund ein Jahrzehnt zu spät

„datiert". Die überwiegende Mehrheit der Forschung ist ihm freilich darin gefolgt.

b) Die Reiserouten des Paulus in Apg 16 ff, 18 f und 27

Lukas stellt die Mission des Paulus als Reise dar, die in Rom ihr Ziel findet. Die Reisen führen ihn vom Ort seiner Bekehrung bei Damaskus nach Damaskus (Apg 9,8), von dort nach Jerusalem (Apg 9,26), dann nach Cilicien (Apg 9,30: „Tarsus"), sodann nach Antiochien (Apg 11,26) und Jerusalem (Apg 11,30), hernach auf der sogenannten *ersten* Missionsreise (Apg 13–14) über Zypern, Südgalatien zurück nach Antiochien. Dann folgt die dritte Reise nach Jerusalem (Apg 15,3 f), anschließend die sogenannte *zweite* Missionsreise (Apg 15,40–18,22) von Antiochien über Kleinasien, Griechenland zurück nach Jerusalem. Schließlich werden dieselben Stationen auf der sogenannten *dritten* Missionsreise (Apg 18,22–21,15) noch einmal zurückgelegt. Am Schluß steht die gefahrvolle Seereise nach Rom (Apg 27 f).

Nun sind *einerseits* die Reisen des Paulus luk. Darstellungsmittel auf dem Hintergrund der Ausbreitung des Evangeliums von Jerusalem bis Rom. Sie finden ihre Entsprechung in der Reise Jesu (Lk 9,51–19,28), deren red. Charakter an der Mk-Vorlage nachgewiesen werden kann. *Andererseits* lassen sich an folgenden drei Stellen Traditionen herausschälen:

1. Wir erinnern uns: Aus der gleichen Reihenfolge der Orte in 1 Thess 2 f und Apg 16 ff (Philippi, Thessalonich, Athen, Korinth) wurde gelegentlich die Benutzung der Paulusbriefe durch Lukas gefolgert. War auch diese These aus den genannten Gründen kaum zwingend, so ist gleichwohl der merkwürdige Befund derselben Stationenfolge, der zu ihr Anlaß gab, zu erklären: m. E. am besten so, daß Apg 16 ff ein wie auch immer formgeschichtlich zu erklärendes *traditionelles* Reisestationenverzeichnis zugrunde liegt. An dieser Stelle (und an vielen anderen der Apg) erlauben allein die Paulusbriefe, die Existenz jener Traditionen zu beweisen (vgl. die ähnliche Rolle des MkEv für das LkEv). Doch ist einschränkend hinzuzufügen: Nur zuverlässige Traditionen können durch die Paulusbriefe identifiziert werden. Berichte, die den historischen Sachverhalt völlig verzerren, sind aufgrund der Primärquellen kaum als Traditionen zu erkennen (zu Plümacher 1984: 125).

Plümacher (1984: 120–126) hat in seinem verdienstvollen Forschungsbericht meine eigene Position leider nicht korrekt referiert, wohl weil er das methodische und inhaltliche Gewicht der „Rekonstruktion einer Chronologie des Paulus allein aufgrund der Briefzeugnisse" (Lüdemann 1980: 58–151) verkannte. Denn an ihr fällt die Entscheidung über Unrecht und Recht meiner Traditionsanalyse und nicht an der formgeschichtlichen Problematik des „Itinerars" (Plümacher 1984: 124; vgl. zu letzterem noch die Bemerkung u. S. 27 f).

2. Apg 18 f schildern eine Fahrt von Ephesus nach Cäsarea, dann nach Jerusalem, von hier nach Antiochien, Phrygien, dem galatischen Land, Ephesus.

Julius Wellhausen beschrieb den besonderen Charakter der Reise einmal so: „„Von Ephesus ab, in Cäsarea an, hinauf und die Brüder gegrüßt, hinab nach Antiochia, dann durch Galatien und Phrygien zurück'. Abgemacht im Fluge und berichtet im Telegrammstil, kein Amerikaner könnte es besser" (1907: 14). M.E. spricht der Epitomecharakter dieses eine Distanz von über 2000 km Luftlinie abdeckenden Reiseberichts für die Annahme von Tradition an dieser Stelle, denn es ist „nicht recht einzusehen, warum der Verfasser diese ganze Reise ohne allen geschichtlichen Grund erfunden und dann doch nur so flüchtig berichtet haben sollte" (Pfleiderer 1902: 514 f).

3. Apg 27 schildert eine gefahrvolle Seefahrt. V. 9–11.21–26.31.33–36(.43), die um Paulus, den Propheten des Unglücks und den Retter in der Not, kreisen, lassen sich ausgrenzen. Zurück bleibt der Bericht von einem Schiffbruch und dessen glimpflichem Ausgang. Der Schluß Wellhausens scheint unwiderlegbar, daß Lukas sich in Apg 27 einer literarischen Vorlage bedient und diese um die Paulusgestalt bereichert hat (Wellhausen 1907: 18 f).

Wir kommen nun zur historischen Beurteilung der soeben rekonstruierten drei (Reise-)Traditionen:

1. Zur Reise Apg 16 ff: Sie kann darin historischen Wert beanspruchen, daß die Reihenfolge der Reisestationen mit der aus den Paulusbriefen zu gewinnenden übereinstimmt. Wie 1 Thess 2 f zeigen, dürfte Paulus in der Tat bei der Mission Griechenlands von Philippi über Thessalonich und Athen nach Korinth gelangt sein. Kritik ist jedoch wiederum an der chronologischen Einordnung jener Reise durch Lukas anzumelden. Aufgrund der paulinischen Eigenzeugnisse und – so dürfen wir bereits hinzufügen – wegen der zeitlichen Koinzidenz der Austreibung von Juden aus Rom und der Erstmission in Korinth (Apg 18,2) dürfte jene Gründungsreise zehn Jahre früher als in der Apg stattgefunden haben. Sie wäre, wollte man das Schema der Apg beibehalten, zwischen Apg 9 und 11 zu plazieren.

2. Zur Reise Apg 18 f: Die Ergebnisse zu Apg 18 f werden denen zu Apg 16 ff ähneln. Die Kombination der paulinischen Eigenzeugnisse legt den Schluß nahe, daß der Apostel aus Griechenland eine Reise nach Jerusalem unternommen hat, die mit der Reihenfolge der Stationen in Apg 18 übereinstimmt (vgl. Lüdemann 1980: 169–173). Insofern ist die vorliegende Tradition historisch wertvoll. Doch bestehen schwere Bedenken gegenüber ihrer chronologischen Einordnung. Sie setzt nämlich voraus, daß Paulus – mitten auf der Kollektenreise sich befindend – einen angesichts der Distanz von über 2000 km Luftlinie äußerst beschwerlichen Abstecher nach Palästina unternommen habe, um anschließend in seinen Gemeinden die Kollekte weiterzuführen. Das ist ausgeschlossen. Doch wird der historische Wert der Reisetradition in Apg 18 f deutlich, wenn man sie an den durch die Paulusbriefe rekonstruierbaren historischen Ort zurückversetzt: Sie berichtet dann zutreffend von der Reise, die Paulus von Griechenland nach Palästina unternommen hat, um an der Jerusalemer Konferenz (Gal 2) teilzunehmen. (Der Eigenbericht des Paulus Gal 2,1 f spricht davon, daß Paulus mit Barnabas nach Jerusalem gezogen sei. Doch ist das kein zwingendes Argument gegen die obige These, da Gal 2,1 f weder den Ort angibt, von dem Paulus

und Barnabas nach Jerusalem gezogen sind, noch voraussetzt, daß sie unmittelbar vor der Konferenz gemeinsam gearbeitet hätten.)

3. Zur Reise Apg 27: Ein anderes Bild als zu den unter 1. und 2. besprochenen Reisen ergibt sich zur Seefahrt Apg 27. Zwar dürfte feststehen, daß Paulus nach seinem letzten Jerusalembesuch nach Rom gekommen ist (1 Clem 5). Doch steht der Seefahrtsbericht in keinem genetischen Verhältnis zu der Fahrt des Paulus nach Rom. Denn Lukas selbst dürfte den Seefahrtsbericht einer literarischen Vorlage entnommen haben. Er ist als *Lesefrucht* zu bezeichnen und daher unhistorisch. (Das schließt freilich ein Wissen des Lukas darüber, daß Paulus per Schiff expediert wurde, nicht aus; s. u. S. 270.)

c) Apg 21 (Paulus in Jerusalem)

Apg 21 berichtet von der Ankunft des Paulus in Jerusalem. Er findet hier Unterkunft im Hause des Hellenisten Mnason und wird von Jakobus und den Ältesten, denen er von den Erfolgen der Heidenmission berichtet, herzlich empfangen. Doch gibt Jakobus Paulus den Rat, durch die Übernahme eines jüdischen Ritus seine Gesetzestreue zu dokumentieren, denn christliche Eiferer des Gesetzes hätten über den Heidenapostel folgendes gehört: Er lehre alle Juden, die unter den Heiden wohnen, den Abfall von Mose, indem er sage, sie sollten ihre Kinder nicht beschneiden und nicht nach den (jüdischen) Bräuchen wandeln. Diesem Rat leistet Paulus Folge.

Der beschriebene Textabschnitt zeigt klare Spuren *luk. Redaktion*: Paulus hat eine gute Beziehung zur Jerusalemer Gemeinde und ihrem Leiter Jakobus. Gleichfalls macht er sich bis zuletzt keiner Gesetzesübertretung schuldig. Ja, durch die Beteiligung an einem jüdischen Ritus dokumentiert er seine Gesetzestreue.

Nun fällt zweierlei am Textabschnitt auf:

1. V. 17 begrüßt die Gemeinde *(hoi adelphoi)* Paulus und seine Begleiter. Jedoch werden von der (ganzen) Gemeinde im folgenden (V. 20–22) die vielen (zelotischen) Brüder abgehoben, welche die feindlichen Gerüchte über Paulus gehört haben. (Gehören sie etwa nicht zur Gemeinde?)

2. Es ist merkwürdig, daß überhaupt Gerüchte über Paulus' Kritik am Gesetz umlaufen, um so mehr, als sich aus der Darstellung des Paulus in der Apg keinerlei Grund für solche Gerüchte ergibt.

Daher liegt der Schluß nahe, beides, die Paulus zurückhaltend gegenüberstehenden Christen und die Nachricht über Paulus' gesetzeskritische Predigt, sei Bestandteil einer *Tradition*, die der Vf. der Apg im Sinne seiner Theologie umwandelte, aber nicht ganz beseitigen konnte. (Zur Frage, ob die Beteiligung des Paulus am Nasiräat traditionell war, s. u. S. 243 den Einzelkommentar.)

Wie steht es mit dem *Geschichtswert* einer solchen Tradition? M. E. ist er hoch zu veranschlagen, denn der Inhalt von Apg 21,21 wird durch die Paulusbriefe bestätigt. Zwar entspricht die Gesetzespredigt des Paulus *nicht* den Apg 21,21 dargelegten Grundsätzen. Paulus war dafür, daß alle in ihrem Stand

22

bleiben (1Kor 7,17–20), die Juden wie die Heiden. Doch scheint die *Praxis* der primär heidenchristlichen paulinischen Gemeinden (vgl. Gal 2,11 ff; 5,6; 6,15; 1Kor 7,19) über diesen noblen Grundsatz hinweggegangen zu sein. Manche Judenchristen der paulinischen Gemeinden und ihre Kinder scheinen in der Tat als Minderheit in den paulinischen Gemeinden vom mosaischen Gesetz entfremdet worden zu sein. Das Apg 21,21 enthaltene Gerücht ist daher wohl eine historisch zuverlässige Aussage über das, was in den paulinischen Gemeinden teilweise vor sich ging. (Die Einschränkung „teilweise" ist wichtig, weil das Gerücht offenbar Einzelfälle in polemischer Weise generalisiert.)

Aber auch der andere Bestandteil der Tradition in Apg 21, die Existenz von vielen antipaulinisch eingestellten Judenchristen in Jerusalem, ist historisch zu nennen. Paulus weist selbst Röm 15,31 darauf hin, daß ihm die Jerusalemer Christen möglicherweise nicht wohl gesonnen sind. Zusätzlich hatten die Paulusgegner in den Gemeinden des Apostels überwiegend ihren Ursprung in Jerusalem genommen (vgl. Lüdemann 1983: 103–165). Schließlich berührt es merkwürdig, daß nach der luk. Darstellung Paulus bei seiner Haft in Jerusalem und Cäsarea keine Unterstützung durch Jerusalemer Christen erfuhr, was durch die Ablehnung des Paulus durch die Mehrheit der Jerusalemer Gemeinde zu erklären sein wird.

Der luk. Bericht von Paulus' Ankunft in Jerusalem in Apg 21, das dürfen wir zusammenfassend sagen, enthält somit altes, historisch zu nennendes Traditionsgut.

V

Abschließend seien nach einem kurzen Rückblick einige vorläufige Gesichtspunkte zum Geschichtswert der Apg formuliert:

Wir setzten ein mit einem Überblick über die bewegte Forschungsgeschichte zum Geschichtswert der Apg, an deren Spitze die radikale Kritik F. C. Baurs, in deren Mitte die Rückkehr zur Tradition durch A. v. Harnack, und an deren gegenwärtigem Ende die an der historischen Frage wenig interessierte redaktionsgeschichtliche Forschung einerseits und eine die historische Zuverlässigkeit der Apg verfechtende, im Aufwind befindliche Forschungsrichtung andererseits steht. Im Rückblick kann gesagt werden, daß bis in die Gegenwart hinein die Baurschule und A. v. Harnack die klassischen Antipoden bezüglich der Frage des Geschichtswertes der Apg geblieben sind. Eine Stellungnahme zu den beiden einander ausschließenden Positionen Baurs und Harnacks war daher geboten. Zu diesem Zweck setzten wir uns zunächst kritisch mit den alternativen Thesen auseinander, der Vf. der Apg sei ein Augenzeuge oder habe die paulinischen Briefe verwendet. Legte die erstere Ansicht einen weitgehend positiven Geschichtswert der Apg nahe, so die letztere einen verschwindend geringen. Nun waren aber beide Thesen als unwahrscheinlich zurückzuweisen und an ihrer Stelle vorauszusetzen, daß Lukas in seinem Werk Traditionen anderer Art verarbeitet. Das bedeutete: Der Geschichtswert der Apg ist zunächst zu erörtern als Frage nach dem Geschichtswert der in der Apg verarbeiteten Traditionen. (Zur Frage, ob nicht in der Redaktion historisch korrekte Tradition enthalten sein kann, s. u. S. 26.) Im Verfolg dieser Aufgabe wählten wir drei verschiedene Textkomplexe aus und stellten jeweils die Frage nach der Redaktion, der Tradition und dem historischen Wert der Vorlage. Obgleich damit nur ein kleiner Textausschnitt aus der Apg analysiert wurde, scheinen auf der Grundlage der erzielten Ergebnisse bereits einige allgemeine Folgerungen angebracht:

1. Die Apg bleibt neben den Paulusbriefen eine wichtige Quelle für die Geschichte des frühen Christentums, denn

2. viele der von ihr verwendeten Traditionen sind historisch zuverlässig und bereichern über die Paulusbriefe hinaus unsere Kenntnis des Urchristentums.

3. Freilich muß sofort einschränkend gesagt werden, daß dieses Urteil vor allem für die in der Apg verarbeiteten *Traditionen* gilt, deren chronologischer Rahmen zusätzlich jeweils von den Paulusbriefen her zu rekonstruieren ist. Insofern ist

4. eine allein aufgrund der kritischen Analyse der Briefe gewonnene Chronologie eine unentbehrliche Voraussetzung bei der Einordnung und Auswertung der Traditionen der Apg.

5. Die rekonstruierten Traditionen lassen sich oft nicht mehr genau formgeschichtlich einordnen und sind im übrigen nur in ihren Grundzügen rekonstruierbar.

6. Überhaupt sollte man auch in stärkerem Maße als üblich die Lesefrüchte des Lukas (abgesehen von LXX und LkEv) bei der Rekonstruktion von Traditionen berücksichtigen. Sie begegneten uns Apg 27 und dürften auch in andere Kapitel eingeflossen sein (vgl. 16,25–34; 19,13–16; 20,7–12; 28,3–6).

7. Ein besonderes Problem stellen die oben nicht eigens behandelten Partien der Apg dar, für die kein geschichtliches Zeugnis der Paulusbriefe vorliegt. Ihre Analyse steht noch aus, wobei aus der Art und Weise der Verarbeitung von Traditionen im LkEv und in den durch die Paulusbriefe abgedeckten Partien der Apg wichtige Hinweise zu erwarten sind. Wegen der durchgehenden luk. Überarbeitung scheint es freilich ein aussichtsloses Unterfangen, in diesen Partien durchlaufende Quellen zu rekonstruieren. Auch hier sind lediglich Einzeltraditionen rekonstruierbar, wobei in nicht wenigen Fällen Urteile über ihre Historizität wegen mangelnder Kontrollmöglichkeiten einen geringeren Wahrscheinlichkeitsgrad haben.

8. Eine kritische Analyse der Apg unter besonderer Berücksichtigung der Frage nach den in ihr enthaltenen Traditionen und deren historischem Wert ist nach der redaktionsgeschichtlichen Flut der Actaforschung eine wichtige Aufgabe. Sie ist auch nicht aussichtslos, wie die obigen Proben exemplarisch gezeigt haben.

Kommentar zur Apostelgeschichte

Vorbemerkung: Zu Anlage und Methode des Kommentars

In Ausführung des eingangs dargelegten Programms soll im folgenden eine Gesamtanalyse der Apg vorgenommen werden. Sie hat zum Ziel, jeden einzelnen Abschnitt auf die in ihm evtl. enthaltene Tradition abzuhorchen und dann ggf. über deren historischen Wert ein begründetes Urteil abzugeben. Darin steht sie den Haupttendenzen der modernen Forschung entgegen, die die Apg (neben LkEv) vor allem deswegen bearbeitet, um die Absicht des Vf.s zu ermitteln.

Vgl. bes. Schneider 1982: Die Schwierigkeit bzw. Unmöglichkeit, die von Lukas benutzten Quellen im Wortlaut zu rekonstruieren, können „den Ausleger auf seine ureigene Aufgabe hinlenken. Soll er doch herausarbeiten, was der Verfasser ‚zu sagen beabsichtigte‘ (*quid scriptor dicere intenderit*: Divino afflante Spiritu, unter Hinweis auf Athanasius, Contra Arianos I 54)“ (5).

Bei aller Anerkennung der wissenschaftlichen Bedeutung jener redaktionsgeschichtlichen Erforschung der Apg (und der diese weiterführenden neuen Literarkritik [vgl. Petersen 1978 (Lit.)]) nimmt die vorliegende Arbeit das Anliegen des fünfbändigen Werkes „The Beginnings of Christianity“ wieder auf. Seine Herausgeber (F. J. Foakes Jackson und K. Lake) sahen es bei einer Darstellung der Anfänge des Christentums als vorrangig an, die in der Apg enthaltenen historischen Tatsachen herauszuarbeiten (Beg. I: VII [der Begriff „fact“ wird nicht ausdrücklich verwendet, ist aber in den Ausführungen impliziert]), und planten offenbar, auch andere Quellen wie z. B. die Evangelien bezüglich ihres historischen Wertes für die Anfänge des Christentums zu behandeln (Beg I: VII). Ist es auch aus unbekannten Gründen nie zur Fortsetzung des Projektes gekommen, so bleiben Zielsetzung und Durchführung der Analyse der Apg unter historischem Gesichtspunkt in den „Beginnings of Christianity“ bedeutsam genug. Im Einklang mit dem Programm der Herausgeber von „Beginnings“ fragen wir erneut nach den aus der Apg zu gewinnenden historischen Fakten bzw. Tatsachen, welche die Grundlage eines gesicherten Wissens über das Urchristentum abgeben können.

Nun sind die Begriffe „Tatsachen“ bzw. „Fakten“ durchaus mehrdeutig und müssen an dieser Stelle näher bestimmt werden – vielleicht am besten im Anschluß an die Ausführungen J. G. Droysens. Droysen (1958) schreibt:

„Es heißt die Natur der Dinge, mit denen unsere Wissenschaft beschäftigt ist, verkennen, wenn man meint, es... mit objektiven Tatsachen zu tun zu haben. Die objektiven Tatsachen liegen in ihrer Realität unserer Forschung gar nicht vor. Was in irgendeiner Vergangenheit objektiv vor sich gegangen ist, ist etwas ganz anderes als das, was man geschichtliche Tatsache nennt. Was geschieht, wird erst durch die Auffassung als zusammenhängender Vorgang, als ein Komplex von Ursache und Wirkung, von Zweck und Ausführung, kurz als Eine Tatsache begriffen und vereinigt, und dieselben Einzelheiten können von andern anders aufgefaßt, sie können von andern mit andern Ursachen oder

25

Wirkungen oder Zwecken kombiniert werden" (133 f; vgl. die ähnlich gearteten Ausführungen von Schaff 1970; Rüsen 1983).

Die von Droysen getroffene Unterscheidung zwischen objektiven Tatsachen und geschichtlichen Tatsachen, d. h. die Unterscheidung zwischen Geschichte als *res gestae* und Geschichte als *opinio rerum gestarum* kann hier auf sich beruhen. Denn es geht auch Droysen trotz seiner Infragestellung der objektiven Tatsachen bzw. der Geschichte als *res gestae* um die Nachprüfbarkeit der *opinio rerum gestarum*, d. h. um die am besten zu begründende Darstellung des Geschichtsverlaufs. Ob ein solches Geschichts*bild* nun mit Geschichte identifiziert wird oder nicht – wichtig für unseren Zweck bleibt allein der objektive Charakter historisch verifizierbarer Fakten.

Die andere Behauptung Droysens ist für unsere Arbeit wichtiger: Nach ihr sei der objektive Vorgang in irgendeiner Vergangenheit etwas anderes, als das, was man geschichtliche Tatsache nennt. Dieser werde erst durch die Auffassung als ein Komplex von Ursache und Wirkung als geschichtliche, aus verschiedenen Einzelheiten bestehende Tatsache begriffen und werde zudem anders aufgefaßt und mit anderen Ursachen (bzw. Wirkungen und Zwecken) kombiniert.

Nun findet sich das jeweilige Geschehen zusammen mit seinen Gründen, Zwecken usw., welche zusammen für Droysen erst eine Tatsache ausmachen, bei der hier zu bearbeitenden Quelle *einmal* im luk. Rahmen und in den red. Partien der jeweiligen Erzählung. Doch sind beide bei der eigentlichen historischen Frage kein Gegenstand der Betrachtung, geht es doch in der Regel jeweils – nach Abzug des luk. Rahmens und der luk. Redaktion – um die Überprüfung des historischen Wertes der Einzeltraditionen. (Nur in wenigen, jeweils näher zu begründenden Fällen wird der luk. Rahmen und/oder die luk. Einzelinformation auf ihre Historizität befragt, da nicht auszuschließen ist, daß gelegentlich eine nicht mehr zu rekonstruierende Tradition in die Redaktion Eingang gefunden hat [vgl. z. B. die Summarien].) *Sodann* findet sich das jeweilige Geschehen zusammen mit seinen Gründen bzw. Zwecken und Wirkungen auf der Stufe der Tradition (im einzelnen Traditionsstück) und wird in seinen Gründen usw. oft anders als durch die Redaktion aufgefaßt. Jene einzelnen Traditionsstücke wollen wir auf ihre historische Zuverlässigkeit befragen unter Berücksichtigung der Mahnung Droysens, daß wir nicht mehr auf bruta facta stoßen, sondern auf geschichtliche Tatsachen.

Gleichzeitig sei betont, daß im folgenden als Tatsache nicht nur äußere, sondern auch innere Ereignisse angesehen werden. Eine Tatsache kann z. B. sowohl die Missionstätigkeit des Petrus in Joppe (Apg 9) als auch eine Paulus geschenkte Vision genannt werden (vgl. Apg 16) – falls sie denn historisch wahrscheinlich gemacht werden können. Ebenso bezeichnet der Begriff ‚Tatsache' bzw. ‚Faktum' im folgenden auch schriftliche oder mündliche Äußerungen von Personen und deren theologische Voraussetzungen, falls sie historisch zutreffen (z. B. die Briefe und die Reden in der Apg sowie die Schriftauslegung).

Zu der hauptsächlich in der Geschichtswissenschaft geführten neueren Debatte um den im Positivismus aufgenommenen und seither unentbehrlich gewordenen Begriff

„Tatsache" sowie über Probleme der Historiographie vgl. Rüsen 1983 mit den Literatur-hinweisen S. 146–154. Aus älterer Zeit bleibt Bernheim 1908: 179–251 wichtig. Gleich-zeitig ist hervorzuheben, daß jede Quelle ein verschiedenes Instrumentarium an Metho-de(n) erfordert. Frei nach E. Schwartz muß man „für jedes Problem (...) eine neue, gerade diesem angepaßte, Methode selbst erfinden" (K. von Fritz, Schriften zur griechi-schen und römischen Verfassungsgeschichte und Verfassungstheorie, Berlin/New York 1976, S. VII – vgl. N. Hartmann, Das Problem des geistigen Seins, Berlin [3]1962, S. 29–32). Das in unserer Arbeit behandelte Problem besteht darin, wie man aus der Apg historische bzw. geschichtliche Fakten gewinnen kann, die die Grundlage eines gesicher-ten Wissens über das Urchristentum abgeben können. Eine weitergehende Berücksichti-gung der Methodendiskussionen in der Geschichtswissenschaft ist daher entbehrlich.

Die hier angestellten Überlegungen zur Methode – das sei betont – setzen eine intensive Beschäftigung mit dem Gesamttext der Apg voraus und wurden erst gegen Ende der Fertigstellung des Manuskriptes geschrieben, weil Methodenbe-wußtsein lebendig arbeitender Methode erst nachfolgt.

Die nachfolgende Analyse zerlegt die Apg in ihre Textsequenzen, deren Feingliederung in einem ersten Arbeitsschritt ermittelt wird. Dieser *Abschnitt I* hat eine doppelte Aufgabe. Er ruft den Inhalt des Textes ins Gedächtnis und gibt sodann erste Einblicke in die Struktur des Textes. Damit wird der Sinnzusam-menhang der Sätze und Satzteile und die damit beabsichtigte Aussage bereits angedeutet. Beides ist im nachfolgenden *Abschnitt II*, der Redaktionsanalyse, zu thematisieren. Im allgemeinen erfolgt hier zunächst eine Kurzanalyse der luk. Sprachelemente (ohne Vollständigkeit anzustreben), bevor der red. Sinnzusam-menhang des Textes und die damit intendierte Aussage Gegenstand der Erörte-rung werden. *Abschnitt III* stellt im Anschluß daran jeweils die Frage nach evtl. vorhandenen Traditionselementen. Sind Anhaltspunkte dafür auch schon zu-weilen unter II gewonnen worden (etwa durch den Aufweis von Spannungen, die nicht auf red. Absicht zurückgehen, oder durch unluk. Aussagen), so ist der evtl. Traditionscharakter eines jeden Abschnitts dennoch gesondert nachzuwei-sen. Wie im Eingangsteil deutlich wurde, ist die Annahme von Traditionen insbesondere in Apg 16–21 recht gut begründet. Darüber hinaus dürfte aber feststehen, daß das Problem der Traditionen in Apg 1–5; 6–12; 21–28 anders gelagert ist, da sie nicht wie oft in Apg 16–21 durch einen Vergleich mit den Paulusbriefen herausgeschält und kontrolliert werden können, auch wenn für einzelne Partien (Apg 5; 8; 12) außerluk. Nachrichten als Vergleichsmaterial zur Verfügung stehen. Es sei aber noch einmal hervorgehoben, daß evtl. Tradi-tionselemente auf der Grundlage von *Einzel*abschnitten und nicht unter Bezug auf übergreifende Quellentheorien ermittelt werden. (Das schließt selbstver-ständlich nicht die Möglichkeit der Existenz übergreifender Quellenstränge aus, sondern begründet sie z. T. in ihren Elementen; vgl. die Einzelanalyse.) Schließlich ist auch noch einmal auf die bewußt weite Fassung des Traditionsbe-griffes hinzuweisen (s. S. 16).

Zum (ausschließlichen) Zweck der Lesehilfe mögen hier kurz meine eigenen Annah-men zur allgemeinen Quellengrundlage der Apg (abgesehen von LkEv, LXX, Lesefrüch-ten [s. o. S. 24] und allgemeinem Wissen des Lukas als Voraussetzungen und Ergebnisse des nachfolgenden Kommentars genannt werden. (Vgl. im übrigen zu den in der Forschung vertretenen seriösen Quellentheorien Schneider 1982: 82–103; Plümacher 1984: 120–138.)

a) Lukas verwendete Apg 15,40–21,36(?) ein mit Einzelepisoden angereichertes „Itinerar" (vgl. als Parallele ein Tagebuch als Vorlage von Xenophon, Anabasis und dazu R. Nickel, Xenophon, Darmstadt 1979, S. 85 f. 118). Möglicherweise gehörte zu dieser Quelle auch z. T. das Material aus der Frühzeit des Paulus (Apg 9), vielleicht auch die Nachrichten von der Jerusalemer Konferenz (Apg 15). Zum Verhältnis von Apg 13–14 zu dem „Itinerar" s. u. S. 171.

b) Lukas besaß einen Bericht von Paulus' Prozeß in Cäsarea unter Festus. Diese Quelle enthielt die Nachrichten über die Verlegung des Paulus von Jerusalem nach Cäsarea, die Anklage gegen Paulus, die Appellation an den Kaiser unter Berufung auf sein römisches Bürgerrecht u. a. m. Der Wahrscheinlichkeitsgrad der Existenz einer solchen Quelle ist aber ungleich geringer als bei a), da die Paulusbriefe als Kontrollinstanz ausfallen. Gleiches gilt für alle folgenden drei Quellenannahmen.

c) Lukas besaß schriftliche Überlieferungen aus den Hellenistenkreisen (Apg 6–8; 11; 13–14[?]).

d) Lukas verwendete mehrere schriftlich oder mündlich vorliegende Petrusgeschichten (Apg 3; 5; 12).

e) In Apg 1–5 stützte sich Lukas auf mündliche Einzelüberlieferungen aus der Frühzeit der Jerusalemer Gemeinde.

f) Eine restlos befriedigende, alle „Wir-Stücke" (Apg 16, 10–17; 20,5–15; 21,1–18; 27,1–28,16) einbeziehende Hypothese ist mir nicht bekannt. Diese Passagen wurden daher ohne vorgefaßte Theorie analysiert. Ein überzeugendes Teilergebnis dürfte wenigstens zu Apg 27 erzielt worden sein (s. u. S. 268 f).

Abschnitt IV unterzieht die rekonstruierten Traditionen jeweils der historischen Überprüfung. Auch hier spielen die paulinischen Briefe eine hervorragende Rolle – sowohl hinsichtlich der Einzelinformationen als auch bezüglich des Rahmens der paulinischen Chronologie. Es sei betont, daß die historische Frage auf der Grundlage einer hypothetisch rekonstruierten Tradition gestellt wird. D. h., über viele Einzelergebnisse wird gestritten werden können. Doch wende man nicht im Sinne einer allgemeinen negativen Kritik ein, daß der vorliegende Kommentar zu hypothesenfreudig sei. Denn ohne historische Hypothese geht es auch bei der Beschäftigung mit der Apg nicht, es sei denn, man beschränkte sich auf eine Nacherzählung des Berichts der Apg, was leider allzu häufig geschieht. Vielmehr stellt sich auch hier die Frage nach der besten Hypothese; letztere wird für jeden Einzelabschnitt der Apg angestrebt bzw. zur Diskussion vorgelegt.

Ich kann mich beim besten Willen und trotz des Eingeständnisses, daß unser Wissen Stückwerk ist, nicht dazu entschließen, die Frage der Geschichtlichkeit „in den meisten Fällen in der Schwebe zu lassen" (Stählin 1980: 8), dies um so weniger, als die Absicht der Ausführungen von Stählin im nächsten Satz deutlich wird: „Andererseits muß gesagt werden, daß weithin eine allzu große Skepsis gegenüber den Angaben des Lukas üblich geworden ist und daß wahrscheinlich ein sehr erheblicher Teil des von ihm Berichteten im großen und ganzen dem Hergang der Dinge entspricht" (ebd.).

Die so beschriebene nachfolgende Actaanalyse kann und will die großen Kommentare nicht ersetzen, die sich weitgehend der Redaktionsanalyse widmen und intensiv die Sekundärliteratur diskutieren. Sie kommt auch ohne durchgehende Übersetzung aus, diskutiert lediglich zu einzelnen wichtigen Fragen Übersetzungsprobleme, ist aber eigenständig und mehr als eine Ergänzung der neueren Kommentare. Sie setzt freilich die durchgängige Benutzung eines griechischen Textes der Apg voraus und verzichtet oft darauf, noch einmal zu sagen, was schon von anderen gesagt worden ist. Die explizite Diskussion von Sekundärliteratur ist relativ spärlich. Nur in begründeten Einzelfällen wird auf die neuere Literatur und relativ häufig auf ältere, die vergessen zu werden droht, verwiesen.

Über den Ort der nachfolgenden Analyse in der Forschungsgeschichte gibt der einleitende Teil Auskunft. Der ursprüngliche Plan, in einem Anhang die Reden der Apg zu behandeln, wurde fallengelassen, da der historische Ertrag unerheblich gewesen wäre. Daher ist die Exegese der Reden, von Ausnahmen abgesehen, i.a. relativ knapp. Eine Zusammenfassung am Schluß war entbehrlich, da sie nur das wiederholt hätte, was vorher schon gesagt worden war.

Korrekturzusatz: Zur Actaforschung der letzten Jahre vgl. den gut informierenden Aufsatz von F. Hahn, Der gegenwärtige Stand der Erforschung der Apostelgeschichte. Kommentare und Aufsatzbände 1980–1985, in: ThRv 82. 1986, Sp. 177–190.

Apostelgeschichte 1,1–14

I Gliederung

V. 1–2: Widmung und Proömium (vgl. Lk 1,1–4)
V. 3–8: Abschiedshandlungen und Abschiedsreden Jesu
V. 9–11: Himmelfahrt Jesu vom Ölberg aus
V. 12–14: Die Urgemeinde
   12: Rückkehr der Jünger nach Jerusalem
   13–14: Die (namentlich aufgeführte) Urgemeinde im Obergemach

II Redaktion

V. 1–2:

Dieser Abschnitt ist Einleitung des zweiten Teils des luk. Doppelwerkes. Luk. Sprache wird an folgenden Stellen erkennbar: V. 1: *panton…hon, te kai.* V. 2: *anelemphthe.* V. 1–2 beziehen sich explizit auf das LkEv (= *protos logos*), dessen Inhalt als Tun *(poiein)* und Lehren *(didaskein)* Jesu bezeichnet wird. Die Anweisungen, die Jesus seinen Jüngern vor der Himmelfahrt gab *(enteilamenos)*, entsprechen denen in Lk 24 nicht, es sei denn, man behauptete, sie seien während des Abschiedsmahls (Lk 24,41–43) gegeben worden (so Reicke 1957: 10). Die V. 2 berichtete Auswahl der Jünger fand Lk 6,13 statt. Auf diese Stelle wird hier verwiesen und damit auf die V. 13 folgende Liste der Jünger vorbereitet.

V. 3–8:

Sprachlich lukanisch sind vor allem (Auswahl): V. 3: Relativpronomen + *kai*; *parestesen* + Dativ (vgl. 9,41), *pathein* (als Bezeichnung des Leidens und Sterbens Jesu), *legon ta peri tes basileias* (vgl. Lk 9,11). V. 5: *ou…pollas* (Jeremias 1980: 249). V. 6: *men oun.* V. 7: *eipen…pros.*
V. 3: Vgl. u. zu V. 6f. V. 4a *(synalizomenos* = zusammen essend [vgl. 10,41]; ansonsten kommt „zusammen seiend" als Übersetzung in Frage – vgl. die Kommentare) nimmt Lk 24,41–43 auf, V. 4b mit dem Verbot, Jerusalem zu verlassen, bezieht sich auf Lk 24,49 zurück: Dort wurde bereits das Bleiben in der Stadt angeordnet, bis die Jünger mit der Kraft des Höchsten ausgerüstet worden sind. Das Ende von V. 4 *(hen ekousate mou)* ist im Zusammenhang mit dem übrigen Vers als Rückbezug auf Lk 24,49 zu verstehen und trotz des Wechsels der Person (1. Ps. statt 3. Ps.) wohl nicht als Redeeinleitung des folgenden Verses. V. 5: Der Auferstandene nimmt auf ein zentrales Ereignis der Vergangenheit Bezug („Johannes taufte mit Wasser") und sagt sogleich die

baldige Erfüllung des noch ausstehenden Teiles der Verheißung des Täufers (Lk 3,16) an, die Apg 2 geschehen wird. (*ou meta pollas tautas hemeras* ist Verklammerung zu diesem Zweck.) Unter nochmaligem Rückbezug auf Lk 24,49 (man beachte außerdem, daß die Jünger sich lt. beider Stellen in Jerusalem aufhalten) erinnert Jesus an ein Täuferwort und aktualisiert es gleichzeitig im Hinblick auf die Geistausgießung Apg 2. Apg 11,16 blickt dann auf das Wort Jesu in V. 5 zurück. V. 6f korrigieren eine apokalyptische Naherwartung (vgl. Gräßer 1977: 204–207; 1979). Die Frage nach dem unmittelbaren Kommen des Reiches (vgl. Lk 1,32f; 24,21) wird abgewiesen. An seine Stelle tritt der Geist. (V. 3b, Jesu Predigt vom Reich Gottes, ist in diesem pneumatologisch-ekklesiologischen Sinn zu interpretieren.) Der Zeitpunkt der Parusie wird somit in die unbestimmte (aber nicht ungewisse: V. 11; 17,31) Zukunft verlegt. Alles Gewicht liegt auf V. 8 (vgl. Lk 24,47f), der die Predigt des Evangeliums in der ganzen Welt präfiguriert. Diese Evangeliumspredigt ist das Werk des Geistes, dessen Kommen in V. 7 bereits vorausgesagt wurde. Dabei ist die Aufgabe der Apostel derart bestimmt, daß sie Jesu Zeugen sein sollen (s. u. S. 39). Ihr Werk findet später in dem des dreizehnten Zeugen, Paulus, seine Fortsetzung (vgl. 22,15; 26,16–18 – s. bes. Burchard 1970: 130–135). Man hat in V. 8 wohl m. R. das Programm und das Dispositionsschema der Apg erblickt (Conzelmann 1972: 22). Dabei bezeichnet der Ausdruck „bis ans Ende der Welt" Rom; vgl. PsSal 8,15 und den geographischen Aufriß der Apg, der von Jerusalem nach Rom führt (anders Hengel 1983: 153f [Lit.]).

V. 9–11:

Der Abschnitt ist sprachlich von Lukas gestaltet: Vgl. bes. V. 10: *atenizontes*, Coniugatio periphrastica, Genitivus abs., *kai idou*. V. 11: *kai* nach Relativpronomen (vgl. weiter Lohfink 1971: 186–202). Ferner weist besonders die vierfache Wiederholung von *eis ton ouranon* (V. 10.11[3x]) auf die Hand des Redaktors. V. 11: Der Ausblick auf die Parusie ist wohl redaktionell und verknüpft die Geschichte mit V. 6f. Aus der V. 6 ausgesprochenen und V. 7 abgewiesenen Naherwartung wird eine Fernerwartung (nicht im Sinne einer Resignation, sondern einer Hoffnung).

V. 12–14:

V. 12: *hypostrephein* ist luk. Lieblingswort. Der Vers verknüpft die Geschichte mit dem Folgenden. Dabei wird der Ort der Himmelfahrt, der Ölberg, und die Distanz zwischen ihm und Jerusalem, ein Sabbatweg, beiläufig angegeben. Beide Angaben dürften auf Lukas zurückgehen; die Angabe „ein Sabbatweg" dient der Verknüpfung zwischen den verschiedenen Aufenthaltsorten der Jünger, wobei Lukas vor allem das Jerusalem-Motiv wichtig ist. (Die Jünger sind Zeugen der Himmelfahrt Jesu an einem Ort *nahe* bei Jerusalem und kehren darauf nach Jerusalem zurück.) Zur Ortsbezeichnung „Ölberg" vgl. Lk 19,29/ Mk 11,1 (Mt 21,1 läßt Bethanien aus). Lukas weiß aus der Mk-Vorlage, daß der Ölberg und Bethanien geographisch nahe beieinander liegen bzw. als Ortsangaben identisch sind. So variiert er hier die Ortsbezeichnung im Verhältnis zu Lk 24,50–53, wo die Himmelfahrt von Bethanien aus erfolgte. Das Bergmotiv paßt überdies zu Entrückungsgeschichten (vgl. die Parallelen bei Friedrich 1978: 44).

V. 13–14: Sprachlich sind *proskarterountes, homothymadon* und *proseuche* lukanisch. Inhaltlich gibt Lukas eine summarische Zustandsschilderung der ersten Gemeinde, die sich dem Gebet widmet. Diese Beschreibung bereitet die nachfolgende Ersatzwahl und die weitere summarisch-erbauliche Schilderung der Urgemeinde vor. Die Aussage über die Zugehörigkeit von Frauen zur ersten Gemeinde dürfte auf Redaktion zurückgehen. Doch welche Frauen sind gemeint? Frauen als Nachfolgerinnen Jesu oder als Ehefrauen der Apostel? Dafür, daß *syn gynaixin* (V. 14) die Ehefrauen der Apostel bezeichnen soll (so auch Lake/Cadbury, Beg. IV: 11), spricht folgendes: Rein sprachlich liegt es näher, in den Frauen die Ehefrauen der Jünger zu sehen. Wären es Nachfolgerinnen Jesu, hätte man den Artikel vor *gynaixin* erwartet. Ferner werden die Jüngerinnen Jesu, wenn von ihnen im Evangelium die Rede ist, fast jedesmal näher definiert (vgl. Lk 8,2 f; 10,38–42; 23,49.55; Ausnahme: Lk 24,10). Außerdem hat Lukas in der Apg kein besonderes Interesse an der weiteren Erwähnung der Frauen, die Jesus aus Galiläa gefolgt waren, denn sie werden in der Apg sonst nicht erwähnt. Sollten sie jedoch V. 14 gemeint sein, dann nur, um das Thema „Frauen aus Galiläa" damit „abzuhaken" – also allenfalls der Vollständigkeit halber. Falls es sich hingegen um die „Ehefrauen der Apostel" handeln sollte (so zweifellos Kodex D, der hinter *syn gynaixin* den Überschuß *kai teknois* hat), wäre in V. 14 eine Art „heilige Urgemeindenfamilie" gezeichnet, Familien der Jünger und Familie des Herrn (nach dem chiastisch aufgebauten Schema Männer [zwölf Apostel]/ihre Frauen – Frau[en] [Maria, die Mutter Jesu]/Männer [die Brüder Jesu]). Sollte dieser Vorschlag richtig sein, müßte Apg 1,14 parallel zu den Familien-Geschichten Lk 1–2 angesehen werden. Schließlich dürfte es in den Gemeinden bekannt gewesen sein, daß die Apostel Frauen hatten (vgl. 1Kor 9,5). Vgl. ferner Lk 4,38 (die Schwiegermutter des Petrus beweist, daß Petrus eine Frau hatte). Zur Bewertung der red. Deutung der Frauen als Ehefrauen vgl. Schüssler-Fiorenza 1983: 52. Aus dem Gesagten folgt, daß auch die Nennung der Brüder Jesu *an dieser Stelle* zwecks Zeichnung des Gesamtbildes von V. 14 redaktionell ist.

Exkurs: Zur Frage einer Interpolation in Apg 1,3 ff

Man hat vielfach gemeint, ein Redaktor habe ab V. 3 in die Vorlage eingegriffen (vgl. bes. nachdrücklich Norden 1913: 311–313; Meyer I: 34–42; Bauernfeind 1980: 312 ff). Folgende Gründe werden für diese These ins Feld geführt:
1. Nach dem *men* von V. 1 sei ein Nachsatz mit *de* zu erwarten gewesen.
2. Der Bericht V. 3–8 führe die Lk 24,36–53 erzählten Begebenheiten nicht nur nicht fort, sondern greife auch noch davor zurück. Denn das Zusammensein Jesu mit seinen

Jüngern bis zur Himmelfahrt erstrecke sich nun über einen Zeitraum von vierzig Tagen im Gegensatz zu dem einen Tag (plus Nacht) von Lk 24,36–53.

3. V. 4 f enthalten im Gegensatz zum Vorhergehenden eine wörtliche Rede.

4. Die Wendung *dia pneumatos hagiou* (V. 2) stehe an ungehöriger Stelle.

5. V. 2 und V. 4–9 fallen auf denselben Tag (so auch Lk 24). V. 3 mit der Nachricht, Jesus sei seinen Jüngern vierzig Tage erschienen, habe eine dazu widersprüchliche Chronologie.

Doch ist keines der Argumente wirklich zwingend:

Zu 1: Auch an anderen Stellen der Apg steht ein *men* ohne nachfolgendes *de*, wenn auch nicht so kraß (3,21; 4,16; 22,21). *hois kai* (V. 3) entspricht überdies luk. Stil.

Zu 2: Das Argument trifft nur zu, wenn LkEv und Apg ursprünglich ein Buch gebildet hätten. Das ist aber, wie aus Apg 1,1 hervorgeht, nicht der Fall. Dann aber ist es verständlich, wenn der Vf. noch einmal im Rückgriff auf das vorher Geschriebene einsetzt und mittels einer Erzählung über Jesu Erscheinung vor den Jüngern eine Inhaltsangabe des Endes des ersten Buches gibt, um einen besseren Anschluß zu gewinnen.

Zu 3: Auch an anderen Stellen der Apg findet sich ein unvermittelter Übergang von direkter zu indirekter Rede (vgl. 17,3; 23,22).

Zu 4: Selbst die Stellung von *dia pneumatos hagiou* (V. 2) führt nicht notwendig auf einen Interpolator zurück. Die Wendung hat die Funktion einer Antizipation (Hinweis von F. Rehkopf, Göttingen). Dann bezieht sie sich auf *hous exelexato*. (Conzelmann 1972: 24 verbindet *dia pneumatos hagiou* freilich mit *enteilamenos*.)

Zu 5: 13,31 („Er erschien während vieler Tage denen, die mit ihm von Galiläa nach Jerusalem hinaufgezogen waren, die seine Zeugen sind gegenüber dem Volk") dürfte auf 1,3 Bezug nehmen und damit die ursprüngliche Zugehörigkeit von V. 3 zur Apg wahrscheinlich machen.

III Traditionen

Scheidet damit die These einer Interpolation in Apg 1,3 ff aus, so steht gleichwohl fest, daß Lukas in jenem Abschnitt Traditionen verarbeitet hat:

1. Es stehen im Bericht nebeneinander das Sich-lebendig-Erweisen Jesu nach dem Leiden (V. 3a) und die Erscheinung während vierzig Tagen (V. 3b). Die erste Vorstellung entspricht der bei Paulus bekannten Erscheinung des erhöhten Jesus vom Himmel, die letztere ist zusammenzustellen mit Aussagen über eine bestimmte Dauer des Zusammenseins Jesu mit seinen Jüngern nach der Auferstehung: vgl. achtzehn Monate (Gnostiker bei Irenäus, haer I 3,2 und die Ophiten [Irenäus, haer I 30,14]); 545 Tage (AscJes 9,16); 550 Tage (EpJac 2,19f). Beide von Lukas hier kombinierten Vorstellungen gehen wohl auf mündliche Tradition zurück. (Beachtliche Gründe für den red. Ursprung der vierzig Tage liefert freilich Weiser 1981: 49f.)

2. Die Erwartung des Reiches für Israel durch die Parusie Jesu, wie sie in der Frage von V. 6 zum Ausdruck kommt („Herr, wirst du in dieser Zeit das Reich für Israel wieder herstellen?"), ist Tradition, die von Lukas im unter II (S. 32) genannten Sinne korrigiert wird.

V. 9–11:

Hier liegt eine Tradition zugrunde, deren Form nicht mehr zu erkennen ist. Sie berichtet von der wunderbaren Entrückung Jesu. Dazugehörige Motive sind „die Wolke" und „zwei Männer in leuchtenden Kleidern" (vgl. Lk 24,4) als Interpreten des Vorgangs. (Eine noch intensiver von Lukas bearbeitete Dublette dieser Tradition liegt Lk 24,50–53 vor.) Die Tradition setzt *keinen* zeitlichen Abstand vom Ostertag voraus und ist nicht ortsgebunden. Allenfalls die Anrede „Galiläer" mag auf Galiläa weisen. Zu den Einzelheiten von V. 9–11 vgl. neben den Kommentaren Friedrich 1978: 39–44 und Lohfink 1971: 160–162, der aber die Kreativität des Lukas zu hoch ansetzt und daher bei durchweg guten Beobachtungen die Tradition eliminiert. Zur Kritik vgl. die wichtige Besprechung von Hahn 1974; vgl. zu V. 9–11 Hahn 1974: 424 f.

V. 12–14:

Lukas schreibt die Apostelliste (Lk 6,14–16) aus, wobei er die Reihenfolge variiert. Der wichtigste Unterschied besteht darin, daß in der Liste der Apg Johannes an zweiter Stelle steht, während in der Liste des Evangeliums Andreas an zweiter und Johannes an dritter Stelle steht. Die Änderung mag darauf zurückgehen, daß Petrus und Johannes in der Apg als Paar auftreten (vgl. Apg 3–5). Ferner ist zu beachten, daß Lukas bereits an anderen Stellen des Evangeliums (anders als die Seitenreferenten) Petrus und Johannes gemeinsam nennt; vgl. Lk 22,8 (Mk 14,13: „zwei von seinen Jüngern", Mt 26,17: „die Jünger"); Lk 8,51 (Mk 5,37: „Petrus, Jakobus, Johannes"); Lk 9,28 (Mk 9,2/Mt 17,1: „Petrus, Jakobus, Johannes").

Hinter dem Ausdruck „Obergemach" *(hyperoon)* verbirgt sich vielleicht eine traditionelle Ortsangabe über den Versammlungsraum der Jerusalemer Gemeinde (vgl. 12,12). Doch vgl. andererseits 9,37.39; 20,8.

Die Tradition, daß Brüder Jesu zur Urgemeinde gehört haben, läßt sich kaum spezifizieren. Sie ist Bestandteil des allgemeinen Wissens des Lukas.

V. 14: Die Verbindung *proskarterountes...te proseuche* ist wegen Röm 12,12; Kol 4,2 traditionell.

Zu den „Frauen" als Bestandteil der Tradition s. o. unter II.

IV Historisches

V. 1–8:

Der Bericht ist in der red. Form unhistorisch, da Lukas die ersten Erscheinungen in Galiläa, von denen er aus dem MkEv gewußt hat, verschweigt. Diese ältesten Erscheinungen werden reflektiert Mk 16,7; Mt 28,16 ff; Joh 21 (vgl. Lüdemann 1983: 67 f [Lit.]).

In den oben aufgeführten Einzeltraditionen ist Historisches und Unhistorisches miteinander vermischt:

1. Es fanden in der Tat Erscheinungen des himmlischen Jesus (nach denen in Galiläa) in Jerusalem statt. Mit Sicherheit kann das von der Vision des Jakobus (1Kor 15,7) ausgesagt werden, denn der Herrenbruder schloß sich der Urgemeinde erst zu einem *späteren* Zeitpunkt an. Vgl. ferner die Erscheinungen vor fünfhundert Brüdern (1Kor 15,6), die Emmausgeschichte (Lk 24) und Joh 20 als Belege für eine jerusalemische Erscheinungstradition. Die Grabesgeschichten Mk 16,1–8 parr. kennen in ihrer ältesten Form (Mk) keine eigene Erscheinung Jesu vor den Frauen (anders Mt 28,9 f; Joh 20,14–18) und sind daher hier nicht zu verwerten. (Anders Hengel 1963: 251–256; Schottroff 1980: 111 f.)

Auf der anderen Seite geht die Tradition vom vierzigtägigen Zusammensein Jesu mit seinen Jüngern auf eine jüngere Vorstellung zurück (vgl. die apokryphen Parallelen) und ist daher unhistorisch. Die Zahl „vierzig" erklärt sich durch ihre Beliebtheit im biblischen Schrifttum (Israel war vierzig Jahre in der Wüste, Mose vierzig Tage auf dem Sinai [und Jesus vierzig Tage in der Wüste]; vgl. H. Balz, EWNT III: 843–844).

2. Die Erwartung der baldigen Wiederherstellung des Reiches für Israel durch die Parusie Jesu dürfte von Judenchristen Jerusalems geteilt worden sein. Anders kann man sich den Befund wohl nicht erklären, daß einflußreiche Teile des Judenchristentums jahrelang in Jerusalem geblieben sind bzw. dessen theologische Bedeutung streng gehütet haben. Wenn sie später nur zögernd mit der Heidenmission einverstanden waren (Gal 2,9), so reflektiert das wohl die ursprüngliche Erwartung, daß Jesu Parusie eine Wiederherstellung des Reiches für Israel herbeiführen würde. In diesem Zusammenhang ist die luk. Erzählung von der Geistverleihung an die Jünger in Verbindung mit dem als Zielgruppe auch Heiden einschließenden Missionsbefehl natürlich unhistorisch. Den Jerusalemer Uraposteln wurde durch Paulus und die Hellenisten die Heidenmission erst als Zugeständnis abgerungen. Sie selber haben sich im allgemeinen mit Ausnahme des Petrus (s. u. S. 138 zu Apg 10) nur zu einer Judenmission verstanden. (Zur Begründung der Aussagen in diesem Abschnitt vgl. Lüdemann 1983: 67–102.)

V. 9–13:

Die Himmelfahrt ist unhistorisch. Sie ist den Vorstellungen der damaligen Zeit verhaftet, denen ein Auffahren mit einer Wolke (Lk 24,51; Apg 1,11) schon als Aufnahme in den Himmel und denen ein leeres Grab schon als ein Beweis für die „Entrückung" des Toten galt. (Marshall 1980: 60 spricht einerseits vom Symbolismus der Himmelfahrt, dann von der Historizität dessen, was geschah, und schließlich davon, daß das, was geschah, jenseits der simplen wörtlichen Beschreibung liege. „Auf diese Weise ist die Geschichte der Himmelfahrt Jesu am besten zu verstehen" [ebd.]. Auch andere „Himmelfahrtsberichte" aus der antiken Welt?) Im übrigen ist der theologische Sinn der Himmelfahrt Jesu von der Kritik an ihrer Historizität zu trennen. Freilich sollte man auch nicht ins andere Extrem verfallen und behaupten: „Wer die von Lukas erzählten Vorgänge... als simples historisches Geschehen auslegt, nimmt sie gerade nicht ‚wörtlich' im Sinne des Lukas. ‚Wörtlich' nimmt man Erzählungen dieser Art nur dann, wenn man auf das genaueste nach den theologischen Absichten ihres Verfassers fragt" (Lohfink 1971: 250). Denn Lukas war den Vorstellungen der damaligen Zeit verhaftet und meinte wirklich, daß Jesus in den Himmel emporgehoben wurde (Anlaß: leeres Grab).

V. 13–14:

Der Rahmen ist sicher ungeschichtlich. Die Namen der Jesusjünger sind größtenteils sicher historisch, zumal sie von den voneinander unabhängigen synoptischen Parallelen gestützt werden. (Freilich ist zu beachten: Die Zwölferliste Mk 3,16–19 hat anders als Lk Thaddäus [Lk: Judas Jacobi] und Simon Kanaanäus [Lk: Simon Zelotes].) Auch die Existenz von Jüngerinnen als Mitglieder der Jerusalemer Urgemeinde ist ein historisches Faktum, obgleich es nicht auf der Grundlage von V. 13–14 zu erheben ist (s.o. S. 33 zur red. Gestaltung von V. 13–14).

Apostelgeschichte 1,15–26

I Gliederung

V. 15: Situationsangabe
V. 16–22: Rede des Petrus
   16–17: Einführung
   18–20: Tod des Judas und Schriftbeweis
   21–22: Die Notwendigkeit der Ersatzwahl
V. 23–26: Die Ersatzwahl

II Redaktion

V. 15:

Der Vers verbindet mit einer luk. Wendung *(en tais hemerais tautais) zeitlich* die nachfolgende Episode mit der vorhergehenden. Die *innere* Verknüpfung ergibt sich daraus, daß Lukas gerade von dem einträchtigen Gebet der elf Apostel mit anderen Gemeindegliedern berichtet hatte (V. 13 f). Vielfach wird die Zahlenangabe „ungefähr 120" als Steigerung gegenüber V. 13 f angesehen.

Doch setzt das die nicht einzig mögliche Deutung jener Verse auf die ganze Gemeinde voraus (die Frauen als Nachfolgerinnen Jesu), die S. 33 einer Kritik unterzogen wurde.

V. 16–22:

V. 16–17: Die Anrede *andres adelphoi* erscheint in der Apg ohne Zusätze wie *pateres* o. ä. nur noch 23,1 und 28,17 am Anfang einer Rede. *edei plerothenai ten graphen...*: Der Gedanke der Notwendigkeit eines Geschehens ist sicher vorlukanisch und von den ersten Christen in der Verteidigung der Passion Jesu unter Bezug auf die Schrift ausgebildet worden (vgl. Mk 14,21.49; s. zu den Einzelheiten Dibelius 1971: 178–218). In V. 16 fällt entsprechend der Verrat des Judas unter das göttliche *dei* und erhält besonders dadurch einen luk. Anstrich, daß der *Heilige Geist* durch David eine Voraussage (vgl. Ps 41,10) über den Verrat gemacht haben soll. (Vgl. im übrigen die Ausführungen von Conzelmann 1977: 142–144 zum theologischen Gebrauch von *dei* bei Lukas.) Mit Sicherheit wird diese Voraussage in V. 20a (= Ps 69,26 [LXX 68,25 – nicht wörtlich]) aufgenommen. Die Sätze über den Verrat des Judas (V. 16 fin.–17) beziehen sich auf Lk 22,47.3 zurück. V. 18–20: Das Stück ist weitgehend traditionell (s. u. III), doch reflektiert *kai gnoston egeneto pasi tois katoikousin Ierousalem* (V. 19 Anfang) luk. Sprache (vgl. 4,16; 9,42; 19,17). V. 20 fin. leitet zur Nachwahl über; der Versteil zitiert Ps 109,8 (LXX 108,8), wo ebenso wie in dieser Perikope von einer Ersetzung die Rede ist, bis auf *labeto* wörtlich. Im Gesamtaufriß des luk. Doppelwerkes hat die Judasgestalt eine wichtige paränetische Funktion. Der Satan hatte nach der Versuchung Jesu (Lk 4,1–13) „bis zur bestimmten Stunde" (*achri kairou* – Lk 4,13) von Jesus abgelassen. Die „bestimmte Stunde" war gekommen, als er in Judas „hineinfuhr" (Lk 22,3) und ihn als Werkzeug gegen Jesus gebrauchte. Indem nun am Geschick des Judas gezeigt wird, wie es Werkzeugen des Satans in der Gemeinde ergeht, werden die Leser(innen) des luk. Doppelwerkes ermahnt, dem Satan im eigenen Leben keinen Raum zu geben (vgl. Vogler 1983: 75–92 u. S. 70 zu 5,1–11). Die prädestinatorische Auslegung von Ps 69,26 steht dazu nicht in Widerspruch (s. die obigen Hinweise zu *dei*). V. 21–22: Zu *dei* (V. 21) vgl. V. 16 (*edei*). *arxamenos apo* (V. 22) ist sprachlich lukanisch, vgl. Lk 23,5; 24,27.47; Apg 8,35; 10,37 (im NT nur noch Mt 20,8; Joh 8,9). *anelemphthe* bezieht sich auf 1,9 (vgl. Lk 24,51) zurück. Die Verse sind wichtig a) für das luk. Verständnis der Rolle Johannes des Täufers im Heilsgeschehen und b) für die luk. Konzeption des Apostelamtes:

a) In der Apg erscheint Johannes noch an zwei weiteren Stellen, 10,37 und 13,24 f. Beide Male werden das Auftreten Johannes des Täufers und das Jesu voneinander abgesetzt, so daß der Eindruck entsteht, es handele sich um zwei verschiedene Epochen. (Vgl. außerdem die von der Mk-Vorlage abweichende Erzählung von der Gefangensetzung Johannes des Täufers [Lk 3,19–20] *vor* der Taufe Jesu [Lk 3,21–22], die anders als Mk 1,9 nicht mehr durch Johannes erfolgt.) Der Eindruck wird durch Lk 16,16 verstärkt: Johannes wird hier klar einer Zeit zugeordnet, die von der nach ihm beginnenden eindeutig abgegrenzt wird *(apo tote)*. Conzelmann hat daher bündig zur Stellung des Täufers bei Lukas ausgeführt:

„Nicht mehr der Anbruch des neuen Äon wird durch Johannes markiert, sondern ein Einschnitt zwischen zwei Epochen der einen, kontinuierlichen Geschichte... Nach Johannes brechen nicht die Endereignisse aus, sondern eine neue Stufe im Heilsprozeß wird erreicht, und Johannes selbst fällt noch in die frühere der beiden Epochen, die hier zusammentreffen" (1977: 17).

Diese These läßt sich wohl nicht so glatt durchführen, wie Conzelmann meint. Denn Apg 1,22 ist ja gerade die Johannestaufe Anfangspunkt des Lebens Jesu, der für die Zeugen wichtig ist, d. h., Johannes gehört hier in die „Jesuszeit" hinein (gegen Conzelmann 1977: 17 A1). Sodann ist es nicht sicher, ob Lk 16,16 *mechri Ioannou* inklusiv (er gehört in die Periode des Gesetzes und der Propheten hinein – so Conzelmann) oder exklusiv (er gehört in die genannte Periode nicht hinein) zu verstehen ist. Aus den genannten beiden Gründen ist es kaum möglich, Johannes den Täufer ausschließlich der einen oder der anderen Periode zuzuweisen (vgl. zum Problem die ausgewogenen Darlegungen von Kränkl 1972: 88–97 [Lit.] und Schneider 1977: 89 f).

b) Als Apostel gilt, wer mit Jesus von der Johannestaufe (Lk 3,7[?].21) bis zur Himmelfahrt (ununterbrochen) ein- und ausgegangen ist (Lukas streicht die Jüngerflucht Mk 14,50; alle Bekannten Jesu sind Lk 23,49 beim Kreuz Jesu anwesend) *und* – durch göttliche Bestimmung – Zeuge seiner Auferstehung wird (V. 22). (Vgl. zum luk. Zeugenbegriff Burchard 1970: 130–135.) Die Zahl der Apostel ist offenbar auf „zwölf" beschränkt und schließt implizit Paulus aus (s. aber dagegen 14,4.14). In der folgenden Nachwahl wird noch vor der Geistausgießung die Zwölfzahl der Apostel durch die Wahl des Matthias wieder vollgemacht. (Beachte aber, daß nach dem Tode des Zebedaiden Jakobus Apg 12 von keiner Ersatzwahl mehr berichtet werden wird! Mit Kap. 12 schließt nämlich die Epoche der zwölf Apostel in der luk. Darstellung ab; an ihre Stelle tritt Jakobus [12,17] samt den Presbytern [15,2 u. ö.].)

V. 23–26:

V. 23: *kaloumenon* (s. zu 8,10) und *epeklethe* sind sprachlich lukanisch. V. 24: Das Gebet(smotiv) ist redaktionell (vgl. vorher 1,14 und später das Gemeindegebet 4,24–30). V. 25: Der Vers bezieht sich auf V. 17–18 zurück (beide Male wird von *tes diakonias tautes* gesprochen). V. 26: Die Rede von den elf Aposteln setzt das luk. Konzept der zwölf Apostel (s. zu 1,22) voraus.

Judas:

Als Tradition kann der Name und die Jüngerschaft des Judas Iskarioth angesehen werden, ferner wohl sein Verrat Jesu. Ohne jeden Zweifel geht auch die Erzählung vom Tod des Judas (V. 18–20) in der Petrusrede (V. 16–22) auf Tradition zurück. Neben ihr existieren weitere Erzählungen vom Ende des Judas, von denen Mt 27,1–10 und ein von Apollinaris aufbewahrtes Papiasfragment die wichtigsten sind. (Text des Papiasfragments mit Übersetzung bei Kürzinger 1983: 104 f; Körtner 1983: 59–61; Körtner kommentiert S. 137–144 das genannte Papiasfragment [Lit.]. Mit Körtner, ebd. ist im folgenden vorausgesetzt, daß Papias [oder seine Quelle] die Apg *nicht* kennt.)

Die Mt-Fassung ist darin von den Versionen der Apg und des Papias unterschieden, daß sie von der Reue des Judas berichtet und ihn deswegen das Geld zurückgeben und Selbstmord begehen läßt. Demgegenüber schildern Lukas und Papias die entsetzliche Todesart des Verräters (zu den Einzelheiten s. sofort). Allen drei Berichten ist die Verbindung des Judas mit einem Grundstück gemeinsam, wobei Mt und Apg darin eine besondere Nähe haben, daß sie das Grundstück – wenn auch mit verschiedener Herleitung – „Blutacker" nennen. (Die aramäische Bezeichnung *hakeldamach* für Blutacker in Apg 1,19 ist phonetisch korrekt überliefert, s. Hengel 1983: 161.) Nach Mt 27,7 kaufen die Hohenpriester von den von Judas zurückgegebenen dreißig Silberlingen einen Acker (V. 7: *agros kerameos* – V. 8: „bis heute ‚Blutacker' genannt", weil er durch „Blutgeld" [V. 6] erworben wurde), nach der luk. Version kauft sich Judas von seinem Lohn (Mk 14,11/Lk 22,5 kennen nicht seine genaue Höhe – die Zahl „dreißig" in Mt 26,15 ist aus Sach 11,12 f gewonnen) einen Acker *(chorion)*, auf dem ihn offenbar sein schreckliches Ende ereilt (deswegen wird er Blutacker genannt). Papias erzählt, wie Judas ebenso grausam auf seinem eigenen Grundstück *(en idio chorio)* stirbt und von dort der Gestank seines verfaulenden Leichnams sich überallhin ausbreitet. Papias- und Lukasversion sind sich in folgenden zwei Punkten nahe: a) Die Apg berichtet, daß Judas (als Folge eines Falles) birst und seine Eingeweide heraustreten. Nach Papias schwillt Judas unermeßlich an und – so darf man ergänzen – als Folge platzt er, so daß die Eingeweide heraustreten. b) In der Papiasgeschichte scheint das fürchterliche Anschwellen des Leibes des Judas im Anschluß an Ps 109,18/108,18 (LXX) geschildert zu sein: „Er liebte den Fluch – so mag er über ihn kommen… Er zog den Fluch an wie ein Gewand, und er kam wie Wasser in seine Eingeweide." Dieses Anschwellen seines Körpers, auch seiner Augenlider war so schlimm, daß Judas völlig erblindete. Die Aussage von der Blindheit des Gottlosen ist wiederum zu lesen in Ps 69,23/68,23 (LXX): „Mögen verfinstert werden ihre Augen, daß sie nicht mehr sehen." Da nun sowohl Ps 109 als auch Ps 69 in der Acta-Fassung der Judasgeschichte verwendet werden, stellt sich die Frage, ob nicht bereits auf der vorluk. Stufe beide Psalmstellen mit der Judasgeschichte verbunden waren (vgl. in diesem Sinne Schweizer 1958).

Sosehr nun als Ergebnis des obigen Vergleiches der Judastraditionen die genetische Zusammengehörigkeit der drei Erzählungen feststeht, so kann man trotzdem nicht von einer abgerundeten Geschichte über den Tod des Judas als Grundlage der drei Versionen sprechen. Es ergaben sich nur Traditions*elemente* (schrecklicher Tod, ein Feld als Ort des Todes unter Anreicherung von Psalmstellen).

Die Zwölf – Die Apostel:

Ferner sind in unserem Abschnitt sowohl die Bezeichnungen der Anhänger Jesu als die Zwölf und/oder die Apostel traditionell. Die Zwölf als Empfänger einer Christophanie begegnen 1Kor 15,5, ferner außerhalb unserer Stelle in den synoptischen Zwölferlisten (Mk 3,16ff; Mt 10,2ff; Lk 6,14ff) und Apg 6,2. Die Apostel erscheinen 1Kor 15,7 wohl als Bestandteil von Tradition, sodann Gal 1,18 – jeweils als Bezeichnung Jerusalemer Größen. Kombiniert kommen beide Gruppen zuerst Mk 6,7.30 vor und erhalten danach von Lukas den oben gezeichneten Platz im Rahmen des luk. Doppelwerkes.

V. 23:

Auch die Namen der beiden Kandidaten, Joseph Barsabbas und Matthias (V. 23), dürften auf Traditionen zurückgehen.

Lohfink 1975a hat sogar gemeint, „daß in Apg 1,15–26 eine alte palästinensische Erzählung von der Nachwahl des Mattias verarbeitet ist" (249). Als Begründung verweist er auf die Wendung *edokan klerous autois* (V. 26). *edokan* sei Hebraismus und *autois* Dativus commodi. Von der Profangräzität und vom Sprachgebrauch der LXX sei folgender Satz zu erwarten gewesen: *kai ebalon klerous kai epesen ho kleros epi Matthian* (248). Den Losvorgang müsse man sich so vorstellen, daß zwei Lose mit der Aufschrift „Für Mattias" bzw. „Für Joseph" in ein Gefäß gelegt wurden, und das „beim Schütteln zuerst herausgesprungene (oder weniger wahrscheinlich: das zuerst gezogene) Los offenbare den von Gott gewollten Mann" (248), vgl. Lev 16,8.

IV Historisches

Die obigen Ausführungen zu den Traditionen vom Tod des Judas haben den fragmentarischen Charakter der Überlieferung herausgearbeitet: Es schälten sich als Konstanten heraus: 1. Der Jünger Judas Iskarioth (Iskarioth heißt einfach „der Mann aus Karioth"), 2. sein Verrat Jesu, 3. sein Tod an einem bestimmten Ort.

Wir gehen im folgenden die Elemente der Überlieferung einzeln durch: 1. Der Jünger Iskarioth ist ohne Zweifel eine historische Person (anders noch Schläger 1914: 52f [Lit.]: Judas sei auf Juda zu beziehen). 2. Es ist vorgeschlagen worden, den Begriff des Verrates nicht so eng zu fassen, wie es die Evangelien tun. Z. B. habe auch Petrus Jesus verraten (falls die Verleugnung des Petrus historisch ist). D. h., ein „Verräter" könnte darum auch noch nach der Auferstehung Mitglied der Gemeinde bleiben (so Vogler 1983: 24–30). Doch kann so nicht einleuchtend erklärt werden, warum denn zu einem bestimmten Zeitpunkt ein Mitglied des Zwölferkreises als Feind Jesu angesehen wurde. Dann aber wird man am besten an der Annahme festhalten: Ein Herrenjünger Judas hat entscheidend dazu beigetragen, daß Jesus in die Hände der jüdischen Behörde ausgeliefert wurde. Der „Verrat des Judas wird eine geschichtliche Tatsache sein, weil er als Sage ganz unverständlich wäre" (Wrede 1907: 132). 3. Da der Tod des Gottesfeindes ein Topos der antiken Literatur ist (vgl. Nestle 1968: 567–598), wird man den baldigen gewaltsamen Tod des Judas nicht als eine gesicherte historische Tatsache ansehen können. Wir wissen einfach nicht, was mit jenem Jünger nach dem Verrat und dem Tode Jesu geschehen ist.

Wie steht es nun mit der Zugehörigkeit des Judas zum Zwölferkreis? Bevor wir darauf eine Antwort versuchen, müssen vorher einige Probleme des Apostel- und des Zwölferkreises erörtert werden:

Die Existenz eines Zwölferkreises in der frühesten Zeit der Urgemeinde wird durch 1Kor 15,5 belegt. Paulus erwähnt ihn hier nur, weil er die Überlieferung wiederholt, die er bei der Gründungspredigt den Korinthern mitgeteilt hatte. Er selbst hat keine persönlichen Kenntnisse des Zwölferkreises als solchem. Während seines ersten Jerusalembesuches trifft er zwar Kephas, die dominierende Gestalt des Zwölferkreises. Doch hatte sich zu jener Zeit anscheinend bereits das Apostelkollegium als Leitungsgremium der Jerusalemer Gemeinde herausgebildet (vgl. Gal 1,19), in das der Zwölferkreis mindestens z. T. übergegangen sein dürfte. Traditionelle Spuren des überraschend schnell aus dem Blickwinkel des Paulus verschwundenen Zwölferkreises finden sich in den voneinander wohl unabhängigen Zwölferlisten der Evangelien (Mk 3,16 ff/Mt 10,2 ff/Lk 6,14 ff) und im Logion Mt 19,28, das auf Q zurückgeht. (Die These Trillings 1978: 213–220, es könne nicht mit genügender Sicherheit geschlossen werden, daß das Logion sich an die Zwölf richte, ist unwahrscheinlich.) Das Logion illustriert das Konzept des Zwölferkreises: Die Zwölf werden in der zukünftigen Herrlichkeit auf dem Thron die zwölf Stämme Israels richten. Dann aber bezeichnet der Ausdruck *hoi dodeka* „nicht rein numerisch zwölf einzelne Persönlichkeiten..., sondern den Kreis der Repräsentanten des Zwölfstämmevolkes der Endzeit" (Jeremias 1971: 224). Er ist eine feste Größe.

Die Verfechter der nachösterlichen Herkunft dieses Kreises geraten in Zeitnot. Hätten sie recht, müßte er nicht lange nach seiner Ausbildung wieder seine Bedeutung verloren haben oder gar erloschen sein (s. den Befund im Corpus Paulinum). Darum ist seine Zurückführung auf Jesus wahrscheinlicher (vgl. zuletzt ebenso Sanders 1985 a: 98–106). Petrus hätte dann in Galiläa den von Jesus gegründeten Zwölferkreis reorganisiert und wäre mit ihm nach Jerusalem gezogen. Nicht bald danach trat an seine Stelle der Apostelkreis, der durch eine Christophanie (1Kor 15,7) konstituiert wurde (Jerusalemer Apostolat).

Die Frage der Zugehörigkeit des Judas zum Zwölferkreis ist von großen Teilen der Forschung energisch verneint worden, und zwar unter Berufung auf 1 Kor 15,5. Paulus bzw. seine Überlieferung, so wird betont, hätte nur von einer Erscheinung Jesu vor den Elfen reden können (so freilich einige sekundäre Textzeugen), wenn Judas Mitglied des Zwölferkreises gewesen wäre, denn nach dem Verrat habe er nicht mehr zu jenem Kreis gehört. Da 1 Kor 15,5 nun aber von der Erscheinung Jesu vor den Zwölfen rede, sei bewiesen, daß Judas nicht zu ihnen gehört haben kann (vgl. in Anschluß an Wellhausen 1911: 138–147 Vielhauer 1965: 68–71; Klein 1961: 34–38 u. a.). Die Argumente sind aber nicht überzeugend, weil die Zwölf eine feste Größe sind (s. o.). Schied ein Mitglied aus, bestand der Kreis trotzdem fort und wurde nicht notwendig sofort aufgefüllt. Der Althistoriker E. Meyer weist auf eine aufschlußreiche antike Parallele hin: „Antonius und Octavian bleiben *triumviri* auch als Lepidus abgesetzt ist" (Meyer I: 297 A2). Meyers Ausführungen zum Zwölferkreis, S. 291–299, wird man sich im übrigen anschließen können.

Positiv ist darauf hinzuweisen: Bereits die vormarkinische Tradition Mk 14,10 spricht von Judas als einem der Zwölf (vgl. ferner Mk 14,20.43 parr.). Historisch wahrscheinlich ist also die Zugehörigkeit des Judas zum Zwölferkreis, der – das wird durch das soeben Gesagte noch bekräftigt – in die vorösterliche Zeit zurückreicht.

Bezüglich der Nachwahl des Matthias tappen wir historisch im Dunkeln, da jegliche Kontrollmöglichkeiten fehlen. Ferner ist zu berücksichtigen, daß trotz der Existenz eines Zwölferkreises es nicht ausgemacht war, daß er – wie Lukas sich das vorstellt – sofort wieder aufgefüllt wurde. Schließlich muß an das vielleicht rasche Verschwinden des Zwölferkreises erinnert werden. So käme die Schwierigkeit in der Beantwortung der Frage hinzu, wie sich eine solche Tradition der Nachwahl des Matthias in den Zwölferkreis überhaupt erhalten haben könnte, falls dieser nur von kurzer Dauer war. Man wird daher geneigt sein, die Historizität der Nachwahl des Matthias zu bestreiten (gegen Lohfink 1975 a; Weiser 1981: 72). Damit soll die historische Existenz der Jerusalemer Christen Matthias und Joseph nicht in Abrede gestellt werden.

Apostelgeschichte 2,1–13

I Gliederung

V. 1–4: Die Glossolalie der in einem Haus in Jerusalem versammelten Jünger am ersten Pfingstfest
   1: Orts- und Zeitangabe
   2–4: Die Glossolalie durch die Herabkunft des Geistes
V. 5–13: Das Sprachenwunder
   5: Die Anwesenheit von Juden aller Herren Länder in Jerusalem
   6–13: Sprachenwunder und Reaktion der Juden

V. 1–4:

Dieser Abschnitt reflektiert folgende luk. Sprach- und Stilelemente (Auswahl): V. 1: *en to* + Infinitiv (vgl. Jeremias 1980: 28), *symplerousthai* (im NT nur noch Lk 8,23; 9,51 [entspricht im Wortlaut 2,1]), *pantes, epi to auto* (vgl. 1,15 u.ö.). V. 2: *aphno, echos, pnoes, eplerosen,* Coniugatio periphrastica. V. 3: *diamerizomenai, hosei, hena hekaston.* V. 4: *eplesthesan, pantes, pneumatos hagiou, erxanto, heterais.*–*pentekoste* (V. 1) erscheint 20,16 in red. Zusammenhang und wird auch hier lukanisch sein. Es schließt sich an die 1,3 genannten vierzig Tage an. Ferner dürfte das siebenmalige aneinanderreihende *kai* auf Lukas zurückgehen. Es steht im Dienste der Berichterstattung und wird ab V. 5 von *de* abgelöst (V. 5.6.7.12.13). Hiergegen spricht nicht der Befund, daß Lukas im Evangelium markinisches *kai* oft durch *de* ersetzt. Denn das *kai* in V. 1–4 geht auf LXX-Nachahmung zurück (vgl. die ähnliche Lage Lk 1,57–66; 2,22–39). Sodann sprechen noch zwei weitere Beobachtungen für die luk. Bearbeitung des vorliegenden Abschnitts:

a) V. 2–3 sind fast völlig parallel aufgebaut:

A: Und plötzlich kam vom Himmel ein Tosen
A1: Und es erschienen ihnen sich teilende Zungen
B: Wie von einer jagenden Windsbraut
B1: Wie von Feuer
C: Und erfüllte das ganze Haus, wo sie saßen
C1: Und es setzte sich auf einen jeden von ihnen

b) Die Ausdrucksweise von V. 2f ist den Sinai-Theophanieschilderungen angeglichen (vgl. Ex 19,16–19; Dtn 4,11–12). (Zu V. 3f vgl. bes. noch Num 11,25.) Lukas imitiert auch an anderen Stellen die LXX (vgl. Plümacher 1972: 38–50. 69–72). Die Texteinheit läuft auf den Satz hinaus: „Und sie begannen in anderen Zungen *(heterais glossais)* zu reden, wie ihnen der Geist zu sprechen eingab" (V. 4). Die Wendung „andere Zungen" bezieht sich, vom Kontext aus geurteilt, darauf, daß die Anwesenden die vom Geist erfüllten Jünger verstehen können; vgl. V. 11: „Wieso hören wir sie in unseren Zungen *(tais hemeterais glossais)* die Großtaten Gottes sagen?" (vgl. V. 6.8). V. 4 drückt damit ein Sprachenwunder aus und wird inhaltlich in den folgenden Versen erzählerisch ausgeführt.

V. 5–13:

Der Abschnitt enthält luk. Sprach- und Stilelemente (Auswahl): V. 5: Coniugatio periphrastica, *katoikountes, andres eulabeis* (vgl. 8,2 – zum Adjektiv vgl. Lk 2,25; Apg 22,12), *hypo ton ouranon* (Lk 17,24; Apg 4,12 – vgl. Kol 1,23). V. 6: Genitivus abs., *synelthen, to plethos.* V. 7: *existanto, ethaumazon, idou.*

Die wörtliche Rede in V. 7–11 geht auf luk. Gestaltung zurück. (Sie wird jeweils mit *existanto... legontes* [V. 7.12] eingeleitet.) Damit verleiht Lukas der Szene Lebendigkeit (vgl. 1,4–12; 5,1–11; 25,12.22; 26,32). V. 11: *ta megaleia* (vgl. Lk 1,49 [v.l.] sowie das Verbum *megalyno*: Lk 1,46.58; Apg 5,13; 10,46; 19,17). V. 12: *existanto, dieporoun;* zu *ti thelei touto einai* vgl. 17,20.

Der Abschnitt ist mit der vorigen Einheit geschickt verknüpft. V. 6 bezieht sich auf V. 2 zurück (*phone* nimmt *echos* auf). V. 6, 8 und 11 knüpfen an V. 4 an und erweisen das Geschehen als Sprachenwunder. Innerhalb der Einheit V. 5–13 wird die Aufzählung der verschiedenen Völker durch *akouomen* (V. 8.11) eingerahmt. Die doppelt gezeichnete Reaktion der Zuhörer (V. 12+13) entspricht luk. Erzählstil (vgl. 17,32 f; 28,24).

Zur Funktion von V. 1–13 im Kontext:

Mit dem Bericht vom Geistempfang der Jünger erfüllt sich 1,8 (vgl. Lk 24,29). Die etwas umständliche Zeitangabe „als sich der Pfingsttag erfüllte" zeigt: Es geht im folgenden um die Erfüllung der von Jesus 1,8 ausgesprochenen Verheißung. Es ist kein Zufall, daß die anschließende Rede des Petrus (V. 14–40) beim Geistempfang einsetzt (V. 17–18). Der Geistempfang wird fortan konstitutiv für das Christsein (vgl. bes. 8,14–24; 19,1–7). Freilich sind dessen konkrete Auswirkungen jeweils noch zu bestimmen (vgl. den Überblick von Jervell 1984: 96 f).

Neben der Darstellung des Geistempfangs mag die Absicht des Lukas auch in der Zeichnung des Pfingstgeschehens als Sprachenwunder zum Ausdruck kommen. Wenn bereits am Stiftungstag der christlichen Religion der Heilige Geist die Mitglieder der neuen Bewegung mit den Sprachen aller anderen Völker ausrüstet, dann liegt hierin bereits, wie Zeller 1854: 114 richtig sah, die luk. Überzeugung von der universalen Bestimmung des Christentums zugrunde. (Später kann Lukas die Sprachenfrage vernachlässigen und setzt wie selbstverständlich voraus, daß alle die Prediger verstehen – s. Dibelius 1951: 153.) Man sollte dagegen nicht einwenden, Lukas wolle den Gedanken der weltweiten Ausbreitung des Evangeliums hier noch nicht betonen (so Roloff 1981: 39). Denn eben dieser Gedanke wird doch schon 1,8 hervorgehoben. Freilich wird der Universalismus der Evangeliumspredigt an dieser Stelle noch nicht im Sinne der Heidenmission ausgedrückt, denn die Perikope beschreibt die Zuhörerschaft als Diaspora*juden*. Dabei „gelten diese Diasporajuden gewissermaßen als Repräsentanten der Weltvölker, die in ihnen wenigstens potentiell gegenwärtig sind" (Schneider 1980: 251), z.B. ist der Levit Barnabas *Kyprios to genei* (4,36; vgl. 11,20); vgl. ferner *apo pantos ethnous* (2,5) und *te idia dialekto* (2,8).

In den letzten beiden Abschnitten wurde die Geschlossenheit der Perikope deutlich. Die Frage nach Traditionen wird zunächst die trotzdem vorhandenen Brüche aufzuweisen und die daraus resultierenden Traditionselemente zu spezifizieren suchen:

1. Das V. 1–4 geschilderte Geschehen spielt sich in einem Haus (V. 2) ab, das nachfolgende (V. 5–13) offenbar im Freien.

2. V. 9–11 unterbricht den Gedankengang und dürfte auf eine Vorlage zurückgehen (s. sofort). Da die Völkerliste gleichwohl gut zu V. 5–13 paßt, dürfte das ein Indiz für red. Arbeit des Lukas sein.

Exkurs: Zur Völkerliste Apg 2,9–11

Vorbemerkung: Die Stellung von Judäa (V. 9) fällt auf und ist zwischen Mesopotamien und Kappadozien merkwürdig. Sodann paßt Judäa auch inhaltlich nicht: Wie sollen die palästinischen Juden *nicht* die galiläischen Jünger Jesu verstanden haben? Man wird daher „Judäa" als nachluk. Korrektur einer ursprünglichen Lesart wie „Armenien" (s. die durch Tertullian und Augustin [partim] belegte Lesart) oder „Galatien" zu verstehen haben. Judäa lag für Bibelleser(innen) immer nahe. (Vielleicht geht die Korrektur aber auch auf Lukas zurück.)

Einen entscheidenden Beitrag zur traditionsgeschichtlichen Erhellung von V. 9–11 hat Weinstock 1948 geleistet (vgl. Brinkman 1963 – die Gegenargumente von Metzger 1970 verfangen nicht). Weinstock belegt die große Ähnlichkeit der in V. 9–11 aufgeführten Liste mit einem astrologischen Katalog des Paulus Alexandrinus (4. Jh. n. Chr.). Paulus zählt auf: Widder/Persien; Stier/Babylon; Zwilling/Kappadozien; Krebs/Armenien; Löwe/Asien; Jungfrau/Hellas und Ionien; Waage/Libyen und Kyrene; Skorpion/Italien; Schütze/Kilikien und Kreta; Steinbock/Syrien; Wassermann/Ägypten; Fisch/Rotes Meer und Indien. Von den von Paulus Alexandrinus genannten Nationen finden sich – freilich in anderer Reihenfolge – ebenso in Apg 2,9–11: Kappadozien, Asien, Libyen, Kyrene, Kreta, Ägypten. Andere stimmen sachlich miteinander überein (ihre Verschiedenheit reflektiert verschiedene politische Konstellationen): Persien entspricht den Parthern, Medern, Elamitern (V. 9 a); Babylon entspricht Mesopotamien; Italien entspricht Rom; das Rote Meer und Indien entsprechen ungefähr Arabien; Armenien entspricht zwar nicht genau Pontos, doch sind beide Länder Nachbarstaaten im nördlichen Kleinasien. Zudem zählen im 4. Jh. die Provinz Armenia minor bzw. die Provinzen Armenia I und Armenia II zur Diözese Pontica (Irmscher 1985: 456). – Der obige Vergleich zeigt also erstaunliche Ähnlichkeiten. Aus der Liste des Paulus Alexandrinus finden nur Hellas und Ionien sowie Syrien (s. die durch Hieronymus in V. 9 belegte Lesart für *Ioudaian*) keine Entsprechung in V. 9–11. Phrygien und Pamphylien aus V. 9–11 haben nur scheinbar keine Entsprechung bei Paulus Alexandrinus. Denn im 4. Jh. zählen die Provinzen Pamphylia und Phrygia mit Asia zur Diözese Asiana (nach Irmscher 1985: 456). Die Hypothese einer genetischen Beziehung legt sich daher nahe. Die Liste des Paulus dürfte aus einer geographischen Liste entnommen sein. Einer ähnlichen Quelle mag Lukas die V. 9–11 eingelegte Liste verdanken. Ihm kam es darauf an, möglichst viele Länder zu nennen, in denen Juden wohnten, um einen Beleg für V. 5 zu geben („nun waren in Jerusalem Juden wohnhaft, fromme Männer, *von jedem Volk unter dem Himmel*"). Zu diesem Zweck hat er sich der V. 9–11 erhaltenen Liste bedient. Um den Bezug auf Judäa sicherzustellen (vgl. V. 5), dürfte Lukas „Juden und Proselyten" (V. 11) hinzugefügt haben.

Die aufgewiesene Disparatheit zwischen V. 1–4 und V. 5–13 kann in einem Punkt vertieft werden. V. 4 spricht davon, daß die Jünger in „anderen Zungen" redeten. Sieht man „anderen" *(heterais)* als redaktionell an, so würde aus einem Sprachenwunder ein Reden in Zungen, d. h. Glossolalie, wie wir sie aus 1Kor 14 kennen. Dann berichtete die V. 1–4 (und V. 13?) erhaltene Tradition von einem ekstatischen Erlebnis in einem Haus im kleinen Jüngerkreis, und erst Lukas hätte diese Tradition im Sinne eines Sprachenwunders interpretiert, um damit den weltweiten Missionsgedanken vorzubereiten. Für diesen Vorschlag spricht der Befund, daß Lukas die ursprüngliche Glossolalie wohl nicht mehr kennt. 19,6 identifiziert er sie mit der Prophetie (vgl. 10,46). Dadurch wird „die Synthese mit dem Sprachenwunder erleichtert" (Conzelmann 1972: 32). Man wird also auch im Rahmen der Traditionsanalyse Glossolalie (V. 1–4) und Sprachenwunder (V. 5–13) unterscheiden.

Es handelt sich bei der Glossolalie im allgemeinen um unverständliches ekstatisches Reden (vgl. G. Dautzenberg, RAC XI: 225–246 zur Sache). Bezüglich der korinthischen Glossolalie im besonderen kann mit Sicherheit gesagt werden, daß sie keine Rede in fremden Sprachen war; zwar mußte sie erst noch übersetzt werden (1Kor 14,5), aber nicht als fremde Sprache (so Haacker 1970: 127), sondern als unverständliches Phänomen (vgl. 1Kor 14,19.23) – im Weltbild des Paulus: als Sprache der Engel (1Kor 13,1 [vgl. 2Kor 12,4]).

Bei der Traditionsanalyse des Sprachenwunders (V. 5–13) ist vor allem auf die rabbinische Vorstellung eines Sprachenwunders am Sinai hinzuweisen, wonach sich die Gottesstimme in siebzig Weltsprachen zerteilte und allen Völkern das Gesetz kundgetan wurde, aber nur Israel es annahm (vgl. Weiser 1981: 84).

Ferner ist beachtlich, daß die red. Motive der Theophanie in Apg 2,1–4 ebenfalls eine Parallele in Beschreibungen des Sinaigeschehens haben.

Vgl. Philo, Dec 46 (zu Ex 19,16ff): „Eine Stimme ertönte darauf mitten aus dem vom Himmel herabkommenden Feuer…, und die Flamme wandelte sich zu artikulierenden Lauten, die den Hörenden vertraut waren, wobei das Gesprochene so deutlich klang, daß man es eher zu sehen als zu hören glaubte."

„In dieser Ausgestaltung fällt besonders die betont herausgestellte Zusammengehörigkeit von Feuer, Stimme, Sprache auf" (Weiser 1981: 84), was dem luk. Pfingstbericht Apg 2,1–4 entspricht. Und schließlich paßt auch die red. Zeitangabe „Pfingsten" (V. 1) in den aufgewiesenen Sinai-Motivkomplex, falls z. Zt. des Lukas das Pfingstfest bereits als Fest der Bundesschließung verstanden wurde (vgl. Conzelmann 1972: 32f [Texte und Lit.]; Sanders 1985b: 634A31).

Zusammenfassung der Traditionsanalyse:

Als Traditionen schälten sich heraus: 1. Die Geschichte von einer Massenekstase der Jünger in einem Haus in Jerusalem (vielleicht gehört auch noch V. 13

dazu). 2. Die Völkerliste. – Das Sprachenwunder ist keine selbständige Tradition, sondern Lukas hat es aufgrund von Kenntnissen der Sinaitradition komponiert (sein Interesse am Sprachenwunder zeigt sich ja bereits durch die Aufnahme der Völkerliste).

Die andere Möglichkeit, daß das Sprachenwunder das Urgestein der Tradition sei (so anscheinend Conzelmann 1972: 32 u. a.), ist unwahrscheinlich. Dann müßte nämlich angenommen werden, daß bereits auf der Stufe der Tradition der Bericht von der Glossolalie hinzugewachsen ist (Lukas hat – wie oben gezeigt wurde – von ihr keine Anschauung mehr), und der Vorschlag würde auf einer Hypothese zweiten Grades basieren.

IV Historisches

Zwei Voten aus neuerer Zeit mögen am Anfang dieses Abschnittes stehen:

Reicke 1957 schreibt: „Dass aber beim ersten Pfingstfest der Christengemeinde etwas Ausserordentliches passiert ist, daran sollte nicht einmal der zweifeln, der rein empirisch und rationalistisch zu denken beansprucht; denn es ist doch sehr verständlich, dass das heitere Pfingstfest die Freude der Jünger über die Auferstehung Jesu zu einer ausserordentlichen Begeisterung erhöhte" (28).

Roloff 1981 führt aus: Man stößt „auf einen kleinen, aber festen geschichtlichen Kern, der durch die Faktoren ‚Pfingsten' und ‚Erfülltwerden mit Geist' bestimmt ist. Hier liegt aller Wahrscheinlichkeit nach eine Erinnerung an ein Widerfahrnis der Jünger Jesu am ersten Pfingstfest nach seinem Tode vor, das von ihnen als Überwältigtwerden vom Heiligen Geist begriffen worden ist" (39).

Beide Forscher setzen m. E. zu Unrecht voraus, daß der Termin Pfingsten der Tradition zugehört. Im übrigen sind beide Voten historisch wenig konkret, reichlich formal und allgemein bzw. erbaulich.

Die erste hier zu stellende Frage lautet, ob der Bericht von einer Ekstase der Jünger in einem Haus in Jerusalem glaubhaft ist. Nun bezeugt Paulus selbst das Phänomen glossolalischer Rede. Er behauptet von sich, mehr in Zungen zu reden als die Korinther (1Kor 14,18), und scheint 1Thess 5,19 seine Konvertiten zu glossolalischer Rede förmlich zu ermuntern. Unabhängig davon, wie die heidenchristlichen Korinther die Glossolalie verstanden, so kann doch für Paulus als plausibel angenommen werden, daß er in ihr eine „eschatologisch geschenkte Möglichkeit (sc. sah), Gott mit den Engeln zu preisen, die himmlischen Geheimnisse zu erfahren u. nachzusprechen (1Cor 14,2)" (Dautzenberg, RAC XI: 237). In ihr drückte er sich mit der Sprache der Engel aus (1Kor 13,1). Verwandte Erscheinungen finden wir TestHiob 48,2; 49,1; 50,2. Ähnliche Phänomene im palästinischen Christentum sind für die prophezeienden Töchter des Philippus zu vermuten. Wir dürfen also gewiß einen Vorgang, wie ihn die Tradition hinter V. 1–4 beschreibt, für gut möglich halten (vgl. Dunn 1975: 189–193).

Verschiedentlich ist der Vorschlag gemacht worden, das „Pfingstereignis" mit der Erscheinung vor fünfhundert Brüdern (1Kor 15,6) zu identifizieren. Hiergegen wurde freilich eingewandt: „Die Entwicklung von einer Christophanie (sc. wie 1Kor 15,5) zu dieser Theophanie ist nicht wohl vorstellbar, zumal in der älteren Fassung der Osterchristophanien der Geist nicht erwähnt ist" (Conzelmann 1972: 33). Dagegen: Joh 20,21f zeigt immerhin die Verbindung von Christophanie und Geistverleihung (vgl. zur Stelle Kremer 1973: 224–228), und die Züge einer Theophanie sind Apg 2 wahrscheinlich erst von Lukas eingetragen worden, wenn denn die Glossolalie als Traditionssubstrat der Geschichte angesehen werden darf. Ich halte es daher zumindest für möglich, daß die Erscheinung vor 500 Brüdern mit der Tradition hinter Apg 2,1–4 genetisch zusammenhängt. In diesem Fall sind freilich traditionsgeschichtliche Zwischenglieder anzunehmen, die u. a. den Widerspruch erklären zwischen der großen Zahl 500 und dem Erscheinungsort „im Haus", der nur eine weitaus geringere Zahl zuläßt, sowie die Gabelung der Überlieferung (hier Christophanie – dort Verleihung des Geistes).

Apostelgeschichte 2,14–47

I Gliederung

V. 14–40: Rede des Petrus
  14a: Rahmennotiz
  14b: Anrede
  14c: Aufruf zum Hören
  15f: Feststellung eines Mißverständnisses bei den Hörern (Unterschätzung der Apostel) und dessen Ausräumung
  17–21: Schriftbeleg: Joel 3,1–5/2,28–32(LXX)
  22a: Neue Anrede und neuer Aufruf zum Hören
  22b–24: Christologisches Kerygma
  25–31: Schriftbeweis mit Deutung (V. 29: dritte Anrede)
  32f: Fortsetzung des unterbrochenen christologischen Kerygmas
  34f: Wiederaufnahme des Schriftbeweises (im gleichen Schema wie 25–31)
  36: Der von den Jerusalemern Gekreuzigte ist der Christus (als Skopus der indikativischen Ausführungen des Petrus)
  37: Zwischenfrage der Hörer
  38: Aufruf zur Buße und Verkündigung des Heils
  39: Ausdrückliche Zuspitzung der Botschaft auf die Hörer
  40: Abschluß der Rede
V. 41: Erfolgsnotiz
V. 42–47: Summarium

II Redaktion

In der Petrusrede (V. 14–40) fällt auf, daß die drei alttestamentlichen Zitate jeweils durch eine Zitatformel und durch eine erneute Anrede eingegrenzt werden (V. 16/22; V. 25/29; V. 34/36). Das erste Zitat der Rede (V. 17–21) gibt zu Beginn eine nähere Erläuterung des vorhergehenden Pfingstwunders und bereitet in seinem zweiten Teil dann den christologischen Abschnitt (V. 22 ff) vor.

Zum ersten Teil des Joelzitates (V. 17–18):

Ihm steht voran eine Widerlegung der Annahme, die vom Geist Ergriffenen seien betrunken: Es sei nämlich erst die dritte Stunde. Das Verb *apophtheggesthai* (V. 14) wird aus V. 4 wieder aufgenommen (sonst nur noch einmal im NT Apg 26,25) und gibt damit die Zusammengehörigkeit der Rede des Petrus mit dem Vorhergehenden zu erkennen. Zu beachten ist, daß nicht die Angehörigen der fremden Völker den Vorwurf der Trunkenheit vorbringen, sondern offenbar nur diejenigen, die vom Pfingstgeschehen nicht angesprochen werden. In dem Spott, die Leute seien betrunken, wird daher nicht die luk. Deutung des Pfingstgeschehens reflektiert. Vielmehr ist er ein kompositorisches Mittel der Belebung, das an ein vielleicht im Urgestein der Pfingsterzählung enthaltenes Element (V. 13) anknüpft und die Handlung weitertreibt (vgl. Schneider 1980: „Der Topos mit dem Mißverständnis der Hörer wird auch 3,12 und 14,15 als literarisches Mittel benutzt" [267]).

Das Joelzitat entspricht der Fassung der LXX bis auf vier Abweichungen:

1. V. 17 liest „in den letzten Tagen" statt „nach diesen Dingen" (so auch Kodex B). Vielleicht hat B die ältere Lesart (vgl. bes. Rese 1969: 51 f) – falls nicht, ist der Ertrag für die red. Frage unerheblich, weil die Wendung „in den letzten Tagen" bereits abgeschliffen ist (vgl. z.B. 2Tim 3,1). Man kann also nur bedingt sagen, mit der Geistausgießung gehe „eine Verheißung *Gottes* für die *Endzeit* in Erfüllung" (Schneider 1980: 268).

Besser ist dann schon die Auskunft: „Freilich versteht Lukas ‚die letzten Tage' als eine längere Epoche... Was sich mit der Geistausgießung ereignet, vor allem die prophetische Begabung, ist das Charakteristikum der nun angebrochenen ‚Zeit der Kirche'" (Schneider 1980: 268; vgl. auch Kränkl 1972: 190–193).

2. V. 17 bringt ferner die Reihenfolge „Junge – Alte" statt „Alte – Junge". Das dürfte auf eine sachliche Verbesserung zurückgehen.

3. V. 18 schiebt zweimal *mou* hinter „Knechte" und „Mägde" ein. Damit werden Vertreter einer bestimmten sozialen Gruppe Knechte und Mägde *Gottes* (vgl. Roloff 1981: 53).

4. V. 18 fügt ferner dem Joelzitat noch hinzu „und sie werden prophezeien". An dieser Aussage lag Lukas viel, denn sie findet sich bereits im Joelzitat (V. 17 c). Damit deutet er das Pfingstgeschehen als Fähigkeit zur Prophetie (vgl.

19,6), ein Verständnis, das nicht im Gegensatz zur luk. Zeichnung des Pfingstereignisses als Sprachenwunder (2,5–13) steht.

Zum zweiten Teil des Joelzitates (V. 19–21):

Es entspricht mit Ausnahme der Hinzufügung von *ano, semeia, kato* wörtlich der LXX. Anscheinend läßt Lukas mit Absicht den auf das Zitat folgenden Halbvers (Joel 3,5b/2,32b [LXX]) aus: „...denn auf dem Berge Zion und in Jerusalem wird er gerettet werden, wie der Herr spricht, und es werden die frohe Botschaft hören, die der Herr berufen hat." Damit ist von vornherein klargestellt, daß die Heiden in das Heil eingeschlossen sind (vgl. Rese 1969: 50; Dupont 1967: 393–419).

Auf die Charakterisierung der Kirche als durch den Geist bestimmt (V. 17–18) folgt V. 19–20 der Übergang von der Gegenwart „zur apokalyptischen Zukunft, was der Darstellung von Lc 21 entspricht" (Conzelmann 1972: 34). Mit V. 21, der wieder die Gegenwart mit einschließt, wird die Pointe des Zitats erreicht (Roloff 1981: 53): „Jeder, der den Namen des Herrn (sc. Jesus) anruft, wird gerettet werden." Das Heilsangebot ist also universal. Man sollte nicht bestreiten, daß der „apokalyptische Teil" des Joel-Zitats bereits auf den christologisch-kerygmatischen Teil (V. 22b–24) überleitet. Die Ausdrücke *semeia* (dem LXX-Text hinzugefügt) und *terata* werden ja dort (V. 22b) bewußt aufgenommen.

Anders offenbar Roloff 1981: „Möglicherweise hat Lukas bei den ‚Wundern am Himmel oben' an das Kommen des Geistes vom Himmel her (V. 33) und bei den ‚Zeichen auf der Erde unten' wiederum an das durch den Geist gewirkte Wunder der Zungenrede gedacht. Ein Bezug auf die Wunder Jesu kommt hingegen kaum in Betracht" (53). Dagegen spricht die Übereinstimmung der Ausdrücke.

V. 22a: Der Versteil ist nach V. 14b die zweite Anrede und hat für die Analyse die Funktion eines red. Gliederungssignals.

V. 22b–24: V. 22b: Die Nennung der *dynameis, terata* und *semeia* bezieht sich auf das Evangelium zurück. Dort sind die Wunderbeweise des Propheten Jesus konstitutiv für die Christologie. „Es sind in der Darstellung Lc 4,16ff. wie in der weiteren Erzählung die *Taten*, welche die Erfüllung der Schrift demonstrieren" (Conzelmann 1977: 178). Vgl. zum Verständnis des Wunders bei Lukas noch Busse 1979 (Lit.).

„Die Rolle der Wunder bei Lukas ist nun doch nicht genügend erklärt, wenn man von ‚Wundersucht' spricht. Gewiß, diese ist eine Zeiterscheinung, an der auch er seinen Anteil hat. Aber dabei ist nicht zu übersehen, daß er zugleich planmäßig den christologischen Bezug des Wunders im Rahmen seiner Gesamtanschauung zu begreifen sucht. Die Taten Jesu sind ihm das Indiz der Heilszeit, die mit Christus ‚erschienen' ist" (Conzelmann 1977: 179).

V. 23: Die Passion erfolgt, luk. Theologie gemäß, nach Gottes Plan (Conzelmann 1977: 141 A2, s. ebd., 141–144). Der Vers entspricht Lk 23,18–25 (die Juden veranlassen die Verurteilung Jesu durch die Römer). Vgl. noch die Variation der Passionsaussagen 3,15; 4,10; 5,30; 7,52; 10,39 (s. dazu Wilckens 1974: 109–137).

V. 24: „Gott hat den Tod gezwungen, Jesus herauszugeben" (Stählin 1980: 46). (Die Auffassung des Todes Jesu als positive Heilstat [vgl. 20,28] liegt fern.) Auf diese Weise kommt Gottes Heilsplan zustande, wie er in den folgenden Versen näher beschrieben wird.

V. 25–31: Der Abschnitt entspricht im Zitat V. 25–28 völlig der LXX (Ps 16 [15], 8–11). V. 31, die Conclusio, nimmt V. 27 auf. Der red. Sinn besteht in folgendem: David sprach bereits im Blick auf *(eis)* die Person des Messias Jesus. Gott hat diesem zugesichert, weder werde seine Seele im Hades bleiben noch er selbst der Vergänglichkeit überantwortet werden. (13,35 f macht Lukas unter Wiederaufnahme des Zitats deutlich, welcher *Unterschied* an diesem Punkt zwischen David und Jesus besteht.) Also ist damit der Schriftbeweis für V. 24 erbracht.

V. 32–33: Daher hat Gott ihn von den Toten auferweckt, wovon die Apostel Zeugen sind, und hat ihn zu seiner Rechten erhöht. Von hier aus hat *Jesus* vom Vater die Verheißung des Heiligen Geistes empfangen und diesen ausgegossen, wie die Zuhörer des Petrus selbst sehen und hören können. Damit lenkt Lukas zurück zu 1,4 und spezifiziert die dortige Aussage, nach der die Jünger auf die Verheißung des Vaters (= die Ausgießung des Heiligen Geistes) warteten, wie sie es von Jesus gehört hatten.

V. 34–35: Die Verse nehmen im gleichen Schema wie bereits V. 25–31 den Schriftbeweis auf. Das Schema lautet: Bei David ist die Voraussage nicht erfüllt worden, also ist ein anderer gemeint, also bekundet die Schrift Christus, denn bei ihm erfüllt sich die Voraussage.

V. 36: Der hörerbezogene Vers schließt die Rede scheinbar ab, um die Zwischenfrage (V. 37) zu ermöglichen.

V. 37: Der Vers führt eine Unterbrechung als literarisches Kunstmittel ein (vgl. 10,44). Zu *ti poiesomen* vgl. Lk 3,10.12.14 (beachte den Kontext der Buße wie V. 37).

V. 38: Die Antwort des Petrus enthält die luk. Sicht darüber, wie man Christ wird, nämlich durch Buße, Taufe zur Vergebung der Sünden und Verleihung des Heiligen Geistes (Conzelmann 1977: 215 f).

V. 39: Der Vers ist darin lukanisch, daß Vf. indirekt auf den in der Rede Petri ausgelassenen Vers Joel 3,5 b/2,32 b (LXX) anspielt – unter Hinzufügung von Jes 57,19. Der Sinn lautet dann: Die Universalisierung der Heidenmission muß sichergestellt sein. Damit wird der Vers mit der Rede des Petrus verknüpft.

V. 40: Die Aussage, Petrus habe zu der Menge „mit vielen anderen Worten" geredet, ist ein literarisches Kunstmittel und deswegen redaktionell; „es gibt dem Schriftsteller die Möglichkeit, frei zu schalten und den Redner das sagen zu lassen, was in des Autors Plan liegt, zugleich aber dem Leser anzudeuten, daß der Redner mehr und anderes gesagt habe" (Dibelius 1951: 153; ebd. Beispiele aus Polybios, Xenophon, Appian). Der Schlußappell V. 40b („Laßt euch retten aus diesem verkehrten Geschlecht!") knüpft mit *sothete* an das letzte Wort des Joelzitates *(sothesetai)* an (V. 21).

V. 41:

men oun ist eine luk. Lieblingspartikel. *apodechesthai* kommt im NT nur im luk. Doppelwerk vor (2x LkEv, 5x Apg); *prostithemi* und *hosei* sind ebenfalls sprachlich lukanisch. Die Angabe 3000 entspringt luk. Phantasie, die die Großartigkeit des Vorgangs veranschaulichen will. Gegenüber 1,15 („ungefähr 120") ist die Zahl der Christen ungemein angestiegen.

V. 42–47:

Die Verse sind ein luk. Summarium, das seine Entsprechung 4,32–35 und 5,(11.)12–15(.16) hat (vgl. zusammenfassend Zimmermann 1982: 251–266). V. 42–47 sind sprachlich überwiegend redaktionell, nehmen auf vorher Berichtetes Bezug (vgl. *terata, semeia* [V. 43] mit V. 19.20, *apostolon* [V. 43] mit V. 37, *prosetithei* [V. 47] mit V. 41) und ergeben auch inhaltlich einen guten red. Sinn. (Zu *epi to auto*, V. 44, s. o. S. 44 zu 2,1.) Die Urgemeinde erscheint in ihnen in hellem Glanze. Vor dem geistigen Auge der Leser(innen) wird einerseits verallgemeinernd und typisierend das Wesen der Jerusalemer Gemeinde zeitlos entfaltet und zusätzlich Erinnerungen an griechische Ideale geweckt (s. die Beispiele S. 66 und Mönning 1978: 74–86). Andererseits haben die Summarien eine paränetische Funktion (s. u. S. 67 zu 4,32–37). Sie sind also ein wichtiges Darstellungsmittel des Lukas.

III Traditionen

Wir setzen im folgenden voraus, daß die Reden der Apg in der jetzigen Form aus der Feder des Redaktors Lukas stammen. Dies wurde ansatzweise ja auch in der obigen redaktionsgeschichtlichen Analyse sichtbar. Damit ist nicht ausgeschlossen, daß das in der Regel nicht behandelte Redenschema (Ausnahme: Areopagrede S. 200) und Einzelelemente der Rede auf Traditionen zurückgehen. (Die Auferstehungsaussage V. 24 sei hier wie in den anderen Reden bewußt ausgeklammert; vgl. zu ihr M. Rese, NTS 30. 1984, S. 335–353 [Lit.].) Besonders zwei Elemente der Rede waren Lukas wohl vorgegeben:

1. Die Verwendung von Joel 2,32(LXX)/3,5 in V. 21. Denn Paulus verwendet dieselbe Stelle Röm 10,13 und kann die Christen allgemein solche nennen, „die den Herrn anrufen" (1Kor 1,2). Wie die selbstverständliche Benutzung jenes Ausdrucks an der zuletzt genannten Stelle zeigt, dürfte Joel 2,32 (LXX) bereits *vor* 1Kor 1,2 zur Interpretation des Christuskerygmas verwendet worden sein (zu Rese 1969: 64 mit Bultmann 1984: 127f).

2. Die Verwendung von Ps 109(LXX)/110 im Rahmen der christologischen Diskussion ist in V. 34 f traditionell, wie die Parallelen zeigen (1Kor 15,25; Mk 12,36 usw.). Daneben mag *lysas tas odinas tou thanatou* (V. 24) in Verbindung mit der Auferstehungsaussage (ebd.) wegen der Übereinstimmung mit Polykarp, 2Phil 1,2 (Polykarp kennt die Apg wahrscheinlich nicht) auf Tradition zurückgehen.

Zu *prospexantes aneilate* (V. 23) vgl. die Ausführungen S. 77 zu 5,30.

Im Summarium V. 42–47 dürfte V. 42 auf Tradition zurückgehen (so auch Roloff 1981: 65 f, der zusätzlich V. 43 für traditionell hält), vgl. Röm 12,12 f. Sodann erscheint *koinonia* sonst nicht im luk. Doppelwerk, und V. 42 wird z. T. in V. 46 wieder aufgenommen (*proskarterountes, klontes arton*). Eine solche thematische Doppelung innerhalb des Summariums ist ungewöhnlich und kommt in den anderen Summarien nicht vor. Lukas hat hier eine traditionelle Notiz verarbeitet, die von der Gemeinschaft der ersten Christen, ihren gemeinsamen Mahlzeiten und der Unterweisung durch die Apostel berichtete. Ihre Herkunft dürfte aus historischen Gründen (Apostel, s. u. IV) in Jerusalem zu suchen sein. Nicht völlig auszuschließen ist freilich die andere Möglichkeit, daß Lukas wie Paulus (Röm 12,12 f) paränetische Traditionen aus dem paulinischen Missionsgebiet benutzen und ersterer sie auf die Jerusalemer Gemeinde übertragen hat.

Die Traditionsgrundlage der Aussage über den Verkauf von Besitzgütern (V. 45) dürften überkommene Nachrichten wie 4,36 f und 5,1 ff sein.

IV Historisches

Gewiß ist der Bericht der Apg über die Ereignisse zu Pfingsten in der jetzigen Form unhistorisch. Petrus hat keine Rede am ersten Pfingsttag in Jerusalem gehalten und schon gar nicht eines solchen Inhalts, wie ihn Apg 2 wiedergibt. Diesem Abschnitt dürften gleichwohl vier historische Fakten zugrunde liegen:

1. Petrus hat unmittelbar nach dem Tod Jesu und den Erscheinungen die Führungsrolle in der Jerusalemer Gemeinde innegehabt (vgl. Lüdemann 1983: 67–73).

2. Joel 2,32 (LXX) bildete sehr früh einen Bezugstext im jungen Christentum.

3. Ps 109 (LXX) wurde bereits sehr früh in christologischen Diskussionen verwendet.

4. Die Jerusalemer Gemeinde hat sich beim gemeinsamen Brotbrechen versammelt und zusammengehalten. Vielleicht darf man beides miteinander verbinden und sagen, daß die Gemeinschaft insbesondere beim gemeinsamen Mahl realisiert wurde (Fortsetzung der Tischgemeinschaft Jesu mit seinen Jüngern oder ständige Wiederholung des letzten Mahles Jesu mit seinen Anhängern oder allgemein-jüdisches Mahl). Doch ist eine halbwegs wahrscheinliche Aussage darüber unmöglich, ob bei den Mahlzeiten der Tod Jesu im Mittelpunkt stand und/oder ob gar der (Kult-)Herr wie in den paulinischen Gemeinden als Spender

von Brot und Wein als gegenwärtig gedacht wurde (vgl. zu dem angeschnittenen Problem die ausgewogenen Darlegungen von Weiß 1917: 41–47). Als Versammlungsort kommen die Häuser von einzelnen Mitgliedern der Jesusgemeinde wie das Haus der Maria (Apg 12,12) in Frage.

Auch die Unterweisung durch die Apostel ist als historisch anzunehmen, denn die Apostel hatten in der Frühzeit der Jerusalemer Gemeinde eine führende Rolle inne. So kann Paulus von denen sprechen, die vor ihm Apostel (in Jerusalem!) waren (Gal 1,17).

Falls die andere zu V. 42 unter III erwogene Möglichkeit zutreffen sollte, sind die soeben angestellten historischen Überlegungen natürlich gegenstandslos.

Apostelgeschichte 3

Vorbemerkung: Das Segment reicht eigentlich von 3,1–4,37 (zwischen zwei Summarien). Wegen seines zu großen Umfangs gehen wir kapitelweise vor, ohne die Einheit des Abschnittes aus den Augen zu verlieren.

I Gliederung

V. 1–10: Die Heilung des Lahmen im Tempel (zur Feingliederung s. S. 58)
V. 11: (Überleitung:) Der Lahme mit Petrus und Johannes in der Halle Salomos. Erstaunen des Volkes
V. 12–26: Rede des Petrus
    12 a: Anrede
    12 b: Zurückweisung eines Mißverständnisses
    13–15 a: Schriftzitat und Feststellung der Schuld der Jerusalemer am Tod Jesu
    15 b: Auferweckung Jesu und Zeugenschaft der Apostel
    16: Rückbezug auf die Lahmenheilung
    17: Erneute Anrede und Unwissenheitsmotiv
    18: Das Zeugnis der Propheten
    19–21: Bußruf und eschatologischer Ausblick
    22–26: Schriftbeweis zwecks Buße

II Redaktion

V. 1–10:

Die nachfolgende Wundererzählung steht hier nicht zufällig. Sosehr sie im unmittelbaren Kontext 2,43 erläutern mag, so soll sie doch insbesondere das Wunder der Geistausgießung belegen (*dynamei* [3,12] ist Rückverweis auf 1,8 und 2,22).

V. 1 zeigt die Apostel in luk. Manier als gesetzestreue Juden, die die Gebetsstunden einhalten (zur Zeitangabe der Gebetszeit „um die neunte Stunde" vgl. 10,3.30: „die neunte Stunde"; 10,9: „die sechste Stunde"). Die Erwähnung des Johannes ist hier wie V. 3.4 u.ö. (8,14) redaktionell. Johannes ist durchweg Statist und die Verben in V. 4 *(eipen)* und V. 7 *(egeiren)* haben den Singular. Lukas benötigt später *zwei* Zeugen vor dem Hohen Rat. Außerdem hat er eine Vorliebe für die paarweise Sendung (s. Lk 22,8 [diff. Mk 14,13] – diese Stelle übersieht Schille 1983: 136 bei seinem Protest gegen die obige These; vgl. zum ganzen noch Weiser 1981: 108). V. 4f sind vielleicht in toto redaktionell *(atenisas* [V. 4] und *epeichen* [V. 5] sind sprachlich lukanisch). Die red. Naht wäre *labein* (V. 3 fin. und V. 5 fin.). Doch ist es gleichfalls möglich, daß Lukas eine Vorlage nur ansatzweise bearbeitet hat, etwa durch Hinzufügung von „mit Johannes" und „schaue *uns* an" statt „schaue *mich* an". V. 6: Die Wendung „Silber und Gold habe ich nicht..." mag auf die 2,44f geschilderten Besitzverhältnisse zurückverweisen (vgl. auch den Nachhall von V. 6 in 20,33 [von Paulus]) und gleichzeitig 4,32ff vorbereiten. V. 8b nimmt V. 8a auf: *exallomenos* und *periepatei.* Das Gotteslob des Geheilten *(ainon ton theon)* verweist auf 2,47 zurück, wo dasselbe von der Gemeinde ausgesagt wird. Die drei Partizipien am Ende entspringen luk. Erzählstil. Da außerdem der Versteil den red. V. 11 vorbereitet, wird man ihn ganz auf Lukas zurückführen. V. 9–10 tragen im einzelnen luk. Spuren: vgl. *ainounta ton theon* als Anknüpfung an V. 8, der selber auf 2,47 zurückverweist.

V. 11:

Dieser Vers ist ein Überleitungssatz, der die vorige Szene des Wunders mit der nachfolgenden Rede Petri verbindet. *ekthamboi* knüpft an *thambous* (V. 10) an. Im folgenden befinden wir uns in der Halle Salomos, die sich Lukas offenbar innerhalb des Tempelbezirkes denkt, zu dem das „Schöne Tor" von V. 2 ein Eingang ist.

Lukas unterscheidet nicht verschiedene Bereiche im Innern des Tempels „und stellt sich das ‚Schöne Tor' an der äußeren Umfassung vor. Nach dem Passieren erreicht man die Halle Salomos" (Conzelmann 1972: 38; vgl. Hengel 1985: 154–156). Der westliche Text bietet eine „Verbesserung". Nach ihm verlassen Petrus und Johannes den Tempel und befinden sich (erst dann) in der Halle Salomos; vgl. Dibelius 1951: 77.
Die These, „daß Lk ... keine ... Ortskenntnis besitzt" (Conzelmann 1972: 38) bleibt zutreffend, denn „er unterscheidet im Innern des Tempels nicht verschiedene Bezirke" (ebd.), was bei seiner ausführlichen Schilderung der Ereignisse im Jerusalemer Tempel (Apg 3–5; 21–22) zumindest andeutungsweise zu erwarten gewesen wäre. Es ist ihm doch zumindest um die Beigabe von Lokalkolorit zu tun (s. 17,16–34; 19,23–40), ohne daß man ihm topographische Neugierde späterer Pilger zuschreiben muß (zu Hengel 1983: 157, der Conzelmanns o. zitiertes Votum auch deswegen ablehnt, weil unsere eigene Kenntnis des herodianischen Tempels zu bruchstückhaft sei, um hier eine Entscheidung zu treffen). Die eigentliche Frage ist, ob für Lukas' Angaben der Wahrheitsbeweis geführt werden muß, oder ob umgekehrt die luk. Angaben nur dann unzutreffend

sind, wenn sie sicher als falsch erwiesen werden können. Hengel scheint durchweg letzteres, Conzelmann ersteres anzunehmen. – Hengel 1983: 157 wird aber darin recht behalten, daß die Ortsangabe „Schönes Tor" traditionell ist; s. u. S. 58 f.

V. 12–26:

V. 12 a: *idon… laon* verknüpft die nachfolgende Rede mit V. 11. Die Anrede *andres Israelitai* entspricht 2,22 a.

V. 12 b weist wie die Pfingstrede (2,15) nach der Anrede ein Mißverständnis zurück.

V. 13–15 a sind – noch deutlicher als 2,23 – Rückverweis auf Lk 23,16.18–25 (vgl. den Einzelnachweis bei Wilckens 1974: 128 f). *pais theou* (V. 13) als Bezeichnung Jesu erscheint noch V. 26; 4,27.30, daneben nur noch Mt 12,18 (cit.) im NT (vgl. dazu Kränkl 1972: 125–129; Wilckens 1974: 163–167).

V. 15 b enthält wie 2,24 eine Auferweckungsaussage und schließt daran das luk. Zeugenmotiv an (vgl. 2,32 und S. 39 zu 1,22 zu den zwölf Aposteln als Zeugen).

V. 16 nimmt künstlich auf die Wundergeschichte Bezug. „Lukas trägt nach, daß es ohne Glauben kein Wunder gibt. Nebenbei wirkt der Hinweis wie ein Appell an die Hörer" (Schille 1983: 128). Zum Namen Jesu als Modus der Präsenz des Erhöhten vgl. Kränkl 1972: 177–180.

Nach Wilckens 1974 ist der Satz „so umständlich und ungeschickt formuliert, daß man ihn schwerlich als lukanische Formulierung hinnehmen kann" (40). Vgl. dagegen Schneider 1980: 320 f. Ferner ist nach Roloff 1981: 75 f nicht vom Glauben des Geheilten die Rede, sondern von dem des Petrus. Nein, die überladene Formulierung zeigt doch nur Lukas' Schwierigkeiten, der Überlieferung seine Theologie aufzuprägen (vgl. die im LkEv auf den Glaubensbegriff hin interpretierten Wundergeschichten 5,20; 7,9.50; 8,48; 18,42).

V. 17: *kai nyn* ist Gliederungssignal (vgl. zu 20,22.25). Das Unwissenheitsmotiv im Zusammenhang der Passion ist lukanisch (vgl. Lk 23,34 [falls ursprünglich]; Apg 13,27).

V. 18: Das Leiden des Christus ist nach luk. Theologie schriftgemäß (vgl. Lk 24,26 f u. ö.); das Zeugnis der Propheten erscheint noch V. 21 b und V. 24.

V. 19–21: V. 19 ist luk. Bußforderung, die im positiven Fall die Sündenvergebung nach sich zieht (vgl. vorher 2,38). V. 20 f wirken wie ein Fremdkörper im glatten redaktionell zu erklärenden Zusammenhang. Die Verse setzen offenbar – unlukanisch – einen inneren Zusammenhang von Umkehr und Verwirklichung des zukünftigen Heils voraus. Es wird nämlich die zukünftige Heilszeit durch die Bekehrung (der Juden) herbeigeführt (vgl. 2Petr 3,12); *hopos an* hat hier streng finalen Sinn. Formuliert Lukas an dieser Stelle auch unter Traditionseinfluß (s. weiter u. III), so mag der red. Sinn in folgendem liegen: Die Juden haben trotz der Tötung Jesu eine weitere Möglichkeit zur Buße vor der Parusie. Zwar war das Leiden des Christus schriftgemäß, doch gilt das ebenfalls für die

Predigt zwischen Auferstehung und Parusie (Lk 24,44–47) und für die Parusie selbst (= die Zeiten der *apokatastasis*) (V. 21). Insofern gehört das alles noch in die vorausgesagte Heilsgeschichte mit hinein. Lukas scheint ferner in V. 21 eine Verzögerung der Parusie vorauszusetzen (die Termine liegen freilich fest, vgl. 1,7). Die Aussage über die Propheten, die das Leiden Christi (V. 18 b) bzw. die (künftigen) Zeiten der Wiederherstellung von allem (V. 21 b) vorausverkündigt haben, rahmt den Bußruf und den eschatologischen Ausblick.

V. 22–26 bringen weiter eine Art Rückblick (gegenüber dem Vorblick von V. 20–21) auf den geschichtlichen Jesus mit Schriftbeweis und Bußmahnung. V. 22–24 gehören zusammen. Das *men* hinter Moses (V. 22) wird durch das *de* hinter *pantes* (V. 24) aufgenommen. Moses wird hiermit zu den Propheten gerechnet. Daraus folgt, daß er auch schon zu den V. 18 und V. 21 genannten Propheten gehört. Ihre Verkündigung ist auf „diese Tage" (V. 24) bezogen. „Die Schrift wird hier nicht im Schema von Weissagung und Erfüllung angewendet" (Rese 1969: 69). V. 25 liegt wahrscheinlich Gen 22,18 (LXX) zugrunde. Dabei hat Lukas, von Kleinigkeiten abgesehen, *panta ta ethne tes ges* geändert in *pasai hai patriai tes ges*. Diese Änderung war notwendig, weil die Rede im Zusammenhang der Apg nur an Juden gerichtet war und *ta ethne* in der Apg die Heiden meint. Der Ausdruck *patriai* schließt dagegen die Juden mit ein. Ihnen gilt ja, wie *proton* 3,26 zeigt, in besonderer Weise der Segen. Lukas hat damit das Zitat dem Kontext der Petruspredigt an Juden angepaßt (vgl. Rese 1969: 73).

Abschließend sei die Zusammengehörigkeit der Petrusreden von Apg 2 und 3 betont: 1. Wurde bereits 2,21 die Gnadenbotschaft im Zitat allen zugesprochen, die den Herrn anrufen, so tritt nach 3,23 die Androhung von Verderben für diejenigen hinzu, die die Botschaft nicht annehmen (vgl. 2,21: *kai estai* + Heilsangebot; 3,23: *estai de* + Drohung. (Die Wendung 3,23 bezieht sich wohl bewußt auf 2,21 zurück.) 2. Nach Apg 2 ist das Resultat der Umkehr die Verleihung des Heiligen Geistes (V. 38 [33 f]) – nach Apg 3 die Vollendung in der Parusie Jesu (V. 20 f). 3. Beide Reden bringen den Schriftbeweis: Sowohl Joel als auch die übrigen Propheten haben über die gegenwärtige Zeit geredet. Wenn man so will, sind die beiden Reden Petri daher eine einzige große Rede.

III Traditionen

V. 1–10 enthalten eine vollständige, stilgemäß aufgebaute Wundergeschichte. V. 1–2 bilden die Einleitung mit einer Ortsangabe („Schönes Tor"), V. 3, die Aktion des Lahmen, leitet den Hauptteil (V. 6 b–8) ein, wobei der Dialog V. 3– 6 a, formgeschichtlich betrachtet, einen Überschuß darstellt. V. 6 b–8, der Hauptteil mit der Wunderhandlung und dem Eintreten der Heilung, enthalten folgende stilgemäße Elemente: Heilungswort (V. 6 b), Heilungsgeste (V. 7 a), sofortiges Eintreten der Heilung (V. 7 b), Demonstration (V. 8 a). V. 9–10 bilden den Schlußteil. Er schildert die Wirkung auf die anwesende Volksmenge. (V. 8 b ist in toto redaktionell, s. o. unter II.)

Recht aufschlußreich für die Traditionsanalyse sind die Parallelen, die die Geschichte besonders mit Apg 14,8–10 (Heilung eines Gelähmten in Lystra durch Paulus) und Lk 5,17–26 (Heilung eines Gelähmten durch Jesus) hat. Vgl. die Synopse bei Schneider 1980: 307 und die Exegese von Apg 14,8–10 (u. S. 164ff). Während die Parallelität unserer Geschichte mit Lk 5,17–26 (Mk 2,1–12) wohl in der analogen Situation begründet ist, bestehen zu Apg 14,8–10 so viele wörtliche Übereinstimmungen, daß eine genetische Beziehung zu postulieren ist (vgl. den Einzelvergleich mit 14,8–10 u. S. 166). Es fällt im übrigen auf, daß das Glaubensmotiv in Apg 3,1–10 nicht explizit enthalten ist und darum 3,16 von Lukas nachgetragen wird, während es sowohl 14,9 als auch Lk 5,20 Bestandteil der Erzählung ist. Sein Urheber dürfte in beiden Fällen Lukas sein, der es Mk 2,5 bereits vorgefunden hat.

Da die beiden Heilungsgeschichten Apg 3 und 14 so parallel aufgebaut sind und viele wörtliche Berührungen aufweisen, dürfte eine genetische Beziehung zwischen ihnen feststehen. Die Petruserzählung ist wohl ursprünglich, da sie das luk. Glaubensmotiv noch nicht enthält (dies spricht eindeutig gegen die sonst mögliche These, Lukas habe Apg 14 und Apg 3 auf der Grundlage von Mk 2 geschaffen) und vermutlich bereits die Ortsangabe „Schönes Tor" aufweist. Für diese Annahme spricht der Befund, daß man das Tor nicht identifizieren kann (vgl. Hengel 1983: 157). Vielleicht gehört auch noch die Ortsangabe aus der Überleitung V. 11, „die Halle Salomos", zum traditionellen Bestand der Geschichte. In jedem Fall hat diese Jerusalem als Ort. Harnack (1908: 146) hält sie für einen Bestandteil der mit Apg 2 konkurrierenden Pfingstgeschichte. Doch setzt diese These die Richtigkeit der Quellenscheidung Harnacks voraus (dazu kritisch Conzelmann 1972: 5).

V. 12–26:

Die Rede Petri ist eine luk. Komposition, die an folgenden Stellen Traditionen reflektieren dürfte:

V. 13: Die Bezeichnung Jesu als *pais theou* wird trotz des vokabelstatistischen Befundes (s. o. unter II) nicht auf Lukas zurückgehen, da so nicht die breite Streuung von *pais theou* im frühchristlichen Schrifttum bis zur Mitte des zweiten Jh.s erklärt werden kann (vgl. zu den Einzelheiten Wilckens 1974: 165; Kränkl 1972: 125 f).

V. (19.)20–21 sind darin einzigartig, daß sie die Umkehr Israels als Vorbedingung für das Eintreffen des eschatologischen Heils ansehen. Ferner fällt die Parallelisierung des Kommens der Zeiten der Erquickung (vgl. Hebr 9,20) mit dem Kommen Jesu auf. Das Ganze ist als urchristliche Bekehrungstradition zu bezeichnen, die ihren Ort in einer judenchristlichen Gemeinde hatte, deren Glaube stark zukunftsorientiert war (vgl. zur Traditionsbestimmung Hahn 1979: 129–154; zur Verbindung von Buße und Heilszeit im Judentum vgl. Bill. I: 162–165. 519).

V. 25: Die an dieser Stelle vollzogene Deutung des Samens Abrahams auf Jesus begegnet bereits Gal 3,16. Folgende Erklärungen dieses Befundes sind denkbar: 1. Paulus und Lukas gehen unabhängig voneinander auf eine Tradition zurück. 2. Lukas benutzt Gal 3,16. 3. Lukas benutzt eine Tradition des paulinischen Missionsbereiches, die auf Gal 3,16 zurückgeht.

IV Historisches

V. 1–10:

Der Tradition dieser Wundererzählung liegt kein historischer Kern zugrunde. Von Kind an Lahme werden (leider) nicht wieder gesund. Doch reflektiert die Geschichte die Existenz einer christlichen Gemeinde, die Großes von Petri Wirksamkeit in Jerusalem und/oder Petruswundern zu berichten wußte.

Die Ausbildung der Tradition wird in den ersten zehn Jahren nach der Kreuzigung Jesu vorzustellen sein, als Petrus in Jerusalem die Leitung der dortigen Gemeinde innehatte und wohl auch „Wunder" tat (vgl. den Kommentar zu 5,1–10), oder auch in einer späteren Zeit, da Petrus als eine der führenden Gestalten des Urchristentums galt (dann würde die Ortsangabe „Schönes Tor" auf Lukas zurückgehen).

V. 13: Vgl. die Hinweise unter III.

V. 19–21: Angesichts der Bedeutung des Parusiegedankens und der Rolle des jüdischen Volkes in der Tradition wird man sie am ehesten mit dem ältesten Christentum Jerusalems in Verbindung bringen. Eine andere Möglichkeit besteht darin, in V. 19–21 eine Parusieverzögerung reflektiert zu sehen, die zu einem verstärkten Bußruf an Israel führte. In diesem Fall wäre die Herkunft der Tradition offen und ihre Ausbildung jüngeren Datums als bei der zuerst genannten Möglichkeit.

V. 25: Die Tradition der christologischen Deutung von Gen 22,18 ist in jedem Fall vorlukanisch. Da sie an der LXX orientiert ist, paßt sie zu einer griechisch-sprachigen Gemeinde. Die Bestimmung ihres Alters hängt von der Entscheidung ab, welcher der drei unter III genannten Möglichkeiten man den Vorzug geben sollte (m. E. der dritten).

Apostelgeschichte 4,1–31

I Gliederung

V. 1–3: Gefangensetzung Petri und des Johannes am Abend durch die Priester, den Tempelhauptmann und die Sadduzäer

V. 4: Der große Erfolg der Predigt: Die Gemeinde wächst auf 5000 Mitglieder an

V. 5–22: Vor dem Hohen Rat

  5–7: Am nächsten Morgen: Vorführung des Petrus und Johannes und Frage nach
     ihrer Vollmacht durch die jüdische Behörde

  8–12: Zeugnis des Petrus

  13–22: Verbot der Predigt und dessen Zurückweisung durch Petrus und Johannes.
     Freilassung der Apostel wegen des Volkes, das Gott wegen der Heilung des über
     vierzig Jahre alten von Geburt an Lahmen preist

V. 23–30: Rückkehr der Jünger und Reaktion der Gemeinde

  23–24a: Petrus und Johannes gehen zur versammelten Gemeinde

  24b–30: Gemeindegebet

     24b: Gottesanrede und -prädikation

     25a: Zitatseinführung

     25b–26: Psalm-Zitat

     27f: Auslegung des Zitats auf die Passion Jesu hin

     29: Bitte um Freimut zur Verkündigung

     30: Bitte um Wunderzeichen.

V. 31: Sammelbericht: Erdbeben, Erfüllung mit Heiligem Geist, Predigt des Evangeliums
  in Freimut

II Redaktion

Die Handlung spitzt sich zu. Nachdem der Lahme geheilt ist und Petrus seine
Rede an das Volk gerichtet hat, regt sich Widerstand. Die Apostel werden
festgesetzt.

V. 1–3:

V. 1a führt die vorherige Petrusrede (im luk. Genitivus abs.) auf beide Apostel
zurück. V. 1b–3 sind sprachlich und stilistisch redaktionell: Vgl. V. 2: *dia to* +
Infinitiv; *kataggellein;* V. 3: *epebalon tas cheiras* (als Erfüllung von Lk 21,12
[diff. Mk]), vgl. 5,18; 12,1; *ethento.* Der Abschnitt enthält die Exposition für
das folgende Verhör. Alle drei Parteien (die Priester, der Tempelhauptmann, die
Sadduzäer) nehmen daran Anstoß, daß Petrus und Johannes das Volk lehren.
Doch deutet Lukas bereits hier an, daß der Widerstand der jüdischen Gruppen
gegen die Christen nicht einhellig ist; nur die Sadduzäer erregen sich, daß die
Apostel die Auferstehung von den Toten verkündigen (vgl. einen ähnlichen red.
Zusammenhang 23,6).

V. 4:

Das Wachstum der Gemeinde setzt sich wunderbar fort. Nach 120 (1,15)
bzw. ungefähr 3000 (2,41) werden jetzt 5000 Gläubige der Gemeinde zuge-
führt. Als Paulus bei seinem letzten Jerusalembesuch Jakobus begrüßt (21,20),
waren es noch mehr: Zehntausende.

V. 5–22:

V. 5–7 sind red. Einleitung des Verhörs. Zum einleitenden *egeneto* + AcI vgl.
Radl 1975: 403. V. 7, ein Rückbezug auf 3,12.16 (vgl. 3,6), stellt die Frage an
die Apostel so, wie sie für die nachfolgende Rede benötigt wird: „In welcher
Kraft und in welchem Namen habt ihr das getan?" Die Leserschaft weiß die
Antwort schon. V. 8–12, die nachfolgende Petrusrede, kombiniert redaktionell
das Apg 3 berichtete Wunder und das Christuskerygma. Zusätzlich findet sich
mit einem Verweis auf Ps 118,22 ein bisher in der Apg nicht benutzter Schriftbeweis (vgl. Lk 20,17/Mk 12,10 – vielleicht liegt ein bewußter Rückbezug auf
diese Szene vor). V. 8, die Einleitung der Petrusrede, ist sprachlich in toto
lukanisch. V. 9f nehmen auf die Heilungsgeschichte Bezug: Dabei sind folgende
wörtliche Entsprechungen mit ihr und den vorigen Erzählungen festzustellen:
gnoston esto (= 2,14); „im Namen Jesu Christi des Nazoräers" (= 3,6); „den
ihr gekreuzigt habt" (= 2,36); „den Gott von den Toten auferweckt hat" (=
3,15). V. 11 liefert den Schriftbeweis für das Kerygma im Anschluß an Ps
118,22 (s.u. III), V. 12 lenkt auf die Situation der Anrede zurück. V. 13–22
gipfeln darin, daß die Apostel dem Predigtverbot nicht Gehorsam leisten (können). V. 13: Das Stichwort *parrhesia* erscheint auch in den nachfolgenden
Versen 29+31, ein Zeichen dafür, daß Lukas *eine* Sache im Blick hat: die
Freiheit der Verkündigung gegenüber jüdischen Eingriffen. (Sie hat ihre Entsprechung in der Freiheit der Verkündigung im römischen Staat – vgl. das Ende
der Apg.) Es fällt auf, daß die Ankläger erst jetzt das enge Verhältnis der Jünger
zu Jesus entdecken *(epeginoskon)*. Das ist ebenso Fiktion (vgl. 4,1f!) wie die
Verwunderung über die Ungebildetheit der Apostel (V. 13a). Letzteres steht ja
geradezu in Kontrast zur geisterfüllten Rede Petri, ersteres steigert die Dramatik
(die Ankläger entdecken endlich, worum es eigentlich geht). V. 14 *(anteipein* ist
vielleicht Rückbezug auf Lk 21,15 [red.]) dient der Verknüpfung der Szene mit
3,1–11 und bereitet zugleich den Bericht von der folgenden Aktion gegen die
Apostel vor. Der dort Geheilte steht bei den Aposteln und provoziert sozusagen
die nachfolgenden Aktionen der jüdischen Behörde gegen diese. V. 16f lassen
noch einmal die jetzige Beratung – ohne die Gegenwart der Apostel (vgl. V. 15)
– durch das vorher berichtete Wunder verursacht erscheinen; V. 16b legt in luk.
Sprache (beachte auch das *men solitarium*, vgl. 1,1) der jüdischen Behörde die
von Lukas beabsichtigte Einsicht in den Mund: Durch die Apostel ist ein für alle
Bewohner Jerusalems deutliches Zeichen geschehen. V. 17f: Das Predigtverbot
wird nur erteilt, um nicht befolgt zu werden. *phtheggesthai* lenkt auf 2,4.14
zurück *(apophtheggesthai)*. V. 19f (vgl. 5,29), „ob es recht ist vor Gott, mehr
auf euch zu hören als auf Gott, das entscheidet selbst" (V. 19), enthalten eine
Anspielung auf Sokrates, der in ähnlicher Situation seinen Richtern gesagt
hatte: „Gehorchen werde ich dem Gotte mehr als euch" (Plato, Apol 29D).
Lukas zeigt damit seinen griechischen Lesern die eigene hellenistische Bildung
(vgl. Plümacher 1972: 18f). Zugleich weist er die Notwendigkeit der Mission in
Jerusalem nach. V. 21 verstärkt V. 17f: Die jüdische Behörde will, kann aber
nicht die Evangeliumspredigt hindern. V. 22 rundet die ganze 3,1 begonnene

Szene ab, indem die wunderbare Art der Heilung noch einmal herausgestrichen wird: Der Lahme war älter als vierzig Jahre, d. h., so lange war er von der Krankheit befallen.

V. 23–30:

V. 23–24a: Die Verse tragen luk. Sprachkolorit *(apolythentes, apeggeilan hosa, homothymadon)*. Sie verknüpfen die vorige Einheit mit V. 24b–30, dem Gemeindegebet. V. 24b: *despota* ist Gottesanrede, die im NT noch im Gebet Symeons, Lk 2,29, und Apk 6,10 vorkommt. Die Vorstellung von Gott, dem Schöpfer des Himmels und der Erden und des Meeres, stammt aus dem AT. (Zur Möglichkeit der Rückführung von V. 24b auf Tradition s. u. III.) V. 25a ist verderbt.

Zu Schneider 1980: Sein Wiederherstellungsversuch ist kaum überzeugend; er schreibt: „Die grammatikalisch überladene Konstruktion von V. 25a geht möglicherweise schon auf die Absicht des Lukas zurück, das folgende Zitat als göttliche Verheißung zu qualifizieren. Die Einführung des Zitates enthält folgende Einzelbausteine: *ho eipon* (d. h. Gottes eigene Aussage wird zitiert), ferner: Gott sprach zugleich durch ‚den Mund unseres Vaters David‘, der ‚Gottes Knecht‘ war, und ‚durch den heiligen Geist‘“ (357). Das scheitert an der Grammatik. Vgl. auch Rese 1969: „Die Wiederherstellung des ursprünglichen Textes an dieser Stelle scheint ebensowenig möglich zu sein, wie der Versuch vergeblich ist, das Entstehen des verderbten Textes zu erklären“ (94). Haenchen 1977: 223 A3 meint, zwei später eingedrungene Zusätze lägen in V. 25a vor: *tou patros hemon* und *(dia) pneumatos hagiou*.

V. 25b–26 zitieren Ps 2,1f (LXX) wörtlich und werden deswegen auf Redaktion zurückgehen. V. 27–28: V. 27 bringt die Deutung unter Einsatz mit dem aus dem Zitat stammenden Verbum *synechthesan*. Drei der im Zitat genannten vier Gruppen *(ethne, laoi, basileis, archontes)* werden im Lichte der luk. Passionsgeschichte wie folgt gedeutet: Herodes Antipas steht stellvertretend für die *basileis*, Pilatus für die *archontes*, Israel für die *laoi*. Daher dürften die *ethne* auf die römischen Soldaten gehen. V. 27 ist red. Rückbezug auf Lk 23,12. „Der Tenor ist hier jedoch ein anderer als in der Lk-Passion: dort wird Pilatus – apologetisch – entlastet, hier, in der grundsätzlich-heilsgeschichtlichen Betrachtung, wird die Schuld betont“ (Conzelmann 1972: 43). *Beide* Betrachtungsweisen sind lukanisch. Zu *paida sou* (s. auch V. 30) vgl. den Kommentar zu 3,13.

V. 25b–27 sind im übrigen chiastisch angeordnet. Sie werden eingerahmt von den *ethne* und *laoi*, dann den *basileis* (= Herodes Antipas) und den *archontes* (= Pilatus), in der Mitte steht der Herr (= Gott und sein Gesalbter). Wegen des wörtlichen LXX-Zitats und wegen des kunstvollen chiastischen Aufbaus ist die Komposition von V. 25b–27 auf Lukas zurückzuführen, was zugrundeliegende Tradition natürlich nicht ausschließt.

V. 28 ist sprachlich und inhaltlich lukanisch. Zum Sprachlichen: *cheir sou* und *boule sou* (Lk 7,30; Apg 2,23; 13,36; 20,27) sind luk. Ausdrücke. Inhaltlich ist der Gedanke des Planes Gottes redaktionell: „Ein auffallender Hinweis sind die vielen Zusammensetzungen mit *pro*" (Conzelmann 1977: 141; vgl. ebd. den ganzen Abschnitt S. 141–143). V. 29 lenkt das Gebet auf die gegenwärtige Notlage der Gemeinde zurück: *kai ta nyn* ist luk. Überleitungswendung: im NT nur noch 5,38; 20,32; 27,22 (17,30: *ta nyn*; 20,22.25: *kai nyn*). Gott wird auf die V. 17.21 ausgesprochenen Drohungen der jüdischen Behörde hingewiesen. V. 30 weist auf die Heilung und die Wundertaten zurück, die im Namen Jesu erfolgten; *iasis* bezieht sich auf die konkrete Heilung des Lahmen, *semeia* und *terata* auf die seit Apg 1 berichteten Machttaten, die ihrerseits die im LkEv erzählten Wunder (vgl. Apg 2,22) fortsetzen. Die Erfüllung des Gebetswunsches wird 5,12; 6,8 u. ö. summarisch berichtet.

V. 31:

Dieser Vers beschreibt nach einleitendem luk. Genitivus abs. die Gebetserhörung, die sich in einem Beben des Ortes niederschlägt, und berichtet von einer Art zweitem Pfingsten. Alle (Christen) werden vom Heiligen Geist erfüllt.

Zusammenfassend ist zu V. 23–31 die durchgehende red. Gestaltung durch Lukas hervorzuheben.

III Traditionen

V. 11:

Ps 118,22 ist ein traditioneller Bestandteil der urchristlichen Apologetik gegen die Juden: s. Mk 12,10 parr. (vgl. Lindars 1973: 169–186).

V. 24 b–30:

Die verschiedentlich aufgestellte These, V. 24 b–28 seien Teil eines alten Gemeindegebetes (so zuletzt Roloff 1981: 85), scheitert daran, daß hier nicht der Stil des Gebets, sondern der der Exegese (von Ps 2,1 f) vorherrscht. Damit soll nicht bestritten werden, daß das Gebet ganz dem Schema in jüdischen und alttestamentlichen Schriften entspricht (vgl. Tob 3,11–15; 8,5–7 und bes. Jes 37,16–20) und daher vorluk. christliche Vorgänger gehabt haben mag.

„Zuerst wird Gott lobpreisend angeredet als der Herr und Schöpfer Himmels und der Erde. Dann wird er erinnert an seine den Vätern gegebene Verheißung, wozu das christliche Gebet noch die Erfüllung durch Jesus hinzufügt. Mit der Wendung *kai ta nyn kyrie* wird dann die besondere Bitte der Beter eingeleitet und Gott um seine Wunderhülfe gebeten" (v. d. Goltz 1901: 235).

Dabei empfiehlt es sich (gegen v. d. Goltz, ebd.), das Gebet wegen der o. angeführten red. Züge als luk. Komposition zu bezeichnen.

Gleichwohl bleibt die Frage sinnvoll, ob Einzelbausteine des von Lukas geformten Gebets auf Tradition zurückzuführen sind. Das scheint in einem Fall geboten zu sein, denn dem Gebet liegt wohl die Deutung von Ps 2,1f auf Herodes und Pilatus zugrunde – vgl. ebenso Lk 23,6ff, eine Szene, die sogar auf der Grundlage der bereits vorliegenden Deutung von Ps 2,1f auf Herodes und Pilatus komponiert worden ist (vgl. Dibelius 1915; Wilckens 1974: 230f [Lit.]). Die unterschiedliche Zeichnung des Pilatus kann an dieser These nichts ändern; gegen Kränkl 1972:

„Die Diskrepanz zwischen Apg 4,25–27 und dem übrigen lukanischen Werk wird leichter verständlich, wenn man annimmt, der Autor habe hier ein in Spannung zu seiner eigenen Komposition stehendes Traditionsstück aufgenommen" (110).

IV Historisches

V. 11:

Die Verwendung von Ps 118,22 als Bestandteil frühchristlicher Apologetik ist bereits vormarkinisch. Doch kann diese Deutung nicht zwingend auf Petrus zurückgeführt werden, da dieser nicht Bestandteil der Tradition ist.

V. 25b–28:

Die Verwendung von Ps 2,1f im Rahmen der Passionsgeschichte ist in den uns bekannten frühchristlichen Texten singulär (vgl. aber o. zu Lk 23,6ff). Sie entstammt der Schriftexegese des Lukas oder seiner Gemeinde und geht wohl nicht auf die erste Generation zurück.

Zu Lukas' allgemeinem Wissen in Apg 3–4,31:

Trotz des i. a. negativen Ergebnisses der historischen Analyse der Traditionen in Apg 3–4,31 bleibt noch die Frage, ob nicht Lukas' allgemeines Wissen über diese Epoche der Urgemeinde von historischem Wert sei. Man wird sie wohl deswegen bejahen dürfen, weil seine Zeichnung des Konfliktes zwischen Urgemeinde und Priesteradel auf richtigen historischen Annahmen beruht. Denn die missionarische Wirksamkeit der Urgemeinde in Jerusalem nicht lange nach der Kreuzigung Jesu dürfte auf sadduzäische Kreise alarmierend gewirkt haben (vgl. die Aktion des Sadduzäers Ananus gegen Jakobus im Jahre 62 [Josephus, Ant XX 199–203]), so daß sie zumindest Erwägungen über Aktionen gegen die Jesusgemeinde angestellt haben dürften (vgl. Roloff 1981: 80). Das bedeutet: Zwar sind die erzählerischen *Einzelheiten* von Apg 3–4,31 i. a. historisch wertlos (zu Judge 1964: 63). Doch beruht der Erzählrahmen auf einigen zutreffenden historischen Grundlagen, d.h. auf Tatsachen. Ihre Herkunft kann wohl nicht mehr ermittelt werden. (Oder hat Lukas sie sich auf der Grundlage des MkEv selbst zurechtgelegt?)

I Gliederung

V. 32: Die Einheit der Gemeinde
V. 33: Das Auferstehungszeugnis der Apostel und die auf allen ruhende Gnade
V. 34–35: Der Verkauf der Güter und die Verteilung des Erlöses durch die Apostel
V. 36–37: Das Beispiel des Barnabas

II Redaktion

V. 32:

Der Vers hebt die Einheit der Gemeinde hervor. *plethos* und *hyparchonta* sind sprachlich lukanisch, *pisteusanton* und *hapanta koina* beziehen sich auf 2,44 zurück. V. 32 b setzt offenbar andauernden Besitz der einzelnen Gemeindeglieder voraus (keiner nannte etwas von seinem Besitz sein eigen), doch treten die Besitzer die Eigentumsrechte an die Gemeinde ab, so daß ihnen alles gemeinsam war *(autois hapanta koina)*. Lukas arbeitet in diesem Vers zwecks Zeichnung der Urgemeinde biblische Ausdrücke („ein *Herz* und eine *Seele*", vgl. Dtn 6,6) mit griechischen Idealen zusammen (zu *hapanta koina* vgl. *koina ta philon*, Aristoteles, NE IX 8,2 – wahrscheinlich geht dieses Ideal schon auf Pythagoras zurück: s. Epikur bei Diogenes Laertios X 11 sowie Timaios ebd., VIII 10). Da aber der Gedanke der Gemeinschaft mit Nicht-Gleichrangigen eher jüdisch als griechisch ist, handelt es sich an dieser Stelle um mehr als die Einlage einer Lesefrucht, nämlich um eine jüdisch-christliche Interpretation eines griechischen Ideals (vgl. dazu den Überblick von Klauck 1982: 48–52; Klaucks Untersuchung ist überhaupt ein lohnender, materialreicher Beitrag zur Frage des urchristlichen „Kommunismus").

V. 33:

V. 33 a unterbricht die Schilderung der Urgemeinde und betont gut lukanisch das Zeugnis der Auferstehung Jesu durch die Apostel. Dies geschah mit großer Kraft. V. 33 b führt aus, daß über allen Christen eine große Gnade (sc. Gottes) waltete. Das führt zu der V. 32 begonnenen und V. 34 wieder aufgenommenen inneren Beschreibung der Urgemeinde zurück.

V. 34–35:

V. 34 a („Keiner war unter ihnen bedürftig", vgl. Dtn 15,4) begründet *(gar)* die V. 33 b gemachte Aussage, daß eine große Gnade über den Christen war.

Aus der Unterbrechung V. 33 und der Wiederaufnahme von V. 32 durch V. 34 a darf schwerlich auf verschiedene Quellen geschlossen werden. Lukas will das innere Leben der Urgemeinde und die besondere Funktion ihrer Apostel zugleich darstellen.

V. 34b–35 setzen im Gegensatz zu V. 32 scheinbar eine *totale* Besitzaufgabe der Jerusalemer Gemeindeglieder voraus. Die Besitzer von Ländereien oder Häusern verkaufen diese und legen den Erlös vor die Füße der Apostel, die einem jeden nach seinem Bedarf etwas davon geben. Doch wird gar nicht zwingend vorausgesetzt, daß die Besitzer *sämtlichen* Besitz verkaufen, so daß der Unterschied zu V. 32 nur in dem Unterschied zwischen *Besitzaufgabe* (V. 34f) und dem *Abtreten von Besitzrechten* (V. 32) bestehen dürfte. Die luk. Pointe liegt freilich nicht in derartigen Kleinigkeiten, sondern in der Zweckbestimmung *kathoti an tis chreian eichen*, V. 35 (vgl. 2,45), und darin, daß in der Jerusalemer Gemeinde alttestamentliche und griechische Ideale verwirklicht werden (vgl. o. zu V. 32).

Der luk. Sinn läßt sich vielleicht an folgender Beobachtung weiter erheben: V. 35 und V. 37 sagen gleichlautend, die Christen bzw. Barnabas hätten das (zugunsten der Gemeinde) Verkaufte zu Füßen der Apostel gelegt. Dieselbe Wendung wird im folgenden 5,2 und 5,10 (v.l.) aufgenommen, woraus ihr red. Charakter hervorgehen dürfte.

Anders Schille 1983: 145: „Die dreimalige (V. 34.37; 5,2) Wiederholung scheint zu zeigen, daß ‚vor die Füße der Apostel setzen‘ bereits formelhaft gebraucht“ wurde. Schille übergeht freilich 5,10. Die red. Erklärung ist einfacher, und im übrigen muß Schille die Frage beantworten, woher denn Lukas die formelhafte Wendung bekommen habe. Selbst Horn 1983: 40 meint, daß „nur die vorlk. Trad. an der Hinterlegung des Geldes zu den Füßen der Apostel interessiert ist.“ Sein Hinweis auf das Fehlen dieser Wendung in Apg 2,44 (ebd.) ist aber kaum eine zureichende Begründung. Denn die Sache wird Apg 2,45 vorausgesetzt.

Die ersten beiden positiven und die folgenden beiden negativen Beispiele zeigen, worum es Lukas geht: um den Verkauf des Eigentums der Begüterten zugunsten der Armen, wobei wie vorher 2,45 den Aposteln die Aufgabe der Verteilung obliegt. Hierin wird ein Teil der „konkrete(n) Sozialutopie des Lukas“ (Schottroff/Stegemann 1978: 149) sichtbar, nach der die Besitzenden auf so viel verzichten, „daß es in der Gemeinde weder Reiche noch Bedürftige gibt“ (ebd., 153; vgl. überhaupt ebd., 149–153 und Horn 1983: 39–49; beide Arbeiten sind sich trotz Differenzen im einzelnen m.R. darin einig, gegen eine einseitig idealisierende Sicht [vgl. z.B. Conzelmann 1977: 7.193–199 u.ö.] die paränetische Absicht der Summarien hervorzuheben. Vgl. zur Lit. Horn 1983: 300f A49).

V. 35b: *kathoti an tis chreian eichen* entspricht wörtlich 2,45c und gibt die soeben genannte Stoßrichtung des luk. Anliegens wieder (vgl. zur obigen Wendung Horn 1983: 43.45.48f). „Was Lk von seiner Gemeinde erwartet, projiziert er paradigmatisch zurück in die Zeit der Urgemeinde“ (Horn 1983: 43).

V. 36–37:

V. 36: *apo ton apostolon* ist sicher redaktionell. Bisher dominiert in der Apg noch die jerusalemische Perspektive. Barnabas wird hier wie später 11,22 Jerusalem redaktionell zugeordnet. V. 37: *hyparchontos* ist sprachlich lukanisch und klingt an luk. *hyperchon* (V. 34) an. Zur red. Wendung „zu den Füßen der Apostel legen" vgl. 4,35; 5,2.10 (v.l.).

III Traditionen

Zu den „traditionellen" Bestandteilen des Summariums vgl. die Ausführungen zu 2,42–47 S. 53 f.

V. 36–37:

Lukas dürfte eine (mündliche) Tradition darüber vorgefunden haben, daß Barnabas zugunsten der Jerusalemer Gemeinde einen Acker verkauft hat. (Begründung: Der luk. Rahmen generalisiert, die Angabe über den Verkauf *eines* Ackers ist spezifisch und steht zum Rahmen in Spannung.) Ebenfalls ist die Herkunftsbezeichnung „Zypriot" *(Kyprios to genei)* traditionell. Sie bedeutet entweder, daß Zypern Barnabas' Herkunftsort ist (vgl. 15,39: Barnabas und Johannes Markus reisen nach Zypern), oder daß (nur) seine Familie von dort stammt (vgl. 11,20; 21,16: Mnason, der Zypriot). Ob hinter der Ableitung des Namens Barnabas, „Sohn des Trostes", Tradition steckt, ist nicht entscheidbar. Auch ist seine Ableitung ungewiß (s. die Kommentare).

IV Historisches

An der Historizität des Verkaufs des Ackers zugunsten der Jerusalemer Gemeinde durch Barnabas ist kaum ein Zweifel möglich. Die Jerusalemer Gemeinde war auch in späterer Zeit auf Gaben der heidenchristlichen Gemeinden angewiesen. Vielleicht ist die Tat des Barnabas eine jener Liebesgaben. Es ist jedoch nicht zu entscheiden, wann der Verkauf des Ackers zugunsten der Gemeinde getätigt wurde. Er kann in der Frühzeit, jedoch auch nach der Konferenz erfolgt sein, als die antiochenische und die paulinischen Gemeinden eine Kollektenaktion unternahmen.

Apostelgeschichte 5,1–11

I Gliederung

V. 1–2: Exposition: Der Verkauf eines Grundstücks und die Einbehaltung eines Teiles des Erlöses durch Ananias und Sapphira
V. 3–6: Ananias und seine Bestrafung
V. 7–10: Sapphira und ihre Bestrafung
V. 11: Die Wirkung auf die Menge

II Redaktion

V. 1–2:

V. 1: *aner de tis onomati* ist eine luk. Wendung. *epolesen ktema* lenkt auf 4,37 zurück, wo dasselbe Verb in Verbindung mit Barnabas' Ackerverkauf gebraucht wurde. V. 2: „Vor die Füße der Apostel" erscheint bereits 4,35.37 (vgl. später 5,10 [v.l.]). Mit dieser red. Wendung zeigt Lukas an, daß 4,32–37 mit 5,1–10 zusammengehört und inhaltlich dieselbe Aussage macht.

V. 3–6:

V. 3: Der Begriff „Heiliger Geist" mag von Lukas stammen, weil er ihm besondere Aufmerksamkeit widmet. V. 4 ist in toto lukanisch. Formal fällt er als Erklärung für die Leserschaft aus dem Rahmen. Inhaltlich weist er den Gedanken eines pflichtmäßigen Besitzverzichts zurück und unterstreicht die Freiwilligkeit des Verkaufs des Gutes und der Ablieferung des Erlöses (vgl. Schneider 1980: 375). Der Satz V. 4c *(ouk epseuso anthropois alla to theo)* erinnert überdies an das luk. Petruswort 5,29 und an den ebenfalls red. Rat Gamaliels 5,38 f. Beide Male (wie in V. 4c) geht es um eine Bindung an Gott gegenüber der an Menschen.

V. 7–10.11:

V. 7–10 scheinen redaktionell der vorigen Episode nachgebildet zu sein, um die dort gemachte Aussage nachdrücklich zu unterstützen. (Oder *beide* Episoden illustrieren negativ 4,32–37.) V. 7: Die Zahlenangabe „drei" ist redaktionell. V. 8: Petrus fragt, ob der gestiftete Betrag auch der Gesamterlös gewesen sei. Da er weiß, daß beide nicht identisch sind, zielt die Frage auf dasselbe wie V. 2–3 und macht die Unterschlagung anschaulich. V. 9: Der Anfang *ti hoti* bezieht sich auf V. 4b zurück. V. 10 spielt mit der Aussage, Sapphira sei zu Petri Füßen gefallen, auf die dreimalige Wendung „zu Füßen der Apostel" (4,35.37; 5,2) an. Auch dieser rhetorische Kunstgriff dürfte auf den Erzähler Lukas zurückgehen. „In Vers 11 läßt der hier erstmals in der Apg vorkommende, im Blick auf 8,1; 9,31 aber sicher mit Bedacht gewählte Ausdruck ekklesia (hier: die Einzelgemeinde zu Jerusalem) die Hand des Lukas erkennen" (Weiser 1981: 146). Der Vers wiederholt V. 5b, fügt aber „die ganze Kirche" *(holen ten ekklesian)* hinzu. Vielleicht ist damit ausgedrückt: Die Episode 4,32–5,11 ist für die Kirche des Lukas von Wichtigkeit (vgl. Schmithals 1982: 57). Zwar bezeichnet *ekklesia* auf der Erzählebene die Jerusalemer Gemeinde, doch dürfte auf der red. Stufe die Gesamtkirche (einschließlich der des Lukas) gemeint sein.

Apg 5,1–11 steht in einem relativ engen Zusammenhang mit 4,32–37. Denn Lukas berichtet hier nach 4,34.36f von einem dritten Fall, da der Erlös des verkauften Besitzes zu Füßen der Apostel niedergelegt wird. Dabei wird an Ananias und Sapphira gezeigt, wie gegen diejenigen verfahren wurde, die sich gegen den Heiligen Geist vergingen. Diese Geschichte ist freilich keine Handlungsanweisung für die Gemeinde des Lukas, sondern Lehrbeispiel aus der christlichen Urzeit. Die Erzählung enthüllt aber auch, worum es Lukas eigentlich geht: nicht um Besitzverzicht als Prinzip, sondern um ungeteilte, ungeheuchelte Hingabe zu Gott bzw. darum, Gott nicht zu belügen. Ananias und Sapphira werden nicht deswegen bestraft, weil sie nicht ihren ganzen Besitz aufgegeben oder nur einen Teil ihres Besitzes zur Verfügung gestellt haben, sondern weil sie unter Vorspiegelung falscher Tatsachen handelten und damit eine unlautere Gesinnung an den Tag legten. „Die Sünde des Hananias und der Saphira besteht deshalb nach Lukas im selbstsüchtigen Umgang mit materiellem Gut" (Weiser 1981: 146). Indem Lukas ein Beispiel gemeinschaftsschädigenden Verhaltens bringt, wirft er nachträglich noch weiteres Licht auf das vorbildliche Verhalten des Barnabas und der Gemeinde (vgl. Horn 1983: 42).

III Traditionen

Die Redaktionsanalyse ergab, daß Lukas nicht nur V. 4 der Tradition hinzugefügt, sondern die ganze Geschichte überarbeitet hat. Traditionelle Elemente sind die Namen Ananias und Petrus, das Verb *nosphizomai*, der Tod des Ananias durch eine gegen ihn gerichtete Aktion des Petrus. Die Tradition kann versuchsweise als bestrafendes Normenwunder bezeichnet werden. Ananias hatte sich gegen eine Norm der christlichen Gemeinde vergangen und mußte dafür unter Mitwirkung des Petrus mit seinem Leben büßen. Das Verb *nosphizomai* dürfte (mit Weiser 1981: 144) aus der Geschichte von Achan stammen (Jos 7), der gottgeweihtes Banngut gestohlen hatte. Unter Rückbezug darauf dürfte die Geschichte im urchristlich-jüdischen Raum erzählt worden sein. Vom Inhalt her steht sie in Einklang mit jüdischen Normenwundern.

70

Es geht „in jüdischen Normenwundern fast immer um Leben oder Tod: Normübertretung führt zum Tode, Normerfüllung bewahrt vor ihm. Das Gesetz tadelt nicht, es tötet. Das erscheint uns archaisch und inhuman, zumal bei unbedeutenden Verfehlungen, zeugt aber von dem großen Ernst um die Erfüllung des göttlichen Willens; vor Gott geht es um Leben oder Tod" (Theißen 1974: 118).

Wogegen hatte Ananias konkret verstoßen? Das wird sich kaum noch spezifizieren lassen. Erst Lukas hat die „Unterschlagung" durch den Kontext illustriert. Sehen wir von diesem ab, so bleibt allgemein ein Verstoß gegen Normen bzw. gegen heiliges Recht einer Gemeinschaft übrig. Das Vergehen hatte wohl mit Finanzen zu tun, muß aber keineswegs so ausgesehen haben, wie Lukas es vorträgt. Jedenfalls gibt es für Verstöße gegen heiliges Recht Parallelen aus dem frühen Christentum. Paulus schreibt am Ende eines Abschnittes, der sich mit der Gemeinde befaßt: „Schaffet den Bösen aus eurer Mitte!" (1Kor 5,13 b). Dieses Zitat aus Dtn 17,7 (vgl. Dtn 19,19; 21,21; 22,21.24; 24,9 [LXX]) und sein Gebrauch bei Paulus beleuchten das Milieu der Tradition Apg 5.

Paulus hatte sich im selben Kontext mit einem Blutschänder befaßt (1Kor 5,1–5) und beschlossen, ihn dem Satan zu übergeben (vgl. Apg 5,3: der Satan) – zur Vernichtung des Fleisches, damit der Geist am Tage des Gerichts gerettet würde (1Kor 5,5 b). Gewiß reflektiert die vorliegende Tradition im Gegensatz zu 1Kor 5 nicht das zukünftige Ergehen des Sünders, und dessen Übergabe an den Satan durch Petrus wird nicht ausdrücklich berichtet. Doch ist der Vorstellungszusammenhang derselbe. Ein „heiliger" Mann – Petrus wie Paulus – exekutiert heiliges Recht über einen Sünder, was dessen Tod zur Folge hat. Damit ist gleichzeitig gesagt, daß Petrus wohl Bestandteil der Tradition ist.

Anders Roloff 1981: Aufgrund von Inhalt und Form liege in Apg 5 keine Petruslegende vor. „Zwar werden seine zentrale Stellung in der Gemeinde und sein wunderbares Wissen betont, aber letztlich haftet das Erzählinteresse nicht an ihm" (92).

IV Historisches

Die Tradition entstand wohl in der Jerusalemer Gemeinde, und zwar in deren frühester Zeit, als Petrus ihr Leiter war. Wegen der Parallele zu 1Kor 5 scheint ein analoger Vorgang als historischer Kern zugrunde zu liegen: Ein Mitglied der Gemeinde hatte gegen heiliges Recht verstoßen und wurde deshalb vom Gemeindeoberhaupt verflucht und ausgestoßen (Stählin 1980: 85 hält freilich eine solche Aktion mit Todesfolge ohne Angebot der Umkehr für unverträglich mit dem Geist Jesu und des Paulus. Doch gibt 1Kor 5 zu denken!). Ob er starb, ist freilich ungewiß (anders Reicke 1957: 89). Sicher ist aber, daß er nach heiligem Recht hätte sterben sollen. So mag die „Steigerung des Vorgangs zum Gottesurteil mit Todesfolge den Gesetzmäßigkeiten volkstümlicher Überlieferung" (Roloff 1981: 93) entsprechen. (Zur Historizität einer Verfluchung mit Todesfolge vgl. die Belege von Remus 1983: 93 f unter Hinweis auf die ethnologischen Forschungen von Walter B. Cannon.)

Am Schluß sei noch einmal betont, daß das genaue Vergehen des Ananias nicht mehr recht deutlich wird. Und ein „Beweis für die Gütergemeinschaft" der Urgemeinde, wie Jeremias (1969: 146 A4) meint, ist die Perikope auf keinen Fall. (Jeremias, ebd.: „die Schuld des Ananias ist nicht seine Lüge, sondern Unterschlagung von dem Gott geweihten Besitz".)

Apostelgeschichte 5,12–16

I Gliederung

V. 12a: Die Zeichen und Wunder der Apostel
V. 12b: Einträchtiges Verweilen der Christen (im Tempel) in der Halle Salomos
V. 13: Die Stellung der Umwelt zu den Christen
V. 14: Das stetige Anwachsen der Gemeinde
V. 15: Die Heilungen durch den Petrusschatten
V. 16: Die Heilung sämtlicher Kranker aus der Umgebung Jerusalems

II Redaktion

Der Abschnitt schildert die Wunderkraft der Apostel sowie den nicht nachlassenden Zustrom zur christlichen Gemeinde und ist das letzte ausführliche Summarium in der Apg. In der Tat stellt es in seiner Schilderung der Wunder der Apostel alle anderen Summarien in den Schatten.

Die Perikope weist mancherlei Spannungen auf: V. 12a und 12b stehen ohne einen inneren Zusammenhang nebeneinander; ebenso V. 13a und V. 13b. V. 13a sagt aus, keiner der übrigen habe sich der Gemeinde anzuschließen gewagt, nach V. 13b scheinen gerade sie die Christen gepriesen zu haben. V. 15 wird mit *hoste* eingeleitet, das sich auf V. 12a zurückzubeziehen scheint und im jetzigen Kontext unverbunden dasteht. Legt dieser Befund nicht nahe, in der Perikope Quellen bzw. Traditionen verarbeitet zu sehen? Dagegen sprechen nun sowohl der sprachliche Befund als auch der Inhalt. (Abschnitt III und IV werden daher entfallen.)

V. 12a:

semeia kai terata polla sind sprachlich lukanisch. Der Vers lenkt zurück auf 2,19.22.43; 4,30 und stellt hiermit noch einmal summarisch die Wunder der Apostel fest.

V. 12 b:

homothymadon ist sprachlich lukanisch. Die Nachricht, die Christen hätten sich einmütig in der Halle Salomos aufgehalten, variiert den bereits aus 2,46 bekannten Gedanken des einmütigen Beieinanders der Christen im Tempel. (Die Halle Salomos, bereits 3,11 genannt, befindet sich nach Lukas im Tempel.)

V. 13:

kollasthai ist sprachlich lukanisch, ebenso *emegalynen*. Durch die Zeichnung der Scheu der Bevölkerung lenkt Lukas auf die Perikope 5,1–11 zurück; vgl. bes. V. 11 b: „Alle, die davon hörten, befiel große Furcht." Andererseits wird die Hochachtung der Christen durch das Volk für die nachfolgende Episode (vgl. bes. V. 26) gebraucht.

V. 14:

prosetithento, pisteuontes, plethe, die Erwähnung der Männer und besonders der Frauen sind häufig bei Lukas. Inhaltlich schließt sich die Notiz über das Wachstum der Gemeinde folgerichtig an die Nachricht von dem Verhalten der Öffentlichkeit zu ihr an.

V. 15:

Der Vers zeigt die Wirkung des V. 12–14 beschriebenen Geschehens (*hoste* bezieht sich nicht auf *mallon* [V. 14], sondern auf V. 12–14). V. 15 a + b entsprechen Mk 6,56, eine Stelle, die der Vf. im LkEv übergeht und hier einfügt. V. 15 c, der Bericht vom wundertätigen Schatten des Petrus, hat eine (vom Vf. wohl beabsichtigte) Parallele in 19,12, der Notiz von den Schweißtüchern des Paulus.

V. 16:

synercheto und *plethos* sind sprachlich lukanisch. Der Vers bringt eine weitere Nachricht über die Ausbreitung der Evangeliumspredigt: Ganze Städte außerhalb Jerusalems (Lukas denkt wie Lk 6,17 an die weit abgelegenen Städte Judäas) kommen in die Hauptstadt, um ihre Kranken heilen zu lassen. Mit dieser Aussage bereitet Lukas die folgenden Kapitel vor, in denen das Evangelium nach „draußen" getragen wird (vgl. 1,8). „Die Erwähnung, daß die Leute aus den umliegenden ‚Städten' zusammenströmen, entspricht ganz dem soziokulturellen Milieu, aus dem heraus und in dem *Lukas* das Wirken Jesu, der Apostel und Missionare als *Stadt*-Mission sieht" (Weiser 1981: 150). (Judge 1964: 12 f hält V. 16 offensichtlich für historisch zuverlässig[!].)

Apostelgeschichte 5,17–42

I Gliederung

V. 17–18: Exposition: Gefangennahme der Apostel durch den Hohenpriester und die Sadduzäer

V. 19–21 a: Befreiungswunder mit Auftrag

    19: Befreiung der Gefangenen durch einen Engel des Herrn

    20: Weisung, das Volk im Tempel zu lehren

    21 a: Ausführung der Weisung

V. 21 b–40: Die Apostel vor dem Synhedrium

    21 b: (Nach Versammlung des Synhedriums) Weisung, die Gefangenen vorzuführen

    22: Die Diener können die Gefangenen nicht finden

    23: Bericht an das Synhedrium

    24: Die Ratlosigkeit des Tempelhauptmanns und des Synhedriums

    25: Nachricht, daß die Gefangenen im Tempel lehren

    26–27 a: Die Vorführung der Apostel vor das Synhedrium

    27b–40: Gerichtsverhandlung

        27b–28: Anklage

        29–32: Verteidigung: Rede des Petrus und der Apostel

        33: Wütende Reaktion der Zuhörer

        34–39b: Rede Gamaliels

        39c: Zustimmung zur Rede Gamaliels

        40: Bestrafung und Entlassung der Apostel. (Erneutes Verbot der Evangeliumsverkündigung)

V. 41–42: Freude der Apostel über das Leiden im Namen Christi und erneute Predigt im Tempel

II Redaktion

Die Episode variiert das Thema von Apg 3–4: Die jüdischen Oberen nehmen Anstoß an der Christusverkündigung, verbieten den Aposteln die Predigt, und diese setzen sie um so unverdrossener fort (vgl. 4,18–20).

V. 17–18:

anastas, eplesthesan, epebalon tas cheiras epi, demosia sind sprachlich lukanisch. Der Abschnitt begründet die Gefangensetzung der Apostel mit dem *zelos* der jüdischen Behörde. Gedacht ist an Mißgunst über den Verkündigungserfolg der Apostel. Vgl. die Parallele 4,2, wo die jüdische Aristokratie an der Unterweisung des Volkes Anstoß nimmt *(diaponoumenoi)*. Ebenso parallel ist der Bericht von der Gefangensetzung 5,18 im Vergleich zu 4,3.

V. 19–21 a:

Die Geschichte von der Befreiung der Apostel aus dem Gefängnis durch einen Engel hat Apg 4 keine Parallele. Statt dessen bestehen Entsprechungen mit den Befreiungswundern 12,4–10 und 16,23–34. Freilich ist zu beobachten, daß die Erzählung vom Befreiungswunder anders als in Kap. 12 und 16 relativ blaß bleibt. Der Text dürfte daher allenfalls *einzelne* Züge eines Befreiungswunders enthalten, die Lukas hier in den Erzählzusammenhang eingetragen hat, um von vornherein Gottes Eingreifen zugunsten der Apostel zu demonstrieren. Im folgenden wird auf das Befreiungswunder nicht mehr Bezug genommen. Vielmehr weist der Hohepriester bei dem Verhör auf das Verbot von 4,18 zurück, nicht mehr im Namen Jesu zu lehren. Der Bericht vom Befreiungswunder liegt deshalb auf einer anderen als der Erzählebene, nämlich der Autor-Leser-Ebene (vgl. dazu weiter u. zu V. 38 f).

V. 21 b–40:

Der Abschnitt ist in toto lukanisch. Vgl. folgende Auswahl sprachlicher und inhaltlicher Indizien für luk. Urheberschaft: V. 21: *paragenomenos*. V. 22: *paragenomenoi, apeggeilan*. V. 23: Die wörtliche Rede dient der Belebung. V. 24: Der Optativus potentialis mit *an* findet sich ähnlich 10,17. V. 25: *paragenomenos, apeggeilen, idou*. V. 26: Zur Rücksicht auf das Volk vgl. ähnlich 4,21. V. 27a ist Überleitungsnotiz (*agagontes* nimmt *egen*, V. 26, auf). V. 28: Die Anklage lautet, die Apostel hätten trotz Verbots (vgl. 4,18) das Volk im Namen Jesu Christi gelehrt (V. 28 a), ja, Jerusalem mit der christlichen Lehre erfüllt (V. 28 b). Die sich anschließende Feststellung, sie wollten (wohl) damit das Blut dieses Menschen (sc. Jesu) auf ihr (sc. der Mitglieder des Hohen Rates) Haupt bringen (V. 28 c), steigert erzählerisch die Spannung. Gleichzeitig damit „wird der Leser auf die Folgen der Handlungsweise des Synedriums hingewiesen. Indirekt wird dem Synedrium sowohl die Tötung Jesu als auch das Vorgehen gegen die Apostel als von Gott zu bestrafende Schuld angelastet" (Schneider 1980: 394). Als Redaktion ist V. 28 schon dadurch erwiesen, daß 4,18 zugrunde liegt. V. 29–32: Die anschließende Rede des Petrus und der Apostel nimmt ebenso wie der vorige Abschnitt auf Apg 4 Bezug. Vgl. V. 29: „Man muß Gott mehr gehorchen als den Menschen" mit 4,19: „Ist es vor Gott gerecht, auf euch mehr zu hören als auf Gott?!" V. 30–32 ergänzen diese an Sokrates erinnernde (vgl. Plato, Apol 29D) clausula Petri (V. 29) um einen christologischen Teil; er enthält Prädikate, die bereits in den vorangehenden Kapiteln erschienen: V. 30: die Aussage von den Juden als den Hauptakteuren beim Kreuzestod Jesu (vgl. 2,23; 3,14f; vgl. noch bes. die wörtliche Übereinstimmung von V. 30b mit 10,39fin.: *kremasantes epi xylou*); die Auferweckungsaussage (vgl. 2,24; 3,15). V. 31: die Bezeichnung Jesu als *archegos* (vgl. 3,15: *archegos tes zoes*); die Erhöhung Jesu zur Rechten Gottes (vgl. 2,33).

Die Aufgabe des erhöhten Jesus, Buße und Vergebung der Sünden zu geben/zu bewirken (V. 31), erscheint so nicht wieder in der Apg. Man hat daher gelegentlich daran gedacht, hier eine traditionelle Formulierung finden zu können, da (wie 11,18) „Buße als das geschenkte Heilsgut verstanden" wird (Conzelmann 1977: 214 A1), während sonst Buße den ersten Akt seitens des Menschen bezeichnet. Doch sind diese Unterscheidungen wohl überfein. Ich halte auch die vorliegende Wendung für redaktionell, denn 1. sind Buße und Vergebung ein luk. Paar, 2. entspricht V. 31 inhaltlich 2,33: Der zur Rechten Gottes erhöhte Jesus gießt den Heiligen Geist (als Gabe!) aus.

V. 32a, das Zeugesein der Apostel, ist lukanisch; vgl. dieselbe Aussage 2,32; 3,15 (im Zusammenhang einer christologischen Formulierung). *rhematon touton* bezieht sich auf die Heilstaten Gottes zurück (= Auferweckung, Himmelfahrt, das Bußangebot durch Jesus), d.h., *rhema* hat hier wie oft bei Lukas die Bedeutung „Sache" (vgl. Schneider 1980: 397). V. 32b: Die Vorstellung, der Heilige Geist sei neben den Aposteln ein weiterer selbständiger Zeuge, ist singulär bei Lukas. Zwar wird nach Conzelmann das „Nebeneinander des Zeugnisses der Apostel und des Geistes durch 2,32ff und Lc 24,48f erklärt" (1972: 48; ihm folgt Schneider 1980: 317). Doch liegt an den genannten Stellen keine Parallele vor (mit Schille 1983: 162). V. 33, die wütende Reaktion der Menge, ist stilgemäße Reaktion auf die Rede der Apostel. V. 34–39 sind redaktionell verständlich zu machen. Überdies entspricht V. 34 Apg 4,15: In beiden Fällen müssen die Apostel vor der Beratung den Raum verlassen. Der Rat Gamaliels, V. 38f, enthält das apologetische Programm des Lukas (Conzelmann 1972: 49). Daß das christliche Vorhaben „von Gott stammt", ist der Leserschaft natürlich schon längst klar. „Gott hat durch sein wunderbares Eingreifen (in der Befreiungsgeschichte) die Wort- und die Tatverkündigung der Apostel zu seiner Sache gemacht" (Kratz 1979: 454). Lukas rückt dabei die Pharisäer in die Nähe der Christen, da beide gegenüber den Sadduzäern die Auferstehung der Toten lehren (vgl. 23,6–9). Darum erscheinen die Sadduzäer als Feinde und Verfolger der Christen. Der Rat Gamaliels wird durch zwei historische Beispiele gestützt, die Aufstände des Theudas und des Judas. Sie gehen an dieser Stelle mit Sicherheit auf Lukas zurück. Theudas trat erst nach 44 n. Chr. auf (vgl. Josephus, Ant XX 97–99). Die Zuordnung des Judas zu dem Zensus ist historisch richtig, obgleich Lukas vom Zensus eine falsche Vorstellung hat (Lüdemann 1980: 29f). Lukas nimmt die Rede Gamaliels zum Anlaß, sie mit historischen Anspielungen auszustatten. Werden diese aber als red. Zutaten erkannt, so muß auch an dieser Stelle die Person Gamaliels Lukas zugeschrieben werden. Freilich paßt nun die ausgleichende Art des „Hilleliten" Gamaliel gut zu dem von ihm gegebenen Rat. Doch – abgesehen von den Schwierigkeiten der historischen Erfassung Gamaliels – steht dagegen der Befund, daß (auf der luk. Erzählebene) der Gamalielschüler Paulus offenbar nicht zu der Toleranz in der Lage war, die seinem Lehrer zugeschrieben wird. Es bleibt also dabei: Person und Rede des Gamaliel an dieser Stelle sind eine luk. Kreation (zu Versuchen, in 5,38f einen historischen Kern zu finden, s.u. IV). V. 40 lehnt sich sprachlich an 5,28 und 4,18 an. Es fällt auf, daß trotz der Zustimmung des Synhedriums zum Rat Gamaliels die Apostel doch gegeißelt werden. Diese Spannung läßt sich am besten redaktionell erklären: Die Leiden der Apostel haben Vorbildcharakter für die Zeit des Lukas. (Vgl. auch die nächsten Verse 41–42.)

V. 41–42:

Die Verse sind sprachlich und inhaltlich in toto lukanisch. Sie zeichnen noch einmal die Verwurzelung der Urgemeinde im Judentum (vgl. die Predigt im Tempel), deuten aber dann durch das Motto des Leidens (das *dei* des Leidens 14,22 ist eine Freude im Leiden) die gegenwärtige Dimension der luk. Kirche und der christlichen Existenz in ihr an.

Zusammenfassend geurteilt, ist, abgesehen vom Befreiungswunder (V. 19f), Apg 5,17–42 eine Variation von Apg 3–4. Dort werden die Apostel Petrus und Johannes aufgrund ihrer Wunder- und Predigttätigkeit gefangengenommen, dem Hohen Rat vorgeführt, aber wegen mangelnder juristischer Handhabe nach Verwarnung wieder freigelassen. Lukas erreicht in Kap. 5 dadurch eine Steigerung, daß *alle* Apostel aufgrund ihres erfolgreichen Wirkens erneut von den jüdischen Oberen gefangen, aber von Gott, der jederzeit zugunsten seiner Missionare eingreifen kann, wunderbar befreit werden. Im erneuten Verhör vor dem Hohen Rat kommt zum Ausdruck, daß kein menschliches Verbot der gottgewollten Verkündigung der Apostel im Namen Jesu etwas wirksam entgegensetzen kann. Gamaliel hebt programmatisch hervor, der christlichen Sache sei kein *theomachos* gewachsen (Autor-Leser-Ebene). Die Szene endet mit einem indirekten Ausblick auf das Martyrium *und* der unaufhörlichen Verkündigung der Frohbotschaft (vgl. Kratz 1979: 457).

III Traditionen

In die Handlung hat Lukas aus den o. genannten Gründen Elemente eines Befreiungswunders eingeschoben, das Parallelen mit den Befreiungswundern Apg 12 und 16 aufweist. Es hat hier nicht seinen ursprünglichen Platz und in der nachfolgenden Handlung wird darauf nicht mehr Bezug genommen. Außerdem erweist sich die ganze Szene als von Lukas komponiert, während die Elemente des Befreiungswunders, wie ein Vergleich mit Apg 12, Apg 16 und nichtchristlichen Parallelen zeigt (vgl. dazu u. S. 189f), auf Tradition zurückgehen.

V. 30 ist Anspielung auf Dtn 21,22f (LXX), eine Stelle, die in vorchristlicher Zeit im Gegensatz zum ursprünglichen Sinn (hier bezeichnet sie das nach der Steinigung vollzogene Aufhängen des Toten) auf die Kreuzigung bezogen werden konnte (vgl. Tempelrolle, Kol. 64,6–13). Die Anspielung geht kaum auf Lukas' eigenes Nachdenken über den Tod Jesu zurück (vgl. aber Lk 23,39 [diff. Mk]), sondern ist im Zusammenhang mit dem Tod Jesu traditionell (vgl. Gal 3,13) – freilich nicht als Theologumenon der Gemeinde, sondern als Gegenargument der Synagoge (s. zu den Einzelheiten Dietzfelbinger 1985: 36f [Lit.]; anders Friedrich 1982: 122–130).

Die Informationen über Theudas und Judas gehen auf Lektüre oder auf mündliche Informationen zurück (vgl. zu dieser Frage Dibelius 1951: 159–160). Die Person Gamaliels war Lukas aus der Tradition zur vorchristlichen Zeit des Paulus bekannt (22,3) oder war Bestandteil seines allgemeinen Wissens.

IV Historisches

Die Elemente einer Befreiungswundertradition sind von Lukas an dieser Stelle erst eingeflochten worden. Sie haben mit einem historischen Kern nichts zu tun.

Aus dem oben zum traditionellen Charakter von V. 30 Gesagten folgt, daß – historisch geurteilt – der jüdische Hinweis auf Dtn 21,22 f ein Gegenargument gegen die christliche These der Messianität Jesu war und daß die christliche Berufung auf die Auferstehung Jesu die christliche Antwort darstellte. Man kann zusätzlich voraussetzen, daß Paulus selbst in seiner vorchristlichen Zeit (die christliche Zeit fällt wohl aus) mit Dtn 21,22 f als antichristlichem Argument der Synagoge bekannt wurde. Die Richtigkeit dieser Vermutung würde die Schärfe und die Konturen erklären, welche die Kreuzestheologie bei Paulus hat (vgl. zur eingehenden Begründung Dietzfelbinger 1985: 30–42 [Lit.]).

Den Rat des Gamaliel 5,38 f hat J. Roloff jüngst umsichtig argumentierend auf einen historischen Kern zurückgeführt (vgl. auch Hengel 1976: 82). Da eine solche Behauptung im Falle ihrer Richtigkeit von großer Bedeutung wäre, muß sie hier noch geprüft werden. Roloff schreibt:

Die „Gamalielrede dürfte schwerlich ohne Traditionsbenutzung zustandegekommen sein. Sie trägt zwar in ihrer vorliegenden Form alle Merkmale einer von Lukas komponierten Rede; es ist jedoch kaum denkbar und widerspräche dem, was wir sonst durchweg feststellen können, daß er eine hinsichtlich ihrer Stellung im Kontext und ihres Inhalts so exponierte Rede ohne jeden Anhalt in der Überlieferung geschaffen haben sollte. Zumindest ist anzunehmen, daß in der Jerusalemer Gemeinde eine Stellungnahme des angesehenen Pharisäers Gamaliel, die zur Duldung der Christen riet, tradiert und in den Auseinandersetzungen mit jüdischen Gegnern als positives Zeugnis einer bekannten jüdischen Autorität angeführt worden ist. Konkret wird man dabei an V. 38 f zu denken haben. Gamaliel der Ältere war zwischen 25 und 30 n. Chr. eine der führenden Gestalten des pharisäischen Judentums. Als Enkel des berühmten Rabbi Hillel vertrat er wie jener eine liberale, dem Geist der Toleranz und Humanität verpflichtete Gesetzesfrömmigkeit... Es entspricht dem Geist jenes liberalen Pharisäismus, aus Scheu gegenüber der Geschichtshoheit Gottes vor einem vorschnellen Vorgehen gegen eine als häretisch erkannte Gruppe zu warnen" (1981: 100 f).

Dazu:

1. Die Annahme, Lukas habe eine bedeutende Rede nicht selbst komponieren können, ist wegen der eindeutig red. Paulusrede von Milet (20,18–35) fraglich.

2. Leider wissen wir über den historischen Gamaliel I nicht (mehr) soviel,

wie Roloff zu wissen vermeint. Weder war Gamaliel Enkel Hillels (Simon, das Mittelglied, hat wohl nie existiert, s. Schürer 1979: 367 f), noch ist eine Verbindung zwischen Hillel und Gamaliel I genügend gesichert (s. Neusner 1971 [Band I]: 375). Überhaupt geht Roloffs Charakterisierung Hillels als Vertreters einer liberalen, dem Geiste der Toleranz und Humanität verpflichteten Gesetzesfrömmigkeit auf einen vorkritischen Gebrauch des rabbinischen Schrifttums zurück, der trotz großer Beliebtheit unter Neutestamentlern so nicht mehr akzeptabel ist; vgl. den wichtigen Überblick von Neusner 1971 (Band III): 320–368 (vgl. bes. 338.340 zum liberalen, der Humanität verpflichteten Hillel). Schließlich ist auf einen dem „Gamalielrat" von Apg 5,38 f ähnlichen Satz aus den rabbinischen Schriften hinzuweisen: MAboth 4,11: „R. Johanan, der Sandalenmacher (Schüler Akibas) spricht: Jede Vereinigung, die im Namen Gottes stattfindet, wird zuletzt bestehen, die aber nicht im Namen Gottes stattfindet, wird zuletzt nicht bestehen" (vgl. MAboth 5,17).

Fazit: Wegen des sicher luk. Kontextes von Apg 5,38 f und wegen der historischen Unmöglichkeit, den „Rat des Gamaliel" aus dem rabbinischen Schrifttum für diesen zu verifizieren, bestätigt sich der o. gezogene Schluß, Apg 5,38 f als redaktionell anzusehen. Die chronologische Versetzung des Rates des Gamaliel in die Zeit der Agrippa-Verfolgung durch Roloff (1981: 101) macht die luk. Darstellung auch nicht glaubwürdiger.

Apostelgeschichte 6,1–7

I Gliederung

V. 1: Exposition: Das Problem der Vernachlässigung der hellenistischen Witwen
V. 2–6: Konfliktlösung: Die Wahl der Sieben
V. 7: Summarium und Notiz über den Anschluß von Priestern an die Gemeinde

II Redaktion

Mit Kap. 6 setzt ein neuer Abschnitt in der Apg ein. „Eingeleitet ist die Erzählung durch den Bericht über die Einsetzung der Diakonen 6,1 ff., der die Schilderung der kommunistischen Organisation der Gemeinde 2,44 ff. 4,32-5,11 fortsetzt" (Meyer III: 154). Die bisher auf Jerusalem beschränkte Mission greift (nach den Andeutungen 5,16) durch die Verkündigung der Hellenisten auf die umliegenden Landschaften über. Im folgenden (6,1–8,3) steht die Person des Stephanus ebenso im Mittelpunkt wie später 8,4–40 die Gestalt des Philippus. Lukas schildert einerseits ihr (und der Hellenisten) Einvernehmen mit der

Jerusalemer Kirchenleitung. Andererseits kann er dabei nicht völlig einen Konflikt weginterpretieren, der zwischen den Jerusalemern und der Hellenistengemeinde bestand (s. u. III).

V. 1:

Die einleitende Wendung „in jenen Tagen" ist lukanisch. Für diese Annahme sprechen der Genitivus abs. als Einleitung einer neuen Episode (vgl. 4,1 u. ö.) und die Parallelen für die allgemeine Zeitangabe (vgl. Lk 2,1 u. ö.; Apg 11,27; 12,1; 19,23 u. ö.). V. 1 greift auf 4,35 b zurück. Aus 4,35 weiß die Leserschaft, daß die Apostel für die Bedürfnisse der einzelnen sorgten (vgl. V. 2).

V. 1–2a schimmert wohl keine Traditionsgrundlage durch (gegen Roloff 1981: 107 u. a.). Die für diese These angeführten Gründe („Jünger" als Bezeichnung der Gemeinde, „die Zwölf" statt „die Apostel") sind nicht zwingend. So spricht Lukas hier wahrscheinlich von den Zwölf statt von den Aposteln, weil er danach von den Sieben berichtet. Der Ausdruck „Jünger" wird zwar nicht in den ersten fünf Kapiteln der Apg benutzt, danach aber sehr häufig (28x). Außerdem ist Lukas der Ausdruck aus Mk geläufig. Die Kritik an Roloff bedeutet nicht, daß Lukas nicht unter Traditionseinfluß berichtet, wohl aber, daß er in V. 1–2a keiner Quellenvorlage folgt. (Zu V. 1 b als Bestandteil der Tradition s. u. S. 83.)

Der V. 1 berichtete Konflikt ist an sich plausibel. Viele fromme Juden siedelten an ihrem Lebensabend nach Jerusalem über, um in der heiligen Stadt begraben zu werden. Die Versorgung ihrer Witwen war daher ein relativ häufig auftretendes Problem. Nun kannte das Judentum im ersten Jh. zwei verschiedene Arten von Armenunterstützung, *tamchuj* und *kuppa*. „Der tamchuj wurde täglich verteilt an wandernde Arme und bestand in Speisen (Brot, Bohnen und Früchte, am Passah dazu der vorgeschriebene Wein). Die kuppa wurde wöchentlich verteilt an die Armen der Stadt und bestand in Speisen und Kleidung" (Jeremias 1969: 147; vgl. noch Bill. II: 643–647 und bes. Krauss 1912: 68 f).

Seccombe 1978 bestreitet nicht nur das historische Gewicht der von Jeremias angeführten Belege (MKet 13,1–2; MPes 10,1; MSchek 5,6 [Jeremias hätte m. E. noch MPeah 8,7 anführen sollen]), sondern auch das Vorhandensein einer Institution der Armenfürsorge in Jerusalem und in der jüdischen Diaspora im ersten Jh. – eine wohl überzogene Behauptung.

Jeremias beobachtet: „Die tägliche Verteilung der Unterstützung (sc. in Apg 6) weist auf den tamchuj, der Empfang durch Ortsansässige (es handelt sich in erster Linie um die Witwen) auf die kuppa als Vorbild" (ebd.).

Nun sollte zunächst hervorgehoben werden, daß zwischen der jüdischen Institution der Armenfürsorge und der Apg 6 berichteten Witwenversorgung wohl ein wie auch immer zu erklärender Zusammenhang besteht, denn Apg 6 hat eine Begebenheit zum Inhalt, die sich in der ersten Hälfte des ersten christlichen Jh.s innerhalb einer jüdisch-christlichen Gruppe in Jerusalem abgespielt hat. Doch ist gerade dann der Widerspruch zu erklären, wie zugunsten einer ortsansässigen Gruppe von Armen eine Fürsorgeart ausgeübt wurde, die sonst für wandernde Bedürftige galt.

Lösungsvorschläge:

Möglichkeit 1 (u. a. vertreten von Jeremias 1969: 147; Haenchen 1977: 255; Schneider 1980: 424; Roloff 1981: 109; Reicke 1957: 117–119): Die Christen wurden in die Armenpflege der jüdischen Gemeinde nicht mehr einbezogen. Diese These wird zuweilen auf folgende unterschiedliche Arten spezifiziert:

a) „Ein entsprechendes Konzept, das Vorsorge und Sicherheit auf längere Sicht ermöglichte, hatte die Gemeinde in der Frühzeit noch nicht entwickelt. Daß man jeweils von Tag zu Tag ohne große Planung die gerade vorhandenen Nahrungsmittel verteilte, entspricht dem enthusiastischen Charakter der Gütergemeinschaft" (Roloff 1981: 109).

b) „Die *tägliche* Dienstleistung' entsprach dem Mangel an jeder weiterplanenden Vorsorge. Man lebte bewußt von der Hand in den Mund, wie es Jesus selbst im Vaterunser (Lk 11,3 = Mt 6,11) und im Verbot des Sorgens auf den andern Tag (Mt 6,34) geboten hatte" (Hengel 1975: 182).

c) „Man wird sich wohl vorzustellen haben, daß diese Witwen der ‚Hellenisten' bei Gemeinschaftsspeisungen Bedürftiger übersehen, d. h. nicht berücksichtigt wurden. Und dies geschah wohl nicht aus böser Absicht. Die Tatsache, daß diese Witwen zu den ‚Hellenisten' gehört haben, deutet vielmehr darauf, daß sie zu einer Jerusalemer Gruppe von Menschen zu zählen sind, die durchaus nicht – grundsätzlich – zu den Bedürftigen zu rechnen sind" (Schottroff/Stegemann 1978: 152).

Zur Kritik: Zur allgemeinen These, die Christen seien nicht mehr in die Armenpflege der jüdischen Gemeinde einbezogen, ist kritisch anzumerken, daß nichts für eine Separierung der Jerusalemer Gemeinde von der jüdischen Gemeinde in der Frühzeit spricht. Die Tatsache des Verbleibens der Urgemeinde in Jerusalem bei der Flucht der Hellenisten spricht ebenfalls gegen diese Möglichkeit.

Sodann spricht folgendes gegen die verschiedenen Einzelerklärungen der obigen These:

Zu a: Der Hinweis auf die Gütergemeinschaft trifft nicht, da es sich hier um eine eindeutig red. Aussage handelt.

Zu b: Wenn man eine Beachtung von Jesu Verbot des Sorgens mit Apg 6,1 zusammenbringt, stellt sich die Frage, wieso nur eine bestimmte Gruppe davon negativ betroffen war.

Zu c: Die Voraussetzung, die Witwen der Hellenisten seien nicht zu den Bedürftigen zu zählen, ist in dieser Allgemeinheit trotz ihrer durchschnittlich wohl besseren wirtschaftlichen Lage kaum richtig. (Außerdem wird nicht erklärt, wie es zu dem „Murren" kam. Redaktion?)

Möglichkeit 2: Der Widerspruch geht auf Lukas zurück, der keine genaue Kenntnis der jüdischen Fürsorge hat. Der Konflikt um die Speisung der hellenistischen Witwen ist daher in toto redaktionell. Das Material für die Zeichnung des Konflikts hat Lukas aus vagen Kenntnissen der jüdischen Armenfürsorge

81

(die Unkenntnis der jüdischen Gebräuche ist im luk. Doppelwerk ja nicht vereinzelt – vgl. Lk 2,22; Apg 9,1–2; 16,3; 21,26 f; 22,30). Wir halten diese Erklärung vorläufig für zutreffend und werden sehen, ob sie sich in der fortlaufenden Analyse bewährt. (Zur Frage, *warum* Lukas hier überhaupt einen Konflikt zwischen Hebräern und Hellenisten schildert, vgl. u. S. 84.)

V. 2–6:

V. 2 a scheint die Konstitution der luk. Kirche vorauszusetzen. Zwei Leitungsorgane stehen einander gegenüber, die Gemeindeleiter – hier die Zwölf – und die Vollversammlung. Die Gemeindeleiter berufen die Vollversammlung ein und unterbreiten ihr Vorschläge (vgl. Roloff 1981: 109). V. 3: *(plereis) pneumatos kai sophias* erscheint in der Folge V. 10 als Charakterisierung des Stephanus. Die Kennzeichnung der Aufgabe der Sieben, sich um die Witwenversorgung zu kümmern, wird mit einer Wendung bezeichnet, die die Summarien 2,45; 4,35 aufnimmt. Wurde dort gesagt, die Apostel(!) verteilten das Vermögen der Urgemeinde, *kathoti an tis chreian eichen*, so sollen sich fortan die Sieben (und nicht mehr die Apostel) um diese Aufgabe *(tes chreias tautes)* kümmern.

Anders Schille 1983: die Wendung *diakonein trapezais* gehe nicht auf die materielle Versorgung, sondern auf den kultischen Dienst beim Abendmahl zurück (vgl. auch Neudorfer 1983: 92–94). „Man wird mit Did. 11,9 (*trapeza* = Abendmahlstisch) an die eucharistische, prinzipieller: die kultische Funktion denken dürfen" (Schille 1983: 169). Gegen Schille bedeutet *trapeza* in Did 11,9 nicht Abendmahlstisch, sondern den einfachen Tisch, von dem man sich sättigt (vgl. den Kontext von Did 11).

V. 4 setzt die luk. Vorstellung voraus, die Zwölf kümmerten sich um Gebet und Wortverkündigung (vgl. für beides 2,42; 4,29 – zum Ausdruck *diakonia tou logou* s. Lk 1,2: die Augenzeugen als die Diener des Wortes = die zwölf Apostel). *proskarterein* erscheint 6x in der Apg, 10x im gesamten NT. V. 5 lenkt auf V. 2 zurück und setzt ebenso wie jener Vers die luk. Kirchenkonstitution voraus; der von den Zwölf (= Gemeindeleitern) gemachte Vorschlag findet die Zustimmung der Menge der Jünger (= Vollversammlung). Lukas dürfte die Reihenfolge der wohl traditionellen Liste V. 5 bestimmt haben. An ihre Spitze plaziert er Stephanus, von dem sogleich die Rede sein wird. An der zweiten Stelle steht nicht zufällig Philippus, der die Hauptfigur ab 8,4 sein wird. Die letzte Stelle nimmt der Proselyt Nikolaus ein. Das kann traditionell, aber auch redaktionell sein. Im letzteren Falle würde Lukas zeigen, daß er um den Unterschied zwischen einem Proselyten und einem (Voll-)Juden weiß. V. 6: Die Handauflegung ist lukanisch. Sie erscheint noch 13,3 (14,23) bei der Betrauung mit einer besonderen Aufgabe (vgl. 1 Tim 4,14).

82

V. 7:

V. 7a ist luk. Summarium. Die Notiz über das Wachsen des Wortes Gottes und die Vergrößerung der Anzahl der Jünger lenkt auf V. 1 („…während die Jünger sich mehrten…") zurück (vgl. vorher 5,14). Nach der Angabe von Zahlen (2,41.47; 4,4) hebt Lukas durch die genannten allgemeinen Aussagen hervor, daß sich der Wachstumsprozeß der Gemeinde unaufhörlich fortsetzt (vgl. Lohfink 1975 b: 52). V. 7b: Die Nachricht, viele Priester hätten sich der Gemeinde angeschlossen, bedeutet eine weitere Steigerung, denn bisher waren nur Teile des jüdischen Volkes zu Christen geworden. Durch diese Nachricht wird ihre Sammlung aus der Gesamtheit des Volkes besonders veranschaulicht (vgl. Lohfink, ebd.). „Vielleicht soll die Notiz zeigen, daß sie eine neue Einstellung zum Tempel gewannen oder daß sich die ‚christliche' Einstellung zum Tempel (vgl. die Vorwürfe gegen Stephanus, 6,11.13 f) mit ihrem Dienst vereinbaren ließ" (Schneider 1980: 430).

III Traditionen

Das traditionelle Urgestein dieses Abschnittes zentriert sich in der Siebenerliste V. 5. „Alle Sieben haben griechische Namen; damit wird ihre ‚hellenistische' Provenienz deutlich: Stephanus, Philippus, Prochorus, Nikanor, Timon, Parmenas und Nikolaus" (Schneider 1980: 428; vgl. ebd. zu den Einzelnamen). Die Zahl „sieben" ist eine heilige Zahl (vgl. Bauer 1963: 605), die wohl schon der Tradition angehörte. Dem braucht der Rückverweis von Apg 21,8 (Philippus wird hier einer der Sieben genannt) auf unsere Stelle nicht zu widersprechen. Möglicherweise kommt in der Siebenzahl der leitende Charakter der Genannten zum Ausdruck. Dann hätten sie eine Entsprechung in den sieben Mitgliedern oder den Sieben einer Stadt, die den Ortsvorstand jüdischer Gemeinden bildeten (vgl. Bill. II: 641). Die Siebenzahl kann aber auch allgemein eine besondere Bedeutung der in sie eingeschlossenen Personen ausdrücken; vgl. nur die sieben Weisen (DiogL I 40 ff – vgl. dazu allgemein Lesky 1963: 180 f [Quellen und Lit.]). S. noch Conzelmann 1972: 50; er verweist auf antike Kollegien (septemviri; hoi hepta). Vgl. weiter Neudorfer 1983: 126–132 („Überblick über die verschiedene Interpretation der Siebenzahl" [zum großen Teil Kuriositäten]).

Gehören noch andere Elemente von 6,1–6 zur Tradition von V. 5? Das ist m. E. für V. 1b zu bejahen. Denn der Streit zwischen den Hebräern und den Hellenisten wird unvermittelt eingeführt. Die Liste V. 5 und die *unvermittelte* Einführung der Hebräer und Hellenisten sprechen m. E. am ehesten für eine schriftliche Tradition, die von einer Auseinandersetzung zwischen beiden Gruppen in Jerusalem berichtete. (Ob diese Tradition V. 8 ff weiter zugrunde liegt, wird noch zu fragen sein.)

V. 7:

Zu *hypekouon te pistei* vgl. *hypakoe pisteos* (Röm 1,5). Hier liegt Nachwirkung von Röm 1,5 oder Tradition des paulinischen Missionsbereiches vor.

IV Historisches

In der Forschung besteht ein fast allgemeiner Konsensus darüber, daß es sich bei den Hellenisten um griechisch sprechende, bei den Hebräern um aramäisch sprechende Juden Jerusalems handelt. Diese Annahme kann sich freilich *nicht* auf den Wortgebrauch berufen („Hebräer" bezeichnet Phil 3,5 und 2Kor 11,22 keinesfalls aramäisch sprechende Juden – auch findet sich der Ausdruck in griechischen und lateinischen Inschriften [vgl. Bauer 1963: 422] –, sosehr *hebraios* in der Diaspora oft auf die Herkunft aus Palästina weist und damit ursprünglich aramäische Sprachkenntnisse voraussetzt; vgl. Solin 1983: 649–651 [Lit.]), wohl aber stützt sich die obige These auf den näheren und weiteren Kontext von Apg 6. So tragen die Sieben, wie oben bereits erwähnt, griechische Namen (Apg 6,5) im Unterschied zu den überwiegend semitischen Namen der zwölf Apostel (nur Andreas und Philippus machen hier eine Ausnahme). Ferner „kann die einzige von Lukas verwendete Vokabel verwandten Stammes, das Adjektiv *Hebrais*, den vorwiegend sprachbezogenen Sinn von ‚Hebräer' sicherstellen. Das Adjektiv kommt nämlich ausschließlich in der Wendung *te Hebraidi dialekto* vor (Apg 21,40; 22,2; 26,14)" (Schneider 1980: 407 A10), vgl. Joh 5,2; 19,13.17.20 (zur Forschungsgeschichte s. Neudorfer 1983: 219ff). Irgendeine Auseinandersetzung – wenn auch nicht über die Witwenversorgung (letztere ist als luk. Verharmlosung eines anderen Konfliktes zu betrachten, s. sofort) – hat zwischen beiden Parteien in Jerusalem in der Frühzeit der Urgemeinde stattgefunden, obgleich aufgrund der V. 1–6 enthaltenen Tradition keine näheren Angaben über die Art des Konflikts möglich sind. Sollte aber ein genetischer Zusammenhang zwischen den Traditionselementen des vorliegenden Abschnittes und den Apg 6,8–7,1 zugrunde liegenden sich feststellen lassen, so könnte eine begründete Vermutung zum Anlaß des Konflikts geäußert werden: Gesetzesstrenge aramäisch sprechende und griechisch sprechende Christen gerieten über die Gesetzesfrage aneinander, wobei die Sprachenbarriere noch ein übriges zum Streit beitrug. Dieser Streit ereignete sich in der Frühzeit der Jerusalemer Urgemeinde, denn Paulus verfolgte Mitglieder dieser Hellenistenkreise bereits außerhalb Jerusalems und traf sie während seines ersten Jerusalembesuchs nicht mehr an (vgl. auch u. S. 124). Anders Apg 9,29.

Ansprechend ist auch die These von E. Schwartz, nach der „die Sieben" ebenso titular sind wie „die Zwölf". Sie seien ein Kollegium der Urgemeinde wie jene anderen auch; „was die Zwölf für Israel, sollen die Sieben für die Proselyten sein. Sie betrieben die Mission der ‚Judengenossen' nicht allein, und hätten dafür nicht ausgereicht: die Zahl der Missionare, die noch vor Paulus Bekehrung, durch den auferstandenen Herren selbst legitimiert waren, muß nach I Cor 15,7 sehr viel größer gewesen sein. Aber das darf vermutet werden, daß die Institution der Sieben aus der Mission hervorging, die unter den Proselyten reißende Fortschritte machte und bald eine Zentralbehörde verlangte neben den Zwölf, die sich in diese Entwicklung erst hineinfinden mußten" (1963: 146 f; ähnlich Wellhausen 1911: 11 und Meyer III: 155). Schwartz' These ist möglich, kann aber nicht auf der alleinigen Grundlage von Apg 6,1–7 verifiziert werden, denn „die Zwölf" gehen an dieser Stelle wohl auf Lukas zurück (s. o. S. 80).

Zu den weiteren Einzelheiten der Gesetzeskritik und der Person des Stephanus, einem Mitglied des Hellenistenkreises, s. zu 6,8 ff.

Apostelgeschichte 6,8–15

I Gliederung

V. 8: Summarische Schilderung der Wundertaten des Stephanus im Volk
V. 9–14: Zwei Angriffe gegen Stephanus:
    9–10: Der erfolglose Angriff der Mitglieder hellenistischer (Synagogen-)Gemeinschaften durch Disputationen
    11–14: Der Angriff durch falsches Zeugnis, sein Eindruck auf das Volk, die Ältesten und die Schriftgelehrten und die Verhandlung vor dem Synhedrium
V. 15: Schilderung des Antlitzes des Stephanus

II Redaktion

V. 8:

Der Vers ist sprachlich lukanisch; vgl. *pleres, charitos, dynameos, terata kai semeia…en to lao* (s. 5,12). Die letztere Wortverbindung stellt auch klar, daß Stephanus' Wirken dem der Apostel entspricht. Gleichzeitig ist V. 8 Überleitung zur folgenden Episode. „Stephanus wird nicht im ‚Dienst an den Tischen', sondern in der Öffentlichkeit, aber auch nicht im ‚Dienst am Wort', sondern wirkmächtig durch Wunder geschildert; erst in Vers 11 wird *mittelbar* seine Wortverkündigung erwähnt" (Weiser 1981: 171).

V. 9–14:

V. 9 ist eine Art Präludium zu dem sich anschließenden, tödlich endenden Konflikt. „Die Widersacher des Stephanus werden kaum an seinen Wundertaten (V. 8) Anstoß genommen haben. Es ist wohl vorausgesetzt, daß Stephanus gerade unter ihnen in Jerusalem missionierte" (Schneider 1980: 436). Die

Bezeichnung der Gegner des Stephanus ist unklar. Bedeutet hier *synagoge* „Gemeinschaft" oder „Synagoge" oder beides? Ist hier ferner von einer, zwei, drei, vier oder fünf Synagogen die Rede?

Vgl. die Forschungsgeschichte bei Neudorfer 1983: 158–163; zu seiner eigenen Lösung vgl. S. 266–269: Lukas habe „über ihre Zusammengehörigkeit in Jerusalem keine genaue Vorstellung... und darum nur ungenau berichtet" (269).

Nun ordnet der zweimalige Artikel *ton* nach *tines* die aufgezählten Glieder zwei Gruppen zu (vgl. Schneider 1980: 435 A19). Zwar läßt der luk. Text strenggenommen nur die ersten drei Glieder als Angehörige einer Synagoge erscheinen, die nachfolgenden Glieder dagegen nicht (vgl. 24,19), was die oben gemachte Aussage zur Unklarheit des Textes nur bestätigt, doch scheint es Lukas um eine globale Gegnerschaft zu Stephanus aus dem Kreise hellenistischer Juden gegangen zu sein. Aus diesem Ziel heraus ist seine unpräzise Ausdrucksweise zu erklären. Die Spannung zwischen Unklarheit der Ausdrucksweise und Fülle präziser Angaben weist auf Tradition. (Zur Frage, ob *synagoge* Gemeinschaft oder/und Synagoge bedeutet, vgl. u. zu III und IV.) V. 10: Der Versuch der hellenistischen Juden, Stephanus mit Argumenten zu bekämpfen, scheitert an der Weisheit und dem Geist, in denen er redet. „Weisheit" und „Geist" sind bereits 6,3 Eigenschaften der sieben Hellenisten, zu denen Stephanus gehört. Damit ist klar: Lukas verweist mit V. 10 auf V. 3 zurück und verbindet so die beiden Perikopen V. 1–7 und V. 8–15 miteinander.

Zum Inhalt vgl. noch Lk 21,15 (diff. Mk, Mt): „Ich werde euch Mund und Weisheit *(sophia)* geben, der alle eure Widersacher nicht werden widerstehen *(antistenai)* oder widersprechen können!"

Die Übereinstimmungen zwischen Lk 21,15 und Apg 6,10 zeigen: Lukas sieht im Stephanusprozeß die Aussage von Lk 21,15 verwirklicht. Damit ist freilich nicht ausgeschlossen, daß Lukas beide Begriffe *(sophia, pneuma)* einer genetisch mit Stephanus zusammengehörenden Tradition entnommen hat, wohl aber ist ihre red. Stimmigkeit aufgewiesen. V. 11 leitet – nach dem Mißlingen des ersten Angriffes gegen Stephanus – einen zweiten ein. Seine Urheber, die V. 10 genannten Mitglieder der hellenistischen (Synagogen-)Gemeinschaften, bedienen sich dazu unlauterer Mittel, weil sonst Stephanus nicht beizukommen gewesen wäre. Sie stiften Männer an, die sagen: „Wir haben ihn Lästerreden gegen Mose und Gott führen hören" (zur Forschungsgeschichte der Anklage vgl. Neudorfer 1983: 172–182). V. 12 beschreibt den Erfolg ihrer Aktion. Sogar das Volk, das bisher auf der Seite der Christen war (vgl. noch V. 8), ließ sich beeinflussen und – weniger erstaunlich – die Ältesten und Schriftgelehrten, die ja bereits schon vorher an den Aktionen gegen die Jerusalemer Urgemeinde beteiligt gewesen waren (Apg 4; 5). Die Verhandlung vor dem Hohen Rat bedeutet eine Steigerung der Dramatik der Erzählung, da nun die offizielle jüdische Behörde sich des Vorgangs annimmt. Ebenso wie bei der ersten Anschuldigung (V. 11) werden Zeugen bereitgestellt, die gewisse Aussprüche des Stephanus gehört haben sollen. V. 13 nennt die Zeugen ausdrücklich Falschzeugen *(martyras pseudeis)*, während sie V. 11 noch neutral als „Männer" *(andres)* bezeichnet worden waren. Allerdings wurde V. 11 deren Aussage von vornherein vom Erzähler Lukas dadurch in Zweifel gezogen, daß er von einem Anstiften (zum Zeugnis) sprach *(hypoballein)*. Die Aussage der Männer/Falschzeugen ist also in beiden Fällen nach Lukas unzutreffend. Inhaltlich ist die Anklage V. 13 nicht völlig mit der von V. 11 identisch. V. 11 spricht von Blasphemie gegen Moses und Gott, V. 13 von Attacken gegen den heiligen Ort (= Tempel) und das Gesetz.

Es ist in der Forschung zuweilen üblich geworden, V. 13 f als redaktionell zu erklären (vgl. zuletzt Weiser 1981: 171–173), da der Eindruck entstehe, das luk. Schwergewicht liege auf der Aussage V. 13 f, zumal die nachfolgende (red.) Stephanusrede die in V. 13 f angesprochene Tempelthematik entfalte (vgl. 7,48–50). Zur Erfassung der luk. Intention helfe die oft gemachte Beobachtung weiter, daß V. 14 a in Anschluß an Mk 14,58 formuliert sei. Lukas habe jene Mk-Stelle im Evangelium übergangen und daher wohl absichtlich für das Stephanusmartyrium aufgespart. Vgl. Mk 14,58: „Wir haben (sc. Jesus) sagen hören: Ich werde diesen aus Händen gemachten Tempel zerstören (und nach drei Tagen einen anderen, nicht aus Händen gemachten aufbauen)." Einen weiteren Grund für die Annahme einer genetischen Beziehung zwischen V. 13 und Mk 14,58 b liefere die Beobachtung, daß sowohl V. 13 als auch im unmittelbaren Kontext der Mk-Passage falsche Zeugen erscheinen (Mk 14,56: „Denn etliche traten auf und redeten falsches Zeugnis *[epseudomartyroun]* wider ihn"). Stehe eine genetische Beziehung zwischen Mk 14,58 und V. 13 fest, so sei es von Belang, daß Lukas den zweiten Teil des falschen Zeugnisses von Mk 14,58 („und nach drei Tagen einen anderen, nicht aus Händen gemachten aufbauen") nicht übernahm, sondern durch den Satz ersetzt habe: „und die Bräuche ändern, die uns Mose überliefert hat". Lukas vermeide wohl mit Absicht eine Aussage über die Wiederherstellung des Tempels, da er nach dessen Zerstörung schreibe. Die Aussage über die Veränderung der Gebräuche des Mose sei Spezifizierung der Worte gegen das Gesetz V. 13 fin. *ethe* (zehn von den zwölf ntl. Belegen stammen aus dem luk. Doppelwerk – sieben aus der Apg) beziehen sich bei Lukas auf die Einzelgebote (so Apg 15,1 auf die Beschneidung und 16,21; 21,21; 26,3; 28,17 allgemein auf das jüdische Gesetz – ähnlich Lk 1,9; 2,42). Diese Gesetzeskritik bzw. -ablehnung werde durch die luk. Stephanusrede Lügen gestraft. Denn Stephanus wirft in ihr (7,53) *seinen Gegnern* eine Nichtbeachtung der Tora vor, woraus hervorgeht, daß *er* sie beachtet.

Zur Kritik:

Zunächst ist positiv festzuhalten, daß tatsächlich ein genetischer Zusammenhang zwischen dem (traditionellen) Tempelwort Jesu Mk 14,58 und Apg 6,14 b vorliegt. Doch kann eine redaktionsgeschichtliche Erklärung, wie sie oben vorgeführt wurde, nicht wirklich erklären, warum die Aussagen des Stephanus (Apg 6,13) als *Falschzeugnis* hingestellt werden. Man müßte nämlich im Falle der Richtigkeit der obigen Erklärung annehmen, Lukas habe die Anklagen in V. 13 f mit Stephanus verbunden *und* gleichzeitig als Falschzeugnis über Stephanus deklariert. Letzteres scheint mir nur dann möglich zu sein, wenn Lukas eine an Stephanus haftende Tradition besaß, die inhaltlich der Position hinter Apg 6,(11.)13 f entsprach. Außerdem: Warum soll Lukas dem Stephanus das zuschreiben, was er im LkEv von Jesus fernhält? (Eine Parallelisierung liegt hier ja gerade *nicht* vor.)

Die soeben aufgewiesene Schwierigkeit der redaktionsgeschichtlichen Erklärung von V. 13 f führt zur Annahme, die Verse seien in ihrem Grundbestand traditionell. *Lukas* hat die in ihnen sichtbar werdende Gesetzeskritik als Falschzeugnis hingestellt. Ihm war die Gesetzeskritik des Stephanus zu radikal.

Ebenso Walter 1983: „Daß Lukas in 6.13 f in Wahrheit historisch zutreffende Überlieferung weitergibt, gerade weil ihm die dort referierten Anklagepunkte gegen Stephanus eine allzu revolutionäre Haltung sichtbar werden lassen" (371). Vgl. ähnlich Wellhausen 1907: „Die nicht grade formelle aber doch deutliche Anknüpfung des Stephanus an das radikale Wort Jesu über die Zerstörung des Tempels und des Cultus (6,13.7,47–50) kann nicht von Lukas erfunden sein, denn dieser will im Evangelium von der Tempellästerung Jesu durchaus nichts wissen. Stephanus reißt damit eine Wunde auf, welche die Urjünger gern vernarbt gesehen hätten" (12).

Damit eng zusammenhängend verbietet ihm die Konzeption der Einheit der Jerusalemer Gemeinde von vornherein, eine Tempel- und Gesetzeskritik zuzulassen. V. 11 und V. 13 f dürften daher in ihrem Grundbestand nicht auf Redaktion, sondern auf Tradition zurückgehen.

V. 15:

Die Sprache weist auf luk. Urheberschaft: *atenisantes; synedrio; hosei.*

III Traditionen

Ein Traditionselement erscheint in der Bezeichnung der Diskussionspartner des Stephanus V. 9: „Leute aus der sogenannten Synagoge der Libertiner und Cyrenäer und Alexandriner und der Bewohner von Cilicien und Kleinasien". Hier sind nun zunächst die beiden oben unter II aufgeworfenen Fragen zu beantworten, 1. die nach der Bedeutung von *synagoge* (= Gemeinschaft und/oder Synagoge?) und 2. die nach der Anzahl der Gemeinschaften/Synagogen.

Zu 1: *synagoge* ist mit „Synagogengemeinschaft" zu übersetzen, denn die Existenz von landsmannschaftlichen Synagogengemeinschaften in Jerusalem ist in einem Fall archäologisch nachgewiesen. Eine von Raymond Weill kurz vor dem Ersten Weltkrieg in Jerusalem gefundene griechische Inschrift hat u. a. zum Inhalt, daß die Synagoge von dem Priester und Synagogenvorsteher Theodotos, Sohn des Vettenos, erbaut sei und mit ihr ein Fremdenhaus und eine Wasseranlage für die Pilger verbunden gewesen sei. Vielleicht liefert diese Inschrift einen

Hinweis auf die 6,9 genannten Libertini (= ein lateinisches Lehnwort, das freigelassene Juden bezeichnet). Der Vater des Theodotos trägt einen römischen Namen Vettenos, den er nach der Freilassung angenommen haben dürfte, weil er diese einem römischen Glied der gens Vettena verdankt. Dann kann seine Familie zu der Synagoge der Libertini in Jerusalem gehört haben (vgl. zur Inschrift weiter Deißmann 1923: 378–380 [Abbildung, Text, Übersetzung und Kommentar]; Hengel 1975: 184 f; Cadbury 1955: 88 f).

Gegen die oben gezogenen Folgerungen spricht sich Bihler 1963 aus: „Was bedeutet nun der Name *Libertinos*? Haben wir darunter Freigelassene zu verstehen? Seitdem Schürer diese Auffassung vorgetragen und zu begründen versucht hat, scheint diese Deutung opinio communis geworden zu sein. Nur bleibt dabei völlig ungeklärt, was die ‚Freigelassenen‘ mit den Alexandrinern und Cyrenäern verbindet, da sie doch in 6,9 offensichtlich zur gleichen Gruppe gehörig betrachtet werden. Man darf nicht übersehen, daß hier nur von einer Synagoge die Rede ist. Selbst wenn Lukas diese Bezeichnung übernommen haben sollte, besagt das noch nicht, daß er sie auch im ursprünglichen Sinne verwendet haben muß. Er kann diesen Ausdruck auch als Deckname benutzt haben. Mehr und Genaueres kann kaum gesagt werden" (222). Dagegen: Bihler vermischt Redaktion und Tradition (s. o. S. 86).

Man hat also guten Grund zu der Annahme, daß 6,9 die Tradition reflektiert ist, daß es eine oder mehrere solcher Synagogengemeinschaften in Jerusalem gab (vgl. noch Apg 24,12). In Rom lassen sich mindestens elf solcher Synagogen nachweisen (Leon 1960: 135–166).

Zu 2: Wir sagten oben unter II, *Lukas* lasse durch den zweimaligen Artikel *ton* nach *tines* die aufgezählten Glieder als zwei Gruppen erscheinen. In der Lukas vorliegenden Tradition mögen also zwischen ein bis fünf Synagogen erwähnt worden sein.

V. 10: Stephanus wird in diesem Vers als Prediger geschildert, also ganz anders, als es nach dem in 6,2 für ihn vorgesehenen Arbeitsauftrag unter Abgrenzung gegen die Apostel zu erwarten war. Man möchte, wenn man dem Gang der luk. Darstellung folgt, geradezu fragen, ob sich die tägliche Versorgung der Witwen unter solchen Umständen überhaupt hätte verbessern können (vgl. Walter 1983: 370). Daraus folgt: Das Verständnis des Stephanus ist in V. 10 ein ganz anderes als V. 1–7. Daher wird dieser Vers trotz der oben aufgeführten luk. Spracheigentümlichkeiten auf Tradition zurückgehen. V. 11 reflektiert auf der Stufe der Tradition Elemente der Verkündigung des Stephanus, ebenso V. 13 f, da die redaktionsgeschichtliche Erklärung u. a. das Motiv der falschen Zeugen nicht schlüssig erklären kann. Vielmehr domestiziert Lukas mit diesem Motiv die Gesetzeskritik des Stephanus und interpretiert sie durch Einzelzüge in der Stephanusrede (vgl. bes. 7,53).

Wellhausen 1914 beobachtet eine Spannung zwischen V. 11 und V. 12–13. „Dem Vers 11 sucht man neben 12.13 Raum zu verschaffen durch die Auskunft, daß dort von Männern die Rede sei, welche angestiftet waren, *das Volk* aufzuhetzen, hier aber von Zeugen *vor dem Synedrium*. Allein der Unterschied besteht nicht; auch die Männer in 11 sind Zeugen (Ankläger) und werden vor dem Synedrium gedacht. Vers 11 nimmt also den Inhalt von 13.14 vorweg und verträgt sich nicht damit. – In 12 werden die Ältesten und Schriftgelehrten von dem Synedrium unterschieden; ähnlich 5,21. Die Zeugen heißen in 14 Lügenzeugen, nach Mc. 14,57; in 11 ist das vermieden und die Anklage lautet auch anders" (12). Ähnlich argumentieren Jackson/Lake, Beg. II: 148 f: V. 9–11 und V. 12–14 seien Dubletten, die 7,54–58 a bzw. 7,58 b–60 ihre Fortsetzung fänden (s. dort weiter). Doch reichen die Kriterien für eine solche Quellenscheidung kaum aus.

Zur Frage, ob die V. 8–15 zugrundeliegende Tradition Bestandteil einer Überlieferung vom Martyriumsbericht des Stephanus war, vgl. u. S. 98.

IV Historisches

V. 8: Stephanus war nicht Diakon, sondern geisterfüllter Prediger (vgl. zuletzt Dietzfelbinger 1985: 16–20).

Die Tradition der Anwesenheit der V. 9 genannten Gruppen in Jerusalem hat alle historische Wahrscheinlichkeit für sich. Jerusalem war damals ein geschätzter Wohnort für die (hellenistischen) Juden der Diaspora. Vgl. als Beispiel der Anwesenheit von Diasporajuden in Jerusalem Simon von Kyrene und seine beiden Söhne Alexander und Rufus (Mk 15,21 par.; s. die wichtige Literatur zu Kyrene bei G. Schneider, EWNT II: 810 f). Die Existenz von Juden aus Cilicien in Jerusalem wird illustriert durch die Schwester des Paulus (Apg 23,16).

Ob alle verschiedenen Landsmannschaften in Synagogengemeinden organisiert waren, ist freilich nicht sicher, sosehr in einem Fall die Synagoge der Libertini durch die Theodotos-Inschrift historisch wahrscheinlich gemacht worden ist. (Sie ist übrigens der älteste Beleg für eine Synagoge in Judäa; vgl. Cohen 1984: 152.) Daraus möchte ich Analoges für die anderen Gemeinschaften folgern.

Es ist historisch unwahrscheinlich, daß alle der V. 9 genannten hellenistischen Juden an der Disputation mit Stephanus beteiligt waren, so wie es Lukas auf der red. Ebene nahelegt. Vielmehr ist der Streit in *einer* hellenistischen Synagogengemeinde entstanden, der Stephanus angehörte (vgl. eine ähnliche Möglichkeit in Rom – s. Lüdemann 1980: 186 A67). Thema war die gesetzeskritische Auffassung des Stephanus, an der seine Widersacher Anstoß nahmen. Dieser Disput wurde zunächst verbal, dann aber tätlich ausgeführt. Wie weit Lukas bereits vom historischen Stephanus entfernt ist, zeigt sich daran, daß er die Kunde über die Gesetzeskritik des Stephanus als unwahr hinstellt. Wir dürfen annehmen: Stephanus hat Christusglaube und Gesetzesverständnis in einer für die Angehörigen der hellenistischen Synagoge nicht akzeptablen Weise verknüpft. Jedenfalls wurde sie als blasphemisch angesehen, was zu der V. 12 angedeuteten und V. 57 f beschriebenen Aktion führte (vgl. zu diesen Versen u. S. 96 f). Die Gesetzesauffassung des Stephanus hatte nicht nur einen folgenschweren Streit in den hellenistischen Synagogen bzw. einer hellenistischen Synagoge zur Konsequenz, sondern auch, wie Apg 6,1 f indirekt schildert, eine Spaltung in der jungen Christenheit zur Folge. Weiter dürfen wir sagen: Folge des Streits war auch eine teilweise Trennung von jerusalemischem Judentum und Christentum, denn die Hellenisten wurden aus der Hauptstadt vertrieben (s. u. S. 98 f).

Zur Gesetzesauffassung des Stephanus:

Stephanus hat lt. Apg 6,11 gegen Mose und Gott gesprochen, d. h. Gesetzeskritik geäußert. Weiter hat er lt. 6,14 unter Berufung auf Jesus Tempel- und Gesetzeskritik geübt. Wir sagten S. 87 f, Lukas könne kaum gleichzeitig in V. 11 und V. 13 f die Gesetzeskritik mit Stephanus in Verbindung gebracht und das Zeugnis darüber dann noch als Falschzeugnis bezeichnet haben. Vielmehr reflektiert die von Lukas zweimal als Falschzeugnis hingestellte Tradition über Stephanus einen historischen Sachverhalt. „Die Formulierung, daß Jesus die von Mose überkommenen Sitten *ändern werde*, spricht nicht für totale Gesetzesabrogation. Unabhängig davon, was das schwierige Futur hier sagen will, wird man vorsichtig folgern, daß Stephanus von Jesus ausgehend Gesetzes- und Tempelkritik getrieben hat. Er hat vielleicht wie Jesus die Zerstörung des Tempels angesagt und vom eschatologischen Willen Gottes her das Gesetz mindestens punktuell kritisiert" (Luz 1981: 88). Andere gehen weiter und meinen, Stephanus und die Hellenisten hätten „das Gesetz grundsätzlich für aufgehoben erklärt" (G. Klein, TRE X 1982: 81). Doch ist eine solche These nicht zwingend auf der Grundlage der Tradition(en) von V. 11.13 f zu erheben und trotz des Pogroms, der Vertreibung aus Jerusalem sowie der von den Hellenisten betriebenen Heidenmission (s. u. S. 142 zu 11,20) und der Verfolgung hellenistischer Gemeinden durch Paulus nur eine entfernte Möglichkeit.

Apostelgeschichte 7,(1.)2–53

I Gliederung

(V. 1: Überleitung zur Rede)
V. 2–38: Die Geschichte Israels von Abraham bis Mose
   2–8 a: Die Abrahamsgeschichte
   8 b: Überleitungsnotiz: von Isaak zu den zwölf Patriarchen
   9–16: Die Josephsgeschichte
   17–38: Die Mosesgeschichte
V. 39–50: Israels Abfall: Götzendienst und Tempelbau
   39–43: Götzendienst
   44–50: Bau des Tempels
     44–47: Das Zelt der Begegnung und der Bau des Tempels für das Haus Jakob
     48–50: Polemik gegen die Ansicht, Gott wohne im Tempel
V. 51–53: Die Schuld Israels (deuteronomistische Polemik gegen die Hörer)

Im folgenden sollen nur die eindeutig red. Züge identifiziert werden (für die Einzelanalyse sei auf die Kommentare verwiesen; zu V. 1 vgl. u. S. 94).

V. 2–38:

V. 2–8 a: V. 2 a ist lukanisch; der Anfang der Rede hat eine wörtliche Entsprechung in dem Beginn der Paulusrede 22,1. V. 2–4 wird gegen den biblischen Bericht (Gen 11,28–12,1) betont, Gott sei Abraham erschienen, bevor er nach Haran kam, und zwar in Mesopotamien. Dann erzählt V. 4, Abraham habe Chaldäa verlassen, um in Haran zu wohnen. Aber Mesopotamien liegt auf dem Wege von Chaldäa nach Haran. Entweder hat der Verfasser die Geographie durcheinandergebracht oder es zeigen sich hier Einflüsse verschiedener Traditionen. Überhaupt fällt auf, daß wiederholt Ortsveränderungen bzw. Ortsangaben hervorgehoben werden: vgl. „in Mesopotamien, bevor er in Haran wohnte" (V. 2) und den gesamten V. 4. V. 4 fin. *(eis ten gen... katoikeite)* ist redaktionell, weil er sich auf die Hörer des Stephanus bezieht. V. 5 fin: *ouk ontos auto teknou* geht sicher auf den Vf. zurück. Dafür spricht der Genitivus abs., *eimi* + Dativ und die klassische Negation *ou* beim Partizip statt *me* (s. Storch 1967: 26 A9). V. 7 c: *oro* (LXX) wird vom Redaktor geändert in *topo*, wohl um den Bericht auf die Tempelthematik zuzuspitzen. Zur Abrahamsgeschichte V. 2–8 a vgl. zusammenfassend Bihler 1963: 38–46.

V. 8 b stellt sicher, daß der im folgenden zu behandelnde Joseph zur Nachkommenschaft Abrahams gehört.

V. 9–16: Red. Erzählelemente sind die beiden durch *kai* gegliederten Satzreihen, die jeweils am Anfang und am Ende dieses Abschnittes stehen. Wegen der Abweichung von der biblischen Vorlage sind V. 10a, die Rettung aus allen Drangsalen, und V. 10b, die Verleihung der Weisheit an Joseph, wohl redaktionell. V. 11 f, „unsere Väter", ist eine Zuspitzung auf die Hörer. V. 16, „Abraham", lenkt auf V. 2–8 a zurück, vgl. ebenso V. 17.

V. 17–38: Die Darstellung des Lebens und Wirkens des Moses ist in drei Abschnitte von jeweils vierzig Jahren eingeteilt (vgl. V. 23.30.36) und dadurch stark schematisiert. Sie geht auf Lukas zurück, der die drei Perioden aus Dtn 34,7 erschlossen hat (Moses war bei seinem Tode 120 Jahre). V. 20–23: Diese Verse enthalten ein Dreierschema, wie es der Vf. der Apg auch 22,3 von Paulus gebraucht. Die Beschreibung des Mose: „Er aber war stark in Worten und Werken", widerspricht zwar Ex 4,10, entspricht aber genau der Beschreibung Jesu Lk 24,19: Jesus war „ein Mann, ein Prophet, stark in Werk und Wort vor Gott und vor dem ganzen Volk". An dieser Stelle liegt eine Moses-Jesus-Typologie vor, die von Lukas stammt und eine Entsprechung in den ebenfalls red. Versen 7,35 f hat. V. 25: Inhalt und Vokabular lassen auf luk. Herkunft schließen. Was Lukas hier von Moses sagt, hebt er sonst mit Bezug auf Jesus hervor. Die Juden erkannten nicht, daß Gott ihnen durch Jesus Heil schaffen wollte (vgl. 3,17; 4,10–12; 13,27 und Weiser 1981: 185 – s. das zu V. 20 ff Gesagte). V. 35: Die bereits in V. 20–23 sichtbare Moses-Jesus-Typologie wird erneut ausgedrückt in *archonta* (von Moses), vgl. *archegos* (von Jesus) Apg 3,15; 5,31; zu *lytroten* (von Moses) vgl. *mellon lytrousthai Israel* (von Jesus) Lk 24,21. Zweimaliges betontes *touton* wird durch dreimaliges *houtos* in V. 36–38 aufgenommen. Letzteres klingt an die Form des Enkomions an (vgl. Norden 1913: 164 f.222 ff). V. 36: Moses tat wie Jesus und wie die Apostel (5,12) Wunder vor dem Volk (s. das oben zur Moses-Jesus-Typologie Gesagte). In V. 37 wird Dtn 18,15 (ebenso wie bereits in Apg 3,22) im christologischen Schriftbeweis gebraucht.

V. 39–50:

V. 39–43: V. 39: Zu *hoi pateres hemon* vgl. V. 11.12.15.(19.) 44.45. V. 39–41 führen die Geschichte vom Goldenen Kalb als (erstes) Beispiel des Götzendienstes der Israeliten an. V. 42 f steigern die Aussage des Götzendienstes noch. Gott hat die Israeliten als Strafe für die Verehrung des Goldenen Kalbes dahingegeben, dem Himmelsheer zu dienen, wie Am 5,25–27 (LXX) zeige (Lukas ändert im Zitat „Damaskus" in „Babylon" und paßt damit die prophetische Weissagung dem wirklichen Geschehen an [babylonisches Exil]).

V. 44–50: Der ganze Abschnitt ist sprachlich stark von Lukas geprägt (vgl. den Einzelnachweis von Storch 1967: 98–100). V. 44: *skene (tou martyriou)* knüpft an *skenen (tou Moloch)* (V. 43) an (Stichwortanschluß). Inhaltlich enthält V. 44 die Seltsamkeit, daß die Israeliten auf der Wüstenwanderung (neben dem Zelt des Moloch, V. 42) ein zweites Zelt mitführen, die *skene tou martyriou*. Conzelmann 1972: 55 u. a. werten diesen Befund zu quellenkritischen Operationen aus. Dagegen Roloff 1981: „war es in V. 43 um den tatsächlich von Israel in der Wüste vollzogenen Kult gegangen, so spricht V. 44 vom Gottesanspruch an Israel hinsichtlich des Kultus. Israel brachte das Zelt bei der Landnahme mit und hatte es ständig bei sich bis zur Zeit Davids…" (124). V. 46: *skenoma* klingt an *skene* (V. 43.44) an. Textkritisch ist wohl *to oiko Iakob* (statt *to theo Iakob*) zu lesen (zur Begründung vgl. Storch 1967: 94 f). Dann wird betont: Der Tempel ist für das Haus Jakobs gebaut. Diese Aussage ist von einer Tempelkritik weit entfernt.

Unter der Voraussetzung der luk. Gestaltung der Stephanusrede wäre eine Tempelkritik ja auch gar nicht zu erwarten gewesen, da Lukas das frühe Christentum eng mit dem Tempel verbindet. Vgl. Lk 2,21–39; 2,41–51. „Jesus wird bewußt als Erlöser Israels gezeichnet, der sein heiliges Volk sammelt und seine Wirksamkeit in der heiligen Stadt Jerusalem im Tempel beginnt (Lk 2,41 ff.; 4,9 ff.) und wieder dort endet" (Luz 1981: 131). Die Urgemeinde sammelt sich im Tempel zum Gebet (Lk 24,53; Apg 2,46; 5,42). Paulus beteiligt sich während seines letzten Jerusalembesuches an einer Zeremonie im Tempel (Apg 21, 26 f). „Lukas konnte also den Tempel gar nicht als Produkt des Abfalls darstellen, wenn er seinen Lesern all das vom Tempel berichtet. Jesus konnte nicht entscheidende Epochen seines Wirkens im ‚Götzenhaus' zugebracht haben" (Storch 1967: 102).

V. 48–50 polemisieren gegen die Ansicht, daß Gott in dem für das Haus Jakobs gebauten Tempel wohne (vgl. 17,24). Damit begründet Lukas die Unabhängigkeit der Heidenchristen vom Tempel (vgl. Storch 1967: 103).

V. 51–53:

Die Verse weisen die Schuld Israels auf und spitzen die Rede auf die Anklagesituation zu. (Der Bußruf der anderen Missionspredigten der Apg fehlt aber in der Stephanusrede.) Die ganze Geschichte Israels war von der Verweigerung gegenüber dem Willen Gottes bestimmt: „Ihr widerstrebt immer dem Heiligen Geist, wie eure Väter so auch ihr" (V. 51). D.h., die in der Ermordung des Gerechten kulminierende Schuld der Juden (V. 52) hat „eine Vorgeschichte im Verhalten der Väter. Der Redner kann dies alles aber nicht so stark betonen, ohne sich zugleich von diesem Verhalten … zu distanzieren. Er spricht jetzt von ‚euren Vätern' und von ‚euch', während in V 2–50 durchgängig von ‚unseren Vätern' die Rede war" (Bihler 1963: 77). Gleichzeitig war das Verhalten der Juden eine Mißachtung des Gesetzes, das sie durch Weisung(en) von Engeln erhalten hatten (V. 53 – vgl. Gal 3,19), d.h., das Gesetz stammt von Gott. Vgl. bereits ähnlich V. 38: Mose empfing auf dem Sinai „lebendige Worte". Der Bund der Beschneidung (V. 8 a) als Sicherung der Verheißung ist durch die Ablehnung des Mose, dessen Auftreten die Erfüllung der Verheißung gebracht hat (V. 17), gebrochen worden (= *ouk ephylaxate*, V. 53).

Rückblick auf die red. Gestaltung der Stephanusrede:

Die Stephanusrede – die längste Predigt in der Apg – steht an einem Wendepunkt in der Apg. Durch den Mund des ersten christlichen Märtyrers belehrt Lukas seine Leser(innen) darüber, daß einerseits das Christentum im AT verwurzelt ist (*„unsere* Väter"), daß aber andererseits die den Stephanus aburteilende jüdische Instanz, die immer schon dem Heiligen Geist widerstanden hat (V. 51), von der christlichen Gemeinde geschieden ist. Damit bereitet Lukas auf der Erzählebene die Trennung von Juden und Christen vor, die in den ersten fünf Kapiteln der Apg noch nicht vollzogen war.

Einzelne Topoi der Rede sind von Lukas auf die Anklagesituation hin bezogen, so die Versicherung, die Juden hätten das Gesetz nicht beachtet (V. 53), obwohl es gottgewollt gewesen sei (V. 38.53), oder die Aussage, Salomon habe für Jakob(!) einen Tempel gebaut (V. 47). Mit beidem erweist Lukas die Vorwürfe gegen Stephanus (6,11.13 f) als falsch, er habe gegen das Gesetz und gegen den Tempel gepredigt. (Vgl. die red. Überleitung V. 1.)

Lukas benutzt die Stephanusrede aber auch dazu, seine andernorts ausführlich begründete Ansicht von dem wahren Ort der Frömmigkeit darzulegen (Apg 17,22–31). Indem er den Tempel in seiner Geltung auf die Juden beschränkt, dient ihm die Stephanusrede gleichzeitig zur Ausarbeitung und weiterer Begründung seiner ihm eigentümlichen heilsgeschichtlichen These.

Eine einheitliche Konzeption hat die Stephanusrede wohl nicht. V. 2–38 könnte man am ehesten als Einheit ansehen, und zwar nach dem Schema „Verheißung – Bedrängnis in Ägypten – Erfüllung durch Moses", wobei sich die Erzählung vom Götzendienst Israels (V. 39–43) eng an die Mosesgeschichte (V. 20–38) anschließen würde. V. 44–50 lassen sich V. 39–43 nicht unmittelbar zuordnen, während V. 51–53 wiederum anders als die vorhergehenden Verse auf die Anklagesituation eingehen. Die Frage nach der Existenz einer zusammenhängenden Vorlage der Stephanusrede soll hier nicht behandelt werden. Doch sei als weitere Analogien für Geschichtsabrisse auf folgende Lukas wenigstens z. T. bekannte Stellen verwiesen: Dtn 6,20–34; 26,5–9; Jos 24,2–13; Neh 9,6–31; Jdt 5,6–18; 1Makk 2,52–60; Ps 78; 105; 106; 136; Sap 10; Sir 44–50; 3Makk 2,2–12; 4Esr 3,4–36.

Die Abschnitte III und IV entfallen aus den oben angegebenen Gründen.

Apostelgeschichte 7,54–8,3

I Gliederung

V. 54–8,1 a: Das Martyrium des Stephanus
    54: Die Reaktion des Synhedriums auf die Rede des Stephanus
    55–56: Die Vision des Stephanus
    57–60: Die Steinigung des Stephanus
        57–58 a: Die Reaktion des Synhedriums auf die Vision des Stephanus: die Steinigung
        58 b: Das Verhalten der Zeugen: Niederlegen ihrer Kleider vor Saulus
        59–60: Die Steinigung des Stephanus und sein Verhalten

Apg 8
    1 a: Die Freude des Saulus an der Tötung des Stephanus
V. 1 b–3: Die Verfolgung der Kirche von Jerusalem
    1 b: Die Vertreibung aller außer den Aposteln
    2: Die Bestattung des Stephanus
    3: Die Verfolgung der Kirche durch Saulus

II Redaktion

7,54–8,1 a:

V. 54: *akouontes de… dieprionto* entspricht 5,33. *kardiais* ist vielleicht Wiederaufnahme aus V. 51: Da die Zuhörer des Stephanus unbeschnitten an Herzen und Ohren sind, ergrimmen sie im Herzen (V. 54) und halten sich in

V. 57 die Ohren zu. Damit wird auf der Autor-Leser-Ebene der Vorwurf des Stephanus gegen die Zuhörer illustriert, was um so wahrscheinlicher ist, wenn in V. 55 die Antwort nach dem wahren Ort Gottes gegeben wird (s. sofort).

V. 55–56: *hyparchon, pleres pneumatos hagiou, atenisas eis ton ouranon* (vgl. 1,10), *doxan, ek dexion… tou theou* sind sprachlich lukanisch. Zum Inhalt: Der Visionsbericht V. 55 und die Visionskundgabe V. 56 dürften von Lukas gebildet sein, denn die Verse scheinen von Lk 22,69 abhängig zu sein („von nun an wird der Menschensohn zur Rechten der Kraft Gottes sitzen"). Lukas hat dabei in diesem Satz seines Passionsberichtes die Aussage „ihr werdet… sehen" aus Mk 14,62 fortgelassen, weil er ausdrücken wollte, die Schau des Erhöhten werde nicht den Gegnern, wohl aber dem gläubigen Zeugen gewährt. Dies führt Lukas nun mit Stephanus Apg 7,55 vor. Schließlich stehen die Aussagen vom „geöffneten Himmel", der „Herrlichkeit Gottes" und von „Jesus zur Rechten Gottes" in engstem Zusammenhang mit den vorangehenden luk. Versen 48–50; sie geben die Antwort auf die Frage nach dem wahren Ort Gottes.

V. 57–58 a: V. 57 enthält luk. Sprachelemente: „schreien mit lauter Stimme" (vgl. V. 60); „sich einmütig stürzen auf" (vgl. 19,29 und die luk. Gestaltungsart tumultuarischer Szenen im Synhedrium [vgl. 5,33; 23,7–10; s. ferner Lk 4,28 f]). V. 58 a entspricht dabei der jüdischen Rechtsordnung (vgl. Lev 24,14; Num 15,35; MSanh 6,1), nach der die Steinigung außerhalb des „Lagers" stattzufinden hat. Ebenso darf die des Stephanus nicht in Jerusalem vorgenommen werden. Man muß ihn also erst noch aus der Stadt zerren.

V. 58 b: Die Bemerkung, daß die Zeugen ihre Kleider zu Füßen des Jünglings Saulus niederlegten, dient der Absicht, Stephanus' Martyrium mit der nachfolgenden Geschichte über Paulus zu verknüpfen. Der große Missionar tritt so zunächst als Statist auf die Bühne. „Daß die Zeugen (wie zu einer Sportveranstaltung) ihre Kleider ablegen, geht vermutlich auf ein lukanisches Mißverständnis zurück" (Schille 1983: 189). Die jüdische Rechtsordnung (MSanh 6,3), die Lukas hier wohl einflechten wollte, fordert die Entkleidung des Verurteilten.

V. 59–60: V. 59 a nimmt – sichtbar an der Wiederholung *elithoboloun* – den V. 58 a unterbrochenen Erzählfaden wieder auf.

Gegen Wellhausen 1914: „Vers 58 läßt sich neben 59 nicht halten, denn zweimal kann eine Steinigung nicht geschehen und zweimal darf sie nicht berichtet werden" (14). Doch: *elithoboloun* wird wiederholt, weil dazwischen die Paulus-Notiz steht.

V. 59 b: Der Bericht vom Sterben des Stephanus in diesem Versteil ist in auffallender Angleichung an die luk. Erzählung von Jesu Tod wiedergegeben und auch deswegen redaktionell. Nach Lk 23,46 ist Jesu letztes Wort: „Vater, in deine Hände lege ich meinen Geist." Es entspricht fast wörtlich Ps 30,6 (LXX), einer Stelle, die im Judentum als Abendgebet gesprochen wurde. Der Gebetsruf des Stephanus („Herr Jesus, nimm meinen Geist auf") richtet sich im Unterschied zu Lk 23,46 an Jesus, den er als erhöhten Herrn geschaut hat. V. 60: Die Einleitungswendung *(theis de ta gonata)* ist sprachlich und inhaltlich lukanisch;

vgl. Lk 22,42: In Gethsemane fällt Jesus auf die Knie (diff. Mk). Damit dürfte Lukas ein weiteres Mal das Stephanus- mit dem Jesusmartyrium parallelisiert haben. Das Rufen mit lauter Stimme erinnert wieder an die Jesuspassion (Lk 23,46). Desgleichen steht die Vergebungsbitte: „Rechne ihnen diese Sünde nicht an!" dem Jesuswort nahe: „Vater, vergib ihnen, denn sie wissen nicht, was sie tun" (Lk 23,34 – vielleicht ist dieser Vers aber, textkritisch geurteilt, sekundär).

8,1 a: Dieser Versteil geht auf Lukas zurück, der Saulus innerlich an der Exekution beteiligen will (vgl. im übrigen die Klimax zu der Aussage V. 58, wo Saulus als Kleiderbewacher fungierte; in V. 1 a freut er sich schon über die Tötung des Stephanus, 8,3 schildert ihn dann bereits als aktiven Verfolger).

8,1 b-3:

V. 1 b: *pantes* ist luk. Generalisierung. V. 2: Der Bericht von der Bestattung des Märtyrers wird oft für Bestandteil einer Tradition gehalten (vgl. nur Schneider 1980: 257 f; Roloff 1981: 130 meint, daß auf der Stufe der Tradition mit den „gottesfürchtigen Männern" ursprünglich Glieder der aramäisch sprechenden Gemeinde gemeint seien, Lukas aber an fromme Juden gedacht habe; vgl. schließlich Schille 1983: 198; s. auch Neudorfer 1983: 212–215: Exkurs: „Die Bestattung des Stephanus"). Wenigstens ist *eulabes* lukanisch; es bezeichnet Symeon (Lk 2,25) und Ananias (Apg 22,12). Ferner verträgt sich die Nachricht einer Bestattung des Stephanus wohl kaum mit der Vertreibung der Hellenisten aus Jerusalem. Vgl. noch die red. Zeichnung des Jesusbestatters Joseph als *agathos kai dikaios* (Lk 23,50 f [diff. Mk 15,43]). V. 3: Luk. Spuren reflektieren *eisporeuomenos, andras kai gynaikas*. Der Vers knüpft an 8,1 a (red.) an und steigert die dort gemachte Aussage. Gleichzeitig bereitet er die später erzählte Geschichte von der Bekehrung des Saulus vor (vgl. die Aufnahme von 8,3 in 9,1–2).

III Traditionen

Die Redaktionsanalyse hatte ergeben, daß Lukas sich bemüht hat, den Prozeß gegen und die Exekution des Stephanus als vom Hohen Rat ordnungsgemäß durchgeführtes Verfahren darzustellen (vgl. 6,12 b–14; 7,1; 7,58). Dabei war ihm der Fehler unterlaufen, die Steinigungsprozedur anders darzustellen, als sie in der jüdischen Prozeßordnung üblich war (s. o. zu V. 58). Geht man von der Voraussetzung aus, daß Stephanus in Jerusalem getötet wurde, so ist als Traditionsgrundlage der Bericht von einem Tumult um Stephanus wahrscheinlich, in dessen Folge er einer Lynchjustiz zum Opfer fiel. Bei dieser Voraussetzung ist in Kauf zu nehmen, daß die Tradition völlig von luk. Sprache und Gestaltung überlagert ist, und zwar gerade in der tumultuarischen Szene V. 57. Bezüglich der Tötungsart bleibt die Steinigung möglich, da Lynchjustiz sich oft ihrer bediente (vgl. Philo, Spec 1,54–57). Vgl. die zusammenfassende Beurteilung von J. Wellhausen:

„Ein Spruch ergeht nicht, ohne Urteil wird Stephanus gesteinigt. Die Steinigung ist ein Akt der Volksjustiz... Vom Synedrium merkt man nichts. Ihm stand auch der Blutbann nicht zu, sondern dem römischen Landpfleger, von dem freilich im ersten Teil der AG nirgend die Rede ist – was hervorgehoben zu werden verdient. Baur behauptet also mit Recht, daß Stephanus einem Tumult zum Opfer fiel und daß eine Gerichtsverhandlung gegen ihn nicht stattfand" (Wellhausen 1914: 14; die entsprechende Aussage bei Baur 1845: 54; vgl. in neuester Zeit Neudorfer 1983: 186–196).

Bestandteil dieser Tradition war wohl auch die Nachricht, daß die Anhänger des Stephanus im Anschluß an dessen Martyrium Jerusalem verlassen mußten.

Zur Frage eines genetischen Zusammenhangs der hinter V. 54 ff sichtbar gewordenen Tradition mit 6,8–7,1:

Für eine ursprüngliche Verbindung spricht folgendes: V. 54 wird der Name „Stephanus" nicht mehr erwähnt. Im anderen Fall wäre er doch nach der langen Rede zu erwarten gewesen. Die Annahme ist also begründet, daß Apg 6–7 eine Überlieferung zugrunde liegt, nach der Kritik an Tempel und Gesetz durch Stephanus und die Hellenisten einen Volksauflauf herbeiführte, bei dem Stephanus das Martyrium erlitt und als Folge davon seine Anhänger Jerusalem zu verlassen hatten (vgl. ähnlich bereits Meyer III: 158 und bes. Burchard 1970: 26–31).

Falls die These eines Zusammenhangs der 6,8–7,1 und 7,54 ff enthaltenen Traditionen zutrifft, ist die weitere Annahme zumindest möglich, daß die hinter 6,1–7 liegende Tradition zu dem soeben eruierten Traditionsblock gehört und diesen wohl eingeleitet hat. Ähnlich Walter 1983: Die Tradition von 6,1 ff eigne sich als Einleitung zur Stephanusüberlieferung; „jedenfalls dürfte der Stephanus-Erzählung sehr wohl eine Nachricht (oder ein Bericht) über die Anfänge der Gruppe, der er so prägend zugehörte, ... vorangestanden haben" (372). Der Einwand gegen eine solche These, daß nämlich in V. 1–6 von sieben Hellenisten und hernach nur von einem die Rede ist, hat Gewicht, reicht aber wohl nicht aus, um sie ernsthaft in Frage zu stellen.

IV Historisches

E. Zeller faßte 1854 die historischen Elemente der Tradition von Apg 6–7 bündig zusammen: „Der Tod des Stephanus ist unstreitig der hellste Punkt in der Geschichte des Christentums vor Paulus. Mit diesem Ereignis befinden wir uns zuerst auf unleugbar geschichtlichem Boden. Dafür würde schon die eine entscheidende Tatsache bürgen, welche durch die Verfolgung des Stephanus veranlaßt wurde, die Bekehrung des Paulus, wenn überhaupt bei einer Begebenheit, welche nach allen Seiten so sichtbar in die Entwicklung der christlichen Sache eingreift, ein weiterer Beweis ihrer Tatsächlichkeit nötig wäre" (146). Gesetzes- und Kultkritik des Stephanus sind, wie oben näher begründet wurde, als historisch zu betrachten. Die Vertreibung seiner Gesinnungsgenossen aus Jerusalem ist der beste Grund für eine solche Annahme. Zu den Umständen des Todes des Stephanus vgl. die S. 98 zitierten Ausführungen von Wellhausen.

Apostelgeschichte 8,4–25

I Gliederung

V. 4: Allgemeine die vertriebenen Hellenisten betreffende Reise- und Verkündigungs-notiz
V. 5–8: Verkündigungserfolg des Philippus in Samarien
V. 9–13: Simon Magus und seine Überwindung durch Philippus
  9–11: Die Vorgeschichte: Das Wirken Simons in Samarien
  12–13: Der Missionserfolg des Philippus und die Bekehrung Simons und seine Taufe
V. 14–24: Petrus und Johannes in Samarien
  14–17: Verleihung des Heiligen Geistes durch Petrus und Johannes
  18–24: Abweisung Simons durch Petrus
V. 25: Rückkehr des Petrus und des Johannes nach Jerusalem

II Redaktion

V. 4:

Der Vers ist luk. Überleitungsnotiz, die eine enge Parallele 11,19 hat: vgl. *hoi men oun diasparentes dielthon euaggelizomenoi ton logon* (V. 4) mit *hoi men oun diasparentes apo tes thlipseos tes genomenes epi Stephano dielthon... lalountes ton logon...* (Zur Frage, ob daraus die Benutzung einer Hellenisten-quelle gefolgert werden darf, s. zu 11,19.) *men oun* kommt häufig bei Lukas vor; *diasparentes* nimmt *diesparesan* von V. 1 auf. Übrigens kommt das Verb *diaspeiro* im gesamten NT nur an diesen beiden Stellen vor. Die Wendung „das Wort verkündigen" ist redaktionell (vgl. 15,35) und mit anderen luk. Ausdrük-ken der Verkündigung zu vergleichen (vgl. Conzelmann 1977: 206–210).

V. 5–8:

Diese Verse sind ein summarischer Sammelbericht über den Verkündigungs-erfolg des Philippus in Samarien. Der Abschnitt ist sprachlich von Lukas geprägt: V. 5: *katelthon, ekeryssen... ton Christon* (vgl. 9,20; 19,13 – beide Male mit Jesus als Objekt). V. 6: *proseichon* ist nicht vokabelstatistisch als redaktionell zu erweisen, wohl aber wegen der erneuten Verwendung in V. 10 und V. 11; *homothymadon* und *en to* + Infinitiv (vgl. Radl 1975: 433) sind lukanisch; *semeia* wird in V. 13 wieder aufgenommen. V. 7: Die dreifache Benutzung von Formen des Adjektivs *polys* (2x in V. 7; 1x in V. 8) geht auf luk. Erzähltechnik zurück, die damit die Größe des Erfolges hervorhebt. *paralelymenos* (= Gelähmter) kommt im NT nur bei Lukas vor (2x LkEv; 2x Apg), das Verb im NT Hebr 12,12. V. 8: *chara* ist luk. Vorzugswort (vgl. Harnack 1908: 207–210). Inhaltlich dient der Abschnitt V. 5–8 als Vorbereitung auf das Folgende und ist dessen Exposition (vgl. die Aufnahme von *prosecho* und *semeia* in V. 9–13).

V. 9–13:

Der erste Unterabschnitt (V. 9–11) greift auf die Zeit vor dem Kommen des Philippus zurück und schildert die für das Verständnis des Folgenden notwendige Vorgeschichte der Tätigkeit Simons in Samarien. Die red. Hand des Lukas ist in Sprache und Stilisierung überdeutlich:

V. 9: *aner de tis onomati* o. ä. führt bei Lukas eine Person namentlich ein (vgl. Lk 10,38; 16,20; Apg 5,1; 9,10.36; 10,1 u. ö. – vgl. Schneider 1980: 489). *proyparcho* findet sich im NT nur Lk 23,12. Das Verb *existano* erscheint in diesem Abschnitt noch V. 11 und V. 13. Es ist ebenso lukanisch (vgl. Jeremias 1980: 101 [zu Lk 2,47]) wie das Wortspiel mit *dynamis megale* (V. 10.13); *legon einai tina heauton megan* ist luk. Vorwegnahme der Akklamation von V. 10b („dieser ist die große Kraft Gottes"), wobei die Formulierung an 5,36 anklingt. V. 10: Zur Wendung *apo mikrou heos megalou* vgl. 26,22. Die Qualifizierung der „großen Kraft" durch *tou theou* ist ein luk. Pleonasmus (vgl. Jeremias 1980: 208 f [zu Lk 11,49]); *kaloumene*: Lukas fügt mit dem Partizip Präsens Passiv einer Person oder Sache oder Örtlichkeit den Namen oder Beinamen hinzu, den sie trägt (so Bauer 1963: 788): vgl. Lk 10,39; 19,29; 21,37; Apg 1,12. Hinsichtlich der Form der Akklamation zeigt schon ein oberflächlicher Vergleich mit Apg 19,28.34, daß es Lukas in dieser Perikope nicht primär um den Einsatz eines belebenden Erzählmittels geht (die Form geht daher wohl auf Tradition zurück, s. u. S. 103). V. 11: *hikano chrono* ist Variation einer luk. Lieblingswendung (vgl. Lk 8,27 [diff. Mk]; 20,9 [Plural] [diff. Mk]; 23,8 [Plural]; Apg 14,3; 27,9). Simons Treiben wird hier wie schon V. 9 mit Magie in Zusammenhang gebracht und damit diffamiert (vgl. ähnlich 13,6.8: Elymas, der Magos). Philippus tut demgegenüber Wunder und Zeichen. (Zur schwankenden Einschätzung von *magos* im Hellenismus vgl. Nock, Beg. V: 164–188.) Ob die Diffamierung auch eine Degradierung war, entscheidet sich an der Traditionsuntersuchung und an der historischen Analyse.

Der zweite Unterabschnitt (V. 12–13) schildert die Überlegenheit des christlichen Wundertäters und Predigers Philippus über Simon. V. 12 knüpft direkt an V. 5–8 an und berichtet von der Taufe der Bevölkerung: Die Wendung V. 12 („über das Reich Gottes und den Namen Jesu Christi predigen") entspricht V. 5 („Christus verkündigen"). Beide Wendungen sind lukanisch (vgl. Conzelmann 1977: 97). Zu (red.) *andres* und *gynaikes* vgl. 5,14; 8,3; 9,2; 17,12. V. 13:

proskarteron (6x Apg; 4x restliches NT). Die neidvolle Bewunderung der Machttaten des Philippus durch Simon wird in der nächsten Episode dem Wunsche Simons entsprechen, ebenso wie die Apostel durch die Handauflegung den Heiligen Geist zu vermitteln. Daher ist V. 13 b redaktionell motiviert.

Zum luk. Sinn von Apg 8,4–13:

Machen wir die red. Verschachtelung von V. 4–13 rückgängig und vergleichen die Zeichnung des Philippus mit der Simons, so ist eine auffällige Parallelität festzustellen (vgl. Beyschlag 1974: 101, auf den die folgende Gegenüberstellung zurückgeht):

Philippus	Simon
1. kommt in die Stadt (V. 5),	1. ist vorher schon in der Stadt (V. 9),
2. verkündigt Christus (und das Reich Gottes, V. 5+12),	2. bezeichnet sich selbst als einen Gewaltigen (V. 9),
3. tut öffentliche Zeichen (bzw. „große Krafttaten") V. 6 f+13;	3. treibt öffentlich Magie und ist angeblich „die große Kraft" (V. 9–11);
4. das gesamte Volk hört ihn, sieht seine Taten und „hängt ihm an" (V. 6+12).	4. das gesamte Volk ist „außer sich" und „hängt ihm an" (V. 9+11).
5. Große Freude im Volk, Glaube und Taufe aller (V. 8+12).	5. Simon sieht die großen Krafttaten des Philippus und gerät „außer sich" (V. 13).

Aus dieser Gegenüberstellung (= Synkrisis – vgl. zum Phänomen Berger 1984: 222 f) geht hervor, daß Lukas die Überlegenheit der Macht des Philippus über die Simons zeigen will. In diesem Zusammenhang stehen Zeichen und Wunder des Philippus der Magie Simons ebenso überlegen gegenüber wie seine Wortverkündigung der Selbstverherrlichung bzw. Selbstvergöttlichung des letzteren. Für die Selbstvergöttlichung Simons liefert auf der Erzählebene der Apg 14,8 ff eine Parallele (so m. R. Beyschlag 1974: 102).

Die Anwesenheit der Jerusalemer Apostel Petrus und Johannes führt die mit der Überwindung Simons durch Philippus endende Handlung weiter, denn zwei Fragen waren offengeblieben: 1) die fehlende Verleihung des Heiligen Geistes, 2) die Rolle Simons. Sollte es wirklich dabei bleiben, daß der berühmt-berüchtigte Simon Mitglied der Christengemeinde blieb?

V. 14–24:

V. 14–17: Die Verse schildern die Verleihung des Heiligen Geistes an die Christen in Samarien. Der gesamte Abschnitt ist redaktionell, und zwar sprachlich und inhaltlich.

Zu Sprache und Stil (Auswahl): V. 14: *dedektai (he Samareia) ton logon tou theou* (vgl. Lk 8,13 [diff. Mk]; Apg 11,1; 17,11). V. 15: *katabantes, proseuxanto*. V. 16: Der Gebrauch des periphrast. Plusquamperfekts (vgl. Radl 1975: 443); *hyperchon*. V. 17: *epetithesan tas cheiras* (Lk 4,40 [diff. Mk]; Apg 6,6; 8,19; 9,12.17; 13,3; 19,6; 28,8).

Zum Inhalt: Der red. Sinn unserer Erzählung wird durch einen Blick auf 11,22–24 deutlich:

> „An beiden Stellen gilt es, die Schritte der Hellenisten von Jerusal. aus zu sanctionieren u. den Faden zwischen Urgem. u. Hellenisten, der sonst bei der bedenkl. Selbständigkeit, mit welcher die hellenist. und die Petruserzählungen C. 6–12. nebeneinander herlaufen, zu reissen droht, fester zu knüpfen" (Overbeck 1870: 123).

Mit V. 14–17 wird also die Sanktionierung der Mission Samariens durch die Jerusalemer Apostel geleistet. Zu diesem Zweck werden Petrus und Johannes in die Philippusgeschichte „eingeschmuggelt" (Schwartz 1963: 144 A2). Das Auseinanderreißen von Taufe und Verleihung des Heiligen Geistes, die sonst bei Lukas zusammenfallen (vgl. 2,38 u.ö.), ist am besten durch die genannte luk. Absicht zu erklären. Es ist Konstruktion ad hoc ebenso wie in 10,44–48 (Verleihung des Heiligen Geistes vor der Taufe) oder 19,1–7.

Anders Dietrich 1972: Die obige Erklärung befriedige nicht, „weil sie schwerlich zu erklären vermag, warum die beiden Apostel lediglich den Geist verleihen und nicht den entscheidenden Durchbruch in Samaria selbst vollziehen" (247). Dietrich kommt zu dem unhaltbaren Schluß: In der Frühzeit der Jerusalemer Gemeinde habe es eine Regelung gegeben, „nach der die Geistmitteilung den Aposteln vorbehalten blieb. Dieser Vermutung zufolge hat Philippus das Vorrecht der Apostel respektiert" (249 f). Dagegen: Dietrichs Erklärung steht im Widerspruch zu dem geisterfüllten Wirken der Hellenisten, so wie es aus den von Lukas benutzten Traditionen deutlich zum Ausdruck kommt.

V. 18–24: Dieser Abschnitt beantwortet die andere durch V. 5–13 aufgeworfene Frage, nämlich die nach dem Verbleib des berüchtigten Simon in der christlichen Gemeinde. Sein red. Charakter ergibt sich hauptsächlich aus inhaltlichen Argumenten und aus der Verknüpfung der Episode mit dem Kontext. Sprachlich geht folgendes auf Lukas zurück: V. 18: *didotai to pneuma* ([Lk 11,13;] Apg 5,32; 11,17; 15,8). V. 19: *ho ean, epitho tas cheiras*. V. 20: *eipen pros, dorea*. Zur luk. Sprache in V. 20–24 vgl. Koch 1986: 71 f A21.

Zum negativ verwendeten Geldmotiv V. 18 f vgl. u. S. 258 zu 24,24–26. Der Gedanke, daß nicht Geld das Heil beschafft, findet sich ähnlich wie in 8,18 f im Satz des Petrus 3,6:

> „Silber und Gold besitze ich nicht, was ich aber habe, das gebe ich dir: Im Namen Jesu Christi des Nazoräers, stehe auf und geh umher!" – Vgl. zum ganzen Problem den lesenswerten Aufsatz von Barrett 1979: 281–295.

Der Abschnitt drückt also aus: Der Heilige Geist ist nicht käuflich, sondern ein Gnadengeschenk (vgl. zu *dorea tou pneumatos* 2,38; 10,45; 11,17). Simon Magus war Lukas ein willkommenes Beispiel, um seiner Leserschaft diesen Gedanken einzuschärfen.

Man mag noch fragen, warum Lukas das Ende der Geschichte so relativ offen gestaltet hat, so daß nicht klar wird, ob Simon Heil erfährt oder Unheil. Warum berichtete Lukas nicht von einem unrühmlichen Ende Simons, wie er es von Judas oder Ananias und Sapphira tat? Mußte Lukas damit rechnen, daß seine Leser(innen) anderslautende Geschichten über die *gegenwärtige* Wirksamkeit Simons kannten, und/oder soll mit dem Ende der Geschichte eine Umkehrmöglichkeit für (simonianische) Häretiker angedeutet oder wenigstens nicht ausgeschlossen werden (vgl. Klein 1969: 287–299, bes. 295)?

V. 25:

Der Vers ist luk. Rahmennotiz und führt Petrus und Johannes wieder nach Jerusalem zurück. Auf ihrem Rückweg predigen sie das Wort des Herrn (vgl. 4,29; 6,2) und zwar auch der Bevölkerung Samariens. Damit wird der zweite Teil von 1,8 erfüllt. Wegen der durchgehenden Redaktion des Verses kann für ihn eine Analyse unter III und IV entfallen.

III Traditionen

V. 5–8:

Zugrunde liegt die Tradition von einer geisterfüllten Tätigkeit des Predigers Philippus in Samarien (vgl. das o. zu den Hellenisten Gesagte).

V. 9–13:

Lukas hat hier eine Tradition zusammengefaßt, die ebenso wie die Berichte Justins, Irenäus' und Hippolyts (s. u. S. 105 ff) Bestandteil der frühchristlichen Simon-Magus-Überlieferung war. Sie berichtete von der großen Kraft Simon und deren Wirksamkeit in Samarien. Die Bezeichnung „große Kraft" für Simon wird durch andere Zeugnisse der frühchristlichen Simon-Magus-Überlieferung bestätigt (vgl. Lüdemann 1975: 47) und bezeichnet hier wie dort den Gott der Simonianer, der in Samarien einen großen Anhang hatte. Zu beachten ist, daß die Akklamation höchstwahrscheinlich traditionell ist (s. o. II). Sie kann als soteriologischer Redetyp bezeichnet werden (Norden 1913: 188) und dürfte einer Ego-Proklamation Simons in der Tradition entsprochen haben. Doch bleibt dann immer noch die Frage, wie diese näher zu spezifizieren ist. Redet in ihr ein Mensch, der sich mit Gott (= große Kraft) identifiziert? (Identifikationsformel, s. Bultmann 1968: 167 f A2). Oder redet hier eine gnostische Erlösergestalt, die als Mensch erschienen ist und sich mit der Formel als solche zu verstehen gibt? (Rekognitionsformel, s. Bultmann, ebd.). Hier können erst historische Erwägungen den Ausschlag geben, da der Traditionsbefund nicht eindeutig ist.

103

Die Frage, ob die Wundertaten Simons zur Tradition gehören, wird zwar vielfach bejaht (vgl. zuletzt Koch 1986: 70), doch ist sie ebenfalls erst im Rahmen von historischen Überlegungen entscheidbar. Aus einer isolierten Redaktionsanalyse des Actatextes kann eine positive Antwort nicht gewonnen werden.

Ich halte es für wahrscheinlich, daß die V. 9–13 zugrunde liegende Tradition über Simon Magus Bestandteil einer schriftlichen oder mündlichen Überlieferung aus Hellenistenkreisen war, die von der Auseinandersetzung zwischen den Anhängern der simonianischen und der christlichen Religion berichtete. (Ob es eine Einzelüberlieferung war und um welche Form es sich ggf. handelte, kann wegen des fragmentarischen Charakters nicht mehr sicher gesagt werden, doch ist die Vermutung ansprechend, daß ein Kranz von Philippusgeschichten zugrunde lag, s. u. S. 110. – Die andere Möglichkeit, daß erst Lukas Philippus- und Simongestalt aus verschiedenen Traditionen entnommen und in der vorliegenden Geschichte zusammengearbeitet hat, ist deswegen unwahrscheinlich, weil er dann Petrus gleich mit Simon Magus hätte zusammenführen können.) In der Überlieferung der Hellenisten wurde dann nicht nur von der erfolgreichen Heidenmission in Samarien, sondern auch von der Überwindung des Gottes der Simonianer berichtet. Es kann dabei offen bleiben, worum es bei der Auseinandersetzung zwischen Philippus und Simon ging – um Wundertaten und/oder Geistbegabung oder anderes. Wir werden es nie sicher wissen (vgl. die Rekonstruktion von Haenchen 1977: 298 und das Referat von Koch 1986: 73 f zu den unterschiedlichen Positionen Haenchens in dieser Frage).

V. 14–24:

Das vorliegende Stück ist, wie oben gezeigt wurde, eine luk. Komposition. Die Behauptung Schilles (1983: 207), die Tradition habe ursprünglich von einer Auseinandersetzung des Petrus mit Simon erzählt, kann nicht erklären, warum dann überhaupt Philippus eingeführt wurde. („Die ganze Vorgeschichte mit dem Bild des exorzistischen Wettlaufes um die Seele Samarias ist eine literarische Exposition für das Folgende" [ebd., 204]. Diese Erklärung leuchtet m. E. überhaupt nicht ein.) Die Nachricht V. 18 f, Simon habe die Fähigkeit kaufen wollen, durch Handauflegung den Heiligen Geist verleihen zu können, reflektiert keine Tradition, sondern ist redaktionell eng mit V. 20 verschränkt.

Koch 1986 entdeckt zwischen V. 19 und V. 20 eine Differenz und sieht darin einen „Hinweis auf das vorlukanische Traditionsmaterial" (76). Die „Differenz" besteht darin, daß Simon nach V. 19 die Fähigkeit, durch Handauflegung den Heiligen Geist zu verleihen, kaufen will, während in V. 20 vom „Erwerb des Geschenkes Gottes" die Rede ist, d. h., es ist nicht klar, ob sich *dorea tou theou* („Geschenk Gottes") auf die Fähigkeit, den Geist zu verleihen, oder auf den Geist selbst bezieht. Doch ist eine solche Differenzierung überscharf und untauglich zur Scheidung von Redaktion und Tradition, zumal das Thema Geist den auch von Koch als redaktionell angesehenen Abschnitt V. 14–17 beherrscht und das besondere Thema der Handauflegung und Geistverleihung glatt an V. 14–17 anschließt.

Nun rekonstruiert Koch folgenden hypothetisch entworfenen Wortlaut der in 8,5–25 zugrunde liegenden Tradition: „Ein gewisser Mann namens Simon war in der Stadt Samaria. Er zauberte und setzte das Volk von Samaria in Erstaunen (V. 9). Alle hörten auf ihn, von klein bis groß, und sagten: Dieser ist die große Kraft [Gottes] (V. 10). Als aber Petrus in die Stadt kam und die Gemeinde versammelt war, wurden sie voll des Geistes (vgl. V. 14–17). Als Simon das sah, brachte er Geld und sagte: Gib auch mir den heiligen Geist (vgl. V. 18 f.). Petrus aber sprach zu ihm: Dein Geld verderbe samt dir, weil du geglaubt hast, die Gabe Gottes mit Geld erwerben zu können (V. 20)'" (1986: 77 f.).

Zur Kritik: 1. Kochs Behandlung des Philippus-Abschnittes (V. 5–13) geht von der Voraussetzung aus, daß Lukas für „die Missionstätigkeit des Philippus ... sonst ... kein konkretes Material zur Verfügung stand" (78). Das ist fraglich, denn die nachfolgende Geschichte (8,26–40) belegt das Gegenteil. Es gibt daher gute Gründe für die Annahme, daß Philippus und Simon Gegenstand der aus Hellenistenkreisen stammenden und V. 5–13 zugrundeliegenden Tradition waren. 2. Das Geistmotiv paßt gut zu dem, was wir über die Hellenisten wissen, und spricht gegen eine Ausgrenzung des Philippus aus der hypothetischen Tradition Kochs. 3. Das Geldmotiv, das Koch der Tradition zuschreibt, ist ein luk. Lieblingsthema (s. o. im Text). 4. Kochs Behandlung der Frage des historischen Simon Magus krankt an einer Isolierung des Themas von der frühchristlichen Simon-Magus-Überlieferung. Koch erhebt den Anspruch, auf der alleinigen Grundlage von Apg 8 ein relativ zutreffendes historisches Bild Simons zu zeichnen, das in seiner Wundertätigkeit und Verehrung als große Kraft Gottes besteht, denn – so die m. E. irreführende Voraussetzung Kochs – ein „völlig unzutreffendes oder nur Nebensächlichkeiten enthaltendes Bild würde die Auseinandersetzung von vornherein um ihre Wirkung gebracht haben" (81). Nun, in der Regel sollen Auseinandersetzungen religiöser Art zumeist nicht die Gegner, sondern die eigenen Gefolgsleute überzeugen bzw. bestärken. Wie sind sonst die Diskrepanzen zwischen Selbstauslegung und Fremdpolemik zu erklären? Und gerade nach dem eigenen Verständnis der Simonianer auf der Grundlage der frühchristlichen Simon-Magus-Überlieferung hätte Koch fragen sollen, statt kurzerhand die neutestamentlichen polemischen Bruchstücke in eine historische Aussage zu kleiden. Jedenfalls muß es doch zu denken geben, daß vom Geistbesitz und Wundern in der authentischen Überlieferung der frühchristlichen Simonianer keine Rede ist. D.h., beides dürfte für sie in keinem Fall den Stellenwert gehabt haben, den Koch ihnen zuschreibt. (Dieser Einwand ist unabhängig von der Frage, ob Apg 8 bereits eine gnostische Lehre zugrunde liegt.) – Diese Kritik bedeutet keine Schmälerung des Verdienstes der eindringlichen Analyse von Apg 8 durch Koch.

Tradition wird freilich hinter *epinoia tes kardias sou* (V. 22) sichtbar. *kardias* bezieht sich auf *kardia* (V. 21) zurück. Doch überrascht *epinoia*. Der Ausdruck kommt im NT sonst nicht mehr vor, wohl aber in der LXX (vgl. zur Wendung *epinoia tes kardias* [fehlt in der LXX] noch *ennoiai tes kardias* [Hebr 4,12]). Andererseits ist *epinoia* oder *ennoia* in der Simon-Magus-Tradition die Partnerin Simons, zu deren Rettung er in die Welt gekommen ist (s. auch Jacquier 1926: 263). Vgl. Justin, Apol I 26,3: *prote ennoia*; Hippolyt, Ref VI 19: *epinoia*. Bezieht sich *epinoia* auf Simons Partnerin, dann wußte Lukas von ihr schon aus der Tradition; er hätte in diesem Fall Petrus ironisch auf die *epinoia* anspielen lassen (vgl. Schmithals 1982: 82). Als Ursprung kommt die bereits in V. 5 ff verarbeitete Hellenistentradition in Frage. Freilich ist literarische Kenntnis des Lukas auch nicht völlig auszuschließen. In diesem Falle hätte nicht mehr die

Vorlage die *epinoia* enthalten, sondern Lukas aus *eigener* Kenntnis der Simon-Magus-Tradition diese Gestalt beigesteuert (Lesefrucht).

IV Historisches

Die Mission in Samarien durch den Hellenisten Philippus ist höchstwahrscheinlich eine historische Tatsache. Freilich ist nicht völlig klar, ob sie unter den Samariern (= heidnische Bevölkerung Samarias) oder den Samaritanern (= Angehörige der religiösen Gemeinde) erfolgte. Da Simon höchstwahrscheinlich unter den Samariern aufgetreten ist, legt sich das Gleiche auch für Philippus nahe, ohne daß dadurch eine Mission unter den Samaritanern ausgeschlossen werden muß. (Sie ist sogar wahrscheinlich.) Chronologisch liegt die Mission Samariens durch Philippus nach der Vertreibung der Hellenisten aus Jerusalem anläßlich des Martyriums des Stephanus wohl in der Mitte der dreißiger Jahre, obgleich ein genauer terminus ad quem nicht sicher ist.

Ebenso dürfte die Begegnung der Hellenisten mit Anhängern der simonianischen Religion in Samarien ein historisches Faktum sein. Wer dort Fuß fassen wollte, mußte mit den Anhängern Simons (oder ihm selbst, s. u.) zusammenprallen, denn Justin, in Flavia Neapolis (Sichem) geboren und wohl landeskundig (vgl. Harnack 1913b: 60), berichtet Mitte des zweiten Jh.s, daß fast alle Angehörigen seines Volkes den Simon als obersten Gott verehren (Apol I 26,3). Man hat hier Justin „maßlose Übertreibung" vorgeworfen (Hengel 1983: 180f A131). Trotzdem bleibt eine bedeutsame Anhängerschaft Simons in Samarien im zweiten Jh. als wahrscheinliche Tatsache bestehen. Von ihr fällt Licht auf die Frage der Umstände der Hellenistenmission in Samarien: Die Hellenisten mußten früher oder später auf Simonianer stoßen. Die von Lukas in Apg 8 verarbeitete Tradition ist daher in dieser Einzelheit zuverlässig.

Es stellt sich nun die Frage, auf welche Form simonianischer Religion Philippus gestoßen ist. Unter der Voraussetzung, daß die obigen Ausführungen zum Traditionscharakter von *epinoia* (V. 22) zutreffen, war die simonianische Religion bereits gnostisch, als Philippus mit ihr in Kontakt kam. Denn die beiden wesentlichen Bausteine des zuerst bei Justin (nicht erst Irenäus [gegen Roloff 1981: 137]) bezeugten gnostischen Systems (vgl. Lüdemann 1975: 55f) waren bereits vorhanden, der Gott Simon und sein Syzygos, die *epinoia*. Zwar wäre es immer noch möglich, daß die genannten beiden Bausteine auf philosophische Spekulation und nicht auf einen gnostischen Mythos zurückzuführen sind (vgl. die Belege bei Lüdemann 1975: 55f). Wahrscheinlich ist das aber nicht, denn Justin setzt einen vollentwickelten gnostischen Mythos der Simonianer voraus (man beachte, daß Justin, Apol I 26,3 neben der *prote ennoia* die Hure Helena, deren Retter Simon ist, als Bestandteil des simonianischen „Systems" kennt). Nach den soeben gemachten Ausführungen kann die aus Apg 8,10b erschließbare Ego-Proklamation Simons als Rekognitionsformel bezeichnet werden.

Falls die Einfügung der *epinoia* auf eine Lesefrucht des Lukas zurückgeht, so wären die soeben gezogenen Schlüsse ungewiß. Gleichwohl würde in diesem Fall die Abfassung des luk. Doppelwerks der terminus ad quem der gnostischen Stufe der simonianischen Religion sein.

Sollte die vorgetragene gnostische Deutung im Recht sein, so hätte die luk. Darstellung (vielleicht auch die der Hellenisten) durch ihre einseitige Zeichnung Simons als Magier ihn teilweise degradiert, obwohl Magie und Gnosis nahe beieinander liegen konnten (vgl. Markus [Irenäus, haer I 13–15]) und sich in diesem Fall verbunden haben mögen (jedenfalls schweigt der Text abgesehen von der Andeutung V. 22 über die gnostische Lehre Simons).

Bezüglich der Frage des historischen Simon ist zunächst zu betonen, daß das Urgestein der simonianischen Tradition in Apg 8 die Verehrung Simons als Gott und die Existenz der *epinoia* als seines Syzygos ist. Simon kann ein Prophet, Lehrer oder Wundertäter gewesen sein, an den eine gnostische Deutung angeschlossen wurde oder der selbst eine solche ausgebildet hat – unter Umständen unter Anschluß an einen Zeuskult auf dem Garizim (vgl. Lüdemann 1975: 52–54). Er hätte sich dann Simon Zeus genannt (vgl. die Parallele Menekrates Zeus) oder wäre als solcher angerufen worden.

Korrekturzusatz: Zu Apg 8,4–25 vgl. meinen Aufsatz: The Acts of the Apostles and the Beginnings of Simonian Gnosis, in: NTS 33. 1987.

Apostelgeschichte 8,26–40

I Gliederung

V. 26–28: Doppelte Exposition: Befehl des Engels an Philippus zur Reise nach der Straße von Jerusalem nach Gaza und seine Ausführung. Rückreise des äthiopischen Eunuchen von Jerusalem und dessen Lektüre des Jesajabuches

V. 29–35: Begegnung des Philippus mit dem Eunuchen und Evangeliumsverkündigung ausgehend von Jes 53,7f

V. 36–38: Taufe des Eunuchen durch Philippus

V. 39: Entrückung des Philippus nach vollzogener Taufe; freudige Weiterfahrt des Eunuchen

V. 40: Philippus in Asdod. Nach Evangeliumspredigt kommt Philippus nach Cäsarea

II Redaktion

V. 26–28:

V. 26: Sprachlich sind *anastethi* (vgl. V. 27: *anastas*), *poreuou, katabainousan* lukanisch. Das Engel-Motiv mag redaktionell sein: Lukas läßt oft Engel erscheinen und den Menschen in direkter Rede Befehle erteilen (Lk 1,11–

25.26–38; 2,8–20.21; Apg 5,19 f; 12,6–17). *kata mesembrian* ist entweder eine Richtungsbezeichnung („nach Süden") oder wahrscheinlicher wie 22,6 eine Zeitangabe („gegen Mittag"). Die Wendung „von Jerusalem nach Gaza" entspricht „dem luk. Missionskonzept: nachdem das nördlich gelegene Samaria missioniert ist, wendet sich nun die Botschaft nach Süden; ‚Jerusalem' erinnert im Sinne des Lukas nochmals an den Ausgangspunkt des Evangeliums" (Weiser 1981: 209).

haute estin eremos ist eine red. Erläuterung (vgl. 16,12 b; 17,21; 23,8), die sich auf den Weg von Jerusalem nach Gaza bezieht (vgl. Bauer 1963: 295). Von Gaza aus führte eine Karawanenstraße nach Ägypten. Vgl. Arrian, Anabasis II 26: „Es handelte sich (sc. bei Gaza) um den letzten Ort an der Straße von Phönikien nach Ägypten. Hinter ihr beginnt die Wüste." Lukas hat an dieser Stelle also gewisse Kenntnisse Palästinas (vgl. Hengel 1983: 165).

V. 27: Die Wendung *anastas eporeuthe* ist sprachlich redaktionell, ebenso *kai idou, proskyneson eis Ierousalem* (vgl. die wörtliche Parallele 24,11); vgl. *eis* für *en* noch Lk 4,23; 11,7; Apg 7,12; 19,22 (s. W. Elliger, EWNT I: 965–68). Das Kandake-Motiv mag „Anreicherung der Geschichte mit geheimnisvollen Zügen sein, andererseits aber auch mit dem Eunuchentum des Kämmerers verknüpft sein und dieses begründen. Hier wird ein Stück Bildungsgut der Zeit verwendet, um den Radius der christlichen Mission universal zu gestalten und die Phantasie des Lesers in eine zauberhafte Welt zu führen, wohin die Kunde von der Erfüllung der Jesaja-Prophetie gewandert ist" (Dinkler 1975: 94; vgl. Plümacher 1972: 12). V. 28: *hypostrephein* ist luk. Lieblingswort; zur luk. Coniugatio periphrastica vgl. die Liste bei Radl 1975: 431. *ton propheten Esaian* ist Vorverweis auf V. 32 f. Vgl. die ähnliche Struktur der von Lukas gestalteten Antrittspredigt Jesu in Nazareth: Lk 4,17 (Jesus wird das Buch des Propheten Jesaja gereicht)/ 4,18 f (Zitat einer christologisch zu verstehenden Passage aus Jes). Die Koordination des Treffens des Philippus mit dem Eunuchen durch einen Engel des Herrn (V. 26) bzw. durch den Geist (V. 29) dürfte redaktionell sein, denn in den nachfolgenden Geschichten von der Bekehrung des Paulus (Apg 9) und von der des Kornelius (Apg 10 f) werden ähnlich die Wege zweier Personen (Paulus/Ananias, Kornelius/Petrus) zusammengeführt. An dieser Stelle ist das Motiv freilich am schwächsten entwickelt. Gleichwohl weiß die Leserschaft fortan, wie Gott handelt und die Handlungen von Menschen durch Befehle einander zuordnet.

V. 29–35:

V. 29: *to pneuma* ist luk. Variation für *aggelos kyriou* (V. 39 steht dafür *pneuma kyriou*). *kollaomai* steht 5x in der Apg, 2x im LkEv, 5x im übrigen NT. V. 30: Die Paronomasie *ginoskeis/anaginoskeis* ist lukanisch (vgl. vorher V. 26 f: *gaza* [die Stadt]/ *gaza* [Schatz]). V. 31: Der Optativus potentialis findet sich im NT lediglich bei Lukas: Lk 1,62; 6,11 (diff. Mk); 9,46 (diff. Mk); 15,26;

Apg 5,24; 8,31; 10,17; 17,18; 26,29 (vgl. weiter Schneider 1980: 504 A49). V. 32–34 sind wohl in toto redaktionell: Die Verse sind ebenso wie Lk 4,18 f christologisch gedeutete Jes-Testimonien. Der traditionellen Erzählung kommt es dagegen auf die Jesus*verkündigung* des Philippus an, wie V. 35 zeigt (vgl. Schneider 1980: 504). V. 35 schließt überdies glatt an V. 31 an.

Rese 1969: 97–100 meint freilich, daß V. 32 f Bestandteil der vorluk. Tradition gewesen seien *und* daß diese Jes 53,8 d *(apo ton anomion tou laou mou echte eis thanaton)* mitenthalten habe. Lukas habe „diesen Satz absichtlich fortgelassen, um eine Aussage über die Sühnekraft des Todes Jesu zu vermeiden" (98). Doch sagt Jes 53,8 d *nichts* über die Sühnekraft des Todes Jesu. V. 8 d scheint eher von Lukas weggelassen worden zu sein, „weil er nachhinkt, wenn man *airein* von der Erhöhung versteht" (Conzelmann 1972: 63).

V. 35: Zu *anoixas to stoma* vgl. 10,34. *archomai apo* ist häufig bei Lukas (Lk 24,27. 47; Apg 1,22; 10,37), ebenso „Jesus verkündigen".

V. 36–38:

V. 36: Zur Wendung *ti kolyei me baptisthenai* vgl. die fast identische red. Wendung 10,47 (vgl. 11,17). V. 37 ist textkritisch sekundär (vgl. dazu v. Campenhausen 1972: 226). V. 38: Zu *katebesan* vgl. V. 26.

V. 39:

Der Satz: „Der Eunuch zog nämlich froh seines Weges" (V. 39 d) paßt nicht gut als Begründung dafür, daß er den Philippus nicht mehr sah (vgl. Weiser 1981: 211). Diese Spannung zum vorhergehenden Satz und der Befund, daß *poreuomai* und *chairo* luk. Lieblingswörter sind, erweisen V. 39 d als redaktionell und V. 39 a–c als Bestandteil der Vorlage.

V. 40:

Dieser Vers ist ein pragmatischer Nachtrag des Lukas (Dibelius 1951: 20) und sagt der Leserschaft, wo Philippus (später) zu finden sein wird, in Cäsarea (21,8).

Azotos (Asdod) ist wie Gaza eine der fünf einstigen Philisterstädte und – 33 km nordöstlich von Gaza – ebenfalls am Meer gelegen. Lukas zeigt also auch hier ein geographisches Wissen, das auf Traditionsgut aus den Hellenistenkreisen beruhen mag (vgl. Hengel 1983: 165–167).

Lukas fügt mit Apg 8,26–40 seiner Erzählung über die Mission der Hellenisten außerhalb Jerusalems eine zweite Philippusgeschichte hinzu. Zu beachten ist, daß von keiner Geistverleihung zugunsten des Eunuchen berichtet wird (vgl.

aber die sekundäre Lesart des Kodex A zu V. 39 in diesem Sinne). Damit ist Lukas seinem in der ersten Philippusgeschichte (8,5–25) sichtbar gewordenen Grundsatz treu geblieben, die Geistverleihung nicht mit der Predigt der Hellenisten zu verbinden und diesbezügliche Nachrichten zu unterdrücken. Daher ergibt sich nachträglich aus der Analyse ein weiterer Grund für die obige Annahme zu Apg 8,4–25, daß dort nicht eine Petrus-, sondern eine Philippustradition zugrundeliegt.

III Traditionen

Zieht man die sicher red. Züge vom Text ab – ein methodisch oft problematisches Verfahren – so ergeben sich in Anschluß an Weiser 1981: 208 folgende Traditionselemente: V. 27b: „Ein Äthiopier, ein Eunuch"; V. 36a: „Als sie des Weges dahinzogen, kamen sie an ein Wasser"; V. 38: „Und beide stiegen in das Wasser, Philippus und der Eunuch, und er taufte ihn"; V. 39: „Als sie aber aus dem Wasser heraufstiegen, entführte der Geist des Herrn den Philippus, und der Eunuch sah ihn nicht mehr". Mag man auch über den genauen Bestand der Tradition in Zweifel sein, reicht der Befund doch zu einer formgeschichtlichen Einordnung aus: Es handelt sich bei der von Lukas verwendeten Überlieferung um eine Bekehrungsgeschichte, die in den Hellenistenkreisen wohl paradigmatische Bedeutung für die Heidenmission hatte. (Harnack 1908: 150f führt die Tradition auf Philippus selbst zurück, was aber nicht zwingend ist; vgl. dagegen Dinkler 1975: 88.) Während Lukas den religiösen Status des Eunuchen absichtlich in der Schwebe gelassen hatte – als „Proselyten wagt er ihn offenbar wegen des Quellenbefundes nicht zu bezeichnen, als Heiden darf er ihn wegen Kap 10 nicht erscheinen lassen" (Conzelmann 1972: 63) – setzt die Tradition nicht nur letzteres voraus, sondern berichtet außerdem noch davon, daß der Heide ein Verschnittener war. Das steigerte noch die Aussage, daß das Evangelium die Grenzen des Judentums überwunden hatte. Vielleicht betrachtete man in diesen Kreisen die Geschichte als Erfüllung von Jes 56,3b–5:

> „Und der Verschnittene soll nicht sagen: Siehe, ich bin ein dürrer Baum, denn so spricht der Herr: Den Verschnittenen, die meine Sabbate halten und erwählen, was mir wohlgefällt, und an meinem Bund festhalten, ihnen will ich in meinem Hause und in meinen Mauern Denkmal und Namen geben, die besser sind als Söhne und Töchter. Einen ewigen Namen will ich ihnen geben, der nicht soll getilgt werden."

Die Geschichte macht einen alten Eindruck (anders freilich Schille 1983: 213) und ist wohl Teil eines Kranzes von Philippusgeschichten, von denen Lukas in Kap. 8 zwei eingearbeitet hat und denen er die später gebrachten Nachrichten über Philippus und seine jungfräulichen prophezeienden Töchter entnehmen wird (21,8). Der Stil ist im ganzen legendarisch (Mischung von Erbaulichem, Persönlichem und Wunderbarem, vgl. Dibelius 1951: 20f).

IV Historisches

Die legendarische Bekehrungsgeschichte reflektiert die historische Tatsache, daß zu den Missionserfolgen der Hellenisten und des Philippus die Bekehrung eines äthiopischen Eunuchen gehört hat. Die Möglichkeit dazu ergibt sich aus dem, was über die Hellenisten bekannt ist, die Wahrscheinlichkeit eines solchen Urteils aus der in Apg 8 enthaltenen Konkretheit der Tradition (Äthiopier, Eunuch) und aus der Spannung dieser Geschichte zu Apg 10. Chronologisch wird man an die dreißiger oder vierziger Jahre des ersten Jh.s denken.

Apostelgeschichte 9,1–19a

I Gliederung

V. 1–2: Die Verfolgungsaktion des Saulus (Exposition)
V. 3–9: Die Christophanie vor Saulus bei Damaskus
   3a: Reisenotiz mit Ortsangabe
   3b: Lichterscheinung
   4a: Niederfallen des Saulus
   4b–6: Gespräch zwischen Jesus und Saulus
   7: Die Reaktion der Begleiter
   8–9: Die Wirkung der Erscheinung auf Saulus
V. 10–19a: Christusvision des Ananias mit Auftrag und dessen Ausführung
   10a: Einführung der Person des Ananias mit Ortsangabe
   10b: Angabe über die Art der Wahrnehmung *(horama)*
   10c–16: Visionsgespräch mit Auftrag
   17–19a: Handauflegung, die zur Zurückgewinnung des Augenlichtes führt, und Taufe des Saulus durch Ananias

II Redaktion

V. 1–2:

Sprachlich sind folgende Wendungen bzw. Begriffe redaktionell: V. 1: *eti, mathetas tou kyriou.* V. 2: *hopos ean, andras te kai gynaikas.* Inhaltlich sind die beiden Verse (red.) Exposition: Lukas verbindet die vorher berichteten red. Episoden einer Beteiligung des Saulus am Stephanusmartyrium (7,58; 8,1a) und seiner anschließenden erfolgreichen Verfolgertätigkeit (8,3) mit einer Geschichte von der Bekehrung des Verfolgers bei Damaskus, indem er diese auf dem Wege von Jerusalem nach Damaskus geschehen und die Reise dadurch motiviert sein läßt, daß Saulus im Auftrag des Hohenpriesters nach Damaskus reist, um dort Christen festsetzen und nach Jerusalem überführen zu lassen. Damit ist geschickt ein Kontrast zwischen dem eifrigen Christenverfolger und dem Bekehrten geschaffen.

Eine so motivierte Reise von Jerusalem nach Damaskus hat keinen Anhalt an der Tradition. Man mag hinzufügen: Sollte wider alle Wahrscheinlichkeit das Umgekehrte der Fall sein, so wäre diese Reise mit der angegebenen Absicht gleichwohl unhistorisch, denn die Jurisdiktion des Synhedriums reichte nicht bis Damaskus, sondern war auf Judäa beschränkt. Man hat sich demgegenüber auf den 1Makk 15,16–21 erhaltenen „Brief" des römischen Konsuls Lucius an König Ptolemäus berufen (so z.B. Lake/ Cadbury, Beg. IV: 99): Lucius berichtet von der kürzlich erfolgten Erneuerung der Bundesgenossenschaft und Freundschaft zwischen den Römern und den Juden (unter dem Hohenpriester Simon) und bittet Ptolemäus: „Falls nun etliche Schändlinge aus ihrem Lande zu euch fliehen sollten, so liefert sie dem Hohenpriester Simon aus, damit er sie nach ihrem Gesetze bestrafe." Doch betrifft der Brief nicht Synagogen wie in Apg 9,1 f, sondern nichtjüdische Machthaber, zu denen Juden geflohen waren und – abgesehen von der offenen Frage der Echtheit des Briefes – ist es unsicher, ob die Anordnung noch zweihundert Jahre später in Kraft war. Vgl. noch Conzelmann 1972: 65; Goldstein 1976 weist unter Bezug auf 1Makk 2,44 und Dtn 4,25–28 darauf hin, daß der Hohepriester Simon es wahrscheinlich nicht darauf absah, Abtrünnige außerhalb des verheißenen Landes zu verfolgen (497). Schürer 1979: 198.218 f bestätigt das obige Verständnis, obwohl er dann doch die Historizität von Apg 9,2 in der Schwebe läßt. Vgl. zum ganzen Problem noch Burchard 1970: 44 f A15. (Judge 1964 spricht zu Unrecht von einem „Auslieferungsabkommen" zwischen der Republik von Damaskus und der jüdischen Regierung Jerusalems [21].)

V. 3–9:

Die Redaktionsanalyse von V. 3–9 wird am besten durch einen synoptischen Vergleich mit den Parallelberichten Apg 22 und 26 eingeleitet. Da alle drei Berichte das Damaskusereignis zum Gegenstand haben und genetisch zusammengehören, dürfte ein genauer Vergleich die redaktionsgeschichtliche Frage vorantreiben und die traditionsgeschichtliche Analyse vorbereiten. Als Leitfaden soll Apg 9 dienen.

Synoptischer Vergleich der drei Berichte von der Bekehrung des Paulus (vgl. die Synopse als Beilage I bei Löning 1973):

Allgemeines: Apg 9 liegt ein Bericht in der 3. Pers. Sing. vor, Apg 22 und 26 in der 1. Pers. Sing. Paulus hält 22,3–16 die Tempelrede vor seinen eigenen Landsleuten, 26,4 f. 9–18 spricht er zu Agrippa, Festus und Bernike. Beide Reden sind Apologien.

Wir setzen mit 8,3 ein, weil jener Abschnitt als Vorgeschichte der Bekehrung dazugehört und in allen drei Berichten aufgenommen wird:

8,3 entspricht 22,4 und 26,9–11. Alle drei Stellen sagen aus, Saulus habe Christen in Gefangenschaft *(phylake)* gesetzt. 26,10 b (vielleicht eine Konkretisierung von 22,4) bedeutet eine Steigerung darin, daß von einer Mitbeteiligung des Saulus an Todesurteilen gesprochen wird („wenn sie hingerichtet werden sollten, stimmte ich dafür"). 26,11 b steigert noch einmal, indem die Verfolgungsaktionen des Saulus bis auf die äußeren Städte Jerusalems ausgedehnt werden.

9,1–2 entspricht 22,5 b und 26,11 b–12. In 9 und 22 ist jeweils von Briefen die Rede, die Saulus vom Hohenpriester bzw. dem Synhedrium erbittet (9,2) bzw. erhalten hat (22,5 b). 26,12 stellt fest, Paulus sei mit der Vollmacht und der Erlaubnis der Hohenpriester nach Damaskus gereist (vgl. bereits V. 10 b). Während 9,2 und 22,5 b Saulus' Verfolgungsaktion auf Damaskus beschränken (Saulus will die dortigen Christen zur Bestrafung nach Jerusalem bringen), läßt 26,12 diese Einzelheit aus. (Hier reist Saulus mit der Vollmacht der Hohenpriester nach Damaskus.) Die obige Einzelheit kann nicht mehr berichtet werden, weil Saulus bereits 26,11 b als einer geschildert wurde, der die Christen bis hin zu den äußeren Städten Jerusalems verfolgt hatte. 26 setzt daher 9 und 22 voraus und steigert die dort gemachten Aussagen.

9,3–9 hat eine Entsprechung in 22,6–11 und 26,12–16 a:

9,3 stimmt bis in die Wortwahl mit 22,6 überein. 9,3 hat keine Zeitangabe, während 22,6 von *peri mesembrian* spricht und 26,13 ähnlich von *hemeras meses*. Die Erscheinung vor Saulus wird in allen drei Berichten als Licht *(phos)* bezeichnet (26,13 steigert wiederum: Das Licht sei heller als der Sonnenglanz), sie geschieht jeweils vom Himmel (zweimal *ek tou ouranou, ouranothen* [26,13]), 9,3 und 22,6 lassen die Erscheinung plötzlich *(exaiphnes)* geschehen sein. 9,3 und 22,6 umstrahlt das Licht (nur) Saulus, nach 26,13 Saulus *und* seine Begleiter.

Nach 9,4 und 22,7 fällt Saulus zu Boden, in 26,14 Saulus und seine Begleiter, wo ja im Gegensatz zu den Parallelberichten das Licht auch die Begleiter des Saulus umstrahlt hatte. Alle drei Erzählungen sind sich darin wieder einig, daß Saulus eine Stimme hört, die zu ihm sagt: „Saulus, Saulus, warum verfolgst du mich?" Freilich hat 26,14 zwei bezeichnende Überschüsse: 1. Die Stimme spricht in hebräischer Sprache. 2. Die Frage an Saulus, warum er den Sprecher verfolgt, wird durch die Feststellung ergänzt: „Es ist schwer für dich, gegen den Stachel auszuschlagen." Die beiden Überschüsse sind als luk. Erweiterungen zu bezeichnen. Die erste Hinzufügung (das Sprechen in hebräischer Sprache) erklärt die Namensform Saul, die in allen drei Versionen zu finden ist. Zudem wird dadurch die Begegnung zwischen Verfolger und Verfolgtem feierlich-dramatisch gestaltet. Zu der hebräischen Sprache paßt dann freilich schlecht, daß im zweiten Überschuß der Verfolgte ein griechisches Sprichwort zitiert (vgl. Conzelmann 1972: 149). Hier redet in Wirklichkeit der Schriftsteller Lukas, der einerseits die totale Abhängigkeit des Saulus von Jesus und andererseits seine eigene Belesenheit ausdrücken will.

9,5 stimmt fast völlig mit den Parallelen 22,8; 26,15 überein: Saulus erhält auf die Frage nach der Person des Sprechers die Antwort: „Ich bin Jesus (der Nazoräer), den du verfolgst." 22,9 enthält im Anschluß daran die Bemerkung, die Begleiter des Saulus hätten (zwar das Licht gesehen, aber) nicht die Stimme gehört, die zu Saulus sprach. Demgegenüber sagt 9,7 wenig später genau das Gegenteil: Die Begleiter des Saulus hörten die Stimme.

9,6 hat eine enge Übereinstimmung mit 22,10: Saulus soll aufstehen, nach Damaskus ziehen, und dort wird ihm gesagt werden, was er tun soll. 26,16 a enthält nur den Befehl aufzustehen, aber keine Mitteilung darüber, daß Saulus nach Damaskus ziehen soll. Es ist nur folgerichtig, wenn Kap. 26 auch keine Nachrichten über Ananias enthält. Vielmehr beschreibt 26,16 b sofort den eigentlichen Verkündigungsauftrag an Saulus, den die Parallelversionen erst später bringen (s. u. zu 9,15 und 22,14). Im folgenden sind daher nur die ersten beiden Versionen des Damaskusgeschehens miteinander zu vergleichen.

9,7: Vgl. oben zu 9,5/22,9.

9,8 entspricht 22,11: Saulus kann nichts sehen und wird von den Mitreisenden an der Hand nach Damaskus geführt.

9,9 hat keine Parallele in 22. Die Bemerkung, Saulus habe drei Tage nichts sehen können und nicht gegessen und getrunken, ist vielleicht red. Zutat. Auf jeden Fall ist „drei" eine runde (luk.) Zahl. Das Fasten geht der Heilung und der Verleihung des Heiligen Geistes sinnvoll voran (vgl. V. 17).

9,10–17, die Ananiasepisode, hat nur teilweise eine Parallele in 22,12–13. 9,10–17 schildert eine Christusvision des Ananias. Ihm wird darin mitgeteilt, Saulus befinde sich in Damaskus, wohne bei Judas an der Geraden Gasse und bete (V. 11). Er habe in einem Gesicht das Hereinkommen des Ananias geschaut (V. 12). V. 13 f enthalten einen Einwand des Ananias, der sich auf die bisherige christenfeindliche Tätigkeit des Saulus gründet. – Die soeben geschilderte Vorgeschichte der Begegnung des Ananias mit Saulus hat keine Parallele in Kap. 22. Ananias wird 22,12 eingeführt als „ein frommer Mann nach dem Gesetz, in gutem Ruf bei allen dortigen Juden". Im unmittelbaren Anschluß daran schildert der Text die Heilung des Saulus durch Ananias (V. 13), die in Kap. 9 erst im späteren V. 17 erzählt wird. Die Einführung des Ananias in 22,12 ohne nähere Erläuterung der Vorgeschichte seines Eingreifens ist abrupt und nur deswegen erzähltechnisch möglich, weil die Leser(innen) bereits Kap. 9 etwas über ihn erfahren hatten. Damit ist gleichzeitig gesagt: Der Bericht Kap. 22 weist auf Kap. 9 zurück. (Kap. 26 setzt die Kap. 22 begonnene Verkürzung des Berichts von der Bekehrung des Saulus weiter fort und übergeht die Ananiasepisode vollkommen.)

9,15–16 hat eine Parallele in 22,14–15 und 26,16b. Doch werden unterschiedliche Akzente deutlich: 9,15 bezeichnet Saulus als *skeuos ekloges*, das des Herren Namen vor den Völkern, Königen und den Söhnen Israels tragen wird, V. 16 begründet diese Aussage: „Ich werde ihm nämlich zeigen, wieviel er für meinen Namen leiden soll." Ohne der nachfolgenden Redaktionsanalyse vorgreifen zu wollen, kann schon soviel gesagt werden: Saulus wird hier (zumindest primär) als Märtyrer bezeichnet. Der Befund in Kap. 22 und besonders 26 ist hiervon verschieden: 22,14 hat ein anderes Subjekt als 9,15: (Nicht Christus, sondern) Gott hat Saulus vorauserwählt, seinen Willen zu erkennen, den Heiligen zu sehen und eine Stimme aus seinem Mund zu hören. Das Verb „vorauserwählen" *(procheirizesthai)* erscheint ebenfalls 26,16b und mag inhaltlich *(skeuos) ekloges* entsprechen. Der zweite Teil von V. 14 („seinen Willen zu erkennen und den Gerechten zu sehen und die Stimme aus seinem Munde zu hören") hat keine direkte Parallele in 9,15 oder 26,16. Doch liegt mit 26,16 bezüglich des Sehens Jesu eine Entsprechung vor.

22,15 hat eine enge Parallele in 26,16b. Vgl. „denn du sollst für ihn (sc. Christus) Zeuge sein vor allen Menschen dessen, was du gesehen und gehört hast" (22,15) mit „denn dazu bin ich dir erschienen, dich zum Diener zu erwählen und zum Zeugen dessen, was du gesehen hast und was dir gezeigt werden wird" (26,16b). Saulus ist also nach beiden Fassungen ein Zeuge. Die besondere Aufgabe des Zeugen scheint im Anschluß an 26,16b, d.h. in V. 17–18, entfaltet zu werden, welche Stelle keine Parallele in Kap. 22 hat. Vgl. V. 17–18: „Und ich werde dich erretten vor dem Volk und vor den Heiden, zu denen ich dich sende, ihre Augen zu öffnen, daß sie sich bekehren von der Finsternis zum Licht und von der Macht des Satans zu Gott, daß sie Vergebung der Sünden empfangen und ein Los unter den Heiligen durch den Glauben an mich." Damit ist die Berufung des Saulus zum Heidenmissionar ausgedrückt, ein Thema, das in Kap. 9 wohl nicht und in Kap. 22,1–16 erst indirekt (freilich erscheint es im unmittelbaren Kontext V. 17–21) enthalten war.

9,17–19 schildert die Heilung des Saulus durch Ananias, die in Kap. 22 bereits V. 13 berichtet wurde. Man sollte nicht aus V. 18 a („Da fiel es ihm wie Schuppen von seinen Augen…") eine Erklärung für Saulus' Blindheit herauslesen, diese dann mit 22,11 kontrastieren, wo sie auf den Lichtglanz zurückgeführt sei, und beide Erklärungen für einander ausschließend halten. Denn „Schuppen von seinen Augen" ist übertragene Redeweise, und auch in 9,8 geht die Blindheit sachlich auf den Lichtglanz zurück (vgl. 9,3 b) (gegen Hedrick 1981: 431).

Der Ertrag des synoptischen Vergleiches:

Alle drei Berichte gehören genetisch zusammen. Auf der red. Ebene setzt der zweite Bericht in 22,12 den ersten ebenso voraus, wie die dritte Fassung sich als Verkürzung der beiden vorangehenden verstehen läßt. In ihr ist der Gegensatz zwischen der vorchristlichen und christlichen Zeit des Paulus (vgl. die Ausmalung der Verfolgungsaktion des Paulus) gesteigert und die Bekehrung von Apg 9 als Berufung zur Heidenmission aufgefaßt. (Der zweite Bericht Kap. 22 nimmt eine Mittelstellung ein. Doch deutet sich in ihm durch den unmittelbaren Kontext [22,17–21] das Thema der Heidenmission an.)

Die Differenz zwischen 9,7 (die Saulusbegleiter hörten die Stimme) und 22,9 (die Saulusbegleiter hörten keine Stimme) darf angesichts der vielen Übereinstimmungen nicht zugunsten verschiedener Quellen von Bekehrungsberichten ausgewertet werden. Doch wird man die Differenz kaum für eine Nachlässigkeit des Lukas halten dürfen (zu Schneider 1982: 22 mit A1), denn dagegen spricht, daß 22,9 bei Unterbrechung des Dialogs Jesus-Saulus sich bewußt auf 9,7 (beachte die Vertauschung von Hören und Sehen) zurückbezieht und der Leserschaft eine zusätzliche Information über die Bekehrung des Saulus gibt (vgl. Hedrick 1981: 431). Die 9,7 offengebliebene Frage, ob die Begleiter (ein) Licht gesehen hätten, wird damit bejaht. (9,7 hatte ja nur negiert, daß die Begleiter jemanden [= Jesus] gesehen hatten.) Sodann klingt die Aussage in 22,9, die Saulusbegleiter hätten keine Stimme gehört, wie eine luk. Korrektur der gegenteiligen vorluk. Aussage von 9,7. Damit will Lukas eine Beteiligung der Saulusbegleiter an der Offenbarung, die allein Saulus vorbehalten war, ausschließen (vgl. Hedrick 1981: 430f).

Sagten wir oben, daß die dritte Fassung Verkürzung der beiden ersten sei, so ist damit noch nicht zwingend entschieden, ob nicht einzelne Motive in ihr ursprünglich sind und ob die allen drei Berichten zugrunde liegende Tradition eine Bekehrungs- oder Berufungsgeschichte war. Dabei ist ebenfalls unsicher, ob Ananias Bestandteil dieser Tradition war.

V. 3–9:

Die Einführung (V. 3 a) *en de to poreuesthai…* trägt luk. Züge. Ähnlich leitet Lukas Lk 18,35; 19,29; Apg 10,9 eine Episode ein. V. 4b–6 ist von G. Lohfink (1965; 1967: 53–60) als Erscheinungsgespräch gekennzeichnet worden, das innerhalb der drei Berichte von der Bekehrung des Saulus neben V. 4–6 noch 22,7–10/26,14–16 vorliege (vgl. 9,10f) und im AT Analogien habe: Gen 31,11–13; 46,2f; Ex 3,2–10. Die alttestamentliche Form bestehe aus drei Gliedern: 1. Anrede bzw. Anruf, 2. Antwort mit Frage, 3. Selbstvorstellung mit Auftrag. Sie sei von Lukas nachgeahmt worden, so daß V. 4b–6 als redaktionell anzusehen seien. Doch steht diesem Schluß das Vorkommen derselben Form in JosAs 14 und TestHiob 3 entgegen, an welchen Stellen nicht mit LXX-Nachahmung, sondern mit der Verwendung eines Erzählschemas zu rechnen ist (vgl. zur Kritik an Lohfinks These Burchard 1970: 88 f).

Freilich fällt nicht an der Frage der Herkunft dieses Schemas die Entscheidung, ob V. 4b–6 in der jetzigen Form redaktionell oder traditionell sind. Die Beobachtung, daß es auch außerhalb unseres Textes in red. Zusammenhang vorkommt (9,10f; 10,3–5), legt allerdings den Verdacht auf luk. Herkunft nahe. Diese Annahme wird durch zwei weitere Gründe erhärtet: 1. V. 4b–6 sind für die Handlung entbehrlich. 2. Lukas hat eine Vorliebe, Szenen durch Dialoge zu gestalten. (Zur Frage, ob einzelne Elemente von V. 4b–6 traditionell sind, s.u. III.)

Red. Züge sind in diesem Abschnitt außerdem noch an zwei Stellen nachzuweisen: V. 4, die Verdoppelung „Saul, Saul" hat eine Analogie in der Verdoppelung der Anrede Lk 8,24 (diff. Mk); 10,41; 22,31. V. 9: Die Zahl „drei" ist sicher redaktionell.

V. 10–19a:

V. 10a: Die Einführung des Ananias *(tis...onomati)* ist sprachlich lukanisch.

V. 10b: Die Kundgabe göttlicher Entscheidungen durch eine Vision *(horama)* ist bei Lukas ein wichtiges schriftstellerisches Mittel (vgl. Apg 10f u.ö.). (Beachte, daß V. 3–9 kein *horama*, sondern eine Christophanie berichtet wird – s. dazu weiter unter III).

V. 10c–16: Bei der Redaktionsanalyse ist die Kontexteinordnung dieses Abschnitts besonders zu berücksichtigen. Die Erzählung ist der vorangehenden Perikope 8,26–40 von Philippus und dem äthiopischen Eunuchen und der nachfolgenden Korneliusgeschichte (10,1–11,18) derart zugeordnet, daß jeweils die Handlungen zweier Menschen miteinander verbunden bzw. koordiniert werden. In der Korneliuserzählung geschieht dies durch Doppelvisionen, ebenso in der vorliegenden Geschichte – freilich mit dem bezeichnenden Unterschied, daß die Vision des Saulus (im Gegensatz zu der des Ananias) erzählerisch nicht ausgeführt, wohl aber vorausgesetzt wird (9,12). 8,26–40 berichtet dagegen nur von einer Erscheinung des Engels des Herrn vor Philippus, der von jenem zum Eunuchen geschickt wird. Der Eunuch selbst hat im Gegensatz zu der zweiten Person in den Erzählungen Apg 9 (Ananias) und Apg 10f (Petrus) keine korrespondierende Vision erhalten. Es dürfte damit klar sein, daß die genannten drei Geschichten zusammengehören (vgl. bereits Baur 1866: 81, der freilich nur die enge Beziehung von Apg 9 und 10f betonte) und von Lukas in einer Klimax zusammengeordnet worden sind. Dabei legt sich die Annahme nahe, daß erst Lukas die Vision des Ananias erzählerisch zur Geltung gebracht hat, um die vorliegende Geschichte in den größeren Erzählzusammenhang einzugliedern. Das ist um so wahrscheinlicher, als die Christophanie vor Saulus (9,3–4) eigentlich nicht in den Typ von Geschichte paßt, wie er Kap. 8 und

Kap. 10 f erscheint. (Lukas will sie aber in diesem Kontext als solche verstehen, vgl. 9,12.) Auch die instruktiven Belege für Doppelvisionen aus der griechisch-römischen Literatur bei Wikenhauser 1948: 100–111 erhellen zwar schön die Erzählgattung, enthalten jedoch *keine* Parallele zu 9,3–9.

Haenchen 1977 wird also recht behalten: Die Gemeindeüberlieferung hat noch nicht „die verzwickten korrespondierenden *horamata*" enthalten (317).

V. 13–14 sind red. Rückblick auf 8,3. V. 15–16 sind lukanisch (anders zuletzt Dietzfelbinger 1985: 80) – aus sprachlichen und inhaltlichen Gründen.

Zum Sprachlichen: Redaktionell ist die Wendung „es sprach aber zu ihm (der Herr)". Das Verbum *poreuesthai* kommt „häufig bei Lukas vor; besonders eigen ist ihm aber die Imperativform *poreuou*... In *skeuos ekloges* steht der hebraisierende Genitivus qualitatis für ein Adjektiv wie auch sonst ... bei Lukas. Zu *estin moi* vgl. bedeutungsmäßig Lk 5,10; Apg 19,31, dem Wortlaut nach Apg 18,10... Ausgesprochen lukanisch ist der Infinitiv ... mit vorausgehendem *tou*" (Radl 1975: 70), desgleichen *to onoma*, vor allem in der Apg. Typisch für LkEv/Apg (gleichwohl ebenfalls für die Apk) ist *enopion*. Die Nebeneinanderstellung von *ethne* und *basileis* erscheint Lk 22,25 (diff. Mk 10,42; Mt 20,25). Die Partikeln *te* sowie *te ... te* und *te (...) kai* stehen in der Apg oft, ebenfalls *Israel* in Verbindung mit *hyioi*. V. 16 beginnt mit *ego gar*. Dazu ist zu vergleichen Lk 1,18; 8,46; 21,15. Redaktionell sind ferner *dei*, *hyper tou onomatos* und *pathein*.

Zum Inhaltlichen: Die Hervorhebung des Namens Jesu scheint auf Redaktion zu weisen. Wie viele Beispiele belegen, ist nach der Apg „die gesamte aktuelle Glaubensverwirklichung mit der Namensvorstellung verknüpft" (Conzelmann 1977: 166 A1), und das Wirken des Namens mag man sogar „als die spezifisch Lukanische Darstellungsform der Präsenz Christi bezeichnen" (Conzelmann 1977: 165); vgl. 3,16; 4,12; 8,12. Zudem „begegnet hier ... das für Lukas ... charakteristische Gegenüber von Juden und Heiden. In Verbindung damit ist ferner die Rede vom Bekenner Paulus – auch gegenüber Israel – und vom leidenden Paulus, obwohl doch Paulus in erster Linie Missionar gewesen ist. Schließlich ist das *dei* des Leidenmüssens vor allem bei Lukas ... Umschreibung des göttlichen Planes" (Radl 1975: 72).

V. 15 wird vielfach als Aussage über die Missionstätigkeit des Saulus verstanden (so zuletzt Hedrick 1981: 420f). In Wirklichkeit klingt aber hier schon das Leidensthema an, denn *bastazein to onoma enopion tinos* heißt nicht „den Namen vor jemanden (hin)tragen", sondern „vor jemandem den Namen tragen" (vgl. Lohfink 1967: 83f; Burchard 1970: 100f; Radl 1975: 76f). Damit löst sich das alte Problem des Verhältnisses von V. 16 zu V. 15, und *gar* (V. 16) kann mit „nämlich" übersetzt werden.

V. 17–19 a: V. 17: *apelthen... eiselthen* ist red. Wortspiel (vgl. 1,21 u.ö.). *epitheis ep' auton tas cheiras* und *plesthes (pneumatos hagiou)* sind sprachlich lukanisch. Der Vers erweitert den Ananias V. 12 gegebenen Auftrag der Heilung des Saulus: Saulus wird zusätzlich mit Heiligem Geist erfüllt. V. 17 stößt sich wohl mit V. 18, der Nachricht über die Taufe des Saulus (*nach* der Verleihung des Heiligen Geistes V. 17). V. 19 a rundet die Geschichte ab.

III Traditionen

V. 3–9:

Folgende Traditionselemente schälen sich nach Abzug der Redaktion heraus: 1. Der Christenverfolger Saulus befindet sich in der Nähe von Damaskus. 2. Ein himmlisches Licht erstrahlt, und Saulus fällt nieder. 3. Seine Begleiter, die die zu Saulus sprechende Stimme gehört haben, führen ihn (erblindet?) nach Damaskus. – So rekonstruiert, kann man die Tradition als Legende von der Bestrafung eines Gottesverächters bezeichnen (Belege bei Nestle 1968: 567–598). Doch ist zu berücksichtigen, daß die o. geübte Methode der Rekonstruktion von Tradition (Subtraktionsverfahren) unsicher ist. Wer kann ausschließen, daß V. 4 b–6 – in dieser Form gewiß redaktionell – in der Grundlage nicht doch traditionell sind? Dies ist um so wahrscheinlicher, als V. 7 auf der Stufe der Tradition sicher auf die Stimme zurücklenkt, die zu Saulus gesprochen hat. Wer will ferner von vornherein in Abrede stellen, daß Elemente von Lukas getilgt wurden? Je nach dem, was man substituieren will, wird sich die Formbestimmung ändern. Wir sprechen im folgenden von Christophanie, um zweierlei auszudrücken: 1. V. 3–9 haben nicht Visionen zum Gegenstand analog denen in 9,10–19 a und 10 f. 2. Das Subjekt des Geschehens vor Damaskus ist der verfolgte Christus. Eine solche Formbestimmung läßt damit die Klassifikation als Bekehrungs- *oder* Berufungsgeschichte zu. Historische Überlegungen (s. u. IV) werden hier weiterhelfen.

Man kann noch erwägen, ob die Traditionsgrundlage von Apg 9,3–9 aus Damaskus stammt. Ferner mag man den überlieferungsgeschichtlichen Ausgangspunkt der Tradition in Gal 1,23 sehen („der uns einst verfolgte, verkündigt nun den Glauben, den er zu vernichten trachtete"). Doch empfiehlt sich eine zu genaue Rekonstruktion der Traditionsgeschichte wegen der o. genannten Unsicherheiten nicht.

V. 10–19 a:

Die Traditionsgrundlage dieses Abschnittes ist noch schwieriger zu bestimmen als die vorige.

Jedenfalls wäre es nicht richtig zu sagen: „Aber ein einfaches *horama* des Ananias muß Lukas mindestens vorgelegen haben, denn Ananias' Handeln muß motiviert gewesen sein (das unmotivierte Auftreten in 22,12 ist nur möglich, weil 9,10 ff. als bekannt vorausgesetzt sind)" (Burchard 1970: 123). Denn das Motiv der Vision stammt von Lukas und das „unmotivierte" Auftreten von Ananias in 22,12 spricht *nicht* für Tradition, sondern setzt lediglich auf der *red.* Ebene voraus, daß Lukas bereits von ihm erzählt hat.

Traditionselement ist m. E. nur die Existenz des Jüngers Ananias (Lukas wird diesen Namen kaum der Tradition hinzugefügt haben; s. die negativ gezeichneten Träger dieses Namens Apg 5,1 ff; 23,2) in Damaskus, der dort Paulus heilte (vgl. zur Begründung Trocmé 1957: 176) und vielleicht auch taufte (9,18). Ob das Haus des Judas an der Geraden Gasse genetisch zur Tradition gehörte, ist unklar. Lukas selbst hat ein Interesse an „lodging“ (s. Cadbury 1926: 305–322 – vgl. 16,14f; 21,8.16; 28,7.16.23.30) und mag daher die Geschichte mit damaszenischem Lokalkolorit angereichert haben. Die obigen Traditionselemente waren entweder zusammen mit der V. 3–9 zugrundeliegenden Vorlage Bestandteil einer Erzählung oder erst Lukas hat sie miteinander verbunden.

Hedrick 1981: 422 erneuert die These von Trocmé 1957: 174–179, daß auf der Stufe der Tradition Apg 9,1–19a auf eine mit einer Christophanie verbundene Heilungsgeschichte zurückgehe. Eine Parallele dazu liege in den ActPetr vor (Pap. Ber. 8502 p.135–138, deutsche Übersetzung bei Hennecke[3] II, S.189: „Die Geschichte vom reichen Ptolemäus und der jungfräulichen Tochter des Petrus“). Einschränkend dazu sei bemerkt: 1. Die Geschichte in den ActPetr ist auf der Grundlage der Apg(!) komponiert und kann daher nicht als unabhängige Parallelform von Apg 9,1–19a angesehen werden. 2. Die „Krankheit“ des Paulus (Apg 9,8) ist Folge der Christophanie, auf der trotz einzelner Züge von Wundertopik in V. 10–19a doch das Hauptgewicht liegt.

IV Historisches

V. 3–9:

Die Tradition hinter V. 3–19a berichtet in Übereinstimmung mit den Briefen, daß ein bestimmtes Ereignis aus dem Verfolger einen Verkündiger, aus dem Christusfeind einen Christusjünger gemacht hat (vgl. Gal 1). Weiter ist die Ortsangabe, die Bekehrung bzw. Berufung habe sich bei/in Damaskus ereignet, historisch zutreffend. Gal 1,17 spricht davon, daß Paulus nach der Bekehrung nach Arabien ging und hernach wieder nach Damaskus zurückkehrte. Also muß er kurz nach seiner Bekehrung bei oder in dieser Stadt gewesen sein.

Die Tradition stimmt mit den Eigenzeugnissen des Paulus ferner darin überein, daß sie von einer Christophanie berichtet. *Zur Begründung:* 1Kor 9,1f spricht Paulus in Ostersprache (vgl. Joh 20,18.24) von seinem Sehen des Herrn, ebenso 1Kor 15,8 von einem Sich-Zeigen Jesu vor ihm selbst (vgl. Lk 24,34 und 1Kor 15,3–7). Beide Stellen reflektieren ein und dasselbe Ereignis, 1Kor 9,1 die (aktive) Wahrnehmung Jesu, zu der 1Kor 15,8 die Voraussetzung ist. Nun fällt als Differenzpunkt zwischen Apg 9,3–9 und 1Kor 9,1f; 15,8 auf, daß die Apg hier gar nicht ausdrücklich von einem Sehen des Herrn spricht, sondern von einem Hören seiner Worte (V. 4b–6) – soweit dies überhaupt auf Tradition zurückgeht – und von einer Lichterscheinung vom Himmel sowie einem Niederstürzen des Paulus. Jedenfalls enthalten V. 3–9 keine Aussage darüber, daß Saulus den Herrn gesehen hat. Demgegenüber ist freilich auf 9,17c zu verweisen, wo Ananias im Rückblick auf V. 3–9 die Lichterscheinung vor Damaskus als ein Sich-Zeigen *(ophthenai)* Jesu vor Saulus beschreibt (vgl. 26,19), und auf 9,7 (die Begleiter des Saulus sahen niemanden), wo vorausgesetzt wird, daß Saulus jemand (d. h. Jesus) sah (vgl. Jacquier 1926: 286; anders Burchard 1970: 97 A153).

Liegt bezüglich der Erscheinungsweise Jesu zwischen der Tradition hinter 9,3–9 und den Paulusbriefen daher wohl kein Gegensatz vor – beide bezeugen faktisch, daß Paulus den Herrn gesehen hat (vgl. die etwas ungeschützten, aber im ganzen wohl zutreffenden Ausführungen von Benz 1969: 37.327 u. ö.) –, so scheinen doch in anderer Hinsicht Differenzen unüberbrückbar zu sein. Paulus selbst hebt darauf ab, daß die Christophanie vor Damaskus ihn zum Missionar berief (vgl. bes. Gal 1,15), was in Apg 9 nicht enthalten ist, weil es dort um die Überwindung des Christenverfolgers durch Jesus geht. Auf der anderen Seite schließt die Berufung des Christenverfolgers Paulus (zum Missionar) zwingend einen Umschwung ein, wie er in Apg 9 beschrieben wird (vgl. ähnlich Dietzfelbinger 1985: 97). Daher ist es gut möglich, daß historisch eng beieinander lag, was Lukas in Apg 9 und 26 in zwei in ihrem Schwerpunkt verschiedenen Geschichten erzählt hat (Apg 22 liegt bekanntlich in der Mitte, s. o.). Apg 9 und 26 enthielten dann nur zwei verschiedene Aspekte ein und desselben Geschehens (zu den Konsequenzen für die Traditionsanalyse s. sofort). Schließlich ist noch darauf hinzuweisen, daß wahrscheinlich weder Lukas noch Paulus den eigentlichen Innenaspekt des Damaskusgeschehens in ihren Berichten nennen, falls der Satz: „Der vom Gesetz Verfluchte ist der Sohn" (Dietzfelbinger 1985: 81 f) Erkenntnisinhalt der Bekehrung/Berufung war. In diesem Fall würde die hinter der Rechtfertigungslehre stehende Grundeinsicht Inhalt des Damaskusgeschehens gewesen sein, obwohl es in *keinem* der Berichte von Paulus oder Lukas so beschrieben wird.

V. 10–19 a:

Bezüglich der Person des Ananias und seiner Mitwirkung an der Bekehrung/Berufung des Saulus dürfte ein begründetes historisches Urteil kaum möglich sein. Freilich darf man gegen eine wie auch immer geartete Beteiligung des Ananias nicht Gal 1,12 anführen: Paulus habe seine Offenbarung nicht von einem Menschen. Denn diese Angabe schließt eine Mitwirkung des Ananias kaum aus, da sie den besonderen Charakter der Bekehrung/Berufung gar nicht in Frage stellen würde (vgl. 1Kor 11,23 ff).

Rückblick auf die Traditionsanalyse von 9,1–19 a unter Berücksichtigung der historischen Rekonstruktion:

Oben war gesagt worden, ein endgültiger Vorschlag zur Frage, ob die Tradition eine Bekehrung oder Berufung erzähle, könne erst nach historischen Überlegungen vorgelegt werden. Nun war das wichtigste Ergebnis der historischen

Rekonstruktion, daß die Tradition im wesentlichen mit den paulinischen Eigenzeugnissen übereinstimmt. Sie berichtet von einer Christophanie und schildert ihre begleitenden Umstände (Bekehrungsaspekt). Die Berufung zum Missionar ist zwar nicht in Apg 9 zu finden. Doch können wir ihr Fehlen wegen der sonstigen Übereinstimmungen zwischen der Tradition und Paulus versuchsweise auf den Redaktor Lukas zurückführen, für den die Paulusmission im Aufriß der Apg in Kap. 9 noch kein Thema ist (vgl. Maddox 1982: 74) und der wohl absichtlich die Tradition einer Berufung des Paulus (vgl. Apg 22 + 26) als Bekehrung interpretiert und sie in eine Reihe von drei Bekehrungsgeschichten stellt (8,26–40; 9,1–19a; 10,1–11,18 – vgl. auch das o. S. 116 zu den Doppelvisionen in den drei Bekehrungsgeschichten Ausgeführte). Der hier begründete Vorschlag befindet sich also im Gegensatz zu dem von Burchard 1970. Burchard meint, Lukas reproduziere in Apg 9,3–19a im wesentlichen unverändert die Tradition einer Bekehrungsgeschichte, während er Apg 22 und bes. Apg 26 diese als Berufung zur Mission interpretiere, um so Paulus als dreizehnten Zeugen den zwölf Aposteln gleichzusetzen. Da Paulus selbst das Damaskusgeschehen als Berufung auffasse, habe die zeitlich spätere luk. Darstellung einen höheren Geschichtswert als die Apg 9 wiedergegebene Tradition (vgl. zu Burchards These bes. Maddox 1982: 72–75). Nein, die Lukas vorliegende Tradition des Damaskusgeschehens ist eine Berufungsgeschichte, die im wesentlichen mit den paulinischen Eigenzeugnissen übereinstimmt. Lukas hat sie aus darstellerischen Gründen verdreifacht und sich in Apg 9 durch die Interpretation der Berufung als Bekehrung von der historischen Wahrheit ein Stück weit entfernt.

Apostelgeschichte 9,19b–30

I Gliederung

V. 19b–25: Saulus in Damaskus
19b–20: Predigt des Saulus in der Synagoge von Damaskus
21: Staunende Reaktion der Zuhörer (Verweis auf die Verfolgungstätigkeit des Saulus)
22: Verstärkte Predigt des Saulus
23–25: Saulus verläßt Damaskus wegen des Planes der Juden, ihn zu töten
V. 26–30: Saulus in Jerusalem
26: Saulus sucht vergeblich Anschluß bei den Jüngern in Jerusalem
27: Barnabas' Vermittlerrolle
28–29a: Umgang des Saulus mit den Jüngern in Jerusalem, Predigt daselbst und Auseinandersetzung mit hellenistischen Juden
29b–30: Saulus wird von Brüdern über Cäsarea nach Tarsus gebracht, weil die hellenistischen Juden ihn töten wollen

V. 19b–25:

V. 19b–20 dürfte ganz auf Redaktion zurückgehen. Die Zeitangabe „einige Tage" (V. 19b) ist unbestimmt, die Anknüpfung bei den Juden (V. 20) entspringt dem bekannten luk. Schema. V. 20 (Saulus „verkündigt Christus, daß dieser der Sohn Gottes ist") erinnert entfernt an Gal 1,16. Entweder gibt Lukas hier das wieder, was von Paulus in der Gemeindetradition bekannt ist, oder (wahrscheinlich nicht als Alternative zu verstehen) er zeigt hier seine Kenntnis paulinischer Tradition und paulinisiert wohl bewußt (vgl. ähnlich 13,38f; 20,33). V. 21a ist sprachlich lukanisch *(existanto, pantes)*. V. 21b bringt in wörtlicher Rede – als Frage – was bereits vorher gesagt worden war (8,1.3; 9,1.14), wobei der Schriftsteller aber durch das vorher noch nicht gebrauchte Wort *porthein* abermals zu erkennen gibt, daß er paulinische Tradition kennt (vgl. Gal 1,13.23). V. 21fin. nimmt 9,2 auf. V. 22 ist sprachlich redaktionell: vgl. *sygchynno* (kommt im NT nur in der Apg vor – 4x), *katoikeo, symbibazo*. Der Vers beschreibt die Verkündigung des Paulus (Jesus ist der Christus – vgl. 18,5.28), der sich dem luk. Schema gemäß an die Juden (von Damaskus) wendet. V. 23 ist in der Beschreibung des Planes der Juden, gegen Paulus vorzugehen, redaktionell (vgl. 20,3.19). Er wird durch die luk. Zeitangabe *(eplerounto) hemerai hikanai* eingeleitet. V. 24: *egnosthe* + Dativ steht hier wie Lk 24,35. *paratereo* ist relativ häufig bei Lukas, vgl. Lk 6,7; 14,1; 20,20 (im NT sonst nur noch Mk 3,2, Gal 4,10). V. 25: Zum pleonastischen Gebrauch von *labon* vgl. die luk. Parallele 16,3; s. ferner Lk 13,19.21. Zum schwierigen *autou* vgl. die Kommentare (m. E. ist es nicht ursprünglich).

V. 26–30:

V. 26 berichtet Lukas sehr gerafft. „In V. 26 ist Paulus in Jerusalem, als ob der Korb, der ihn die Stadtmauer von Damaskus hinuntertrug, auf Jerusalemer Gebiet den Boden berührt hätte" (Burchard 1970: 145). Die Luftlinie zwischen Jerusalem und Damaskus beträgt 210 km! Daß Saulus nach der Bekehrung Zugang zu den Jerusalemer Jüngern sucht, ist redaktionell geboten. Die Jerusalemer Gemeinde ist der heilsgeschichtliche Vorort der luk. Kirche. Die Hauptfigur des zweiten Teiles der Apg muß natürlich mit ihr – im Interesse des Kirchengedankens – Kontakt aufnehmen. Da die Furcht der Jünger vor Saulus (ebenso wie vorher bei Ananias) nur allzu verständlich ist, legt es sich *erzählerisch* nahe, im folgenden einen Mittler einzuschalten. V. 27: Lukas dürfte aus der späteren Tradition über die Zusammenarbeit des Paulus und des Barnabas (Apg 13–14) erschlossen haben, daß Barnabas Paulus in die Jerusalemer Gemeinde eingeführt hat (vgl. den Parallelfall 11,25f). Diesen Einzelzug als „Mediatisierung" zu bezeichnen (Klein 1961: 164), überinterpretiert eine der Historisierung entsprungene erzählerische Kombination. (In den nächsten Kapiteln sind Barnabas und Paulus doch Missionspartner.) V. 27 b faßt die vorher erzählte Bekehrung des Saulus (V. 3–9) und seine Predigttätigkeit in Damaskus (V. 20) zusammen (anscheinend ist Barnabas der Sprecher). V. 28 läßt Saulus mit den Jerusalemer Aposteln verkehren (zur Wendung *eisporeuomenos kai ekporeuomenos* vgl. 1,21: *eiselthen kai exelthen*), in Jerusalem predigen (*parrhesiazomenos* [V. 28] nimmt dasselbe Verb [V. 27] auf) und mit den Hellenisten disputieren. „Paulus tut in Jerusalem in Gemeinschaft mit den Zwölfen nichts anderes, als was er schon in Damaskus getan hatte, bevor er die Zwölf kennenlernte" (Burchard 1970: 149). V. 29: Der Apostel tritt in die durch den Tod des Stephanus gerissene Lücke ein. *laleo* und *syzeteo* werden hier und 6,9f zur Bezeichnung der Auseinandersetzung der hellenistischen Juden mit Stephanus/Saulus gebraucht. Natürlich wollen sie Saulus ermorden *(anelein)*, ebenso wie es die Juden von Damaskus zu tun planten (V. 23: *anelein*) und ähnlich wie sie selbst vorher gegen Stephanus vorgegangen waren (6,11–14: Anklage aufgrund von falschen Zeugen, um Stephanus' Hinrichtung herbeizuführen). V. 30: Die Bedrohung des Saulus motiviert seine Sendung nach Tarsus.

III Traditionen

V. 19 b–25:

Traditionell ist höchstwahrscheinlich die Nachricht, Paulus habe in Damaskus gepredigt. Die Annahme stützt sich freilich nur indirekt auf den gegenwärtig total redaktionell geprägten Text und ergibt sich hauptsächlich aus historischen Überlegungen (s. u. IV). Die Notiz von der Flucht aus Damaskus (V. 24 b–25) ist traditionell. Das folgt einmal aus literarkritischen Gründen: V. 23 a–24 sind eine Art Exposition, die den Mordplan der Juden gegen Paulus schildert (und auf Lukas zurückgeht – s. o.). Die Naht zwischen V. 24 a und V. 24 b wird an der Konkretion sichtbar, die im folgenden geboten wird (vgl. Burchard 1970: 151). Die rekonstruierte Tradition hat sodann eine auffällige Parallele mit 2 Kor 11,32 f:

„Die beiden Texte, die am Anfang ganz verschieden sind, laufen bei *pareterounto* Apg 9,24 b/*ephrourei* 2.Kor 11,32 zusammen und ähneln sich von da ab bis zum Ende erstaunlich; beide brechen mit dem Herablassen ‚durch' die Mauer ab (abzüglich der paulinischen Erfolgsnotiz V. 33 b, der bei Lukas nichts entspricht). Daß Lukas hier auf Tradition fußt, ist deutlich. Sie muß ähnlich knapp gewesen sein wie 2.Kor 11,32 f.; Lukas wäre kaum, falls er eine längere Geschichte vor sich gehabt hätte, beim Kürzen (wenn er das überhaupt gewollt hätte) auf eine so ähnliche kompakte Fassung gekommen" (Burchard 1970: 151).

Festzuhalten bleibt (gegen Burchard 1970: 152), daß die Juden als Verfolger des Paulus in dieser Geschichte doch auf den Redaktor Lukas zurückgehen dürften. Bezüglich der Herkunft der Tradition wird Burchard Recht behalten: Die Vorlage von Apg 9,24–25 ist Stück einer paulinischen Personaltradition, die bereits auf 2 Kor 11,32 f beruht (Burchard 1970: 158).

V. 26–30:

Die Redaktionsanalyse hatte ergeben, daß dieses Stück von Lukas komponiert wurde – ohne Anhalt an Tradition, die etwa im ersten Jerusalem-Besuch des Paulus wurzelt.

Oft wird Gegenteiliges behauptet; vgl. z. B. Burchard 1970 (ähnlich Weiser 1981: 232 – im Anschluß an Burchard). Doch zeigen Burchards gelehrte, aber doch gewundene Ausführungen nur das Gegenteil; vgl.: „Lukas könnte doch hier (sc. V. 26–30) wie anderswo fragwürdige Überlieferung benutzt haben" (153). „Ich sehe auch nicht, warum Lukas eine Auseinandersetzung mit Hellenisten hätte erfinden sollen. Ob die damit am Anfang und Ende der Perikope faßbare Tradition Lukas geformt in einem Stück vorlag, ist schwer zu sagen, zumal V. 27 b in der vorliegenden Form lukanisch ist und auch die summarische allgemeine Angabe V. 28 von ihm stammen könnte. Aber die einfachste Annahme ist doch wohl, daß er in 9,26–30 ein durchgehendes Traditionsstück benutzt hat" (154).

Wer hinter V. 26–30 Tradition erblickt, kann diese in ein Verhältnis zur Version bringen, die die galatischen Gegner gegen Paulus vielleicht vorbrachten: Er sei längere Zeit in Jerusalem gewesen und hätte sich in Abhängigkeit von den Jerusalemer Aposteln begeben (vgl. Linton 1951: 84 f). Im übrigen ist die Nähe einer solchen Erklärung der Tradition zur red. Erklärung von G. Klein (1961: 162–166) und anderen aufschlußreich.

Die abschließende Reisenotiz (V. 30) kann traditionell sein, vgl. unter IV.

IV Historisches

V. 19 b–25:

Die in diesem Abschnitt enthaltenen Traditionen stimmen darin mit dem Eigenzeugnis überein, daß Paulus aus Damaskus fliehen mußte. Der eigentliche Grund der Flucht waren die Nachstellungen des Ethnarchen des Nabatäerkönigs Aretas IV (Regierungszeit: 9 v. Chr.–39 n. Chr.). (Jewett 1982: 58–63 hat gemeint, die Aktion sei mit der politischen Herrschaft der Nabatäer über Damaskus zwischen 37–39 n. Chr. in Verbindung zu bringen; doch bezeichnet gegen Bauer 1963: 432 der Ausdruck *ethnarches* gar nicht den Statthalter, sondern das Oberhaupt einer ethnischen Gruppe, und überhaupt gibt es keinen einzigen Beleg für Jewetts These [vgl. Burchard 1970: 158 f A100].) Die Gründe für die Aktion gegen Paulus sind unklar. Man sollte sie nicht zu einer historischen Rehabilitierung des luk. Berichts ausmünzen (die Juden als Verfolger des Paulus) und die Nachstellungen des nabatäischen Ethnarchen auf jüdische Anstiftung zurückführen (so Wikenhauser 1921: 186; dagegen m. R. Burchard 1970: 158 f A100).

V. 26–30:

Schließlich ist auch die Nachricht V. 30 historisch, nach der Paulus nach dem Jerusalemaufenthalt in Richtung Tarsus gereist ist. Sie entspricht dem paulinischen Selbstzeugnis, daß der Apostel im Anschluß an den Kephasbesuch nach Syrien und Cilicien gegangen ist (Gal 1,21). Tarsus lag in Cilicien, und Syrien und Cilicien bildeten seit 44 n.Chr. *eine* Provinz. Paulus mag sich zum Zeitpunkt der Abfassung des Gal (um 50/53) in Gal 1,21 nur dem üblichen Sprachgebrauch angeschlossen haben (vgl. Lüdemann 1980: 35 [Lit.]).

Apostelgeschichte 9,31

Der Vers (eingeleitet mit luk. *men oun*) ist ein red. Summarium, das eine Art Zwischenbilanz zieht. Die Verfolgung ist wegen der Bekehrung des Verfolgers zusammengebrochen, und die Kirche, die nicht mehr wie noch 5,11 auf Jerusalem beschränkt ist, sondern Judäa, Samaria und Galiläa einschließt (vgl. Lohfink 1975 b: 56), hat Frieden, wandelt in der Furcht des Herrn und wird durch den Heiligen Geist gestärkt.

Interessant ist, daß von der Existenz von Gemeinden in Galiläa berichtet wird, von denen wir vorher und später nichts in der Apg erfahren. Man wird kaum entscheiden können, ob Lukas Traditionen aus dem galiläischen Raum zugeflossen sind. Hätte er sie gekannt – das steht fest –, so dürfte er sie kaum verwertet haben (vgl. seine Unterdrükkung der galiläischen Auferstehungstradition Lk 24,6).

Die Reihenfolge „Judäa, Galiläa, Samaria" erweckt den Anschein, Lukas stelle sich Judäa und Galiläa als unmittelbar benachbart vor; vgl. ebenso (in umgekehrter Richtung) Lk 17,11: Jesus „ging mitten durch *(dia meson)* Samaria und Galiläa" nach Jerusalem; vgl. Conzelmann 1977: 60 f. Hengel 1983 hält eine solche Deutung von Lk 17,11 für eine Überinterpretation und meint, wir wüßten nicht, was sich der Vf. dabei gedacht habe (151). Doch übergeht er Apg 9,31. Hengel 1983: 147–152 wird in seiner Erörterung von Lk 17,11 Conzelmann kaum gerecht und macht vor lauter Polemik nur indirekt deutlich, daß die *entscheidenden* Hinweise zu den geographischen „Kenntnissen" Palästinas im luk. Doppelwerk im Rahmen der damaligen Zeit sich bei Conzelmann 1977: 14 A0; 61 A2 finden (vgl. Hengel 1983: 148).

Apostelgeschichte 9,32–43

I Gliederung

V. 32: Inspektionsreise des Petrus
V. 33–35: Heilung des Aineas in Lydda
V. 36–42: Auferweckung der Tabitha in Joppe
V. 43: Aufenthalt des Petrus in Joppe beim Gerber Simon

II Redaktion

V. 32:

egeneto de ist eine luk. Einleitungswendung (vgl. 4,5; 9,37.43; 19,1 u. ö.).
dierchesthai findet sich noch 8,4; 19,1. Ebenfalls kann *panton* auf Lukas
zurückgeführt werden – es bezieht sich dann wohl auf die Gemeinden des
vorigen Verses. Freilich wirkt *panton* hier recht ungeschickt und hängt in der
Luft. Doch darf dieser Befund wohl nicht für die Annahme einer Vorlage in
Anspruch genommen werden (so freilich Lake/Cadbury, Beg. IV: 108). *hagious*
wird in V. 41 wieder aufgenommen.

V. 33–35:

V. 33: *onomati* ist redaktionell; ebenso ist das Relativpronomen *hos* bei
Lukas häufig (vgl. Radl 1975: 420). *paralelymenos* als Bezeichnung eines
Gelähmten kommt nur bei Lukas vor (vgl. 8,7). Sonst steht dafür bei den
Seitenreferenten *paralytikos*. V. 34: Zum Befehlswort vgl. 14,10 und Lk 5,24.
Doch lassen die Unterschiede zu den beiden Stellen *nicht* den Schluß auf
Tradition zu (Variation). V. 35: *pantes, katoikein* und *epistrephein* sind luk.
Lieblingsvokabeln.

V. 36–42:

V. 36: *tis... onomati* ist redaktionell; der Ausdruck „Almosen" entspricht
10,2 und ist ein luk. Lieblingswort. Ferner ist die Charakterisierung der Tabitha
(zum Namen s. u. III zu V. 40) – sie sei voller guter Werke – und das Vorweisen
der Kleidungsstücke, die sie für andere gefertigt hat (V. 39 c), redaktionell.
Denn damit soll die Frau als des Wunders würdig erwiesen werden, vgl. Lk 7,2–
5; 7,12; Apg 10,2.4. V. 37: „An jenen Tagen" ist eine luk. Zeitangabe. V. 38
verbindet die vorige mit der gegenwärtigen Wundergeschichte. Indem Lukas die
Entfernung von Lydda nach Joppe nennt und vom Aufenthalt des Petrus in

126

Lydda und der Entsendung zweier Männer berichtet, reiht er beide Erzählungen aneinander.

„Die Künstlichkeit dieser Verbindung zeigt sich auch daran, daß nach Vers 43 Petrus... nicht mehr nach Lydda zurückkehrt, von wo er doch plötzlich und nur wegen einer einzelnen Hilfeleistung weggeholt wurde, sondern in Joppe bleibt" (Weiser 1981: 241).

Joppe liegt 18 km von Lydda entfernt. Die Angabe V. 38 reflektiert daher eine zutreffende Kenntnis der Geographie des Küstengebiets (vgl. m.R. Hengel 1983: 169f und s. bereits Conzelmann 1977: 62).

V. 39 ist sprachlich lukanisch: *anastas, synelthen*, der Ersatz des Demonstrativpronomens durch das Relativpronomen (vgl. 19,25), *anegagon*. V. 40: Das Gebetsmotiv und das Niederknien sind redaktionell (s. Lk 22,41 [diff. Mk]; Apg 7,60; 20,36; 21,5). *anekathisen* entspricht wörtlich Lk 7,15. V. 41: Lt. Schille 1983 wirkt V. 41 „unglücklich, da die Erweckte bereits lebt und sitzt. Die Berührung von Hand zu Hand läßt das alte Motiv der Herstellung einer magischen Verbindung noch erkennen, die selbstverständlich vor dem Wunder erfolgen mußte (so Mk 5,41)" (240). Doch ist zu berücksichtigen, daß das Mädchen in V. 40b erst sitzt *(anekathisen)*. Die Wundertat ist also noch nicht vollendet und weitere Hilfeleistung nötig. *hagious* bezieht sich auf V. 32 zurück, *cheras* auf V. 39. Die Wendung *parestesen auten zosan* erinnert an 1,3. V. 42b *(kai episteusan polloi epi ton kyrion)* hat eine auffällige Entsprechung zu V. 35b *(hoitines epestrepsan epi ton kyrion)*. Lukas hat die Schlußsätze beider Geschichten wohl mit Absicht ähnlich formuliert, um die Erzählungen (für die Leser[innen]) zu parallelisieren.

Im ganzen wird man für V. 36–42 Einfluß der alttestamentlichen Erweckungserzählungen 1Kön 17,17–24 und 2Kön 4,32–37 annehmen müssen (vgl. ähnlich Lk 7,15). Diese Formgebung geht wohl auf den Bibelleser Lukas zurück, nicht auf Tradition. Das erschwert natürlich die Rekonstruktion der Traditionsgrundlage erheblich (vgl. den übersichtlichen Vergleich von Apg 9,36–42 mit 1Kön 17 und 2Kön 4 bei Weiser 1981: 238).

Zur red. Stellung der Wundergeschichten Apg 9,33–35 und 9,36–42:

Die beiden Wundergeschichten bringen Petrus nach Cäsarea und stellen heraus: Der Repräsentant der zwölf Apostel, Petrus, setzt Jesu Wirken auch im Wunder kontinuierlich fort (vgl. Schmithals 1982: 99). Gleichzeitig festigt er durch die Inspektionsreise (V. 32) die Verbindung der Gemeinden Lyddas und Joppes mit der Muttergemeinde Jerusalem (vgl. 8,4).

V. 33–35:

Hier liegt eine Wundergeschichte zugrunde, die aber von Lukas stark gerafft wurde. Sie ist situationslos (V. 32 gehört zum red. Rahmen) und ohne wirklichen Abschluß erzählt. Denn V. 35 enthält ja nicht „die stilgemäße *Wirkung auf die Zuschauer*" (Conzelmann 1972: 68), sondern erst die Nachwirkung (richtig Schille 1983: 238). Entfernt erinnert die Erzählung an die Heilung des Gichtbrüchigen (Mk 2,1–12 parr.).

V. 36–42:

Im ganzen erweckt die Geschichte den Eindruck einer stilgemäß aufgebauten Wundererzählung. Sie beginnt mit der Einführung der Person Tabitha und konstatiert ihren Tod. Der Wundertäter wird geholt, wobei die weinenden Frauen (Witwen) in V. 39 Kontrastmittel zum Auftreten des Wundertäters (V. 40) sind. Die Auferweckung erfolgt formgemäß auf den Befehl des Thaumaturgen hin. V. 41 enthält die Demonstration. Wegen ihres Anfangs dürfte die Geschichte Lukas wohl einzeln vorgelegen haben.

Sie hat eine Parallele in der Geschichte von der Tochter des Jairus (Mk 5). „Tabitha erinnert an die Talitha Mc 5,41; die Verse 39.40 decken sich so mit Mc 5,40.41, daß an gegenseitige Unabhängigkeit nicht zu denken ist" (Wellhausen 1914: 19; vgl. ferner die jeweils weinenden Frauen bzw. Witwen). Falls Wellhausen recht hat, wäre zu erwägen, ob sich in einem vorlukanischen Stadium eine Angleichung der beiden Erzählungen vollzogen hat. Die andere Möglichkeit ist ebenfalls nicht von der Hand zu weisen, daß die ganze Geschichte von Lukas in Anlehnung an Mk 5 formuliert worden ist. Vgl. auch noch Roloff 1973: 190: Roloff verweist ebenfalls auf die Parallelität von Mk 5 und Apg 9, betont aber das Fehlen des Glaubensmotivs in Apg 9. Doch ist das kein Argument gegen eine Abhängigkeit, da das Glaubensmotiv aus den genannten Gründen (S. 127) hier entbehrlich ist.

V. 43:

Die Angabe, Petrus habe in Joppe bei dem Gerber Simon gewohnt, wird von vielen als zu konkret angesehen, um nicht auf Tradition zu beruhen. Vgl. Weiser 1981: Die Mitteilung vom Aufenthalt des Petrus im Hause des Gerbers Simon stamme aus einer Lokalüberlieferung (241); s. dagegen Wellhausen 1914: „im Unterschied zu den Evangelien des Mc. und Mt. werden Namen angegeben, auch für den Quartierwirt in Jope. Die Namen bürgen aber nicht für die Zuverlässigkeit des Berichteten, so wenig wie die im dritten und vierten Evangelium" (19). Vgl. ferner Lukas' Interesse an Unterkünften (s. Cadbury 1926). Zum novellistischen Interesse an Namen vgl. Bultmann 1979: 256f. Lukas selbst „erfindet" Lk 8,41 den Namen der Mk 5,22 noch anonym gebliebenen Person. Fazit: Die konkreten Angaben des Lukas in V. 43 müssen nicht auf Tradition zurückgehen.

IV Historisches

V. 32–42:

Die historische Grundlage beider Berichte ist ein Aufenthalt des Petrus in Lydda und Joppe. Da es sich hier um ausgesprochen jüdische Orte handelte (vgl. umfassend Hengel 1983: 169–171), kann man in Petri Reise einen historischen Anhaltspunkt für seine Sendung zu den Juden sehen (vgl. Gal 2,7), wie sie während des Kephasbesuches des Paulus (Gal 1,18) vereinbart bzw. bekräftigt wurde (vgl. zur Begründung Lüdemann 1983: 72f). Daraus kann die Zeit zwischen Kephasbesuch (33/36) und der Konferenz (48/51) als Zeitraum bestimmt werden, während dem Petrus zu den genannten beiden Orten gereist ist und dort Gemeinden besucht oder gar gegründet hat. Doch sei einschränkend hervorgehoben, daß die obige Rekonstruktion auf mehr als einer Unsicherheit beruht.

Anders Loisy 1920: 431, der die Lokalisierung in Lydda und Joppe lediglich aus dem pragmatischen Zweck erklärt, Petrus in die Nähe des nächsten Schauplatzes, Cäsarea, zu bringen.

Weiter ist es eine Tatsache, daß an Führungsgestalten des frühen Christentums Wundertraditionen angeschlossen wurden; „dass derartige Erzählungen in der Überlieferung an verschiedene Personen und Orte, wo irgend welcher Anlaß als Anknüpfungspunkt sich bietet, sich zu heften pflegen, ist eine bekannte Erscheinung aller Sagengeschichte" (Pfleiderer 1902: 492). Die nähere Frage, ob die Wundertraditionen an den von Lukas genannten Orten ausgebildet oder erst von Lukas mit ihnen verbunden wurden, ist nicht mehr zu beantworten. Doch mag Aineas in einer nicht mehr zu ermittelnden Beziehung zu Petrus gestanden haben. Dasselbe gilt – freilich mit einer geringeren Wahrscheinlichkeit – für Tabitha.

V. 43:

Der Aufenthalt des Petrus beim Gerber Simon ist ebenso wie der des Paulus bei Judas an der Geraden Gasse in Damaskus nur eine historische Möglichkeit.

Apostelgeschichte 10,1–11,18

I Gliederung

Apg 10

V. 1–8: Vision des Kornelius
  1–2: Charakterisierung des Kornelius
  3–6: Vision
    3 a: Zeit und Ort der Vision
    3 b–6: Visionsgespräch mit Auftrag an Kornelius
  7–8: Ausführung des Auftrags
V. 9–16: Vision des Petrus
  9 a: Verknüpfung von V. 1–8 mit V. 9–16
  9 b–10 a: Angaben über Zeit, Ort und die näheren Umstände
  10 b–16: Vision
    10 b–12: Vision
    13: Audition
    14: Einrede des Petrus
    15: Erneute Audition
    16 a: Hinweis auf die dreimalige Wiederholung des Geschehens
    16 b: Ende der Vision
V. 17–23: Begegnung zwischen den Boten des Kornelius und Petrus
  17 a: Ratlosigkeit des Petrus
  17 b–18: Ankunft der Boten des Kornelius
  19 a: Nachdenken des Petrus über seine Vision
  19 b–20: Anordnung des Geistes, mit den Boten zu ziehen
  21: Selbstvorstellung des Petrus und Frage nach dem Grund des Kommens der Boten
  22: Mitteilung über die Vision des Kornelius
  23 a: Gastliche Aufnahme der Boten des Kornelius durch Petrus
  23 b: (Am nächsten Tag:) Abreise des Petrus, begleitet von einigen Brüdern aus Joppe, mit den Boten des Kornelius nach Cäsarea
V. 24–48: Die Ereignisse im Hause des Kornelius in Cäsarea
  24–33: Begegnung zwischen Petrus und Kornelius
    24 a: Ankunft des Petrus in Cäsarea
    24 b: (Rückblick:) Die Vorbereitung des Treffens durch Kornelius
    25: Begrüßung des Petrus durch Kornelius mit Fußfall und Proskynese
    26: Zurückweisung durch Petrus
    27: Unterhaltung des Petrus mit Kornelius, Eintritt in das Haus und Zusammentreffen mit vielen
    28–29: Begründung des Petrus, warum er ein heidnisches Haus betritt, und Frage, warum Kornelius ihn holen ließ
    30–33: Bericht des Kornelius über seine Vision und Bereiterklärung, dem an Petrus ergangenen Befehl Folge zu leisten
  34–43: Rede des Petrus
    34–36: Hinführung auf die Situation
    37–43: Rekapitulation des LkEv und der Apg
      37–41: Corpus der Rede

37–39a: Jesu öffentliches Wirken

    39b–41: Tod und Auferweckung Jesu

  42–43: Der Verkündigungsauftrag an die Apostel

44–48: Ausgießung des Heiligen Geistes über die Zuhörer des Petrus und ihre Taufe. Reaktion der Leute aus der Beschneidung

Apg 11

V. 1–18: Petrus in Jerusalem

  1: Die Jerusalemer Apostel und Brüder in Judäa hören von der Annahme des Wortes durch die Heiden

  2–3: (Als Petrus in Jerusalem ist:) Einwände gegen Petri Verkehr mit Nichtjuden durch die Leute aus der Beschneidung

  4–17: Rede Petri (Rückblick auf Kap. 10)

    4: Einleitung

    5–10: Petri Vision in Joppe

    11: Die Ankunft der Boten des Kornelius

    12a: Die Anordnung des Pneuma, ohne Bedenken mit den Boten zu gehen

    12b: Die Reise (mit sechs Brüdern) und die Ankunft im Hause des Kornelius

    13–14: Die Vision des Kornelius

    15: Herabkunft des Heiligen Geistes auf das Haus des Kornelius

    16: Rückverweis auf Jesu Wort von der Geisttaufe (1,5)

    17: Dem Wirken Gottes konnte sich Petrus nicht widersetzen

  18: Reaktion der Zuhörer: Lobpreis Gottes

II Redaktion

10,1–8:

Exkurs: Die Korneliusgeschichte und die Erzählung vom Hauptmann von Kapernaum

Der erste Teil (V. 1–8) erinnert stark an die luk. Version der Geschichte vom Hauptmann von Kapernaum (Lk 7,1–10 par. Mt 8,5–13; die johanneische Version Joh 4,46–53 hängt sicher genetisch mit der synoptischen Fassung zusammen – vgl. Dauer 1984: 39–44). Während Mt 8,5 jenen Hauptmann einfach als einen Heiden zeichnet, der sich demütig und vertrauensvoll an Jesus wendet und von ihm erhört wird, stellt Lk 7,2–5 ihn zwar auch als Heiden dar, doch wird durch die Ältesten der Juden, die sich für ihn bei Jesus verwenden, zusätzlich hervorgehoben, er liebe die Juden und habe ihnen die Synagoge bauen lassen. Diese Zeichnung entspricht der des Kornelius Apg 10, der gleichfalls ein Heide, aber gottesfürchtig ist und dem jüdischen Volk viele Almosen gegeben hat. Ferner sind Lk 7 und Apg 10 darin ähnlich, daß Jesus von dem Hauptmann ebenso wie Petrus von Kornelius durch Abgesandte in dessen Haus gebeten wird (Lk 7,3/Apg 10,7f), während Mt 8,6 den wohl ursprünglichen Zug der Geschichte (vgl. Lk 7,6) enthält, Jesus möge sich nicht in das Haus des Hauptmanns bemühen (vgl. Zeller 1854: 429f.508; Muhlack 1979: 39–54). Gewiß sind Lk 7,1–10 und Apg 10 darin grundverschieden, daß die eine Geschichte ein Wunder (der Knecht des Hauptmanns wird geheilt), die andere dagegen eine Bekehrung zum Inhalt hat. Obwohl daher die Annahme einer Dublette nicht geboten ist, dürfen die soeben genannten Übereinstimmungen unserer Geschichte mit Lk 7 als redaktionell angesehen werden: so die Zeichnung der positiven Stellung des Kornelius zum Judentum und die Aussage, Kornelius sei ein Hauptmann gewesen. Daß der erste durch Petrus aus den Heiden Bekehrte ein Hauptmann gewesen sei, paßt im übrigen zu gut zur luk. Apologetik, um traditionell zu sein (vgl. Lüdemann 1980: 41 f). Derselben Absicht ist in diesem Zusammenhang die Angabe verpflichtet, Kornelius gehöre der italischen Kohorte an. Die Angabe ist historisch unrichtig (es hat die italische Kohorte erst in der Zeit von 69 n. Chr. bis ins 2. Jh. gegeben, und zwar in Syrien; s. Broughton, Beg. V: 441–443; Schürer 1973: 365) und läßt sich aus dem luk. Bemühen verstehen, bestimmte Personen welthistorisch einzuordnen (andere Beispiele bei Lüdemann 1980: 43).

Hengel 1983 hält einen Streit über die Historizität der Existenz der italischen Kohorte in Cäsarea zur Zeit des Kornelius für müßig. Seine Begründung: Die Angabe des Lukas „*kann*, aber sie *muß* nicht ein Anachronismus sein. Auxiliarkohorten konnten im römischen Reich nach Bedarf hin und her geschoben werden, vgl. Jos. Ant. 19, 364–366" (171 f A109; vgl. noch positiv zur luk. Angabe Wikenhauser 1921: 314f). Aber nach dem, was wir über die Zusammensetzung der Kohorten wissen, ist es extrem unwahrscheinlich, daß eine aus römischen Bürgern aus Italien bestehende Kohorte um 40 n. Chr. in Cäsarea stationiert war (vgl. Schürer 1973: 365). Sätze Hengels, die an unsere zu geringen „Kenntnisse über die römischen Truppen in Syrien und Palästina" (1983: 172 A109) erinnern, können nicht, wie der gelehrte Verfasser selbst weiß, das auf der Basis des z. Zt. verfügbaren Wissens gefällte obige Wahrscheinlichkeitsurteil über die Nicht-Existenz der italischen Kohorte in Cäsarea um 40 n. Chr. ernsthaft erschüttern. Die (immer lohnende) Diskussion mit Hengel läuft auf die Frage hinaus, ab wann eine luk. Angabe als falsch bezeichnet werden darf (vgl. o. S. 56 f zu Apg 3,2).

V. 1: *aner de tis, onomati, kaloumenes* sind sprachlich lukanisch. V. 2: Die Charakteristik des Hauptmanns entspricht der Art und Weise, in der Lukas sonst Personen beschreibt, die durch Gott besonderer Widerfahrnisse gewürdigt werden: Vgl. Lk 1,6 (Zacharias und Elisabeth); 2,25 (Symeon); 2,37 (Hannah); Apg 9,36 (Tabitha). Zu *phoboumenos ton theon* s. S. 161 f zu 13,43; zur Oikos-Formel s. S. 189 zu 16,15. V. 3: Vielleicht liegt in den Zeitangaben Redaktion vor. Vgl. die Nennung der jüdischen Gebetszeiten Lk 1,10; Apg 3,1; 10,9.30. Zum Visionsgespräch (V. 3 b–6) vgl. 9,4 f. V. 4: Die Frage des Kornelius ähnelt der des Saulus (9,5). V. 6 knüpft an 9,43 an (Petrus bei dem Gerber Simon). V. 7: *proskarterounton* ist sprachlich redaktionell; ebenso V. 8: *exegesamenos, hapanta.*

V. 9–16:

Folgende Merkmale entsprechen luk. Sprache und Stil: V. 9: die Genitivi abs. (vgl. dazu Radl 1975: 432), die Angabe der Gebetszeit (vgl. V. 3), das Gebetsmotiv. V. 10: *egeneto ep', ekstasis.* V. 11: *theorei, kathiemenon.* Zum Motiv der Öffnung des Himmels vgl. 7,56. V. 12: *hyperchen.* V. 13: *egeneto phone, anastas* + Imperativ (vgl. Jeremias 1980: 55), *thyson.* V. 16: *anelemphthe.*

Die Verse enthalten eine Vision des Petrus, deren Ziel es ist, den Unterschied von unreinen und reinen Speisen für nichtig zu erklären. Petrus beruft sich später auf diese Vision (V. 28) und wertet sie so aus, daß die Schranken im Umgang der Juden mit Heiden aufgehoben seien (die Heiden sind fortan nicht mehr unrein). Das bedeutet: Die Vision des Petrus V. 9–16 hat für Lukas einen bildlichen Sinn. Die Aufhebung der Speisetabus bedeutet in Wirklichkeit die Aufhebung der Schranken zwischen Heiden und Juden. In Zukunft wird Juden die unbeschränkte Gemeinschaft mit Heiden (letztere setzt Lukas im Paulus-Teil der Apg nämlich voraus) erlaubt.

V. 17–23:

V. 17 a: Die Beschreibung der Ratlosigkeit des Petrus erinnert sprachlich an 5,24. Zu red. *idou* vgl. Radl 1975: 413. V. 17 b–18 verknüpfen Petrus- und Korneliusepisode. Die Boten des Kornelius erscheinen vor der Tür. V. 19 a lenkt im red. Genitivus abs. zu V. 17 a (der Zeichnung der Ratlosigkeit des Petrus) zurück (vgl. den Stichwortanschluß *horama* [V. 19 a/V. 17 a]). V. 19 b–20: Es ist merkwürdig, daß Petrus hier nach der ersten Vision (V. 10–16) noch eine Audition des Geistes erhält. Die Anweisung des Pneuma nimmt *nicht* auf die vorangehende Vision Bezug. V. 21: Zu *idou* vgl. V. 17 a. V. 22: Der Vers resümiert die Vision des Kornelius (V. 1–8). V. 23 a: *xenizo* (vgl. V. 18) ist häufig bei Lukas, ebenso das Motiv der Unterbringung (vgl. Cadbury 1926). Überdies führt der Versteil die später (V. 28) explizierte göttliche Weisung aus, die nach luk. Verständnis bereits in V. 10–16 enthalten war. V. 23 b: Die Reise der Gesellschaft von Joppe nach Cäsarea ermöglicht die anschließend erzählte Begegnung zwischen Petrus und Kornelius; durch Einführung der jüdischen Brüder (vgl. 10,45) bereitet sie zugleich auf die Debatte 11,1–18 vor.

V. 24–48:

V. 24–33: V. 24: *te de epaurion* (vgl. V. 23 b), *prosdokon*, die Coniugatio periphrastica (vgl. Radl 1975: 431), *sygkalesamenos* sind redaktionell, ebenso V. 25: *synantesas, tou* + Infinitiv (vgl. Radl 1975: 432 f.). V. 26: Vgl. 14,15. V. 27: *eiselthen* nimmt *eiselthein* (V. 25) auf. V. 25 und V. 27 stehen in Spannung zueinander, denn nach V. 25 befindet sich Kornelius bereits in der Versammlung (so schon Wellhausen 1914: 20, ebenso Dibelius 1951: 99 – vgl. die Harmonisierung durch Kodex D). *heuriskei, synelelythotas* sind sprachlich lukanisch. V. 28–29 enthalten die luk. Interpretation der Vision des Petrus (V. 10–16): Fortan besteht kein Unterschied mehr zwischen Juden und Nichtjuden, man darf keinen Menschen mehr gemein und unrein nennen (wie es Petrus vor seiner Vision noch getan hatte). V. 30–33, die Rede des Kornelius, sind luk. Wiederholung von V. 1–8. Der red. V. 33 b ist Hinführung zur Rede des Petrus (V. 34–43). Die Hausgemeinde des Kornelius möchte hören, was der Herr durch Petrus ihr zu sagen aufgetragen hat.

V. 34–43: (Zur sprachlichen Gestaltung der Rede vgl. Weiser 1981: 258 f.)

V. 34 f knüpfen an die Zeichnung des Kornelius in der bisherigen Geschichte an. Der Satz, in jedem Volk seien diejenigen dem Herrn angenehm, die ihn fürchten und Gerechtigkeit tun, trifft ja auf Kornelius zu. Er war als Gottesfürchtiger und als einer, der viele Almosen gab, gezeichnet worden (10,2.22). V. 36 ist syntaktisch schwierig oder gar verderbt (s. die Kommentare z. St. und Burchard 1985: 292 f: Burchard hebt die Beziehungen zwischen Lk 2,10 ff und Apg 10,36 hervor). Doch ist der Sinn einigermaßen klar, wenn V. 36 in Verbindung mit V. 34 f interpretiert werden darf (vgl. die Aufnahme von *panti* [V. 35] durch *panton* [V. 36]): Jesus ist als der Friedensbote für Israel Herr über alle (einschließlich der V. 34 f genannten Nicht-Juden). V. 36 ist gleichzeitig Überschrift des nächsten Abschnittes (V. 37–43). Vgl. auch die parallele Formulierung von V. 36 b und V. 42 b und die Aufnahme von *panton* (V. 36) durch *pantas* (V. 38) und *panta* (V. 43). V. 37–43: Im folgenden rekapituliert Petrus LkEv und Apg (vgl. die ausführliche Begründung von Schneider 1985: 276–279) auf der Autor-Leser(innen)-Ebene. V. 37: *hymeis oidate* wird gelegentlich als Hinweis auf vorluk. Tradition angesehen (vgl. nur Dibelius 1951: 98 A1), denn die Anrede habe nichts mit der Situation zu tun und passe nicht auf Kornelius und sein Haus. Doch ist hieraus noch nicht Tradition zu folgern, denn die genannte Anrede richtet sich an die Leser(innen) von LkEv und Apg (vgl. ebenso Dibelius 1951: 98). Vgl. zu *holes tes Ioudaias* Lk 4,44; 23,5; *apo tes Galilaias:* Lk 4,14.16; 23,5; *meta to baptisma ... Ioannes:* Lk 4,14; 16,16; vgl. Apg 1,22 *(arxamenos)*. V. 38: *echrisen... pneumati hagio:* Lk 4,18.14. Zu *euergeton* vgl. Lk 22,25; Apg 4,9; zu *iomenos* vgl. Lk 5,17; 6,19; zu *tous katadynasteuomenous hypo tou diabolou* vgl. Lk 6,18 f; 1,42. V. 39: Vgl. zur Zeugenschaft der Apostel Apg 1,21 (s. d. weiter); zum Kreuzestod Jesu vgl. zu Apg 5,30. V. 40–41: Vgl. Lk 24 – Apg 1. V. 42: Vgl. Lk 24,47. V. 43: Vgl. Lk 24,44. – Auf durchgehende red. Herkunft der Rede weist ferner folgender Befund: Petri Rede in Cäsarea bietet weit mehr Informationen über den irdischen Weg Jesu als die anderen Petrusreden. Damit ist auf die Zusammensetzung der Hörerschaft Rücksicht genommen. Schließlich paßt der weitere Befund gut in die Situation, daß in der Petrusrede nicht wie in den Reden Apg 2 und 13 ausdrücklich aus dem AT zitiert wird. Damit sind redaktionell treffend die konkreten Hörer, die zwischen Judentum und Heidentum stehen, berücksichtigt. Gleichwohl spielt die Rede auf das Zeugnis der Schrift an (V. 43) im Unterschied zu den reinen Heidenpredigten der Apg. Vgl. zum Charakter der Rede die Ausführungen von Schneider 1982: 63 f und Schneider 1985: 253–279 (hier auch Referat und Kritik verschiedener Traditionshypothesen mit Bezug auf Apg 10,37–43; darauf sei nachdrücklich verwiesen).

V. 44–48: Diese Verse demonstrieren in luk. Manier die Folge der Annahme des Evangeliums durch die Heiden. Der Geist fällt auf alle, die die Rede des Petrus hören. Ja, sie reden ebenso wie die Jünger zu Pfingsten in Zungen (V. 46) und werden getauft. V. 44: Der scheinbare Redeabbruch ist luk. Kunstmittel (vgl. Lk 22,40 [diff. Mk 14,72]; Lk 8,49 [= Mk 5,35]; Lk 22,47 [= Mk 14,43]), denn es war alles Wesentliche gesagt. V. 45: *existemi* und *synerchomai* sind luk. Vorzugsvokabeln. Zu *dorea tou hagiou pneumatos* vgl. 2,38. Der Vers beschreibt die Reaktion der Gläubigen aus der Beschneidung *(hoi ek peritomes pistoi)* auf die Geistverleihung an die Heiden und bereitet damit das Folgende vor (vgl. 11,2: „die Leute aus der Beschneidung"), wo Petrus der Jerusalemer Gemeinde die Bedeutung der Korneliusepisode erläutern wird (11,4–17). V. 46: Der Vers stellt klar, daß die Leute des Kornelius derselben Gaben teilhaftig wurden wie die erste Pfingstgemeinde. V. 47–48: Der Bericht über die Taufe nach dem Geistempfang widerspricht nur scheinbar luk. Theologie, die sich die Geistverleihung nach der Taufe denkt (vgl. 8,16; 19,5 f). Erstere steht hier ebenso wie 9,17 fin. nur aus erzähltechnischen Gründen vor der Taufe.

11,1–18:

V. 1: Der Vf. erinnert an 8,14; vgl. „die Heiden haben das Wort Gottes angenommen" (V. 1) mit „Samaria hat das Wort Gottes angenommen" (8,14). In beiden Fällen vernimmt die Jerusalemer Gemeinde die Kunde und trifft eine Entscheidung.

V. 2–3: Der Vorwurf der Leute aus der Beschneidung („Du bist bei unbeschnittenen Leuten eingekehrt und hast mit ihnen gegessen") bezieht sich mit den Stichworten „einkehren" *(eiselthein)* und „zusammen essen" *(symphagein)* auf 10,27 *(symphagein* entspricht wohl *synomilein* oder weist auf den 10,48 vorausgesetzten Aufenthalt des Petrus bei Kornelius zurück). Gleichzeitig dürfte mit der Thematik „essen" auf 10,10–16 angespielt sein. Damit fassen V. 2 f das Thema zusammen, um das es Lukas im folgenden geht.

V. 4–17: Die Verse beschreiben in Wiederholung das bisherige Geschehen und verleihen diesem damit verstärkten Nachdruck. Die kleineren Abweichungen (11,14/10,5.32, die letztere Stelle erwähnt nicht das Ziel der Rede Petri, die Rettung des Kornelius und seines Hauses; 11,15/10,44: der Zeitpunkt der Geistverleihung ist einmal [falls *archomai* in 11,15 nicht wie 1,1 eine abgeblaßte Bedeutung hat] zu Beginn der Rede, die *nicht* ausgeführt wird, dann gegen Schluß der *ausgeführten* Rede) dürfen nicht zu der Annahme verleiten, hier seien verschiedene Quellen verwertet worden. Bezüglich des letzten Punktes hat M. Dibelius zutreffend ausgeführt: „Eine Rede kann von dem Autor offenbar als Einlage oder Beigabe betrachtet werden, auf die die Fortsetzung der Erzählung keine unbedingte Rücksicht zu nehmen braucht" (1951: 97; Trocmé 1957: 171 A1 lehnt dies ohne Begründung ab). Die zuerst genannte Abweichung (11,14/10,5.32) hängt mit dem Erzählstil zusammen. „Die Legende selbst verrät noch nicht, worauf alles hinauslaufen wird, und erweckt dadurch Spannung; das Referat faßt Botschaft und Ziel der Engelserscheinung zusammen" (Dibelius 1951: 97). V. 15 f verknüpfen noch einmal (nach 10,46) die Geisterfahrung der Heidenchristen mit dem Anfang der Apg.

Zusammenfassend kann in Anlehnung an M. Dibelius folgendes zum luk. Sinn der Korneliusgeschichte ausgeführt werden:

„Lukas wollte zeigen, wie sich bei der Cornelius-Bekehrung der Wille Gottes dem Petrus kundgab, derselbe auf die Berufung der Heiden gerichtete Wille, dessen Verwirklichung in mehreren (anonymen) Beispielen zu Antiochia er unmittelbar darauf (11,20 f.)

zu erzählen beabsichtigte. Hier aber sollte das klassische Beispiel geschildert werden, die maßgebende Erst-Offenbarung dieses Willens. So sieht Lukas die Geschichte des Cornelius an, und als solche läßt er sie durch Petrus (*aph' hemeron archaion* 15,7) und Jakobus (*kathos proton ho theos epeskepsato* 15,14) zitieren. Darum muß gleich am Anfang der Cornelius-Geschichte von Gott ein Machtwort zu Petrus gesprochen werden, das ihn den Weg zu den Heiden gehen heißt" (Dibelius 1951: 103).

Wie Apg 15,7 zeigt, hat diese Geschichte richtungsweisende Bedeutung für die Folgezeit. Lukas hat die Bedeutung dieses Vorgangs – abgesehen von der Länge der Episode und den Wiederholungen – dadurch unterstrichen, daß die Bekehrung des Kornelius wirkungsvoll die letzte in der Reihe von drei Bekehrungsgeschichten ist und im Mittel, die Personen durch Visionen miteinander zu koordinieren, die reichste Ausstattung hat.

Lukas mag aber noch einen Nebenzweck mit der Korneliusgeschichte verbunden haben: Er weiß aus seinen Quellen, daß auf der Jerusalemer Konferenz, von der er Kap. 15 berichten wird, das Recht der Heidenmission erst von Paulus erstritten werden mußte und daß eine starke Gruppe der Jerusalemer Gemeinde den dortigen Kompromiß nur zögernd oder gar nicht akzeptiert hat. Daher verlegt er den Konflikt vor und führt seine Lösung auf eine dem Petrus gegebene Willenskundgebung Gottes zurück, die auf der Konferenz als Faktum vorausgesetzt werden kann.

Man darf auf der historischen Ebene also nicht fragen, warum die Ereignisse von Apg 15 nach denen von Apg 10f möglich waren, und diese durch einen verstärkten Nomismus der Jerusalemer Gemeinde erklären (so Jervell 1984: 23). Das ist eine voreilige Historisierung, die der Aussageabsicht des Lukas nicht gerecht wird.

III Traditionen

Rückblick auf die Redaktionsanalyse unter besonderer Berücksichtigung der Frage der Tradition:

Die obige Redaktionsanalyse hat den durchgängig sprachlich und inhaltlich luk. Charakter der Korneliusperikope aufgewiesen. So, wie die Geschichte dasteht, kann sie Vers für Vers luk. Erzählstil und Theologie zugeordnet werden. Trotzdem legen folgende bereits oben im Text gemachte Beobachtungen den Rückschluß auf eine von Lukas bearbeitete Vorlage nahe: V. 19b (die Anweisung des Geistes) läßt die vorher erzählte Vision entbehrlich erscheinen und nimmt nicht einmal Bezug auf sie. Andererseits ist nicht deutlich, warum die Weisung des Geistes *nach* der Vision des Petrus überhaupt gegeben wurde. Denn die himmlische Stimme hatte unzweideutig (10,15; 11,9) geredet. Der Befund wird wohl am besten durch die Annahme erklärt, daß V. 10–16 auf Tradition zurückgehen, die Lukas in den Zusammenhang eingeführt hat (zu den Gründen s. S. 133). Die dadurch entstandene Spannung zwischen V. 10–16 und V. 19 hat er durch V. 17 (die Ratlosigkeit des Petrus) und V. 19a (Petri Nachdenken über die Vision) gemildert.

136

Sind V. 10–16 als redaktionell erkannt, so gehen auch V. 27–29a auf Lukas zurück, denn hier (V. 28) bezieht sich Petrus auf die Vision von V. 10–16. Die Annahme des red. Charakters von V. 27–29a wird durch eine literarkritische Beobachtung bestärkt: V. 25 und V. 27 stehen in Spannung zueinander (nach V. 25 befindet sich Kornelius im Haus, lt. V. 27 geht er erst hinein – anders Haenchen 1977: V. 25 beziehe sich auf den Eintritt ins Torgebäude, V. 27 auf den ins eigentliche Haus [337]). Die in V. 26 abgebrochene und durch die „störende Verzögerung" (Dibelius 1951: 99) von V. 27–29a unterbrochene Tradition läuft dann in V. 29b weiter. (Zu V. 39b als Tradition vgl. S. 77 zu 5,30.)

Nach diesen Überlegungen und auf der Grundlage der Redaktionsanalyse können wir vermutungsweise folgende Traditionen in der Korneliuserzählung erschließen:

A. Lukas hat eine Geschichte von der Bekehrung des Heiden Kornelius durch Petrus in Cäsarea vorgefunden. Die Erzählung stellte im einzelnen dar, wie Kornelius, durch einen Engel veranlaßt, Petrus aus Joppe holen ließ, der, durch eine Himmelsstimme belehrt, der Einladung Folge leistete. Petrus predigte vor Kornelius und seiner Hausgemeinde, und diese wurde getauft und empfing den Heiligen Geist.

Es sollte noch einmal betont werden, daß es sich bei der rekonstruierten Tradition nur um einen Grundriß handelt. Mehr zu rekonstruieren und größere Sicherheit zu beanspruchen, wäre wegen der luk. Redaktionsarbeit weniger; einzelne Züge wie z. B. die Einladung des Petrus (Apg 10,7 f – vgl. die Parallele Lk 7,3) mögen durchaus auch auf Lukas zurückgehen.

Formgeschichtlich kann die Erzählung mit der Lukas überkommenen Bekehrungsgeschichte des äthiopischen Eunuchen (Apg 8,26–39) verglichen werden. Eine Gründungslegende der Gemeinde von Cäsarea, in der Petrus als Gründer hervorgehoben war (vgl. Schille 1983: 254), ist die Erzählung aber nicht, denn Kornelius – nicht Petrus – steht im Mittelpunkt.

Das Obige im großen und ganzen im Anschluß an Dibelius 1951: 96–107; die Einwände von Haacker problematisieren hilfreich, enden aber gleichwohl apologetisch: „Es spricht… eigentlich nichts dagegen, daß Berichte über das Ereignis – wie Apg 11,1 behauptet – nach Jerusalem gedrungen sind, dort Kritik hervorriefen und möglicherweise einen authentischen Bericht nach sich zogen, wie er in Apg 11,4–7 dem Petrus in den Mund gelegt wird" (1980: 249). Vgl. auch zu derselben Frage Abschnitt IV und die dort besprochenen Voten.

B. Die Vision 10,10–16 geht auf Tradition zurück. Sie hat Normierungsfunktion darin, daß sie Unterschiede zwischen verschiedenen Speisen für irrelevant erklärt. Lukas hat sie eingefügt, da sie mit der Thematik „Heiden-Juden" verwandt ist. Es legt sich *nicht* nahe, sie dem Traditionsbereich „antiochenischer Zwischenfall" zuzuordnen (zu Dibelius 1951: 99; Weiser 1981: 262). Das Essen mit Heiden war in Antiochien usuell. Es hätte eher zu seiner Beendigung einer Offenbarung bedurft. Petrus schließt sich überdies in Antiochien einem bereits bestehenden Brauch (vorübergehend) an. Richtiger wird man die Verknüpfung der Vision mit Petrus an dieser Stelle für redaktionell halten und 10,10–16 vermutungsweise einem hellenistischen Judenchristentum zuordnen, das sich von jüdischen Speisegesetzen emanzipiert hatte (vgl. Mk 7,15; Röm 14,14).

C. In den letzten Jahren ist wiederholt die Vermutung geäußert worden, der Vorwurf gegen die von Petrus gepflegte Tischgemeinschaft mit Unbeschnittenen (10,45; 11,2f) stamme aus der vorluk. Überlieferung (vgl. Bovon 1970: 34f; Haacker 1980: 249). Weiser 1981 will sie durch folgende Argumente weiter abstützen:

„Das eine besteht in der Beobachtung…, daß Lukas in seiner Darstellung des apostolischen Zeitalters von sich aus keine Konfliktszenen schafft, sondern sie eher vermeidet. Das zweite besteht in der durch Gal 2,12–14 belegten Tatsache, daß Petrus Mahlgemeinschaft mit unbeschnittenen Heidenchristen in Antiochien pflegte, aber aus ‚Furcht vor denen aus der Beschneidung‘…, die von Jakobus aus Jerusalem gekommen waren, sein Verhalten änderte" (262).

Zu 1: Lukas verlegt die ihm aus den Traditionen der Konferenz bekannten Nachrichten des Einspruches von Judenchristen gegen die Aufnahme von Heiden vor, um sie im Zusammenhang der Korneliusgeschichte zu entschärfen (vgl. die Vorverlegung der Kollekte aus Kap. 21 nach Kap. 11 und die Bemerkungen S. 136 im Rahmen der Redaktionsanalyse). Folglich darf hieraus nicht die Zugehörigkeit dieser Tradition zur Korneliusgeschichte gefolgert werden.

Zu 2: Der antiochenische Zwischenfall kann aus den obigen Gründen nicht ins Spiel gebracht werden.

Es ist allerdings zutreffend, daß die Gruppe *„hoi ek peritomes"* (vgl. dazu Ellis 1978: 116–128) eine traditionelle Bezeichnung von gesetzesstrengen Judenchristen ist. Lukas kennt die Bezeichnung entweder aus Gal 2,12 oder – wahrscheinlicher – aus einer Tradition (vgl. noch Kol 4,11; s. ferner Tit 1,10 [freilich handelt es sich hier wohl nicht um Judenchristen, sondern um Juden]). Jedenfalls hat Lukas die traditionelle Bezeichnung an dieser Stelle geschickt in den Erzählzusammenhang eingeflochten.

IV Historisches

Der historische Kern der stark legendarischen Korneliustradition besteht darin, daß Petrus an der Bekehrung eines Heiden namens Kornelius in Cäsarea beteiligt war. Zwar hat Petrus sich primär an Juden gewandt, wie Gal 2,7 es für die dreißiger Jahre deutlich macht und wie es sich aus seiner Tätigkeit in Lydda und Joppe ergibt. Doch blieb es nicht aus, daß ebenso wie bei Jesus auch gelegentlich Nichtjuden zu den Zuhörern des Petrus gehörten, und überhaupt war es nur allzu verständlich, wenn Heiden dem Primus der Juden- und allmählich Heidenmission betreibenden Kirche Beachtung schenkten. Vgl. auch sein Ansehen in der überwiegend heidenchristlichen Gemeinde Korinths (1Kor 1,12) und in der römischen Kirche.

Andererseits ist nicht von der Hand zu weisen, daß die oben in den Grundzügen beschriebene Tradition sich bereits ein Stück weit von der Geschichte entfernt hat und erst zu einer Zeit entstand, als die Judenchristen petrinischer Herkunft überwiegend Heidenmission betrieben (vgl. als Analogie für judenchristliche Gruppen, die sich zunehmend der Heidenmission öffneten, die Gemeinden hinter Q, Mt und Joh). Sollte das richtig sein, ist zu fragen, ob nicht in der Ausbildung der Tradition auch eine Tendenz sichtbar wird, Petrus gegen Paulus zum Begründer der Heidenmission zu machen und/oder die Heidenmission vor Paulus beginnen zu lassen.

Der historische Kern der Korneliustradition geht wohl in die Zeit zwischen dem Kephasbesuch des Paulus und der Jerusalemer Konferenz zurück, d.h. die Jahre zwischen 33/36 und vor 48/51 n.Chr. Petrus hatte sich außerhalb Jerusalems begeben und offenbar von Erfolg gekrönte Missionsversuche unter den Juden unternommen, in deren Folge sich auch ein Heide, Kornelius, bekehrte.

Die Tradition 10,10b–16 dürfte darin historisch sein, daß sie einst einer judenchristlichen Gemeinde als Legitimation dafür gedient hat, sich von jüdischen Speisegesetzen zu emanzipieren. Über den Empfänger und den Ort der Vision wissen wir leider nichts.

Zur Historizität der Tradition von 10,39b vgl. S. 78 zu 5,30.

Apostelgeschichte 11,19–30

I Gliederung

V. 19–21: Ausbreitung der Predigt des Evangeliums bis Antiochien. Erfolgsnotiz (V. 21)

V. 22–24: (Nach Kenntnisnahme dieses Vorgangs durch die Jerusalemer Gemeinde:) Entsendung des Barnabas nach Antiochien. Erfolgsnotiz (V. 24b)

V. 25–26c: Barnabas holt Saulus aus Tarsus nach Antiochien. Gemeinsame einjährige Tätigkeit in Antiochien

V. 26d: Zwischenbemerkung über das Aufkommen des Christennamens

V. 27–30: Prophezeiung einer allgemeinen Hungersnot durch Agabus und Überbringung einer Kollekte von Antiochien nach Jerusalem durch Barnabas und Saulus

II Redaktion

V. 19–21:

V. 19a entspricht wörtlich 8,4a, wo ein Rückbezug auf 8,1 vorliegt. Der Vers ist nicht Fortsetzung des abgebrochenen Satzes 8,4a: *hoi men oun diasparentes... dielthon...* (Bultmann 1967: 422 u.v.a.), sondern red. Anknüpfung an ihn. Lukas will die Fortsetzung jener durch die Ermordung des Stephanus äußerlich hervorgerufenen Mission der Hellenisten schildern, nachdem er in der

Zwischenzeit auch innerlich die Voraussetzungen dafür geschaffen hat. „Nach der Bekehrung des Paulus, einem verspäteten Intermezzo, und nach der Missionsreise des Petrus, einem Contrafact zu der des Philippus, wird auf Kap. 8 zurückgegriffen" (Wellhausen 1914: 21). V. 19b–20: Sprachlich sind die Wendungen „das Wort verkündigen" (vgl. 4,29.31; 8,25; 13,46; 14,25; 16,6.32), und „den Herrn Jesus verkündigen" (vgl. ähnlich 5,42) redaktionell. V. 19b stellt heraus, die Mission der Hellenisten habe nur den Juden gegolten. Das ist im Kontrast zum folgenden V. 20 gesagt, nach dem Angehörige der Hellenisten auch zu den Heiden (*hellenas* – wichtige Zeugen lesen freilich *hellenistas*, doch spricht der Zusammenhang dagegen) redeten. Also steht hinter V. 19f das auch später für den luk. Paulus geltende Schema „zuerst zu den Juden – dann zu den Heiden" (vgl. 13,5.14; 14,1; 16,13; 17,1f.10.17). V. 21: Die Wendung „die Hand des Herrn war mit ihnen" hat eine Parallele Lk 1,66 und ist wohl Septuagintismus (vgl. 2Sam 3,12). Die Erfolgsnotiz (V. 21b – vgl. später V. 24fin.) ist sprachlich und inhaltlich redaktionell (vgl. Zingg 1974: 35f).

V. 22–24:

Der Abschnitt ist sprachlich und inhaltlich auf Lukas zurückzuführen. Zur Sprache: V. 22: *eis ta ota* (vgl. Lk 1,44; vgl. Jes 5,9 [LXX]), *exapesteilan*. V. 23: *hos* am Satzanfang, *paragenomenos, charin/echare* (Parechese). V. 24: *pleres pneumatos hagiou, prosetethe, ochlos, hikanos*. Die Verknüpfung der Jerusalemer Gemeinde mit dem Geschehen in Antiochien geht auf Lukas zurück: Sie hört ebenso wie 8,14 von dem Missionserfolg und sendet ebenso wie 8,14 (vgl. 15,22) einen Legaten. Freilich inspiriert Barnabas „gar nicht, sondern schließt sich einfach den Hellenisten an und bleibt in Antiochia" (Wellhausen 1914: 21). Die Charakteristik des Barnabas V. 24a ist lukanisch und findet eine Entsprechung in Lk 1,6; 23,50; Apg 6,3; 9,36; 10,2.22. V. 24b (vgl. 2,47b; 5,14; 9,31; 11,21b; 16,5) ist eine typisch luk. Erfolgsnotiz.

V. 25–26c:

V. 25–26a führt Lukas die zukünftige Hauptperson ein und läßt sie von Barnabas aus Tarsus nach Antiochien holen. V. 26b ist schwierig. Wellhausen hielt die Bedeutung von *synachthenai* sogar für unklar (1914: 21). Zur Konstruktion *egeneto de autois* vgl. 20,16. *synago* bezeichnet in der Apg ein Versammeln bestimmter Menschen, meistens die christlichen Zusammenkünfte (4,31; 14,27; 15,6.30; 20,7). Dann berichtet V. 26b davon, daß Barnabas und Saulus während des Zeitraums von einem Jahr sich mit der Gemeinde von Antiochien versammelten und diese unterwiesen (vgl. BDR § 332$_3$; Zingg 1974: 215f).

V. 26 d:

Lukas bringt an dieser Stelle, wo er summarisch berichtet, eine interessante Einzelheit über das Aufkommen des Christennamens, freilich nicht innerhalb der Erzählung, sondern auf der Autor-Leser(innen)-Ebene.

V. 27–30:

V. 27: „In diesen Tagen" ist eine allgemeine luk. Zeitangabe; vgl. Lk 23,7 und (mit verschiedener Stellung des *tautais*) Lk 1,39; 6,12; 24,18; Apg 6,1. V. 28: Zu *anastas de* / Subjekt / *onomati* vgl. Apg 5,34. *hole(n)* ist sprachlich redaktionell, ebenso *hetis* (vgl. Radl 1975: 420). Daß die Hungersnot „sich über die ganze Ökumene erstreckte, muß ebenso beurteilt werden, wie daß die Schatzung des Quirinius ökumenisch war" (Wellhausen 1914: 21). An beiden Stellen generalisiert Lukas lokal begrenzte Phänomene. Die Regierungszeit des Claudius war von vielen Hungersnöten begleitet, diese aber ebenso örtlich begrenzt wie der Zensus. Womöglich hat Lukas jene Hungersnot in Judäa generalisiert, die sich wahrscheinlich zwischen 46 und 48 n. Chr. ereignet hat (Josephus, Ant XX 51.101 – Suhl 1975: 58–62 versetzt die genannte Hungersnot freilich in die Jahre 43–44).

Neben der genannten Hungersnot in Judäa sind noch folgende Hungersnöte während der Regierungszeit des Claudius bekannt: 1. eine Hungersnot in Rom zu Anfang der Regierung des Claudius, 2. eine Hungersnot in Griechenland im Jahr 49 und 3. eine Hungersnot in Rom im Jahr 51; vgl. Schürer 1973: 457 A8; Wikenhauser 1921: 407–409 (übersichtlicher Abdruck der in Frage kommenden Quellen); Meyer III: 165 f hält merkwürdigerweise die genannten Hungersnöte für eine Bestätigung der Angaben des Lukas – ebenso Wikenhauser, ebd.

Die Bemerkung, die von Agabus geweissagte Hungersnot sei unter Claudius eingetroffen, entspringt dem Bemühen des Lukas, die heilsgeschichtlichen Ereignisse profangeschichtlich zu verankern (vgl. Lüdemann 1980: 41 f). V. 29–30 beschreiben, wie die Tochtergemeinde Antiochia sich mit der Muttergemeinde Jerusalem solidarisch zeigt. Barnabas und Saulus werden aus Antiochien nach Jerusalem entsandt, um eine Kollekte zu überbringen. (Judäa steht hier wie oft in der Apg für Jerusalem.) Die Formulierung geht zweifellos auf Lukas zurück. Darauf weist vornehmlich der Inhalt (nur *horisan* [V. 29] ist sprachlich sicher lukanisch und in *presbyterous* [V. 30] wird die luk. Kirchenverfassung reflektiert). Der Vf. schafft durch die Notiz von der Überbringung der Kollekte eine enge Verbindung zwischen Antiochien und Jerusalem, um die heilsgeschichtliche Kontinuität zu erweisen. Das Heilsgeschehen wird durch das Handeln der antiochenischen Gemeinde fortgesetzt. Seine künftigen Träger, Barnabas und Paulus, sind daher in V. 29–30 verstärkt präsent.

Insgesamt fällt die gerade gegenüber 10,1–11,18 summarische Art der Darstellung auf. (Weiß meint sogar, daß der Abschnitt „der Erzählkunst des Verf. keine grosse Ehre macht" [1897: 19].) Keine einzige Geschichte wird erzählt, gleichwohl aber relativ viele Tatsachen aneinandergereiht. So wird man das Ganze zwar nicht als Auszug aus einer antiochenischen Quelle (dagegen m. R. Trocmé 1957: 166 f), wohl aber als red. Verarbeitung von Einzelnachrichten erklären dürfen, die Lukas in den Gemeinden gesammelt und/oder in einer oder mehreren Quelle(n) vorgefunden hat (vgl. auch den instruktiven Kommentar von Dibelius 1951: 17).

V. 19–21.22 f:

V. 19: Die Nachricht von der Mission der Hellenisten bis hin nach Phönizien, Zypern, Antiochien ist traditionell, denn es handelt sich hier um konkrete Angaben ohne Tendenz. Ein Besuch in bzw. eine Durchreise durch *Phönizien* wird noch einmal 15,3 genannt, geht dort aber wohl nicht auf Tradition zurück (s. d.). Das Material über *Zypern* ist umfangreicher: 4,36 schildert Barnabas als Leviten, aus Zypern gebürtig; 13,4–12 erzählen die Missionierung Zyperns durch Barnabas und Paulus und 15,39 berichtet davon, daß Barnabas nach der Trennung von Paulus mit Markus nach Zypern fährt, offensichtlich um hier zu missionieren. Die Quellen über die Mission der Hellenisten auf Zypern waren wohl Nachrichten über Barnabas – selbst ein griechisch sprechender Judenchrist und in der antiochenischen Gemeinde tätig (V. 22; vgl. 13,1) –, die Lukas in der Angabe 11,19 verwendet hat. (Zu 13,4 ff s. d.). Das meiste Material besaß Lukas aus *Antiochien* (vgl. 11,26 d; 13,1–3; 15,1–2 u. a. m.), so daß eine Erwähnung Antiochiens betont an letzter Stelle hier nicht fehlen durfte, dies um so weniger, als Antiochien ja ab 13,1 in den Vordergrund der Erzählung treten wird.

V. 20: Die Notiz über die Heidenmission ist traditionell, denn sie paßt nicht in Lukas' Geschichtsauffassung. Besagt sie doch für sich genommen, daß die Hellenisten als erste den Schritt zur Heidenmission getan haben und nicht Petrus durch die Bekehrung des Kornelius. Zu *Kyrenaioi* vgl. 13,1 (Loukios, der Kyrenäer); 6,9.

V. 22 f: Zugrunde liegt eine Tradition, die das Wirken des Barnabas in der antiochenischen Gemeinde zum Inhalt hat (vgl. 13,1–2). Man erkennt die Jerusalembindung des Barnabas (vgl. vorher 4,36; 9,37) noch darin als luk. Fiktion, daß seine Sendung durch die Jerusalemer Gemeinde (V. 22 b) im nächsten Vers vergessen zu sein scheint, der von seinem unmotivierten Bleiben in Antiochien berichtet (V. 23). Darin schlägt sich die traditionelle Bindung des Barnabas an Antiochien nieder.

V. 25–26 c:

Zu Tarsus vgl. 9,30. Das Wirken des Barnabas und Paulus in Antiochien für die Dauer eines Jahres ist wohl traditionell, denn es ist eine konkrete unmotivierte Nachricht in einem Kontext, der versprengte Traditionselemente wiedergibt (s. sofort zu V. 26 d).

V. 26 d:

Die Angabe über das Aufkommen des Christennamens in Antiochien dürfte auf eine isolierte Überlieferung zurückgehen, die Lukas hier eingefügt hat. Die Angabe steht hier ohne Beziehung zum Kontext.

V. 27–30:

V. 27 enthält die interessante Einzelheit der Tätigkeit von Propheten in Jerusalem und Antiochien. Sie dürfte daher, allgemein gesagt, traditionell sein, obgleich wir Konkretes erst im nächsten Vers erfahren. V. 28: Der Prophet Agabus erscheint noch 21,10, wo er das Ende des Paulus voraussagt. Geht er dort auf Redaktion zurück, so mag er in der Tat im Kontext von 11,27–30 seinen ursprünglichen traditionellen Ort haben. Seine Prophetie bezöge sich dann auf der Stufe der Tradition auf eine Hungersnot unter Claudius in Judäa. Freilich ist die entgegengesetzte Annahme noch wahrscheinlicher, daß er in die Quelle vom letzten Jerusalembesuch des Paulus hineingehörte (vgl. Lüdemann 1983: 97). V. 29: Die Nachricht von einer Kollekte für Jerusalem findet sich sonst nicht in der Apg, wohl aber oft bei Paulus; hier wird sie auch mit *diakonia* bezeichnet: 1Kor 16,15; 2Kor 8,4; 9,1.13; Röm 15,31. Sie dürfte deswegen nicht nur traditionell sein, sondern auch mit der paulinischen Kollekte genetisch zusammengehören.

Das Obige zu Schille 1983: „Man sollte sich hüten, unsere Nachricht allzu rasch mit den paulinischen Nachrichten und Aufrufen über bzw. zu Kollekten für Jerusalem zu identifizieren, um auf diesem Weg eine paulinische Kollektenreise (V. 30) zu gewinnen. Wir sollten die Möglichkeit offenhalten, daß unsere Aktion mit jenen sowohl der Zeit als auch dem Empfängerkreis nach (hier nur für Judäa?) nicht übereinstimmt" (267; im Anschluß daran nennt Schille aber das entscheidende Gegenargument, daß nämlich bei Paulus ebenso wie an unserer Stelle die Kollekte *diakonia* genannt wird).

V. 30: Die gemeinsame Reise von Barnabas und Paulus nach Jerusalem findet sich in der Apg sonst noch 15,1–4, bei Paulus Gal 2,1. Die Frage, ob sie auf der Stufe der Tradition mit der Überbringung einer Kollekte verbunden war, kann erst auf Grund historischer Überlegungen entschieden werden.

Die Traditionen hinter V. 19–26 sind darin zweifellos historisch, daß die Hellenisten die Heidenmission in Zypern, Phönizien und Antiochien (vgl. H. Balz, EWNT I: 264 [Lit.]) begonnen haben. Ihre Anfänge dürften in der Mitte der dreißiger Jahre liegen. Vielleicht lassen die rekonstruierten Traditionselemente auch das historische Urteil zu, daß Paulus und Barnabas „ursprünglich von den Hellenisten um Stephanus sich unterschieden und erst in Antiochia mit ihnen vereinigten" (Wellhausen 1914: 21). Einen größeren Grad von Wahrscheinlichkeit hat die Tradition, daß Paulus und Barnabas eine Zeitlang in der antiochenischen Mission gearbeitet haben: Im Rahmen dieser Mission unternahmen sie Mitte der dreißiger Jahre gemeinsam eine Missionsreise nach Südgalatien (Apg 13–14) und sind auch später als ehemalige Missionsgefährten zur Konferenz nach Jerusalem gefahren (Gal 2,1). Ferner reflektiert 1Kor 9,6 ihre ehemalige Zusammenarbeit. Höchstwahrscheinlich waren sie aber nur *ein Jahr* (Apg 11,26) in Antiochien selbst tätig (vgl. Weiß 1917: 149).

Historisch wertvoll ist die Angabe über das Aufkommen des Christennamens. Die Endung -anoi ist ein Latinismus und bezeichnet die Parteigänger einer Person (Pompejaner, Herodianer usw.). Im 2. Jh. werden Sektennamen analog gebildet (Valentinianer, Simonianer usw.; vgl. BDR § 5$_{12}$). Aus diesem Grunde ist es unsicher, ob mit dem Christennamen die *politische* Anhängerschaft Christi bezeichnet wurde (so Wengst 1986: 93 [Lit.]). – Die Tradition ist darin im Recht, daß es sich beim Christennamen ebenso wie bei den obigen Parallelen um eine Fremdbezeichnung handelte (vgl. im NT noch Apg 26,28; 1Petr 4,16[?!]). Die „Christen" haben den Namen erst z. Zt. des Ignatius gebraucht (IgnEph 11,2; IgnRöm 3,2; IgnMagn 4); demgegenüber verwenden ihn Plinius d. J. (Ep X 96 f) und Tacitus (Ann XV 44: Das Volk nannte die Opfer der neronischen Verfolgung Chrestiani [= volkstümliche Form von Christiani]). Vgl. zum ganzen Problem Harnack 1924: 424–433; die kürzlich erneuerte These, *Christianoi* sei ursprünglich Selbstbezeichnung (Zingg 1974: 217–222), scheitert an den nichtchristlichen Belegen.

Ist auch die Nachricht über das Aufkommen des Christennamens eine zuverlässige Information, so kann man nicht sicher sagen, ob Lukas sie chronologisch richtig eingeordnet hat. Da er in der Apg erzählerisch wohl nicht mehr die Möglichkeit hat, diese Information zu bringen, legt es sich für ihn nahe, sie hier einzuflechten, wo er summarisch über die antiochenische Gemeinde berichtet.

Die Kollektenreise an dieser Stelle ist durch die paulinische Chronologie ausgeschlossen (Lüdemann 1980: 35). Das Kollektenmotiv hat Lukas anscheinend aus dem Apg 21 verwendeten Traditionsmaterial (s. u. S. 245) entnommen und an diese Stelle versetzt (vgl. Lüdemann 1983: 97), ebenso wohl die Gestalt des Propheten Agabus. Es fällt ja auf, daß er das Kollektenthema Apg 15–21 meidet. Die gemeinsame Reise des Barnabas und Paulus dürfte Lukas aus dem ihm für die Jerusalemer Konferenz zur Verfügung stehenden Traditionskomplex verdoppelt und hierher versetzt haben.

Weniger wahrscheinlich, aber nicht ausgeschlossen, ist die Möglichkeit, daß an dieser Stelle historisch zuverlässig die Tradition einer Kollekte der antiochenischen Gemeinde für die Jerusalemer Gemeinde durchscheint. Auf der Konferenz hatte sich ja nicht nur Paulus verpflichtet, eine Kollekte für die Jerusalemer einzusammeln, sondern auch Barnabas stellvertretend für die antiochenische Gemeinde (vgl. Gal 2,10 und den Kommentar bei Lüdemann 1980: 105–110). Die Tradition würde dann die an sich plausible Ablieferung der Kollekte der antiochenischen Gemeinde für die Jerusalemer reflektieren.

Im übrigen reflektiert Apg 11,19–30 die historische Tatsache, daß die antiochenische Gemeinde und die Jerusalemer Muttergemeinde seit der frühesten Zeit in engem Kontakt miteinander standen. Beide Kirchen haben von Anfang an zusammengearbeitet. Die Ökumene war keine späte Frucht.

Apostelgeschichte 12

I Gliederung

V. 1–2: Hinrichtung des Zebedaiden Jakobus auf Veranlassung von Herodes Agrippa I
V. 3–17: Gefangensetzung und Befreiung des Petrus. Petrus im Hause der Maria
  3–4: (Rahmen:) Anlaß und Zeitpunkt der Gefangensetzung des Petrus (Vorblick)
  5–17: Gefangenschaft und Befreiung des Petrus
    5 a: Petrus im Gefängnis
    5 b: Das unablässige Gebet der Gemeinde für Petrus
    6: Der schlafende Petrus in der Nacht vor dem Prozeß unter verstärkter Bewachung
    7–10: Befreiungswunder
    11: Erkenntnis des Petrus: Der Herr hat seinen Engel gesandt und ihn aus der Hand des Herodes und allem, was das Volk der Juden erwartet, entrissen
    12–17: Petrus bei den im Haus der Maria versammelten jerusalemischen Christen
      12: Gang des Petrus zum Haus der Maria
      13–16: Petrus wird erst nach Überwindung der Zweifel der Christen eingelassen
      17 a–d: Petri Schilderung der Befreiung und Auftrag an die Gemeinde
      17 e: Petrus verläßt Jerusalem
V. 18–19: Bestrafung der Wachen des Petrus auf Veranlassung des Herodes Agrippa I
V. 20–23: Tod des Herodes Agrippa I in Cäsarea
V. 24–25: Summarium. Rückkehr des Barnabas und Saulus von Jerusalem nach Antiochien

II Redaktion

Dieses Kapitel ist mit der vorigen Episode verwoben, die von der Kollekte der antiochenischen Gemeinde für Jerusalem berichtete. Die Überbringer der Kollekte, Barnabas und Saulus, sind während der Verfolgung als in Jerusalem anwesend gedacht – ohne in die Erzählung integriert zu sein – und kehren wieder nach Antiochien zurück, nachdem Petrus vorher aus der Gefangenschaft freigekommen und an „einen anderen Ort" (V. 17e) gegangen war. Die Technik, zwischen Aussendung und Rückkehr der Boten eine andere Geschichte einzuschieben, wird auch Mk 6,7–13.30 (par. Lk 9,1–9) angewandt und mag Lukas zur Komposition dieser Szene inspiriert haben (vgl. ebenso Schneider 1982: 101).

Die vorliegende Geschichte gehört zu mehreren Erzählungen, die die Befreiung von Aposteln/Missionaren zum Inhalt haben; vgl. 4,1–22; 5,17–42; 16,19–40. Indem Lukas wiederholt das Motiv der Befreiung aufnimmt, hebt er hervor: Widerstände, gleich welcher Art, können die Durchsetzung von Gottes Heilsplan nicht hindern. Ein Wachstumssummarium unterstreicht in V. 24a ebenso wie 9,31, daß der Christenfeind dem Worte des Herrn nichts anhaben kann. Im einzelnen sind folgende luk. Redaktionselemente zu erkennen:

V. 1–2:

V. 1: Die Zeitangabe „zu jener Zeit" hat eine Entsprechung in 19,23 und Lk 13,1. Die Wendung „die Hände anlegen" findet sich auch 4,3; 5,18; 21,27 (vgl. Lk 20,19; 21,12).

V. 3–17:

V. 3: „Als er sah, daß es den Juden gefiel" entspringt wohl luk. Pragmatismus, mit dem der Übergang zu einem weiteren Anschlag gegen eine Führungsgestalt der Urgemeinde motiviert wird. V. 11 zeichnet dann in Übereinstimmung mit V. 3 Herodes und das Volk der Juden als Christenfeinde, vor denen Petrus gerettet werden muß. Der Umschlag in der Stimmung der Volksmenge ist nicht historisch, sondern nur redaktionell verständlich zu machen.

Selbst ca. 20 Jahre später ist der Anschlag auf Jakobus, den Bruder Jesu, so unpopulär, daß der dafür Verantwortliche, Ananus, als Folge sein Amt verlor – vgl. Lüdemann 1983: 99–101.

Die Hinrichtung des Zebedaiden Jakobus (V. 2) und der Anschlag gegen Petrus (V. 3) entsprechen der feindlichen Aktion gegen Stephanus (Apg 6f), wie überhaupt ab Apg 6 die negative Schilderung des Volkes in Jerusalem (vgl. 9,29; 12,3f.11; 21,27.30.36; 22,22; 23,12.20f) und in der Diaspora (13,45.50 u.ö. – vgl. zum obigen Befund Lohfink 1975b: 55 und bereits Overbeck 1870: 181f) überwiegt. Die Tatsache, daß für den Zebedaiden Jakobus keine Ersatzwahl stattfindet, zeigt, daß, heilsgeschichtlich gesehen, die Phase der Urgemeinde vorüber ist. Die künftigen Träger der Heidenmission sind ja schon auf den Plan getreten.

V. 3 macht eine interessante Zeitangabe: Agrippa hat Petrus während der Tage der ungesäuerten Brote festnehmen lassen. Das steht jedoch in Spannung zur Aussage von

V. 4b, daß Agrippa Petrus nach dem Passah dem Volk vorzuführen gedenkt. Denn es folgen herkömmlich die Tage der ungesäuerten Brote (15.–21. Nisan) auf das Passah (= 14. Nisan) – vgl. Ex 12,6–15. Nun werden die Tage der ungesäuerten Brote von Lukas (wie bereits Mk 14,1.12) mit dem Passahfest gleichgesetzt (vgl. Lk 22,1.7; Apg 20,6 – ebenso wohl der populäre jüdische Sprachgebrauch: vgl. Josephus, Ant XIV 21 und H. Patsch, EWNT III: 117–120). Der Sinn von V. 3 lautet dann: Zwischen der Verhaftung Petri am Passahfest und der Jesu zur gleichen Zeit (Lk 22,7) besteht eine Parallele. Petri Schicksal ist im Geschick Jesu vorgebildet.

V. 4: *etheto* findet sich ähnlich 4,3 (dort ebenso in Verbindung mit „die Hand an jemanden legen"). Mit der Angabe über den militärischen Bewachungsdienst und die geplante Vorführung werden die Aussagen der folgenden Geschichte über die Bewachung des Petrus durch die Soldaten (V. 5 f) und die Vorführung (V. 6) vorbereitet. V. 4 ist daher eine red. Vorwegnahme der folgenden Erzählung (vgl. Conzelmann 1972: 77). V. 5a: *men oun* ist redaktionell. V. 5b erweckt in toto den Eindruck einer luk. Hinzufügung. Die Gemeinde, die betend vorgestellt wird, ist lt. V. 12 + 17 gerade nicht vollständig versammelt. So gibt Petrus V. 17 den im Haus der Maria versammelten Christen erst den Auftrag, anderen Gemeindemitgliedern (Jakobus und den Brüdern) von seiner Befreiung zu berichten. V. 6: Die Erwähnung des Herodes stammt aus dem Rahmen (V. 1). V. 7: Zu den Formulierungen in V. 7a vgl. Lk 2,9. *pataxas* ist mit Absicht gewählt. Es entspricht negativ V. 23. Angezeigt durch das Stichwort *patassein*, leitet in beiden Fällen der Engel des Herrn die Rettung bzw. die Bestrafung ein. V. 9b–c findet im red. V. 11 seine Auflösung. Das Geschehen ist unglaublich – Petrus meint nur ein Gesicht zu sehen – und doch wahr. V. 9b–c ist daher auch redaktionell. V. 11 schildert die gegenüber V. 9b–c nachträgliche Erkenntnis des Petrus: „Jetzt weiß ich wirklich, daß der Herr seinen Engel gesandt und mich aus der Hand des Herodes und allem, was das Volk der Juden erwartet, entrissen hat." Der Inhalt der Erkenntnis des Petrus ist aus der vorhergehenden Geschichte (+ Redaktion) gewonnen. Zur negativen Charakteristik des Herodes und des Volkes der Juden vgl. die obige Bemerkung zu V. 3. Die wörtliche Rede verlebendigt die Szene und unterstreicht die Bedeutsamkeit des in direkter Rede gesprochenen Satzes (vgl. ähnlich 25,12; 26,32). Im nächsten Unterabschnitt, V. 12–17, wird sprachlich die Hand des Lukas an folgenden Stellen sichtbar: V. 12: Coniugatio periphrastica, *hikanoi, proseuchomenoi*. V. 13: *onomati*. V. 14: *epignousa, charas, apeggeilen*. V. 15: *eipan* (+ *pros*). V. 16: *exestesan*. V. 17: *kataseisas, diegesato*. Ferner liegt V. 12 („die Mutter des Johannes Markus") ein luk. Eingriff vor. Mit dieser Regiebemerkung bereitet Lukas V. 25 vor. (Daraus darf aber nicht geschlossen werden, der ganze V. 12 stamme von Lukas [vgl. Conzelmann 1972: 79 gegen Haenchen 1977: 377].) Ferner mag die kunstvolle Komposition der Wiedererkennungsszene (V. 13–16) auf Lukas zurückgehen, und zwar auf der Grundlage eines schlichteren Berichtes. Schließlich geht auch die Bemerkung V. 17c („Sagt dies dem Jakobus und den Brüdern") auf Lukas zurück: Er führt damit den neuen Leiter der jerusalemischen Christengemeinde ein (freilich erst eindeutig in Kap. 21 sichtbar).

V. 18–19:

Der Abschnitt geht ganz auf Lukas zurück. V. 18: Die Litotes *ouk oligos* ist häufig bei Lukas, ebenso der einleitende Genitivus abs.; zur Formulierung „es gab eine nicht geringe Unruhe" vgl. 19,23. V. 19: Die Notiz über die Tötung der nachlässigen Wachen wird man ganz auf den Redaktor zurückzuführen haben, da sie das Wunder einerseits und die Grausamkeit des Herodes andererseits unterstreicht. V. 19b ist Überleitung zur nachfolgenden Episode.

V. 20–23:

Lukas arbeitet hier eine Tradition vom Tode Agrippas ein, um diesen als Strafe für die Gewalttätigkeiten gegen Mitglieder der Urgemeinde zu kennzeichnen. (Dieses red. Ziel ergibt sich aus einer Betrachtung von V. 20–23 im Kontext von Apg 12.)

V. 24–25:

V. 24: Der Vers ist ein Summarium, welches das Wachsen des Wortes Gottes trotz und in der Verfolgung aufzeigen soll (vgl. Zingg 1974: 20–40; die parallelen Stellen in der Apg finden sich am Rand des Nestle/Aland-Textes zu Apg 2,47). V. 25: Unter Bezug auf 11,30 wird von der Rückkehr des Barnabas und Saulus nach Antiochien berichtet (*hypostrepho* ist luk. Vorzugswort). Von nun an steht nach einem Zwischenspiel mit Barnabas und der Schilderung der Jerusalemer Konferenz Paulus im Mittelpunkt. Die Mitnahme des Johannes Markus war bereits durch V. 12 vorbereitet worden (Petrus kommt in das Haus der Maria, der Mutter des Johannes Markus).

Textkritisch bereitet V. 25 in der Frage Kopfzerbrechen, ob *ex Ierousalem* oder *eis Ierousalem* zu lesen ist. Sollte *eis I.* den Vorzug verdienen (so Nestle/Aland[26]), so ist es mit *plerosantes* zusammenzuziehen. In jedem Fall ist klar, daß Lukas hier an eine Rückkehr nach Antiochien gedacht hat (vgl. Lüdemann 1980: 165 A26).

III Traditionen

V. 1–2:

Die Nachricht von der Tötung des Zebedaiden Jakobus auf Veranlassung des Herodes Agrippa I hat Lukas aus einer Tradition geschöpft. Es läßt sich kaum entscheiden, ob der Redaktor einen ausführlichen Bericht (Martyrologium) verkürzt hat oder ob ihm die Nachricht vom Tode des Jakobus durch Agrippa I ohne nähere Beschreibung überkommen war.

Zu verschiedenen Erklärungsversuchen der Kürze der Notiz aus alter Zeit vgl. Overbeck 1870: 181 f. Neuerdings erklärt Schille 1983 die Kargheit unserer Verse damit, daß Lukas nur zwei Verhaftete kannte (268).

Nun wird vielfach vorgeschlagen, zwischen der Tradition hinter V. 1–2 und Mk 10,38 f bestehe ein genetisches Verhältnis. Die genannte Stelle – darüber sollte seit E. Schwartz 1963: 48–50 kein Zweifel mehr möglich sein – ist ein Vaticinium ex eventu, das auf den gewaltsamen Tod der Zebedaidensöhne zurückblickt. Die darauf aufbauende These von E. Schwartz (ebd.) u. a. (zuletzt Suhl 1975: 316–321) lautet, die Zebedaiden hätten gemeinsam das Martyrium erlitten, und zwar unter Agrippa. Lukas habe absichtlich den Johannes in Apg 12 nicht genannt. – Die Bedeutsamkeit dieser These für die Geschichte des Urchristentums besteht in folgendem: Wir hätten einen terminus ad quem für die Jerusalemer Konferenz, an der lt. Paulus (Gal 2,9) der Zebedaide Johannes teilgenommen hatte. Sie hätte dann vor 44 (und nicht um 48) stattgefunden. Doch spricht gerade Gal 2,9 gegen die obige These. Denn jene Stelle nennt nur den Bruder des Zebedaiden Jakobus, Johannes. Kombiniert mit der Tradition Apg 12,2, scheint Gal 2,9 eher der Tod des Jakobus vorausgesetzt zu sein. Zu derselben Annahme führt die Beobachtung, daß Paulus anders als Gal 1,19 in Gal 2,9 den Namen des Herrenbruders Jakobus nicht mehr zu erklären braucht. Vgl. m. R. Georgi 1965: 91–92; die Replik Suhls, Gal 1,19 habe hinreichend geklärt, von wem Paulus spricht (1975: 319 A21), gilt doch nur für den ersten Jerusalembesuch des Paulus, nicht für die vierzehn Jahre später stattfindende Konferenz. Schließlich kann kaum ein überzeugender Grund für die Auslassung des Namens des Johannes in Apg 12,2 gegeben werden.

Anders Suhl 1975: Die besondere Bedeutung des Johannes neben Petrus im LkEv und in der Apg habe zur Streichung seines Namens Apg 12,2 geführt (317f).

So anregend der Vorschlag von E. Schwartz zu Apg 12,2 auch ist, so muß er aus den angegebenen Gründen als unwahrscheinlich zurückgewiesen werden. Es besteht wohl kein genetischer Zusammenhang zwischen Mk 10,38 f und Apg 12,2.

V. 3–17:

Die obige Redaktionsanalyse hatte folgende Verse als lukanisch erwiesen: V. 3–4.5 b–6 a.9 b–c.11.17 c. Zusätzlich verriet die Wiedererkennungsszene (V. 13–16) luk. Züge. Die mögliche Existenz der durch Subtraktionsverfahren gewonnenen Tradition kann durch folgende Beobachtungen weiter wahrscheinlich gemacht werden:
1. Die Tradition enthält Anklänge an hellenistische Befreiungswunder, die ähnlich wie V. 7 vom Abfallen der Fesseln und V. 10 vom selbständigen Sich-Öffnen der Türen sprechen (Belege bei Weiser 1981: 284 f). Freilich reicht das Vorkommen dieses Motivs für sich allein noch nicht aus, um die Existenz einer Tradition hinreichend abzusichern.

2. Anfang und Ende der Tradition lassen sich bestimmen. V. 5 a ist deswegen ihr Anfang, weil V. 4 red. Vorblick sein dürfte. V. 17 d wird das Ende der Vorlage enthalten, weil eine solch nichtssagende Notiz kaum auf Lukas zurückgeht (Petrus ist Apg 15 wieder in Jerusalem) und gut zu der Geschichte paßt, die nicht an Einzelheiten interessiert ist, welche keinen Bezug zu der Befreiung haben.

Anders Overbeck 1870: 186, der als Analogie für V. 17 auf die Flüchtigkeit der Notiz 12,2 verweist und auf 28,31, „wo ebenso abrupt wie hier die Gesch. des Petr., die des Paul. fallen gelassen wird. Die weitere Gesch. des Petr., die der Verf. ja überh. nur ganz unvollständig und unter dem Gesichtspunkt einer Vorbereitung des Paul. vorgeführt hat, hat für den Verf. hier, wo alles für das Auftreten des Paul. als Heidenapostel reif ist, kein weiteres Interesse. Sie hat es auch im Zusammenhang der gerade vorlieg. Erzählung nicht." Dagegen: 28,31 ist keine Parallele, weil dort der Buchschluß vorliegt.

3. Das Lokalkolorit (vgl. V. 10), die genauen Personenangaben (die Magd Rhode und Maria) sowie die Angaben über den Versammlungsort der Christen (Haus der Maria) sind der Annahme von Tradition günstig. (Doch wird damit das Haus der Maria noch nicht eine Hauskirche der Hellenisten in Jerusalem [zu Schüssler-Fiorenza 1983: 166].)

Die Tradition hinter Apg 12,5–17 berichtete von der Gefangenschaft Petri in Jerusalem, seiner wunderbaren Befreiung, dem Zusammentreffen mit verdutzten Gemeindegliedern im Hause der Maria und seinem Verlassen Jerusalems. Formgeschichtlich hat sie eine gewisse Nähe zu Befreiungswundern. Doch geht sie nicht in diesen auf, da eine schlichtere Form der Wiedererkennungsszene wohl Bestandteil der Tradition war. (Der an sich mögliche Versuch, Befreiungswunder und Wiedererkennungsszene auf ursprünglich zwei verschiedene Traditionen zurückzuführen, führt zu mehr Schwierigkeiten als die obige Annahme.) Sie dürfte von Jerusalemer Christen erzählt worden sein, und zwar in Erinnerung und Lobpreisung der wunderbaren Befreiung des Herrenjüngers Petrus aus dem Jerusalemer Gefängnis.

V. 17 c: Der Versteil enthält ein Traditionselement („Jakobus und die Brüder"), das Lukas mündlich zugeflossen sein wird, vgl. 1Kor 15,7 (bereits von Paulus als Tradition zitiert, s. Lüdemann 1983: 78–84).

V. 20–23:

Die Verse enthalten eine Tradition vom Tode des Agrippa I. Sie beginnt mit einem Bericht über die Einzelheiten eines Konfliktes zwischen den Tyrern, Sidoniern und Agrippa sowie über die Mittlerrolle des Kammerherrn Blastos. Ohne die Einzelheiten der Einigung mitzuteilen, wird weiter erzählt, Agrippa habe vor ihnen (d.h. wohl vor den Sidoniern und Tyrern) in königlichem Gewand eine Rede gehalten, worauf das Volk ausruft: „(Das ist) die Stimme eines Gottes, nicht eines Menschen!" Hierauf schlägt ein Engel des Herrn

Agrippa, weil er Gott nicht die Ehre gegeben hat, und, von Würmern zerfressen, stirbt er.

Die Existenz einer von Lukas verarbeiteten Tradition in V. 20–23 folgt aus den vielen Einzelheiten, aus der von Lukas abweichenden Begründung, welche die Tradition für den Tod Agrippas gibt (er hat Gott nicht die Ehre gegeben), und aus einer Parallelüberlieferung über den Tod des Agrippa bei Josephus, Ant XIX 343 ff. Die luk. Fassung wirkt gegenüber der des Josephus verkürzt. Viele Einzelheiten sind im Kontext der von Lukas reproduzierten Tradition unklar (z.B. die Stellung des Blastos, die Rolle des Gewandes) oder nur mit Mühe zu erschließen (die innere Beziehung zwischen der Auseinandersetzung Agrippas mit den Sidoniern und Tyrern und die Rede des Agrippa). Lukas wird eine schriftliche Vorlage selbst verkürzt haben. Gemeinsam ist beiden Fassungen, daß auf die Anmaßung göttlicher Ehren der Tod folgt. Darin wird der jüdische Ausgangspunkt der Traditionsbildung deutlich (vgl. 2Makk 9,5 ff). Die Aussage, Agrippa sei, von Würmern zerfressen, gestorben (12,23), bzw. er habe nach heftigen Schmerzen in seinen Eingeweiden den Tod gefunden (Josephus), ist Variation des verbreiteten Motivs vom fürchterlichen Tode der Gottesverächter, vgl. Apg 1,18 (Belege bei Nestle 1968: 594 [dort eine aufschlußreiche Tabelle]).

IV Historisches

V. 1–2:

Die Tötung des Zebedaiden Jakobus auf Veranlassung Agrippas ist wahrscheinlich historisch. Agrippa (zu ihm vgl. Schürer 1973: 442–454) trug in Jerusalem ein striktes Judentum zur Schau. Der Zebedaide Jakobus war andererseits wenige Jahre später bei der Konferenz nicht mehr am Leben, da er sonst im Paulusbericht Gal 2,9 wohl genannt worden wäre. Nun existiert über ihn und seinen Bruder ein Vaticinium ex eventu über ihren Märtyrertod (Mk 10,38 f). So liegt es nahe, den Opportunismus Agrippas für die Tötung des Jakobus verantwortlich zu machen (vgl. Lüdemann 1983: 74).

V. 3–17:

Die Historizität der Maßnahme Agrippas gegen Jakobus ist aufschlußreich für die Beurteilung des historischen Wertes der nachfolgenden Befreiungswundertradition. Zunächst ist mit Baur (1866: 188) zu betonen, daß die Wundergeschichte ihre eigene historische Widerlegung in sich selbst trägt. Freilich ist doch ein historischer Kern darin vorauszusetzen, daß Agrippa Petrus festsetzen ließ. Diese Annahme ist unter der Voraussetzung der vorhergehenden Aktion Agrippas gegen Jakobus deswegen plausibel, weil Petrus zu jener Zeit (noch) der führende Mann der Jerusalemer Urgemeinde war. Ferner scheint die Legende darin einen historischen Kern aufbewahrt zu haben, daß Petrus Jerusalem verließ. Dadurch erst wird mit erklärlich, warum Jakobus einige Jahre später bei der Konferenz die Führung der Urgemeinde innehatte und Petrus nur noch an zweiter Stelle stand (vgl. Lüdemann 1983: 73–84).

Nun muß Petrus, um Jerusalem überhaupt verlassen zu können, zunächst einmal aus der Gefangenschaft freigekommen sein. Über die Art und Weise der Befreiung – soweit die Frage überhaupt gestellt wird – gehen die Meinungen in der Forschung auseinander: Manche nehmen an, diese Frage könne nicht beantwortet werden, weil V. 7–10 stark von der Topik antiker Befreiungswunder geprägt seien (vgl. Weiser 1981: 290). Demgegenüber vermutet Roloff, „daß dem Apostel eine Flucht aus dem Gefängnis unter dramatischen Umständen geglückt ist und der Kreis um Maria und ihren Sohn Johannes Markus ihn anschließend beim heimlichen Verlassen Jerusalems unterstützt hat" (1981: 187). Doch ist ein solcher Vorschlag nur eine Paraphrase des Berichts der Apg. Ich möchte demgegenüber den alten Vorschlag Baurs erneuern, Agrippa selbst habe Petrus freigelassen, nachdem ihm die Unpopularität seines Vorgehens gegen Jakobus klar geworden war (1866: 184f):

Baur vermutet, die Absetzung des Hohenpriesters Matthias durch Agrippa I (Josephus, Ant XIX 342) habe einen ähnlichen Grund gehabt wie die Absetzung des Hohenpriesters Ananus durch Agrippa II (Ant XX 203). Beide seien gegen Christen vorgegangen, und in beiden Fällen habe die Unpopularität dieser Maßnahmen sie das Amt gekostet. (Anscheinend setzt Baur voraus, daß Agrippa I auf Veranlassung des Hohenpriesters Matthias gegen Jakobus vorgegangen ist.)

Wahrscheinlich historisch ist die Angabe, Maria und ihre Magd Rhode seien Mitglieder der Jerusalemer Gemeinde gewesen. (Die Verknüpfung der Maria mit Johannes Markus, V. 12, war o. S. 147 als redaktionell erwiesen worden.) Ebenso ist das Haus der Maria in Jerusalem wohl eine historische Tatsache.

V. 17 c: Hier kommt historisch richtig zum Ausdruck, daß Jakobus nach dem Weggang des Petrus Leiter der Urgemeinde wurde (s. o.).

V. 20–23:

Nirgendwo anders wird der Konflikt zwischen Agrippa und den Tyrern und Sidoniern bezeugt. Freilich kann man aus dem AT (1Kön 5,23; Ez 27,17) eine gewisse wirtschaftliche Abhängigkeit Phöniziens von Palästina nachweisen, was zu der Angabe V. 20 stimmt (vgl. dazu Wikenhauser 1921: 323). Daher mögen auch der Konflikt und das Friedensbegehren der Tyrer und Sidonier sowie die Vermittlerrolle des Kammerherrn Blastos historisch sein.

Die Tradition über den Tod Agrippas in Cäsarea wird durch den Bericht des Josephus bestätigt, auch wenn an den legendarischen Einzelzügen Kritik zu üben ist.

Apostelgeschichte 13,1–3

I Gliederung

V. 1–3: Die Aussendung des Barnabas und des Saulus durch die Kirche von Antiochien
  1: Die namentlich aufgeführten fünf Propheten und/oder Lehrer in der Gemeinde Antiochiens
  2: Die Weisung des Geistes, Barnabas und Saulus auszusenden
  3: Die Verabschiedung des Barnabas und Saulus nach Fasten, Gebet und Handauflegung

II Redaktion

V. 1–3:

V. 1: Zu *ousan* vgl. 5,17; 28,17. Die Stellung des Barnabas an der Spitze der Liste und die des Saulus an deren Ende mag auf die Absicht des Lukas zurückgehen. Damit werden die beiden Hauptakteure der nächsten Kapitel herausgehoben. Die von Barnabas und Saulus eingerahmten drei Personen werden jeweils näher erläutert, da sie der Leserschaft (im Gegensatz zu Barnabas und Saulus) noch nicht bekannt sind. V. 2: Der Genitivus abs. und die Vorstellung, daß der Heilige Geist rede (vgl. 8,29; 10,19), gehen auf Lukas zurück. V. 3: Vgl. 6,6; an beiden Stellen werden einer besonderen Gruppe unter Gebet die Hände aufgelegt, freilich kommt V. 3 noch das Fasten hinzu. Beides, Gebet und Fasten, erscheint im Zusammenhang einer Einsetzung von Presbytern 14,23 (red.); vgl. ferner Lk 2,37. Wegen der Parallele mit 14,23 wird man *nesteusantes* in V. 3 für redaktionell halten.

III Traditionen

V. 1: Die fünf Namen samt Ortsbezeichnung (Antiochien) gehen auf Tradition zurück. Die näheren Erläuterungen zu Symeon, Loukios und Manaen bekräftigen diese Annahme noch, ebenso die Beobachtung, daß sonst in der Apg Propheten als wandernd vorgestellt werden (11,27 f; 21,10). Doch ist es unsicher, ob Lukas eine Fünferliste vorgefunden hat, oder ob diese auf ihn selbst zurückgeht. (Daß er eingegriffen hat, zeigt ja die Stellung des Barnabas und des Saulus, s. o. unter II.) Für die erstere Möglichkeit spricht vielleicht, daß die Zahl „fünf" unerwartet kommt (vgl. Schille 1983: 282 f). Weiter dürfte die Bezeichnung der Personen als „Propheten und Lehrer" traditionell sein, wobei nicht mehr entscheidbar ist, welche Personen Lehrer und welche Propheten waren (Harnack 1924: 349 A2 [vgl. Wendt 1913: 201] hatte gemeint, die Partikelsetzung *te… kai…kai, te…kai* mache wahrscheinlich, daß die ersten drei Personen

153

Propheten und die letzten beiden Lehrer gewesen seien; doch geht die Rahmung „Barnabas – Saulus" auf Lukas zurück). Lehrer kommen bei Lukas sonst nicht mehr vor, und die Verbindung von Propheten und Lehrern finden wir noch Did 13,1–2 und bes. 15,1 sowie 1Kor 12,28 (zusammen mit Aposteln), eine Stelle, die sicher auf Tradition zurückgeht; vielleicht stammt sie aus *Antiochien* (vgl. Zimmermann 1984: 92–113: Der Gebrauch der Formel sei ein Zugeständnis an die Ekklesiologie des Petrus [112]). S. noch Eph 4,11 und zur Analyse weiterer frühchristlicher Belege Zimmermann 1984 und Harnack 1924: 332–379. V. 2: Auch die Angabe über das Fasten *(nesteuein)* in Verbindung mit *leitourgein to kyrio* geht auf Tradition zurück. Die letztere Wendung bezeichnet wahrscheinlich das Gebet, doch kann sie nicht darauf beschränkt werden und ist umfassender mit „dem Herrn dienen" wiederzugeben. Die Tätigkeit von Propheten und Lehrern in Antiochien setzt offenbar ihre relative Ortsgebundenheit voraus (anders etwa Agabus).

Die Frage, ob die Tradition auch eine Angabe über die Aussendung des Barnabas und des Saulus machte (V. 2f), und ob in den Versen eine durchlaufende Quelle einsetzt, kann erst nach der Analyse von Apg 13–14 beantwortet werden (s.u. S. 171).

IV Historisches

Die zugrundeliegende Tradition reflektiert höchstwahrscheinlich historische Tatbestände. Die genannten fünf Personen werden als Propheten und/oder Lehrer in der antiochenischen Gemeinde tätig gewesen sein (vgl. o. S. 144 zu Paulus' Verhältnis zur antiochenischen Gemeinde und zu Barnabas). Sie waren vorläufig ortsgebunden, konnten aber jederzeit durch den Geist delegiert werden. Dieses Schwanken zwischen Ortsfestigkeit und Wanderleben entspricht dem späteren Befund bei Paulus. Er reist und bleibt trotzdem längere Zeit bei seinen Gemeinden. Ferner finden sich in seinem Apostelverständnis sowohl Elemente des Wander- als auch des (Jerusalemer) Ortsapostolats (vgl. Lüdemann 1983: 82).

Apostelgeschichte 13,4–12

I Gliederung

V. 4–5: Reise des Barnabas und des Saulus von Antiochien über Seleukia nach Zypern. Predigt in den Synagogen von Salamis. Notiz über den Diener Johannes
V. 6–12: Die erfolgreiche Predigt vor dem Prokonsul Sergius Paulus in Paphos unter Überwindung des Magiers Barjesus Elymas

6–7a: Zusammentreffen mit Barjesus und Sergius Paulus
7b: Der Wunsch des Sergius Paulus, das Wort Gottes zu hören
8: Der Versuch des Magiers Elymas, Sergius Paulus dem Glauben abspenstig zu
   machen
9–11: Fluchspruch des Paulus gegen Elymas
12: Sergius Paulus wird gläubig

II Redaktion

V. 4–5:

V. 4: *ekpemphthentes hypo tou hagiou pneumatos* knüpft an V. 2b an. V. 5:
Der Inhalt des Verses beruht auf dem luk. Anknüpfungsschema; *logos tou theou*
als Objekt der Predigt erscheint in diesem Kapitel V. 7c.44.46. Der Ausdruck
„Synagogen (Plural!) der Juden" belegt den summarischen Charakter von V. 5.

V. 6–12:

Folgende Ausdrücke bzw. Wendungen gehen sicher auf Lukas zurück: V. 6:
pseudopropheten. V. 7: relativischer Satzanschluß, *proskalesamenos, akousai
ton logon tou theou*. V. 8b ist luk. Erläuterung, daß *magos* Übersetzung von
Elymas ist (anders Zahn 1921: 412f, Bauer 1963: 502f, die Elymas für Übersetzung von Barjesus halten). *magos* nimmt *magon* (V. 6) auf. Lukas hält Barjesus
und Elymas für ein und dieselbe Person (vgl. auch die Anrede „Sohn des
Teufels" [V. 10] als negative Qualifizierung von Barjesus = Sohn Jesu/Josuas).
Sprachlich lukanisch sind *diastrepsai, pisteos*. V. 9: Die Art, mit welcher der
Name des Paulus eingeführt wird, hat eine Parallele in der Weise, wie Lk 6,14
den Namen des Petrus einführt; „dass sie nur vom Verfasser der ganzen Schrift
herrührt, zeigt die ausnahmslose Regelmässigkeit, mit welcher der Apostel
vorher nur Saulus, nachher nur Paulus genannt wird" (Zeller 1854: 517). Lukas
verbindet äußerlich den Namenswechsel von Saulus zu Paulus mit der Gestalt
des Prokonsuls Sergius Paulus. Der innere Grund dafür liegt wohl darin, daß
Lukas die Benutzung des römischen Namens des Apostels ab sofort für geraten
hält, weil Pauli Heidenmission begonnen hat (vgl. Cadbury 1927: 225). Der
Namenswechsel Saulus – Paulus entspricht dem von Barjesus – Elymas (vgl.
Holtzmann 1892: 373). V. 10–11 sind offenbar in Anlehnung an 8,20–23
formuliert. Außer *rhadiourgia* finden sich alle Wörter von V. 10 in der LXX. In
V. 11 fallen *achri kairou* und *parachrema* als lukanisch auf. V. 12: Zu *idon...to
gegonos* vgl. Lk 8,34 (diff. Mk).
Beobachtungen zur Struktur der Perikope lassen die luk. Bearbeitung als noch
stärker erscheinen, als es bereits nach den bisherigen Untersuchungen deutlich
wurde: Der Geschichte fehlt es an Exposition und Schluß. Erwartete man nach
V. 6 (Paulus und Barnabas kommen mit einem Magier, einem Pseudopropheten, zusammen), daß hieran anschließend eine Auseinandersetzung mit diesem

geschildert wird, so sehen sich die Leser(innen) getäuscht. Statt dessen führt der die Gestalt des „Pseudopropheten" erläuternde Relativsatz (V. 7a) eine neue Person ein, Sergius Paulus, der die beiden Missionare ruft, um von ihnen das Wort Gottes zu hören. Anschließend wird der vorher erwähnte Barjesus mit seinem anderen Namen, Elymas, eingeführt, ohne daß die Identität von Barjesus und Elymas ausdrücklich klargestellt worden wäre. Als Barjesus Elymas versucht, Sergius Paulus vom Glauben abzuhalten, hebt Paulus zu einem feierlichen Fluch an, der seinen Widersacher bis zu einer bestimmten Zeit *(achri kairou)* erblinden läßt. Daraufhin kommt der Prokonsul zum Glauben, außer sich geraten über die Lehre vom(!) Herrn. Lukas lenkt mit dem Stichwort *didache tou kyriou* auf *ton logon tou theou* (V. 7) zurück und stellt damit einerseits die enge Verbindung von Wort und Machterweisen (hier: Strafwundern) heraus (vgl. Schneider 1982: 124). Andererseits wird durch die Betonung des Lehrhaften das Christentum von Magie abgegrenzt, denn ein solches Mißverständnis lag nach dem Fluchspruch des Paulus und dessen Wirkung immerhin nahe.

Fazit aus den Beobachtungen zum Gedankengang der Geschichte: Lukas hat entweder eine überlieferte Geschichte total zertrümmert oder versprengte Notizen zu einem dürftig hingeworfenen Geschehen zusammengewoben (s. weiter unter III).

In jedem Fall kommt die Absicht klar zum Ausdruck. Es geht dem Vf. ein weiteres Mal nach Kap. 8 um die Abgrenzung gegen zeitgenössische konkurrierende religiöse Gruppen. Wegen dieses Zieles diffamiert er Barjesus Elymas ebenso wie vorher Simon („Magus") als Magier (vgl. auch die Herabsetzung des Barjesus Elymas als *Pseudo-Prophet* in V. 6; zur Verbindung von Magie mit Jude-Sein vgl. 16,20f; 19,13 und S. 188). Indem er die Blindheit des Elymas zeitlich beschränkt, scheint Lukas eine Umkehrmöglichkeit für konkurrierende Gruppen offenzulassen ebenso wie bereits in Kap. 8 (vgl. Klein 1969: 281–287).

Nun ist die Abgrenzung von Konkurrenten nur eine Seite der luk. Aussageabsicht. Die andere konzentriert sich auf die Person des Prokonsuls Sergius Paulus. An seiner Bekehrung zum Christentum wird ein weiteres Mal luk. Apologetik deutlich, und zwar in massiver Weise, da hier nicht nur ein Hauptmann wie Kornelius Apg 10, sondern sogar ein römischer Prokonsul den Glauben annimmt. Das stand so nicht in der Tradition, denn sonst hätte Lukas wohl noch von der Taufe und der Geistausgießung berichtet (zu Jacquier 1926: 388f, der wegen *episteusen* V. 12 die Bekehrung des Sergius Paulus für historisch hält [ebenso Judge 1964: 52]).

III Traditionen

Traditionselemente sind Namen und Tätigkeitsbezeichnungen des Sergius Paulus und des Barjesus Elymas, dessen jüdische Herkunft wegen des Namens „Barjesus" wohl traditionell sein dürfte und dessen beide Namen wohl auf ein und dieselbe Person zu beziehen sind (anders Dibelius 1951: 21 u. a.). Auch die Verbindung des Prokonsuls mit Barjesus Elymas mag traditionell sein (vgl. die enge Beziehung zwischen dem Kaiser Tiberius und dem Astrologen Thrasyllus [s. Nock, Beg. V: 183 f] und die oftmalige Verbindung von römischen Nobilitäten mit Astrologen, Zauberern und Philosophen). Doch kann dieser Einzelzug auch auf Lukas zurückgehen. – Freilich ist zu betonen, daß auf der Stufe der Tradition keine erkennbare genetische Beziehung zwischen Paulus und den genannten zwei Personen besteht (s. o. unter II). (Anders zuletzt wieder Weiser 1985: 314: Paraphrase der Tradition – durch Subtraktionsverfahren gewonnen.)

Die Zypernmission des Paulus dürfte keinen Anhalt in der Tradition haben. Lukas hat diese auf der traditionellen Grundlage der Herkunft des Barnabas aus Zypern (4,36), dessen Mission mit Johannes Markus auf Zypern (15,39) und der Zusammenarbeit des Barnabas mit Paulus geschaffen (vgl. Loisy 1920: 518).

Die beiden Namen des Heidenapostels, Saulus und Paulus (V. 9), gehen auf Tradition zurück, ebenso die Nachricht V. 5 über die Mitnahme des Johannes Markus (15,39 zeigt, daß Johannes Markus traditionell mit Barnabas zusammengehört), obwohl weder Paulus noch Markus mit der Geschichte genetisch verbunden sind.

IV Historisches

Die Frage, ob es auf Zypern einen Prokonsul Sergius Paulus und (in dessen Gefolge?) den Propheten Barjesus Elymas gegeben hat, wird wohl positiv zu beantworten sein, obwohl es außerhalb der Apg keine eindeutigen Belege gibt, die einen Prokonsul Sergius Paulus mit Zypern verknüpfen (s. die Analyse von Lake, Beg. V: 455–459 und vorher Wikenhauser 1921: 338–340 [Lit.] – nur in Verbindung mit Lake zu benutzen). Gleichzeitig ist die Einschränkung zu machen, daß die Mittel fehlen, die genannten Personen zeitlich einzuordnen. Barjesus Elymas war Prophet und Zauberer (im positiven Sinn). Elymas geht vielleicht auf arab. ʿalima = „Einsicht in etwas gewinnen" (vgl. Bauer 1963: 503) zurück, oder es ist griechische Transskription des aram. Wortes haloma = Traumdeuter (vgl. Weiser 1985: 312 f [Lit.]). Vielleicht spielt Lukas in V. 11 durch das entbehrliche *me blepon ton helion* darauf an, daß die Betrachtung des Helios u. a. Tätigkeitsmerkmal des Barjesus Elymas war (s. Papyri Graecae Magicae III 198 ff [Gebet zu Helios]; vgl. zum Phänomen der Prophetie/Magie Aune 1983: 23–48). Dann läge eine Parallele zu der ironischen Anspielung auf die *epinoia* Simons (Apg 8,22) vor.

Die Tradition des Doppelnamens des Apostels, Saulus Paulus, dürfte historisch zuverlässig sein. (Leon 1960: 107 führt zwölf Beispiele aus der römischen Judenschaft für semitisch-lateinische Doppelnamen an.) Saulus (Josephus kennt mehrere Juden, die diesen Namen tragen) ist gräzisierte Form für *Scha'ul* und als Name für den Apostel plausibel, weil er Benjaminit war (Phil 3,5) ebenso wie sein berühmter Ahne, der König Saul (1Sam 9,1). Der römische Name des Apostels, Paulus, ist historisch, denn er erscheint in den Briefen. Er ist im Osten selten.

Die These, der Apostel habe sich erst nach der Begegnung mit dem römischen Prokonsul Sergius Paulus auf Zypern das Cognomen Paulus zugelegt (Dessau 1910; vgl. ebenso Meyer III: 197), ist unwahrscheinlich, weil die Zypernmission des Paulus ein red. Konstrukt ist. (Oder verbirgt sich hinter der Redaktion eine nicht mehr verifizierbare wertvolle Tradition? Sergius Paulus gehört ja nicht *notwendig* nach Zypern.) – Vgl. noch u. S. 249 zum Namen des Paulus.

Die Traditionen der Zusammenarbeit des Barnabas mit Johannes Markus sind zwar im jetzigen Kontext unhistorisch, gehen aber allgemein auf das historische Faktum einer Mission des Barnabas und des Johannes Markus auf Zypern zurück (vgl. 15,39). Zur Geschichtlichkeit der Zusammenarbeit des Barnabas mit Paulus s. o. S. 144.

Apostelgeschichte 13,13–52

I Gliederung

V. 13–14a: Reise von Paphos über Perge nach Antiochien in Pisidien. Trennung von Johannes Markus
V. 14b–15: Paulus und Barnabas in der Synagoge von Antiochien
    14b: Gang in die Synagoge am Sabbat
    15: Aufforderung zur Rede
V. 16–41: Rede des Paulus
    16a: Rednergeste des Paulus
    16b–25: Heilsgeschichtlicher Abriß vom Exodus bis zu Jesus
        16b: Anrede
        17–22: Die alttestamentliche Heilsgeschichte: Exodus, Landnahme, Samuel, Saul, David
        23–25: Johannes der Täufer
    26–31: Jesu Leiden und Sterben als Schuld der Einwohner und Regenten Jerusalems sowie in Erfüllung der Schrift. Jesu Auferstehung und seine Erscheinungen als Tat Gottes
    32–37: Schriftbeweis
    38–41: Applikation auf die Hörer
        38–39: Verkündigung der Sündenvergebung
        40–41: Heilsgeschichtliche Warnung an die jüdischen Zuhörer
V. 42–43: Erfolg der Predigt unter den Juden und Proselyten
V. 44–52: (Am nächsten Sabbat:) Zulauf der Massen sowie Widerstand der Juden und Hinwendung des Paulus und Barnabas zu den Heiden
    44: Die ganze Stadt will das Wort Gottes hören

II Redaktion

V. 13–14a:

V. 13: Sprachlich lukanisch sind *apochoresas* und *hypestrepsen*. In der bei Lukas singulären Wendung *hoi peri Paulon* und der damit implizierten Vorrangstellung des Paulus (Barnabas wird stillschweigend zum Gefolge des Paulus gerechnet) schlägt sich die seit V. 9 ausgedrückte Bedeutung des Paulus nieder. Die Notiz über Johannes Markus (V. 13b) bezieht sich auf V. 5c zurück. V. 14a: *paregenonto* ist sprachlich lukanisch.

V. 14b–15:

V. 14b: Der Gang in die Synagoge beruht auf dem red. Anknüpfungsschema. V. 15 enthält die korrekte Information, daß im Synagogengottesdienst nach der Lesung von Tora und Propheten ein Predigtvortrag folgen konnte. Freilich beruht die Angabe, Synagogenvorsteher (Plural!) hätten um ein Wort der Ermahnung gebeten, auf einem Irrtum, denn es gab jeweils nur einen Synagogenvorsteher (vgl. Lüdemann 1980: 177 A51f [Lit.]).

V. 16–41:

Die Paulusrede im pisidischen Antiochien hat innerhalb des Aufbaus des luk. Doppelwerkes eine Entsprechung in der Antrittspredigt Jesu in Nazareth Lk 4,16–30 (vgl. Wellhausen 1914: 24f und ausführlicher Radl 1975: 82–100). Denn sie stehen in beiden Fällen als erste Rede fast programmatisch am Anfang der Tätigkeit Jesu und des Paulus.

Im folgenden sei nur das aufgeführt, was sicher als lukanisch bezeichnet werden kann (vgl. zu den Einzelheiten die Kommentare und Buss 1980). V. 16: Zu *anastas* und der Geste des Redners vgl. 12,17; 21,40; 26,1. V. 17: *exelexato*. V. 18: *hos* (vgl. V. 20). V. 23: Zur Davidssohnschaft Jesu vgl. (neben den Stammbäumen Mt 1 und Lk 3) Lk 1,32f; 18,38f; 20,41; Apg 2,30 (s. aber

Röm 1,3 als vorpaulinischen Beleg der Davidssohnschaft Jesu). V. 24: *pro-keryxantos* und *eisodou* gehen trotz nur einmaligen Vorkommens in der Apg sicher auf Lukas zurück (vgl. Lukas' Vorliebe für Verba composita mit *pro-* und seine Vorstellung der Tätigkeit Jesu und des Paulus als eines Laufes; s. Lüdemann 1980: 37). Zu *panti to lao* vgl. *(baptisthenai) hapanta ton laon* Lk 3,21 (diff. Mk). V. 25: Zu *dromos* vgl. 20,24. Der Vers ist ansonsten wie bereits V. 24b Rückbezug (für die Leserschaft) auf Lk 3,15–20. Zur heilsgeschichtlichen Rolle des Täufers bei Lukas s.o. zu 1,22. V. 26: *andres adelphoi* leitet wie in V. 38 einen neuen Abschnitt ein. Damit bezeichnet der Vf. selbst die entscheidenden Punkte: V. 26 (christologischer Teil)/V. 38 (Applikation auf die Hörer). V. 27: Zu „die Bewohner Jerusalems" vgl. 1,19; 2,14; zu „ihre Führer" vgl. 3,17; Lk 23,35. Das Unwissenheitsmotiv klingt auch 3,17 an (freilich ist es dort zur Entschuldigung, hier – V. 27 – zur Anklage vorgebracht). Die Schriftlesung am Sabbat erscheint Lk 4,16. V. 28: Vgl. 3,13f. V. 29: Die erste Vershälfte entspricht Lk 2,39, die zweite berichtet von der Grablegung. Damit ist die Zeit zwischen Tod und Auferstehung *erzählerisch* aufgefüllt (vgl. 1Kor 15,4a). V. 30: Vgl. 3,15; 5,30; 10,40. V. 31: Der Vers lenkt auf Apg 1 zurück: *hemeras pleious* nimmt die „vierzig Tage" (1,3) auf; zu *martyres autou* vgl. 1,22. V. 32: *euaggelizesthai* und *epaggelia* sind häufig bei Lukas. Vgl. im übrigen 26,6 zu „an die Väter ergangenen Verheißung". Zu V. 33–35 s.u. III. V. 35: Vgl. 2,27. V. 36: Zum Plan Gottes vgl. Conzelmann 1977: 141–144 und die Konkordanz s.v. *boule*. V. 36–37 entsprechen 2,29–31 (man beachte das Stichwort *diaphthora*). V. 38: *gnostos* ist sprachlich lukanisch, ebenso *andres adelphoi* (s. zu V. 26); *kataggelletai* (s. Conzelmann 1977: 205f). Das Stichwort „Vergebung der Sünden" erscheint öfter in den Petrusreden (2,38; 5,31; 10,43). V. 38f fallen darin auf, daß Lukas ebenso wie später in der Miletrede (20,18–35) sich paulinischer Terminologie bedient:

> „So sei euch also kundgetan, Brüder, daß durch diesen euch Vergebung der Sünden verkündigt wird; und von allem, wovon ihr durch das Gesetz des Mose nicht gerechtfertigt werden konntet, wird durch diesen jeder Glaubende gerechtfertigt."

Die obige Aussage bedeutet allerdings noch nicht, daß Lukas die paulinische Rechtfertigungslehre „verstanden" hat. Denn die Glaubensgerechtigkeit wird nicht eindeutig antithetisch zur Gesetzesgerechtigkeit formuliert (zu Lindemann 1979: 59f A62). „Wer die paulinische Lehre von der Rechtfertigung und dem Gesetz nicht vorher kennt, würde sie gewiss aus dieser flüchtigen Andeutung nicht abnehmen" (Zeller 1854: 299). Trotz dieser Einschränkungen ist klar: Lukas will mit V. 38f der ersten ausgeführten Predigt des Paulus in der Apg einen paulinischen Echtheitsanstrich geben. Wollte er gegenüber seiner Leserschaft die eigene Vertrautheit mit paulinischer Verkündigung zeigen, so bot sich die erste Pauluspredigt dazu an. (Überzogen Lindemann 1979: „durch 13,38f ist Paulus ein für allemal als Theologe der Rechtfertigung vorgestellt" [59].)

Zum Verhältnis der antiochenischen Rede zu den anderen paulinischen Reden in der Apg ist hier zu beobachten: Paulus hält auf jeder der drei großen Reisen, die von Antiochien ausgehen, eine ausführliche Rede, auf der ersten

Reise eine zu den Juden (Predigt in Antiochien in Pisidien), auf der zweiten eine zu den Heiden (Apg 17) und auf der dritten eine zu den Christen (Apg 20) – vgl. zu diesem Problem schon Overbeck 1870: 189.

V. 42–43:

Die beiden Verse wirken wie Dubletten. Jeder beginnt mit einer Zeitbestimmung („beim Hinausgehen"/„beim Auflösen der Versammlung") und enthält eine Reaktion der Zuhörer auf die Pauluspredigt (Aufforderung zur erneuten Predigt/Anschluß an Paulus und Barnabas). Doch läßt sich das Ganze daraus redaktionell erklären, daß V. 42 eine allgemeine Fassung voranstellt und V. 43 diese spezifiziert:

Viele Juden und fromme „Proselyten" (diese Übersetzung ist freilich unsicher, s. den nachfolgenden Exkurs) folgten den Missionaren und diese ermahnten sie, in der Gnade zu bleiben (*prosmenein te chariti tou theou* ist sprachlich lukanisch). Mit dieser positiven Zeichnung der Juden ist ein wirkungsvoller Kontrast zum Folgenden geschaffen. Der Ausdruck *polloi ton Ioudaion kai ton sebomenon proselyton* bezieht sich offenbar auf V. 16 und V. 26 zurück, wo Paulus die Zuhörerschaft wie folgt angeredet hatte: *andres Israelitai kai hoi phoboumenoi ton theon* (V. 16) und *andres adelphoi, hyioi genous Abraam kai hoi en hymin phoboumenoi ton theon* (V. 26). Bezüglich des ersten Teiles der Anrede bestehen keine Verständnisschwierigkeiten. Er bezeichnet jeweils die Juden. Aber welches Verhältnis liegt vor zwischen den *phoboumenoi ton theon* (V. 16 + 26) und den *sebomenoi proselytoi* (V. 43)?

Exkurs: Zu den „Gottesfürchtigen" und „Proselyten" in der Apg (zur Lit. vgl. Solin 1983: 618–621; Kraabel 1981; Wilcox 1981; zur bisher nicht veröffentlichten Aphrodisias-Inschrift vgl. die Hinweise von Kraabel 1981: 125 f A26; Meeks 1983: 207 f A175)

Lukas gebraucht *phoboumenos ton theon* – *sebomenos (ton theon)* gezielt. Denn andernfalls wäre nicht zu erklären, warum er den ersteren Ausdruck 10,2.22.35; 13,16.26 verwendet und hernach nur noch den letzteren; s. 13,43.50; 16,14; 17,4.17; 18,7 (vgl. zur Auswertung Cadbury 1927: *sebomenos* sei weniger semitisch als *phoboumenos. sebomenos* sei für die heidenchristliche Umgebung, in der die Mission des Paulus stattfindet, angemessener [225]). – *proselytoi* erscheint in der Apg nur 2,11; 6,5 (Singular) und 13,43. Daß Lukas auch beim Gebrauch dieses Begriffes gezielt formuliert, zeigt die Reihenfolge sowohl in 2,11 (Juden und Proselyten) als auch in 6,5 (hier steht der Proselyt Nikolaos am Ende einer Siebenerliste). Bezüglich des Ausdrucks „Proselyten" bestehen am wenigsten Verständnisschwierigkeiten in der Forschung. Er bezeichnet die zum Judentum konvertierten Heiden, die, dokumentiert durch Beschneidung (nicht an Frauen vollzogen), Tauchbad und (vor 70) Opfer im Jerusalemer Tempel, zu (Voll-)Juden geworden waren, obgleich gewisse Einschränkungen blieben (so waren z.B. Proselytinnen zur Priesterehe untauglich). Diese z. T. niedere Stellung kommt auch in der Reihenfolge Apg 2,6; 6,5 zum Ausdruck. Ist der Ausdruck „Proselyten" im jüdischen Schrifttum ein technischer Terminus im o. genannten Sinne, so kann Gleiches kaum von *sebomenoi/phoboumenoi ton theon* gesagt werden. Es sei hervorgehoben, daß beide Ausdrücke in den griechischen Inschriften bisher nicht nachgewiesen worden sind (vgl. Siegert 1973: 151; Solin 1983: 619; Kraabel 1981: 116) und daß es durchaus fraglich bleibt, ob in Inschriften erscheinendes *metuens deum* lateinisches Äquivalent für *phoboumenos/sebomenos ton theon* ist (s. Siegert 1973: 161). Sodann ist es nicht sicher, ob rabbinisches *jere schamajim* technisch zu verstehen ist und wenigstens indirekt den gewünschten Beleg für einen technischen Gebrauch von „Gottesfürchtige" abgeben kann (vgl. m.R. Siegert 1973: 110–119). Schließlich ist es *sicher*, daß die Adjektive *sebomenos, phoboumenos* und *theosebes* auf Juden bezogen werden konnten (vgl. Solin 1983: 619).

Ist daher die These fragwürdig, „Gottesfürchtiger" sei ein terminus technicus, so kann nicht ernsthaft in Frage gestellt werden, daß die am Judentum interessierten Heiden oft mit diesem Prädikat bezeichnet wurden; vgl. Josephus, Ant XIV 110: „Es wundere sich niemand, daß so großer Reichtum in unserem Tempel war, denn die Juden und Gottesfürchtigen aus der ganzen Welt *(panton ton kata ten oikoumenen Ioudaion kai sebomenon ton theon)*, schließlich auch die aus Asien und Europa hatten dazu beigetragen seit sehr langer Zeit." Sie waren nicht Juden, fühlten sich aber zu den jüdischen Gemeinden hingezogen, nahmen an deren Synagogengottesdiensten teil, akzeptierten z.T. das Sitten- und Zeremonialgesetz der Juden und unterstützten in vielen Fällen die jüdischen Gemeinden. (Die Unterscheidung von Siegert 1973 zwischen Gottesfürchtigen [= die ernsthaft an der jüdischen Religion Interessierten] und Sympathisanten [= die Nachahmer irgendwelcher jüdischen Bräuche oder politisch den Juden wohlgesonnene Personen] kann hier auf sich beruhen.) Wenn Lukas sie im Umfeld der Synagoge als Ansprechpartner des Paulus herausstreicht, so beruht das auf einem historisch plausiblen Urteil. Freilich ist der historische Wert der Einzelangaben jeweils gesondert zu bestimmen.

Ein schwieriges Problem bleibt der Ausdruck *sebomenoi proselytoi* in V. 43. Lösungsmöglichkeiten: 1. Proselyt hat an dieser Stelle eine nichttechnische Bedeutung (vgl. Siegert 1973: 139). 2. Es liegt sorglose Ausdrucksweise des Lukas vor (Conzelmann 1972: 85). 3. Proselyten ist Glosse (Conzelmann 1972: 85). M.E. befriedigt keiner der Vorschläge, obwohl jeder einzelne möglich bleibt. Vielleicht liegt der Schlüssel zu einer überzeugenden Lösung in der Beobachtung, daß Lukas bis 13,26 *phoboumenos ton theon* gebraucht, während er danach *sebomenos (ton theon)* bevorzugt und es ausgerechnet in V. 43 zum ersten Mal benutzt. Damit scheint er auszudrücken, daß *phoboumenos ton theon* für ihn identisch ist mit *sebomenos proselytos* und dieses wiederum dasselbe bedeutet wie *sebomenos ton theon*. In diesem Falle hätte er dem Ausdruck „Proselyt" einen vom damaligen jüdischen Sprachgebrauch abweichenden Sinn gegeben, was an sich nicht unmöglich wäre. Doch spricht gegen diesen Vorschlag der singuläre Gebrauch von „Proselyt" an dieser Stelle. Es ist in der Tat „nicht ratsam, aus dieser singulären Stelle weitergehende Schlüsse zu ziehen" (Siegert 1973: 139f), auch nicht in red. Hinsicht. Das Problem in 13,43 ist daher nach wie vor ungelöst.

V. 44–52:

Diese Verse sind in toto redaktionell. Sie bringen lediglich in Erzählform die Ausführung des luk. Programms, daß die Juden das Evangelium abgewiesen haben und Paulus und Barnabas deswegen zu den Heiden gehen.

V. 44: Der Ausdruck *pasa he polis* erinnert an 21,30; 19,29; *logos tou theou* erscheint in diesem Kapitel noch V. 5.7.44.46. Daß die ganze Stadt nicht in der Synagoge Platz finden kann, hat Lukas nicht beachtet. V. 45: Sprachlich sind redaktionell: *idontes de* + Subjekt und Objekt; *ochloi* (Plural!); zu *eplesthesan zelou* vgl. 5,17 (s. weiter zu sprachlich luk. Zügen in V. 45 Radl 1975: 86). Inhaltlich ist die Negativ-Charakterisierung der Juden typisch lukanisch (vgl. 17,5; 18,6 u.ö.). V. 46: Zu den Juden als ersten Adressaten der Predigt vgl. 14,1; 16,13; 17,1.10.17; 18,4.19; 19,8. Lukas trägt in diesem Vers seinen Gedanken der Heidenmission ein, der V. 47 durch einen Schriftbeweis begründet wird: Jes 49,6 wird hier auf die Mission bezogen, in Lk 2,32 noch auf Jesus. V. 48: *echairon, edoxazon, logon tou theou* sind sprachlich lukanisch. Inhaltlich führt der Vers V. 46 f weiter. Die Näherbestimmung V. 48 b („die zum ewigen Leben bestimmt waren") reflektiert wohl keine Prädestination in der Theologie des Lukas, sondern soll nur ausdrücken: Nicht alle kamen zum Glauben. V. 49 ist eine summarische Erfolgsnotiz und steht bei Lukas häufig am Ende von Szenen, die von einer Mission berichten. V. 50: Die vornehmen Frauen und die Ersten der Stadt sind ein red. Motiv (vgl. 17,12); ebenso die Veranlassung einer Verfolgung der Prediger durch die Juden (V. 45; 17,5 u.ö.). V. 51: Paulus' und Barnabas' Reaktion, das Abschütteln des Staubes von ihren Füßen über die Juden, entspricht der Weisung Jesu, die Lukas bereits Lk 10,11 aus Q aufgenommen hatte (zum sprachlich-luk. Charakter von V. 51 und bereits V. 50 vgl. Radl 1975: 87f). Freilich verwickelt sich Lukas hier in den redaktionell zu erklärenden Widerspruch, daß in der Stadt, gegen die die Missionare den Staub von ihren Füßen abschütteln, sich bereits eine christliche Gemeinde befindet. V. 52: Das Geist- und das Freudenmotiv sind lukanisch, ebenso *eplerounto*.

III Traditionen

V. 13–14.50–51:

Die obigen Reisestationen Perge (V. 13), Antiochien (V. 14) und Ikonium (V. 51) dürften zusammen mit den Namen der Missionare Barnabas und Paulus auf Traditionen zurückgehen. (Paphos [V. 6.13] gehört nicht mehr dazu; s.o. S. 155f. Überdies konnte man nicht auf dem Schiff von Paphos nach Perge reisen, wie Lukas voraussetzt.) Vgl. noch die von der Apg wohl *unabhängige* Tradition einer missionarischen Wirksamkeit des Paulus in Ikonium und Antiochien in den ActPaul (s. Hennecke[3] II, S. 227–229.243–251). Auch die Nachricht V. 50 von der Verfolgung in Antiochien mag auf Tradition zurückgehen, sosehr diese redaktionell einen Sinn ergibt. Denn 2Tim 3,11 spricht von den „Verfolgungen, meinen Leiden, welche mir widerfahren sind, in Antiochien, in Ikonium, in Lystra". Sollte 2Tim 3,11 unabhängig von Apg 13,50 sein (anders Easton 1947: 2Tim 3,11 sei die erste sichere Zitierung der Apg in der christlichen Literatur [67]), so liegt beiden Stellen dieselbe Tradition zugrunde (vgl. Lüdemann 1980: 153).

V. 33–35:

Das Zitat aus Jes 55,3 in V. 34 ist so fragmentarisch, daß es unverständlich ist. Vielleicht hat es Lukas bereits mit dem folgenden (aus Ps 16,10) kombiniert vorgefunden. Zu Ps 16,10 vgl. auch 2,27.

IV Historisches

Die Tradition einer Reise des Barnabas und Paulus nach Perge, Antiochien, Ikonium findet durch die Paulusbriefe *keine* ausdrückliche Stütze. Aus ihnen läßt sich lediglich eine missionarische Tätigkeit des Apostels in Syrien und Cilicien unmittelbar nach der ersten Jerusalemreise entnehmen (Gal 1,21). Doch reicht dieser Befund nicht hin, um die Historizität jener missionarischen Tätigkeit auszuschließen. (Die Paulusbriefe reflektieren nicht sämtliche Reiseorte des Paulus.) Vielmehr legt die Kombination der erhaltenen zuverlässigen Daten die Annahme nahe, jene Mission in Südgalatien sei historisch.

Zur Begründung: Zunächst kommt der Tradition einer Zusammenarbeit des Paulus mit Barnabas eine hohe historische Glaubwürdigkeit zu. Vgl. Gal 2,1.11 ff; 1Kor 9,6. Sodann ist zu beachten, daß Südgalatien auf dem Wege von Syrien und Cilicien nach Griechenland liegt. Dann aber hat die These alle Wahrscheinlichkeit für sich, daß sich eine dortige Mission unter den Heiden an die in Syrien und Cilicien angeschlossen hat, und zwar in Gemeinschaft mit Barnabas. (Zur Frage der Historizität der Leiden des Paulus in Antiochien, Ikonium und Lystra [13,50] s. u. zu 14,19 f S. 171 f.)

V. 33–35: Es fehlen die Kriterien, das Alter der Tradition zu ermitteln. Ebenso wie die hier nicht eigens behandelte Auferstehungstradition (V. 30 f – s. dazu S. 53 zu 2,24) gibt sie Einblick in das Glaubensleben der hellenistischen Gemeinden im ersten Jh.

Apostelgeschichte 14

I Gliederung

V. 1–7: Wirksamkeit des Paulus und Barnabas in Ikonium und ihre Flucht
  1: Erfolgreiche Predigt in der Synagoge von Ikonium
  2: Aufhetzung der Heiden durch die ungläubigen Juden
  3: Die durch Zeichen und Wunder begleitete Tätigkeit des Paulus und Barnabas in Ikonium
  4: Die zwischen den Juden und den Aposteln in zwei Lager gespaltene Bevölkerung
  5–7: Wegen des Planes der Heiden und Juden, Paulus und Barnabas zu steinigen, Flucht nach Lystra, Derbe und Umgebung. Predigt ebd.

V. 8–10: Heilung eines Lahmen in Lystra durch Paulus

V. 11–13: Reaktion: Das Vorhaben der lystrischen Bevölkerung, Barnabas und Paulus als Zeus und Hermes Opfer darzubringen

V. 14–17: Rede des Paulus und Barnabas

V. 18: Der feststehende Vorsatz des Volkes (trotz der Rede des Paulus und Barnabas)

V. 19–20 a: Steinigung des Paulus in Lystra durch das Volk aufgrund der Anstiftung durch Juden aus Antiochien und Ikonium

V. 20 b–28: Rückreise des Barnabas und Paulus zum Ausgangspunkt der Reise, Antiochien am Orontes, über Derbe, Lystra, Ikonium, (pisidisches) Antiochien, Perge und Attalien

II Redaktion

V. 1–7:

V. 1a enthält das luk. Anknüpfungsschema, V. 1b mit der Aussage, die Predigt in der Synagoge habe eine große Menge von Juden und Griechen zum Glauben geführt, findet sich ähnlich 18,4 (vgl. noch die Formel „Juden und Griechen" 19,10.17; 20,21). V. 2: Vgl. 13,45. V. 3 ist summarische Notiz, die wie bereits V. 1 vom Erfolg der Verkündigung berichtet. Diese habe sich unter Zeichen und Wundern der Hände des Paulus und Barnabas vollzogen. Der Vers ist sprachlich und inhaltlich lukanisch. V. 3b findet sich fast wörtlich noch 20,32; V. 3c–d hat eine enge Parallele mit dem Heilungssummarium 5,12 – vgl. 19,11. V. 4 faßt das bisher Gesagte zusammen: Die Menge (s. zu V. 1b) der Stadt spaltete sich; einige hielten sich zu den (feindlichen) Juden, die anderen zu den Aposteln (vgl. die ähnliche Formulierung „die einen – die anderen" 17,32; 28,24).

Den Ausdruck „Apostel" (Plural!) haben nicht wenige Ausleger (zuletzt bes. nachdrücklich Roloff 1981: 211) als Anzeichen für die Benutzung einer Quelle aufgefaßt. Roloff schreibt: Der Befund in V. 4 (und V. 14) „widerspricht dem eigenen Sprachgebrauch des Lukas so fundamental, daß die Formulierung dieses Verses nicht von ihm stammen kann" (ebd.). Doch ist eine solche These nicht die einzige Möglichkeit. Lukas kennt den Ausdruck „Apostel" und kann ihn an dieser Stelle auch im weiteren Sinn verwendet haben. „apostoloi sind in erster Linie die Leiter der Jerusalemer Gemeinde; apostoloi können aber ganz offensichtlich auch diejenigen genannt werden, die unter den Heiden das Evangelium verkündigen. Daß der Begriff später im Zusammenhang mit Paulus nicht mehr begegnet, entspricht dem lukanischen Sprachgebrauch; Paulus tritt ja nur noch als einzelner auf, Lukas aber redet von den apostoloi stets im Plural" (Lindemann 1979: 62). Im übrigen empfiehlt es sich generell nicht, an einen Ausdruck Zentnergewichte zu hängen, um die Existenz einer fortlaufenden Quelle zu belegen, zumal alles andere bis in einzelne Ausdrücke hinein luk. Kolorit hat.

V. 5–7: Zu V. 5 f vgl. S. 140 unter III. V. 7: Die Coniugatio periphrastica ist typisch lukanisch, der Gedanke der Mission erzählerisch geboten.

V. 8–10:

Die Erzählung von der Heilung des Lahmen hat in 3,2–8 eine Parallele, die in der neueren Literatur oft durch den „durchschnittlichen Stil der Wundergeschichten" (Conzelmann 1972: 87) erklärt wird. Doch sind durchschnittlicher Stil und mehrere wörtliche Berührungen etwas anderes. Wörtliche Berührungen liegen in folgenden Punkten vor (vgl. bereits Baur 1866: 108 f und neuerdings Schneider 1980: 307 [Tabelle]):
1. „Ein Mann, ein von Geburt an Lahmer" (V. 8/3,2).
2. Der Wundertäter „blickt" den Lahmen an (V. 9/3,4: *atenizein*).
3. Der Geheilte „sprang auf und ging herum" (V. 10 [Parataxe]/3,8 [Hypotaxe]).
4. Eine Parallele liegt ferner im Motiv des Glaubens vor. In Apg 14 ist es integriert (V. 9), während es Apg 3 im interpretierenden Rahmen erscheint (V. 16).

Schneider 1980: 307 betont die Parallelität der beiden Heilungen Apg 3/14 mit Lk 5,17–26 (Heilung eines Gelähmten durch Jesus). Doch ist zu beachten, daß die obigen Parallelen 1–2 nicht Lk 5 erscheinen, so daß die besonders enge Beziehung von Apg 3 und 14 für sich allein ausgewertet sein will. Damit soll nicht bestritten werden, daß für Lukas „auch eine Parallelität und Kontinuität von Jesu Wunderwirken und den Taten der Apostel besteht" (Schneider 1980: 306 f).

Die genannten wörtlichen Übereinstimmungen und die sonstige Parallelisierung der Wunder des Petrus und des Paulus (vgl. Schneider 1980: 304–310) erlauben folgendes Fazit:
Die Geschichte von der Heilung eines Lahmen an dieser Stelle ist redaktionell (die Ausführungen von Weiser 1985: 344 f legen trotz gegenteiliger These des Vf.s denselben Schluß nahe) und auf der Basis der Apg 3 erzählten Geschichte entworfen – einmal, um Paulus und Petrus ein weiteres Mal zu parallelisieren, sodann, wie die nahtlos sich anschließende Geschichte (V. 11–13) und die nachfolgende Heidenpredigt (V. 15–17) zeigen, um die Verkündigung des einen Gottes vom Götzendienst abzuheben.

V. 11–13:

Die Verse gehen in toto auf Lukas zurück. Sprachlich finden sich luk. Wörter und Wendungen freilich hauptsächlich nur in V. 11: *ochloi* (Plural; vgl. V. 13), *eperan ten phonen, katebesan*. Der Abschnitt schließt nahtlos an die vorhergehende Episode an. Die Wundertat des Paulus veranlaßt die nachfolgende Handlung, Barnabas und Paulus für eine Inkarnation des Zeus und des Hermes zu halten. Da die Bewohner Lystras Barnabas und Paulus in lykaonischer Sprache mit Göttern identifizieren und diese jene Sprache nicht verstehen, können sie erst später Einwände erheben (vgl. Cadbury 1955: 21 f). Das gibt Lukas erzählerisch die Möglichkeit, V. 13 eine anschauliche Szene zu entwerfen und anschließend (V. 15–17) die christliche Predigt um so entschiedener von der Verehrung von Götzen abzuheben. Die Bewohner Lystras sollen sich von den nichtigen Götzen (wie Zeus und Hermes) ab- und sich der Anbetung des lebendigen Gottes zuwenden.

Nun mag man gewiß fragen, ob nicht doch die bemerkenswerte Einzelheit der Verehrung des Paulus und Barnabas als Zeus und Hermes *gegen* die Annahme von Redaktion spricht. Denn man muß mit F. C. Baur fragen, „warum von den vielen Wundern, die die Apostel verrichtet haben sollen, gerade nur dieses etwas so Auffallendes zur Folge gehabt haben soll, warum sich diese Vergötterungs-scene gerade in Lystra ereignen musste, warum das Volk hier gerade von einem Extreme zum andern so schnell übersprang, dass es denselben Apostel, welchem es… als einem Gott opfern wollte, unmittelbar darauf, wegen der Einflüsterun-gen einiger Juden aus Antiochien und Ikonium, mit Steinen aus der Stadt verjagte, und als todt liegen liess“ (1866: 112). Schließlich scheint auch gegen die Annahme von Redaktion der Befund zu sprechen, daß diese Episode eine entfernte Paralele in der von Ovid (Met VIII 620–774) wiedergegebenen Le-gende hat, nach der Jupiter/Zeus und Merkur/Hermes das alte Ehepaar Phile-mon und Baucis besucht haben. Ja, man könnte diese Parallele (und/oder den Befund, daß Zeus und Hermes zusammen auf Inschriften dieser Gegend erschei-nen [s. die Kommentare z.St.]) als Beispiel(e) für die Glaubwürdigkeit des Berichtes der Apg auffassen. Dagegen wendet bereits Baur ein:

Statt „solche Sagen als eine Bestätigung der historischen Wahrheit des hier erzählten Factums zu nehmen, (sc. ist) die Sache vielmehr umzukehren und zu fragen, ob nicht das vorgebliche Factum selbst nur als eine Nachbildung jener alten mythischen Begebenhei-ten anzusehen ist“ (1866: 114), und zwar nicht auf der Stufe der Tradition, sondern auf der der Redaktion. Lukas scheint selbst (mit Baur) jenes Motiv aufzugreifen und sich damit ein weiteres Mal als literarisch gebildeter Schriftsteller zu erweisen. Es ist dann eine weitere Lesefrucht in der Apg.

Nun hat J. Roloff 1981 im Anschluß an Bauernfeind (1980: 182) gemeint, V. 8–14 gingen auf Tradition zurück. Er schreibt:

„Im Mittelpunkt des Traditionsstücks (sc. V. 8–14) dürfte die Gestalt des Barnabas gestanden haben. Er ist die zentrale Gestalt, die vom Volk für den Göttervater/Zeus gehalten wird, während Paulus ihm deutlich untergeordnet ist V. 12; vgl. V. 14. (Die Erklärung, die Lukas dafür findet, ist durchaus künstlich…) Vermutlich haben wir es hier mit einer in Antiochia beheimateten Barnabas-Legende zu tun. Barnabas wird in ihr als der große Missionar gezeichnet, der in vorbildlicher Weise typische Situationen der Heidenmission durchsteht“ (213).

Gegen eine solche These spricht folgendes: Paulus wird deswegen nicht für Zeus gehalten, weil die Rolle des Hermes auf ihn paßt, denn der ist Führer(!) des Wortes (vgl. die von Conzelmann 1972: 88 zitierten Belege für Hermes als *hegemon tou logou* o.ä.). Die „Überordnung“ des Barnabas ist nur scheinbar und durch die Einflechtung einer Lesefrucht bedingt (gegen Weiser 1985: 351; vgl. auch Schneider 1982: 156).

Eine Analogie für die Deutung des Paulus als Hermes findet sich in der

Bezeichnung des Moses als Hermes durch ägyptische Priester in der Moses-Geschichte des Artapanos. Artapanos sagt im Referat Alexander Polyhistors bei Euseb folgendes:

„Dieser Moysos sei der Lehrer des Orpheus gewesen. Als erwachsener Mann habe er den Menschen viele nützliche Dinge geschenkt: er habe nämlich die Schiffe, die Steinhebevorrichtungen, die ägyptischen Waffen, die Bewässerungs- und Kriegsmaschinen sowie die Philosophie erfunden; ferner habe er den Staat in 36 Bezirke eingeteilt und einem jeden Bezirk den Gott zugewiesen, der (in ihm) verehrt werden sollte, sowie den Priestern die Hieroglyphen (beigebracht)... außerdem habe er den Priestern Vorzugsland zugeteilt. Alles dieses habe er getan, um dem Chenephres die Alleinherrschaft sicher zu erhalten. Denn früher, als die Volksmassen ungezügelt gewesen waren, hätten sie Könige bald vertrieben, bald eingesetzt, und zwar meistens dieselben, ab und zu aber auch andere. Um dieser Dinge willen also sei Moysos beim Volke beliebt gewesen und von den Priestern gottgleicher Ehre für Wert geachtet und ‚Hermes‘ genannt worden, (letzteres) wegen der Deutung *(hermeneia)* der Hieroglyphen" (Fragment 3,4–6 in der Übersetzung von Walter 1976: 129f).

Nun liegt gewiß eine unterschiedliche Ausdeutung des Hermesnamens in beiden Geschichten vor: In der Mosesgeschichte hängt die Zurückführung der kulturellen Errungenschaften Ägyptens auf Moses mit der Gleichsetzung des Moses mit Hermes zusammen. In der Pauluserzählung geht die Bezeichnung des Paulus als Hermes darauf zurück, daß Paulus der Sprecher/die Hauptperson ist. Doch folgt die enge Zusammengehörigkeit beider Geschichten daraus, daß in beiden Fällen Moses bzw. Paulus als Wundertäter geschildert wird:

Vgl. Artapanos: „Als aber der König der Ägypter von der Ankunft des Moysos erfahren hatte, habe er ihn zu sich gerufen und sich erkundigt, zu welchem Zweck er gekommen sei. Da habe er gesagt, (er sei gekommen,) weil der Herr der Welt ihm gebiete, die Juden freizugeben. Als er das erfahren hatte, habe er ihn in den Kerker einsperren lassen. Aber in der darauffolgenden Nacht hätten sich alle Türen des Gefängnisses von selbst geöffnet und von den Wächtern seien einige (vor Schreck) gestorben, andere vom Schlaf ganz benommen gewesen, und ihre Waffen seien zerbrochen. So sei Moysos heraus- und zum Königspalast gekommen. Da er die Türen offenstehen fand, sei er (ungehindert) eingetreten, weil auch dort die Wächter schlaftrunken waren, und habe den König aufgeweckt. Dieser habe, erschreckt durch das, was geschehen war, dem Moysos befohlen, ihm den Namen des Gottes, der ihn gesandt hat, zu nennen, wobei er ihn verspottete. Da habe er sich zu seinem Ohr herniedergebeugt und ihn (flüsternd) genannt; als aber der König ihn hörte, sei er ohne einen Laut zusammengesunken, aber mit der Unterstützung des Moysos wieder zu Bewußtsein gekommen" (Fragment 3,22b–25 in der Übersetzung von Walter 1976: 133f).

Den Wundern des Moses entspricht Apg 14 die Heilung des Lahmen durch Paulus. Vgl. ferner den Zusammenhang mit dem Befreiungswunder Apg 16,25 ff. Zur Lit. vgl. neben den Kommentaren noch O'Neill 1970: 145.

Fazit: Lukas hat sich Apg 14 bei seiner Erzählung über Paulus/Hermes und Barnabas/Zeus in Lykaonien in besonderer Weise von literarischen Vorbildern anregen lassen und diese anregende Geschichte komponiert. Zu beachten ist, daß jene von Ovid erzählte Geschichte sich in Phrygien abspielte, das an

Lykaonien angrenzt. Es ist daher kein Zufall, daß Lukas gerade an dieser Stelle der Apg sich der genannten Lesefrucht bedient hat. (Einarbeitung von Lokalkolorit wie 17,16–34; 19,23–40.) – Meeks 1983: 15 hält demgegenüber die Szene für historisch.

V. 14–17:

V. 14: Zu *diarrhexantes ta himatia* vgl. 22,23. V. 15: Vgl. 3,12. V. 16: Die Betonung des Mensch-Seins der Apostel findet sich ähnlich 10,26. Vgl. im übrigen zum ganzen Abschnitt die Ausführungen zu 17,16–34.

V. 18:

Sprachlich sind *molis* und *ochloi* (Plural) lukanisch. Der Vers knüpft wieder an die vorausgesetzte Situation an, dem Vorhaben der Priester, Barnabas und Paulus Opfer darzubringen (V. 13). Die Rede konnte diese fast nicht (mehr) von ihrem Vorhaben abbringen.

V. 19–20 a:

Der Abschnitt ist darin redaktionell, daß wiederum (nach 14,2) Juden die Menge bereden *(peithein)*, vgl. 14,5. Doch geht er darin über 14,2 hinaus, daß sie zusammen Paulus sogar steinigen, womit der Vorsatz aus 14,5 in die Tat umgesetzt wird. Von 14,2 über 14,5 spannt sich also ein red. Bogen zu 14,19– 20 a. Man sollte dagegen nicht einwenden, daß der Umschlag der Volksmeinung nicht recht verständlich gemacht werden könne. Denn sowohl die Verehrung des Barnabas und des Paulus als auch das Verfolgungsmotiv (mit den Juden als Verursachern) ist lukanisch. Gleichwohl dürfte die Nachricht der Steinigung des Paulus auf Tradition zurückgehen (zur Begründung s. u. III).

V. 20 b–28:

V. 20 b: Die Wendung „am nächsten Tag" ist redaktionell (vgl. Schneider 1982: 67 A68). V. 21 ist sprachlich überwiegend lukanisch. Zur Terminologie der Verkündigung vgl. Conzelmann 1977: 207; bes. ein Vergleich mit 8,25.40 ist instruktiv. Freilich steht *matheteuein* nur hier im luk. Doppelwerk (sonst im NT noch Mt 13,52; 27,57; 28,19), aber in Verbindung mit luk. *hikanoi* und *hypostrephein.* V. 22: *episterizein* erscheint im NT nur Apg 14,22; 15,32, beide Male in einem ekklesiologischen Zusammenhang. Der ganze Vers zielt auf die Kirche des Lukas und handelt vom christlichen Leben.

„Dabei wird nicht etwa das christliche Dasein als solches als *thlipsis* verstanden, sondern nur gewisse Vorkommnisse darin *(pollai thlipseis).* Nun mag hier ein geläufiger

Ausdruck vorliegen (entsprechend etwa dem *polla pathein* Mc 8,31). Daß aber für Lukas dieser keinen eschatologischen Sinn hat, zeigt der ganze Zusammenhang *(emmenein te pistei!)*. Entsprechendes zeigt sich in act 20,23, wo das Wort die Leiden des Konfessors Paulus bezeichnet" (Conzelmann 1977: 90; vgl. ebd., 144.219).

V. 23 schildert die Einsetzung von Presbytern. Lukas stellt sich vor, daß die Kirchenkonstitution seiner Zeit bereits für die paulinische Zeit gegolten hat. V. 24–26 sind in luk. Sprache gefaßte Reisenotizen (luk. Vorzugsworte: *diel-thein, elthein, lalein ton logon, katabainein*). Damit ist freilich noch nicht negativ über einen möglichen Traditionscharakter dieser Notizen entschieden. V. 26 lenkt auf 13,1–3 zurück. Barnabas und Paulus kehren nach Antiochien zurück, „von wo sie der Gnade Gottes für das Werk, das sie erfüllt hatten, übergeben worden waren" (V. 26 b). V. 27 faßt den Ertrag der Reise zusammen („Gott hat den Heiden den Weg zum Glauben geöffnet"), der im nächsten Kapitel nochmals in Jerusalem zur Debatte stehen wird. V. 28 „schafft eine der lukanischen Pausen" (Conzelmann 1972: 90).

III Traditionen

Mit großer Wahrscheinlichkeit liegt V. 19–20 a Tradition zugrunde. Zur Begründung:

1. Die Verse lassen sich ohne weiteres aus der Handlung ausgrenzen. 2. Der Übergang von V. 18 zu V. 19 und von V. 20 a zu V. 20 b ist äußerst hart. Zudem ist das Auftreten von „Jüngern" V. 20 unmotiviert, denn von einer Gemeinde-gründung in Lystra war vorher noch keine Rede (vgl. Roloff 1981: 214). 3. Paulus steht allein im Mittelpunkt (Barnabas ist vergessen). 4. Die Stelle hat eine Parallele in 2Tim 3,11 (dort auch dieselbe Reihenfolge der Stationen wie Apg 13–14).

Die obige Tradition hat Lukas bereits V. 5 f verwendet, wo Paulus und Barnabas wegen einer drohenden Steinigung von Ikonium nach Lystra fliehen, sowie vorher 13,50 (Vertreibung aus Antiochien). Sie haftet, wie 2Tim 3,11 zeigt, an Paulus und berichtete von seinem Leiden in drei Städten (Antiochien, Ikonium, Lystra) und – das dürfen wir hinzufügen – von einer Steinigung in Lystra, die beinahe zu seinem Tode geführt hätte. Über die Urheber der Steini-gung ist im Rahmen der Traditionsanalyse keine eindeutige Aussage möglich (s. dazu unter IV). (Die Person des Barnabas ist in 13,50 und 14,5 offenbar red. Beigabe.)

Ist das Leiden des Paulus an den drei genannten Orten als traditionell erwie-sen, so ebenfalls die Reisestationen Antiochien, Ikonium und Lystra. Zusätzlich dürfte noch Derbe als überlieferte Reisestation gelten, denn sie ist eng mit Lystra verknüpft (14,6; vgl. 14,20).

Es erhebt sich nun die Frage nach einem evtl. Traditionscharakter der übrigen Reisestationen in Apg 14: Paulus und Barnabas reisen V. 6 von Ikonium nach Lystra und Derbe und Umgebung, dann V. 21 zurück nach Lystra, Ikonium und

170

Antiochien, V. 24f durch Pisidien und Pamphylien nach Perge und Attalien. Von hier aus segeln sie gemeinsam zurück nach Antiochien am Orontes.

Nun ist zu beachten, daß – wie bereits im vorigen Abschnitt II ausgeführt wurde – die Rückkehr nach Antiochien auf 13,1 f zurücklenkt und die Hand des Redaktors Lukas erkennen läßt. Jene Reise scheidet daher als Traditionselement aus. Auf der anderen Seite scheint auf den ersten Blick keine red. Absicht in der Aussage zu erkennen sein, daß Paulus und Barnabas zweimal durch Antiochien (13,14/14,21), Ikonium (13,51/14,21) und Lystra (14,6/14,21) (s. Derbe [14,6/14,20]) gekommen sind. Doch ist zu beachten: Auf der Rückreise werden hier Presbyter eingesetzt (V. 23) und andere Ermahnungen gegeben. Durch diese zeitliche Distanzierung der auf die luk. Gegenwart bezogenen Handlungen wird diesen um so mehr Nachdruck verliehen (sie gehen auf einen besonderen Besuch, eine Extrahandlung, der Missionare zurück). Aus den genannten Gründen sind daher über die eingangs genannten Stationen hinaus (Antiochien, Ikonium, Lystra, Derbe) keine weiteren traditionellen Reiseorte des Paulus (und des Barnabas) in diesem Kapitel anzunehmen.

Die Traditionsanalyse von Apg 14 begünstigt daher nicht die These einer fortlaufenden Quelle in Apg 13–14.

IV Historisches

Die Missionsreise mit den Stationen Derbe, Lystra, Ikonium, Antiochien ist eine historische Tatsache (zur Chronologie s. Lüdemann 1980: 272f). Vgl. zur weiteren Begründung die Analyse von 13,13–52.

Der Geschichtswert der obigen Tradition V. 19–20a ist hoch zu veranschlagen. Paulus berichtet selbst von einer Steinigung 2Kor 11,25 – freilich ohne Ortsangabe. Die Tradition in Apg 14,19–20a verhilft uns zur Kenntnis des historischen Ortes dieser lebensgefährlichen Strafe. Paulus hat sie in Lystra erlitten – Mitte der dreißiger Jahre, als er im Anschluß an seine Tätigkeit in Syrien/Cilicien (Gal 1,21) in verschiedenen Städten Südgalatiens (Derbe, Lystra, Ikonium, Antiochien) missionierte. Nun war oben unter III die Frage offengelassen worden, ob Juden oder Heiden die Strafe der Steinigung an Paulus vollzogen haben. Für die Juden als Urheber der Strafe spricht der Befund, daß vor allem sie die Strafe der Steinigung als Bestandteil eines geordneten Verfahrens kannten (vgl. oben S. 96). Daher hat die Mehrheit der Forschung diese Frage auch nicht weiter erörtert und – oft stillschweigend – die jüdische Strafe der Steinigung in Apg 14,19 f vorausgesetzt, soweit man überhaupt die Historizität der Szene annahm (vgl. Stählin 1980: 195; Marshall 1980: 239). Doch erheben sich gegen diesen Vorschlag gewichtige Einwände: 1. Die jüdische Steinigung wird außerhalb der Stadt vollzogen (vgl. Apg 7,58 – freilich könnte man demgegenüber auf 2Chron 24,21 [Steinigung Sacharjas im Vorhof des Tempels; vgl. 2Chron 10,18] verweisen). 2. Die jüdische Steinigung war eine Todesstrafe. Niemand (außer Paulus) hat sie überlebt. 3. Die Steinigung war in der heidnischen Antike eine verbreitete Form der Lynchjustiz (vgl. Apuleius,

Met I 10,1; II 27,4; X 6,3). 4. Der Widerstand der Juden gegen Paulus geht in unserem Text auf das Konto des Lukas. Wir dürfen also mit einigem Recht die Hypothese aufstellen, daß Paulus in Lystra in einem Volkstumult von heidnischen Bewohnern der Stadt „gesteinigt" worden ist. Eine solche Aktion hätte den Tod des Opfers nach sich ziehen können; es brauchte sich aber auch nur um einen Steinigungsversuch zu handeln oder darum, daß Paulus mit Steinen beworfen wurde, jedoch entfliehen konnte. In jedem Fall hat der hier vorgelegte Vorschlag den Vorteil, daß er sich 2Kor 11,25 sinnvoll zuordnen läßt und gleichzeitig der dort gemachten Eigenaussage das historische Kolorit wiederverleiht.

Nehmen wir die Ergebnisse der Analyse von Apg 16,1–5 hier vorweg, so ist hinzuzufügen, daß in Lystra wahrscheinlich Timotheus von Paulus bekehrt und als Mitarbeiter gewonnen wurde und Paulus (zusammen mit Timotheus) von Südgalatien aus nach Norden über Phrygien in die Landschaft Galatiens weiterzog (vgl. Apg 16,6, eine Stelle, die sicher mit Kap. 14 genetisch zusammenhängt). Diese Bekehrung des Timotheus dürfte sich wegen 2Kor 1,19 (vgl. 1Thess 1,1; 2,1 ff) auf der ersten Reise nach Südgalatien ereignet haben (zur näheren Begründung s. u. S. 182).

Wie oben bereits erwähnt wurde, ist die Rückkehr nach Antiochien einschließlich der Reisenotizen 14,24 f redaktionell. (Vielleicht reflektieren diese Verse aber die historische Tatsache, daß Barnabas alleine nach Antiochien zurückgekehrt ist.)

Apostelgeschichte 15

I Gliederung

V. 1–3: Sendung des Paulus und Barnabas von Antiochien nach Jerusalem wegen der Beschneidungsforderung durch judäische Christen. Ihre Reise durch Phönizien und Samarien

V. 4–29: Jerusalemer Konferenz
    4: Empfang in Jerusalem und (erster) Bericht über die erfolgreiche Heidenmission
    5: Die Einrede von pharisäischen Christen: Die Notwendigkeit der Beschneidung
    6: Versammlung der Apostel und Presbyter
    7–11: Rede des Petrus
    12: Summarische Notiz über den Bericht des Paulus und des Barnabas
    13–21: Rede des Jakobus
    22–29: Sendung des Paulus und Barnabas zusammen mit Judas Barsabbas und Silas nach Antiochien unter Mitgabe eines Briefes
      22: Beschluß der Gemeinde
      23–29: Wortlaut des Briefes

V. 30–35: Paulus' und Barnabas' Rückkehr aus Jerusalem nach Antiochien zusammen mit Silas und Judas
    30: Übergabe des Briefes in Antiochien

II Redaktion

V. 1–3:

Der Abschnitt ist von luk. Sprache geprägt: V. 1: *katelthontes, adelphous, ethei.* V. 2: *ouk oligos* (vgl. Radl 1975: 433), *zetematos.* V. 3: *men oun, dierchonto, ekdiegoumenoi, charan.* Zusätzlich fällt auf, daß die einzelnen Wendungen in V. 1–3 eine Entsprechung im unmittelbaren Kontext nach vorn und/oder nach hinten haben: V. 1: „Wenn ihr euch nicht beschneiden laßt nach dem Gesetz des Moses" entspricht V. 5: „Man muß sie beschneiden und ihnen gebieten, das Gesetz Moses' zu halten" (vgl. V. 24). V. 2: „Als Zwist und Streit *(zeteseos)* entstand" entspricht V. 7: „Als es nun zu einem großen Streit *(zeteseos)* kam"; die Wendung „zu den Aposteln und Presbytern nach Jerusalem wegen dieser Streitfrage" *(zetematos)* entspricht V. 6: (Es versammelten sich) „die Apostel und Presbyter, um wegen dieser Sache *(logou)* zu sehen". Inhaltlich sind V. 1–3 Exposition des im folgenden zu „lösenden" Problems.

V. 4–29:

V. 4: *paragenomenoi, paredechthesan* und *ekklesias* sind sprachlich redaktionell. Die Verzahnung mit dem Kontext macht die luk. Herkunft von V. 4 sicher: Vgl. „von der Kirche und von den Aposteln und von den Presbytern" (V. 4) mit V. 22: „die Apostel und Presbyter mit der ganzen Kirche"; „und sie erzählten, was Gott mit ihnen getan hat" (V. 4) nimmt 14,27 auf („sie erzählten, was Gott mit ihnen getan hat") und erscheint ähnlich 15,12. V. 5: *haireseos* und *pepisteukotes* sind sprachlich lukanisch. Der Vers wiederholt die Beschneidungsforderung, die Anlaß für die Sendung des Barnabas und des Paulus aus Antiochien nach Jerusalem war. Nun wird sie noch einmal in Jerusalem vertreten, und zwar von pharisäischen Christen. *autous* (V. 5b) hängt in der Luft und bezieht sich, wenn man überhaupt ein Bezugswort suchen will, auf die Paulusbegleiter von V. 2 (vgl. Zuntz 1972: 242). Doch ist diese Auskunft gezwungen

(V. 2 liegt relativ weit weg). Lukas will eher nochmals (nach V. 1) eine allgemeine Beschreibung des Problems geben, um das es im folgenden geht (vgl. noch Wellhausen 1914: 26 f zum eingesprengten Charakter von V. 5). V. 6, die Versammlung der Apostel und Presbyter, liefert den Rahmen für die folgende Rede und den Bericht des Paulus und Barnabas. Zu beachten ist, daß – wie oft in der Apg – die luk. Vorstellung von der Verfassung der Jerusalemer Kirche durchscheint. (Roloff hält merkwürdigerweise die luk. Angabe über die Verfassung der Jerusalemer Urgemeinde für „solide historische Information" [1981: 224].)

Man darf in V. 6 – auf der luk. Ebene – nicht eine Versammlung im engeren Kreise sehen, denn V. 12, der dieselbe Zuhörerschaft wie V. 6 voraussetzt, spricht bereits wieder von *plethos*. V. 7 a ist luk. Einleitung der folgenden Rede des Petrus (V. 7 b–11). V. 7 b–9 fassen das Apg 10 f erzählerisch Ausgeführte zusammen. V. 7 b erweckt den Eindruck, die Korneliusepisode habe sich vor langer Zeit ereignet *(aph' hemeron archaion)*. V. 8 erinnert die Leser(innen) an die Verleihung des Geistes an die Heiden in der Person des Kornelius. V. 9 wertet die Vision 10,9–16 aus. V. 10–11 ziehen die Konsequenzen aus der noch einmal vergegenwärtigten Korneliusgeschichte für die zur Verhandlung stehende Streitfrage. V. 11 („durch die Gnade des Herrn Jesus glauben wir, gerettet zu werden") paulinisiert Lukas wie bereits 13,38 f. V. 12 ist wegen des Bezugs zum Kontext (14,27) redaktionell. Die Spannung in der Angabe *plethos* (sprachlich lukanisch) zu „Apostel, Presbyter" (V. 6) geht wohl nicht auf Tradition zurück, sondern auf sorglose Erzählweise des Lukas (Dibelius 1951: 86 A1), sosehr eine traditionelle Grundlage natürlich nicht ausgeschlossen werden kann. V. 13 ist Einleitung zur Rede des Jakobus (*sigesai* knüpft an *esigesen* [V. 12] an). V. 14 archaisiert bewußt („Symeon" steht für „Petrus"). Indem Jakobus auf die soeben gehaltene Rede des Petrus zurückverweist, bezieht er sich indirekt auf die Korneliusgeschichte. *ex ethnon laon* (vgl. J. Dupont, NTS 31. 1985, S. 321–335) verweist ebenfalls darauf zurück, doch ebenso auf V. 16–18 voraus und erhält erst dort seine Füllung (s. sofort). V. 15 ist Einleitung zu V. 16–18: Die Verse sind LXX-Zitat (der MT ist antiuniversalistisch). Es paßt nicht ganz in den Zusammenhang der Frage, ob Heidenchristen das Gesetz des Moses beachten sollen. Doch muß es Lukas hochwillkommen gewesen sein, da es seiner Ekklesiologie entspricht. Der neue *laos* besteht aus Juden (V. 16) und Heiden (V. 17). Durch V. 17 a werden die Wiederaufrichtung Israels und die Heidenmission in eine kausale Verbindung gebracht *(hopos an)*.

„Das eine soll also das andere bewirken, die Aufrichtung hat die Einbringung der Heiden zum Ziel. Im Sinne des Lukas muß man wohl sogar so formulieren: das wahre Israel ist erst dann erreicht, wenn die Heiden in die Gemeinschaft des Gottesvolkes eingebracht worden sind. D.h. aber: Es gibt nur einen *laos*, dieser ist zugleich der nach Pfingsten gesammelte *laos* aus den Juden und der in der Folgezeit hinzukommende *laos* aus den Heiden" (Lohfink 1975 b: 59 f).

V. 19 scheint zunächst auf eine generelle Freigabe der Aufnahme von Heiden hinauszulaufen, schränkt sie dann aber V. 20 durch die „Bedingungen" des Aposteldekrets ein (dazu s.u. III) und begründet es V. 21 wie folgt: „Denn

Mose hat von alten Zeiten her in jeder Stadt seine Verkündiger, da er in den Synagogen jeden Sabbat verlesen wird". Das bedeutet wohl: Das Aposteldekret „ist notwendig, weil es überall in der Welt mosaische Juden und die soeben behandelte Streitfrage gibt" (Schille 1983: 322). V. 22–29 sind durchgehend lukanisch: V. 22: Zu *edoxe* + Dativ vgl. Lk 1,3 und V. 25. Der Brief, V. 23–29, nimmt inhaltlich das Dekret V. 20 auf und erinnert bezüglich der Syntax an den Prolog Lk 1,1–4 (vgl. dazu Harnack 1906: 153–156; s. ebd. auch zur luk. Sprache des Briefes). Vgl. ferner noch 23,26–30 als Analogie für die Einverleibung eines „Briefes" in die Darstellung.

V. 30–35:

Der Abschnitt ist sprachlich lukanisch geprägt; vgl. V. 30: *men oun, apolythentes, katelthon, synagagontes, plethos.* V. 31: *echaresan, paraklesei.* V. 32: *epesterixan, kai autoi.* V. 33: *apelythesan, aposteilantes, chronon.* V. 35: *dietribon, euaggelizomenoi, logon tou kyriou.* Die Angabe, Judas und Silas seien Propheten (V. 32), erinnert ebenso wie die Notiz, Paulus und Barnabas hätten in Antiochien gewirkt (V. 35), an 13,1.

V. 36–41:

Der Abschnitt berichtet von der Trennung des Paulus von Barnabas. Diese Trennung ist an diesem Punkt notwendig, weil fortan in der paulinischen Mission für einen Vertreter der antiochenischen Gemeinde kein Platz mehr ist. Die Geschichte ist plausibel erzählt, und die Separation war gut motiviert (sowie durch die vorangehenden Kapitel bereits vorbereitet). Der Streit entzündet sich nämlich an Johannes Markus, der Paulus und Barnabas mitten auf der Missionsreise in Pamphylien den Rücken gekehrt hatte (13,13). Die These des red. Charakters dieses Abschnittes wird gestützt durch Beobachtungen zur luk. Sprache: V. 36: *eipen pros, kateggeilamen, kata polin, logon tou kyriou.* V. 37: *kaloumenon.* V. 39: *apochoristhenai.* V. 40: *paradotheis te chariti tou theou* (14,26), *adelphon.* V. 41: *diercheto, episterizon.* Für Redaktion spricht ferner die Beobachtung, daß Paulus – nicht Barnabas – von den Brüdern in Antiochien verabschiedet wird (V. 40). Die Notiz über Silas, V. 40, bereitet Schwierigkeiten, wenn er dieselbe Person wie der Begleiter des Judas Barsabbas (V. 22.27.32 f) ist. Denn jener ist ja nach Jerusalem zurückgekehrt und kann deswegen nicht, wie V. 40 will, als Begleiter des Paulus fungieren. Die Schwierigkeit findet eine Erklärung, wenn Silas in V. 22.27.32 f als redaktionell und in V. 40 als traditionell angesehen wird (vgl. Weiser 1984: 153). Andere Möglichkeit: Es liegt eine Nachlässigkeit des Lukas vor (vgl. dazu Harnack 1908: 159–198).

Zur Funktion von Apg 15 im Rahmen der Apg:

Die redaktionsgeschichtliche Analyse von Apg 10f hatte folgendes ergeben: Durch die Offenbarung Gottes an Petrus tat sich der Wille Gottes kund, daß die Heiden fortan legitimer Teil des Gottesvolkes seien, und zwar ohne jegliche Beschränkung. Dieser Wille Gottes wird Apg 15 als gültig vorausgesetzt – mit einer kleinen Einschränkung: Die Heiden sollen die Forderungen des Aposteldekrets einhalten. – Apg 15 ist die Drehscheibe, auf der sich der Übergang von der im Auftrag Antiochiens unternommenen Mission zur unabhängigen Mission des Paulus ereignet. Sie wird vor ihrem eigentlichen Beginn durch die Jerusalemer Kirche legitimiert – aus heilsgeschichtlichen Gründen.

III Traditionen

Wegen der oben aufgewiesenen durchgehenden luk. Bearbeitung erscheint es aussichtslos, in Kap. 15 eine durchlaufende Quelle herauszuschälen. Andererseits sollte nicht bestritten werden, daß Lukas Apg 15 auf der Grundlage von Traditionen (mündlich oder schriftlich) komponiert hat. Das gilt sowohl für die Zitate V. 16–18, die Lukas bereits in dieser Zusammenstellung vorgefunden haben wird, weil sie in Spannung zum Kontext stehen (s. o. S. 174 und Weiser 1985: 373 [Lit.]), als auch für die Konferenz:

Anders freilich M. Dibelius: Der Bericht von der Konferenz gehe *nicht* auf Überlieferung zurück; Lukas habe nur „von einem Konflikt über die Beschneidung der Heidenchristen in Antiochia, der in Jerusalem ausgetragen wurde" (1951: 88), gewußt. Auf dieser Grundlage habe er Apg 15 komponiert und an das Ende des „Konzils" das Dekret gestellt, das freilich ebenfalls auf Tradition zurückgehe, aber nichts mit der Konferenz zu tun habe. „Er folgte dabei der Neigung des antiken Historikers, seiner Darstellung den Wortlaut von Urkunden, wirklichen oder fingierten, einzuverleiben" (1951: 88f). Doch ist eine solche Sicht zu einseitig, denn auch abgesehen von V. 1–3, deren Traditionsgrundlage Dibelius nicht in Frage stellt, dürften Traditionen über die Konferenz in Apg 15 verarbeitet sein. Für die Richtigkeit dieser Annahme spricht zuallererst der aus Gal 2 rekonstruierbare Ablauf. Denn wenn Lukas nicht Augenzeuge war und Apg 15 etliche Übereinstimmungen mit dem paulinischen Konferenzbericht hat (s. die Teilnehmer, die Einigung, die Beschneidungsfrage usw.), woher anders als auf Tradition sollten jene Übereinstimmungen beruhen? Sodann spricht für eine Traditionsgrundlage die Konkretheit etlicher Nachrichten: die Personennamen (Paulus, Barnabas, Petrus, Jakobus, Judas, Silas), die Beschreibung des Problems, schließlich auch die durch das Dekret eröffnete „Lösung".

Ist mit diesen Bemerkungen die Wahrscheinlichkeit einer Traditionsgrundlage von Apg 15 erwiesen und sind gleichzeitig zwei Kriterien zur Rekonstruktion von Tradition in diesem Text genannt (Konkretheit und – wichtiger – Übereinstimmung mit dem aus Gal 2 zu rekonstruierenden Ablauf der Konferenz), so ist noch einmal zu betonen, daß lediglich Traditionselemente herauszuschälen sind. M. E. werden folgende sichtbar:

1. Barnabas und Paulus gehen gemeinsam nach Jerusalem (die Bindung an Antiochien gehört dem luk. Rahmen an).

2. In Jerusalem findet eine Verhandlung zwischen den dortigen Judenchristen sowie Barnabas und Paulus über die Heidenmission statt.

3. Die Versammlung findet auf der Ebene der Gemeinde (V. 12) und im Kreise der Apostel statt (V. 6). Lukas vermischt beides miteinander, läßt aber wohl noch die Verhandlungen vor verschiedenen Gremien erkennen.

4. Eine Partei in Jerusalem (V. 5) und in Antiochien (V. 1) verlangt die Beschneidung der Heidenchristen.

5. Die Heidenmission wird grundsätzlich gutgeheißen (V. 10 f.19).

6. Den im syrisch-cilicischen Raum beheimateten Heidenchristen wird die Einhaltung der Forderungen des Aposteldekrets aufgetragen. (Die Version des Kodex D ist sekundär.) Zu beachten ist in diesem Zusammenhang die Konkretheit der Adressaten.

7. Wahrscheinlich war Judas Barsabbas Teilnehmer einer Gesandtschaft nach Antiochien. Seine Verbindung mit Silas geht auf Lukas zurück (s. o. S. 175 zu 15,40). Zur Frage der Zugehörigkeit des Barnabas zu dieser Gesandtschaft s. u. IV.

V. 36–41:

Traditionselemente sind die Trennung des Paulus von Barnabas (V. 39), Paulus' Reise mit Silas nach Syrien und Cilicien (V. 41; vgl. Gal 1,21) und die Tätigkeit von Barnabas und Markus auf Zypern (V. 39; vgl. 13,4.13).

IV Historisches

Die Zusammenstellung alttestamentlicher Zitate zum Stichwort Heidenmission (V. 16–18) entstammt einer griechischsprachigen Gemeinde im Umkreis der luk. Kirche. Sie dienten dort dem Zweck, eine bestehende Praxis abzusichern. Nähere Angaben zur Chronologie und Geographie sind nicht möglich.

Die der Konferenz zugehörigen Traditionselemente lassen wegen ihrer vielfachen Übereinstimmungen mit der Darstellung Gal 2,1–10 den Schluß zu, daß sie und der genannte Bericht des Paulus sich auf ein und dasselbe Ereignis beziehen: die Jerusalemer Konferenz. Denn Gal 2,1–10 und die genannten Traditionselemente weisen folgende Übereinstimmungen auf:

1. Barnabas und Paulus gehen zusammen nach Jerusalem (Apg 15,2/Gal 2,1).

2. Sie nehmen an einer Konferenz teil, bei der es um die Heidenmission geht (Apg 15,12/Gal 2,1.9).

3. Die Konferenz verläuft auf der Ebene der Gemeinde (Gal 2,2 a/Apg 15,12) und im engeren Kreise (Gal 2,2 b.7/Apg 15,6). Bezüglich der Versammlung im engeren Kreise spricht Paulus von den Angesehenen (Gal 2,9), die Tradition Apg 15,6 von den Aposteln.

4. Eine Partei verlangt die Beschneidung der Heidenchristen (Gal 2,4 f: „die falschen Brüder"/Apg 15,5: „christliche Pharisäer").

5. Der Anlaß der Konferenz waren ähnliche Forderungen wie die auf der Konferenz erhobenen (vgl. Lüdemann 1980: 86–105).

6. Nach beiden Berichten wurde die Heidenmission auf der Konferenz vollgültig anerkannt (Apg 15,10 f.19/Gal 2,9).

7. Vom Aposteldekret erfahren wir im Bericht des Paulus nichts. Trotzdem dürfte die paulinische Darstellung auf das Aposteldekret oder eine ihm ähnliche Regelung in dem Satz anspielen: „*Mir* haben die Angesehenen nichts *zusätzlich* auferlegt" (Gal 2,6 d). Das Dekret (oder eine ihm ähnliche Form) mag den zum großen Teil gemischten Gemeinden Antiochiens auferlegt worden sein, in deren Auftrag Barnabas auf der Konferenz war, während die überwiegend heidenchristlichen Gemeinden des Paulus ohne Auflage blieben (vgl. Lüdemann 1980: 86–101 zur hier angeschnittenen Frage). Ist es sicher, daß Barnabas im Anschluß an die Konferenz wieder nach Antiochien reist, so hat er vielleicht zusammen mit Judas die Regelung für gemischte Gemeinden der dortigen Gemeinde überbracht.

Insgesamt gesehen, ist daher eine hohe historische Zuverlässigkeit der Apg 15,1–35 zugrundeliegenden Traditionselemente festzustellen.

Da Apg 15 auf der Erzählebene relativ häufig als zuverlässiger Bericht über die Jerusalemer Konferenz angesehen wird, mögen im folgenden die Differenzen zwischen der luk. Darstellung und dem aufgeführt werden, was eigentlich geschah (soweit dessen Rekonstruktion auf der Grundlage von Gal 2 und den Apg 15 enthaltenen Traditionen möglich ist):

1. Paulus wird (gegen den Eigenbericht Gal 2) von Antiochien als Delegat nach Jerusalem geschickt und hat auf der Konferenz ebenso wie Barnabas nur eine Statistenrolle inne.

2. Lukas verlegt die Konferenz vor, um die paulinische Mission vor ihrem eigentlichen Beginn (Apg 13–14 ist Modellreise) zu legitimieren. (Damit ist nicht behauptet, daß Lukas um den wirklichen Zeitpunkt der Konferenz wußte. Doch wäre es für ihn unmöglich gewesen, inmitten der paulinischen Mission etwa zum Zeitpunkt von Apg 18,22 von dem „Konzil" zu berichten.)

3. Lukas unterdrückt fast bis zur Unkenntlichkeit im Interesse der Einheit der Kirche Zerwürfnisse. So unterschlägt er hier (und überhaupt in der Apg) die Person des Heidenchristen Titus, um dessen Beschneidung auf der Konferenz gerungen wurde. Weiter entfernt er die Verabredung einer Kollekte aus dem Bericht von der Konferenz (und später aus der Erzählung der letzten Jerusalemreise des Paulus Apg 21), da an ihr, die Paulus als Einheitssymbol aufgefaßt hatte (vgl. Röm 15,27), die Gefahr der Spaltung der Kirche deutlich geworden wäre. Stattdessen verlegt er die Kollekte nach 11,27 ff vor.

4. Lukas erweckt den Anschein, der Streit habe mit der Jerusalemer Konfe-

renz sein Ende gefunden. Die Paulusbriefe sprechen eine andere Sprache (vgl. Lüdemann 1983: 103–165).

„Die AG glättet die Wogen mit heiligem Öl; Paulus läßt merken, daß es menschlich zuging. Ihm erscheint die Urzeit nicht in dem Nebel der historia sacra, er erlaubt sich einen ziemlich ironischen Ton über Männer wie Jakobus und Petrus. – Zu bemerken ist endlich noch, daß der Streit nicht, wie es in der AG scheint, mit der apostolischen Entscheidung ausgetragen und zu Ende gewesen ist, sondern noch lange fortgedauert hat" (Wellhausen 1914: 29 f).

V. 36–41:

Die Traditionselemente reflektieren wohl die historische Ablösung des Paulus von der antiochenischen Gemeinde, obwohl es unbeweisbar ist, daß unsere Tradition mit dem antiochenischen Zwischenfall (Gal 2,11 ff) in einem Zusammenhang steht. Überdies ist auf der red. Ebene ein für uns nicht mehr erkennbarer sachlicher Gegensatz ins Persönliche verschoben, und die Gegner beim Zwischenfall in Antiochien sind die Jakobusleute und nicht Barnabas. V. 40 f gehen historisch wohl auf die Abreise des Paulus nach Syrien und Cilicien nach dem Kephasbesuch zurück (vgl. Lüdemann 1980: 170). Es ist verlockend, die Aussage der Tradition über Silvanus als Paulusbegleiter für zutreffend zu halten (vgl. 1Thess 1,1). (Zur Identität von Silas und Silvanus s. Bauer 1963: 1487.) Den Silvanus hätte Paulus dann wohl bei dem Kephasbesuch kennengelernt. Zur Angabe über Barnabas und Markus s. o. S. 177.

Apostelgeschichte 16,1–5

I Gliederung

V. 1 a: Reise von Derbe nach Lystra
V. 1 b–3: Beschneidung und Mitnahme des Timotheus (aus Lystra)
V. 4: Die Übergabe des Aposteldekrets an die dortigen Gemeinden
V. 5: Kurzsummar: Stärkung und Wachstum in den Gemeinden

II Redaktion

V. 1 a:

Die Reise des Paulus nach Derbe und Lystra ist eine luk. Verdoppelung von Apg 14,6 f.20 f (vgl. Schwartz 1963: 134 f und im Anschluß an diesen Wellhausen 1914: 31). Lukas erzählt nach der Konferenz noch einmal von der Reise des

Paulus in diese Städte, denn erst zu Beginn der unabhängigen Mission des Apostels will er über Timotheus als Begleiter des Paulus berichten (wahrscheinlich schlägt sich hier Wissen um die Bedeutung des Timotheus für die unabhängige paulinische Mission nieder).

V. 1b–3:

Der Abschnitt trägt sprachlich luk. Kolorit (Auswahl): V. 1b: *kai idou, onomati*. V. 2: Relativischer Satzanschluß, *emartyreito* (vgl. 6,3 [von den sieben Hellenisten]; 22,3 [von Ananias]). Die luk. Begründung für die Beschneidung des Timotheus wird explizit in V. 3 gegeben: Paulus beschneidet Timotheus um der Juden willen in jenen Gegenden; sie wußten nämlich, daß sein Vater ein Grieche war. Also erfolgt die Beschneidung, weil Paulus mit Timotheus unter Juden missionieren will und weil diese davon erfahren hatten, daß Timotheus' Vater ein Heide ist. Offensichtlich setzt Lukas voraus, daß Timotheus deswegen ein Heide ist, weil er einen heidnischen Vater hat. Da der luk. Paulus aber für die Mission unter Juden nur jüdische Mitarbeiter haben kann (vgl. Conzelmann 1972: 97; ebenso bereits Wendt 1913: 241, der die luk. Auffassung für die des Paulus hält), muß er durch die Beschneidung seinen Mitarbeiter zu einem Juden machen.

Schmithals 1982 wendet gegen diese Erklärung ein, Timotheus trete in der Apg nie mit Paulus in der Synagoge auf (145). Doch ändert das nichts an dem *luk. Anknüpfungsschema*. Außerdem tritt keiner der Paulusbegleiter (außer Barnabas) jemals mit Paulus in der Synagoge auf. Die Frage der Beschneidung liefert wegen Apg 21,21 indirekt einen Konfliktstoff (gegen Schmithals, ebd.). Schmithals behält aber darin recht, daß die Aussage über die Beschneidung des Timotheus auf Tradition beruht und historisch ist (s.u. IV). – Der Protest von Schille 1983: 333 gegen die obige Erklärung ist mir nicht recht verständlich (vgl. sein Votum: „Oder ist etwa Lukas sein Anknüpfungsschema zum Verhängnis geworden? Dann wäre unser Vers das Zeugnis dafür, daß Lukas über den Gegenstand nicht nachgedacht hätte!" [ebd.]), und seine eigene These („Paulus, meint Lukas, holt nach, was Timotheus fehlt, um ihm auch in den Augen der Juden die Vollwertigkeit zu schaffen" [ebd.]) ist wohl nur eine Spielart der von ihm zurückgewiesenen Anschauung.

Lukas schränkt damit die Apg 15 (durch Petrus und Jakobus) getroffene Aussage von der Freiheit der Heidenchristen von der Beschneidung ein – wenigstens an diesem Punkt, wo es um die paulinische Mission unter den Juden geht. Damit werden von vornherein Angriffe gegen Paulus (vgl. 21,21) abgewehrt. (Freilich ist diese Einschränkung rein theoretisch, denn die luk. Kirche betreibt keine Judenmission mehr [s.u. S. 274].)

V. 4:

Der Vers ist ein Rückverweis auf den Bericht von der Jerusalemer Konferenz. Er zeigt an, daß die dort gefaßten Beschlüsse im Interesse der Kontinuität der

180

Kirche auch ausgeführt wurden. Zu beachten ist, daß der Vers nur davon spricht, daß den vor der Konferenz gegründeten Gemeinden das Aposteldekret übergeben wird. Ausdrücklich genannt werden V. 1 Derbe und Lystra. Man wird im Sinne des Vf.s noch das pisidische Antiochien und Ikonium hinzufügen dürfen (vgl. noch 15,23: die Christen von Antiochien und Syrien/Cilicien als Adressaten des Dekrets), die dann in die von Paulus bereisten *poleis* miteingeschlossen wären. Lukas berichtet später nicht mehr davon, daß die nach der Konferenz gegründeten Gemeinden das Aposteldekret empfangen. Es hat nur eine heilsgeschichtliche Funktion – keine aktuelle Bedeutung für die luk. Gemeinde.

V. 5:

Der Vers ist nach 6,7 und 9,31 ein Kurzsummar und verweist auf die dortigen Stellen zurück.

III Traditionen

V. 1 a:

Traditionell scheinen die Reisestationen Derbe und Lystra zu sein, jedoch mit der Einschränkung, daß sie mit den in Apg 14 genannten genetisch zusammenhängen. D. h., Lukas hat sie verdoppelt (s. o. unter II).

V. 1 b–3:

Auch der Erzählung über Timotheus dürfte Tradition zugrunde liegen (die Person des Silas ist vergessen; doch erscheint hinterher Silas 16,19 und nicht Timotheus, bis dieser plötzlich in 17,14 f wieder hinzukommt). Folgende Elemente sind wohl zur Tradition zu rechnen: die Herkunft des Timotheus aus Lystra (V. 2), sein Hervorgehen aus einer Mischehe (jüdische Mutter, heidnischer Vater) und Paulus' Bekanntschaft mit dem Christen Timotheus. (2 Tim 1,5 und 3,15 belegen die Tatsache, *daß* Personaltraditionen über Timotheus im Umlauf waren.)

Wahrscheinlich gehört auch der Bericht von der Beschneidung des Timotheus durch Paulus der Tradition an. Sie dürfte mit dem Hinweis darauf begründet gewesen sein, daß Timotheus Sohn einer Jüdin war. Rabbinisches Recht bestimmt in der Regel den Status eines Kindes nach dem Vater, bei gemischten Ehen jedoch nach der Mutter: vgl. MKid 3,12 (s. den Kommentar von Schiffman 1981: 117 f und Cohen 1986: 264 f).

Vgl. auch MBik 1,4: „Folgende bringen (sc. die Erstlinge) dar, ohne das Bekenntnis zu lesen: Der Proselyt bringt, ohne zu lesen, weil er nicht sagen kann: ‚Welches Du unsern Eltern zugeschworen hast, uns zu geben'. War aber seine Mutter aus Israel, so bringt er und liest. Wenn ein solcher für sich allein betet, so sage er: ‚Der Gott der Vorfahren Israels', und in der Synagoge sage er: ‚Der Gott Eurer Väter'. Ist aber seine Mutter aus Israel, so sagt er: ‚Der Gott unserer Vorfahren'" (Übersetzung nach A. Sammter, Mischnajot Teil I, Basel ³1968, S. 187).

Die obige rabbinische Rechtsauffassung ist nicht erst im zweiten Jh. n. Chr. ausgebildet worden (anders Cohen 1986: 265–267), sondern war wohl bereits vorher Bestandteil einer Halacha (vgl. zu den Einzelheiten Schiffman 1981: 121, der darauf hinweist, daß die erzählerischen Partien der Bücher Esr/Neh [Esr 9,2; 10,2.10; vgl. Neh 13,23] sich negativ nur mit den Fällen der Heirat eines Juden mit einer Nicht-Jüdin befassen [anders die Gesetzestexte Esr 10,11; Neh 10,31; vgl. Neh 13,23]). Lag sie der Tradition in Apg 16,3 zugrunde, so war eine Beschneidung des Timotheus rechtmäßig.

Nach E. Haenchen hat Lukas jene Geschichte der Beschneidung des Timotheus einer Tradition entnommen, die genetisch mit Gal 5,11 zu verbinden sei. Die genannte Briefstelle scheine Gerüchte zu reflektieren, nach denen Paulus auch als Christ die Beschneidung gelehrt habe. „Hier hat Lukas also nicht... die ihm bekannte Wahrheit tendenziös durch ein eignes Machwerk ersetzt, sondern ist das Opfer einer unzuverlässigen Überlieferung geworden" (Haenchen 1977: 465; Schille 1983: 333 A15 hält dies noch nicht einmal für eine Möglichkeit).

IV Historisches

Der Durchzug des Paulus durch Derbe und Lystra (sowie Ikonium und Antiochien) ist sicher historisch, denn die Orte liegen auf dem Landwege von Syrien/Cilicien nach Ephesus.

Ebenso historisch ist die Verbindung des Paulus mit Timotheus. Doch ist *gegen* die Tradition (oder Lukas) zu betonen, daß Paulus selbst Timotheus bekehrt hat; vgl. 1Kor 4,17: „Darum habe ich euch Timotheus gesandt, der mein geliebtes Kind... im Herrn ist..." Paulus nennt im Kontext die Korinther (ebenso wie Timotheus) seine geliebten Kinder (V. 14). Er habe sie durch das Evangelium gezeugt. Daher liegt es nahe, letzteres auch von Timotheus anzunehmen. Paulus hat ihn dann ebenso wie die Korinther zum Glauben an Christus bekehrt. Diese Bekehrung erfolgte auf dem Weg nach Griechenland, wo Timotheus während der Gründungsmission in Korinth zusammen mit Silvanus und Paulus zu den Predigern gehörte (2Kor 1,19; vgl. noch 1Thess 1,1 in Verbindung mit 1Thess 2,1ff). Im Falle der Richtigkeit der o. S. 17–22 vertretenen Chronologie liegt der Zeitpunkt der Bekehrung des Timotheus (gegen die Apg) *vor* der Konferenz, d. h. während des ersten Lystra-Aufenthaltes des Paulus (Apg 14,6 – s.o. S. 172) (vgl. ebenso Roloff 1981: 240 mit anderer Chronologie unter Hinweis auf 1Kor 4,17).

Meistens wird in älterer oder jüngerer Zeit die Historizität der Beschneidung des Timotheus mit dem Hinweis auf einschlägige Passagen des Gal abgelehnt. Dafür sei im folgenden ein Beispiel aus den letzten Jahren gegeben:

„Daß Paulus den Timotheus ‚aus Rücksicht auf die Juden der dortigen Gegend' (16,3) noch als Christen beschnitten habe, muß bezweifelt werden. Dann hätte Paulus, der nicht lange zurück auf dem Apostelkonvent so leidenschaftlich um die vollwertige Anerkennung des unbeschnittenen Heidenchristen Titus gekämpft und seine Beschneidung verhindert hatte (Gal 2,3; vgl. auch 5,11!), jetzt völlig anders gehandelt" (Ollrog 1979: 21). „Man wird gewiß bedenken müssen, daß Titus Heidenchrist, Timotheus nach jüdischem Recht… Jude war. Aber die Beschneidungsfrage war für Paulus kein Adiaphoron, auf das 1 Kor 9,20 Anwendung finden könnte (Gal 5,2 f; Röm 2,25–29). Sie war für ihn eine Heilsfrage. Die Beschneidung nützt, sagt Paulus, gar nichts vor Gott (1 Kor 7,18 f; Gal 5,6; 6,15), vielmehr allein der Glaube (Röm 3,20). Wer dagegen sich beschneiden läßt, unterwirft sich dem Gesetz (Gal 5,2)" (Ollrog 1979: 21 A72).

Diese Annahmen sind aber verfehlt, weil die polemischen Aussagen des Gal keine zeitlosen dogmatischen Sätze sind und Paulus' Freiheitsbegriff es ihm erlaubte, „den Juden ein Jude zu werden" (1 Kor 9,19). D. h., aus Gründen der Nützlichkeit, wenn es die Evangeliumspredigt förderte, wäre es Paulus schon zuzutrauen gewesen, einen aus einer Mischehe stammenden Mitarbeiter zu beschneiden, um so mehr, als seine Mutter Jüdin und damit Timotheus nach rabbinischem Recht Jude war. Eine Beschneidung des Timotheus käme *nicht* „einer Mißachtung der Taufe gleich" (so freilich Weiser 1985: 402), weil nach Paulus „jeder in dem Stand bleiben soll, in dem er berufen worden ist" (1 Kor 7,20). Im Fall des Timotheus war es nun einmal der jüdische Stand. – Die innere Einstellung des Apostels zu dem Akt der Beschneidung an einem Judenchristen drückt 1 Kor 7,19 aus: „Die Beschneidung ist nichts und die Vorhaut ist nichts…" Mit einer ähnlichen Haltung nimmt er später in Jerusalem (Apg 21) an einer jüdischen Zeremonie teil.

Man wird also (mit Schmithals 1982: 146; vorsichtiger Schneider 1982: 200 f) die Historizität der Beschneidung des Timotheus annehmen müssen (gegen Lüdemann 1980: 170; Weiser 1985: 402 [Lit.]), obgleich – das sei betont – die luk. Begründung (Paulus beschnitt Timotheus wegen der Juden, die wußten, daß er einen heidnischen Vater hatte) den Sachverhalt unrichtig wiedergibt und ferner (gegen die Apg) die Beschneidung nicht nachträglich an dem Christen Timotheus vollzogen wurde, sondern an dem Neubekehrten (vor der Taufe?).

Es ist gut möglich, daß jener Fall der Beschneidung des Timotheus von den Gegnern des Apostels in Galatien ausgeschlachtet wurde. Wie Gal 5,11 zeigt, erhob man gegen Paulus den Vorwurf, gelegentlich selbst die Beschneidung zu predigen (vgl. Wikenhauser 1921: 291 f). Vielleicht verlangte man auch auf der Konferenz unter Hinweis auf Timotheus die Beschneidung des Titus.

I Gliederung

V. 6–8: Zickzackreise von Phrygien nach Troas
V. 9–10: Die Vision des Mazedoniers durch Paulus und der Entschluß, nach Mazedonien zu reisen

II Redaktion

Der gesamte Abschnitt ist von luk. Sprache geprägt (z. B. V. 6: *lalesai ton logon;* V. 7: *poreuthenai* usw.). Die Partizipienhäufung ist lukanisch, ebenso die wörtliche Rede V. 10 b mit dem finiten Verb am Anfang (vgl. 8,14). Ist „wir" in V. 10 *(ezetesamen)* äußerlich an *hemin* (V. 9 fin.) angeschlossen?

Inhaltlich sind die Erwähnung des Heiligen Geistes (V. 6) bzw. des Geistes Jesu (V. 8) lukanisch. Sie erweisen das Heilsgeschehen als vom Geist geleitet. Auch das Traumgesicht (V. 9) dürfte auf Lukas zurückgehen (vgl. die Parallelen in der Apg, bei Nestle/Aland[26] am Rand zu 9,10 aufgeführt, und den Exkurs „Träume und Visionen des Paulus" von Weiser 1985: 406–415). Mit ihm markiert Lukas die Besonderheit des Übergangs von Asien nach Europa. Allgemein gesagt, soll offensichtlich durch die Zickzackreise ein Kontrast zur gradlinigen von Gott gewollten Mission in Europa geschaffen werden.

III Traditionen

V. 6–8:

Die Stationen „Phrygien und das galatische Land" erscheinen in der umgekehrten Reihenfolge 18,23 (s. dort). Die Tatsache der Zickzackreise *und* die mehrfachen (red.) Warnungen des Heiligen Geistes sprechen dafür, daß Lukas hier Material unterdrückt und lediglich Fetzen davon mitgeteilt hat. Zurück bleibt das Fragment eines Stationenverzeichnisses (vgl. Dibelius 1951: 12 f.128 f.169 f.177) mit den Etappen „Phrygien, Galatien, Mysien, Troas".

V. 9–10:

Anscheinend enthielt bereits die Tradition eine Notiz über die Bedeutsamkeit des Übergangs nach Europa. (Dies scheint hauptsächlich aus den gleich anzustellenden historischen Überlegungen hervorzugehen.) Sie wurde dann von Lukas durch die kunstvolle Szene V. 9 f ausgedrückt.

Die traditionellen Stationen (Phrygien, galatisches Land) dürften geschichtlich sein, auch wenn sie von Lukas chronologisch falsch eingeordnet wurden. Sie gehören traditionell und historisch der Reise an, die Paulus vor der Jerusalemer Konferenz über Syrien, Cilicien und Südgalatien (Derbe, Lystra, Ikonium) nach Nordgalatien und von dort über Troas nach Mazedonien führte (zu den Reiserouten V. 8 und zu Troas als günstigstem Ort der Weiterreise nach Mazedonien s. W. P. Bowers, JThSt 30. 1979, S. 507–511). Freilich scheint Paulus in Troas erst später missioniert zu haben (2Kor 2,12/Apg 20,6).

Oben wurde ausgeführt, daß historische Gründe zu der Annahme führten, V. 9 f liege eine Tradition zugrunde, die von der Bedeutsamkeit des Schrittes nach Europa für Paulus zu berichten wußte. Zur Begründung: Aus Phil 4,15 geht hervor, daß Paulus den Übergang nach Europa als Neubeginn seiner Evangeliumsverkündigung aufgefaßt hat (zu Weiser 1985: Es „findet sich bei Paulus selbst keine derartige Hervorhebung des Schrittes nach Europa" [410]; s. dagegen Lüdemann 1980: 139–148). Jene Stelle vermittelt nämlich den Eindruck, daß es vor der Missionierung Griechenlands überhaupt noch keine eigentliche paulinische Mission gegeben hat. Also scheint in V. 9 f trotz aller Redaktion durch, als wie bedeutsam Paulus und seine Mitarbeiter den Schritt nach Europa empfunden haben. (Wer diesen Überlegungen nicht folgen kann, müßte annehmen, Lukas habe durch Zufall die paulinische Einschätzung der Mission Griechenlands richtig wiedergegeben. Wer in diesem Satz „Zufall" durch „Wissen" ersetzen will, vertritt eine Spielart der soeben vorgelegten Traditionshypothese.)

Apostelgeschichte 16,11–40

I Gliederung

V. 11–12 a: Reisebericht: Von Troas nach Philippi
V. 12 b: Erläuterung
V. 12 c: Ankunft und längerer Aufenthalt in Philippi
V. 13–15: Bekehrung der Lydia
V. 16–18: Heilung des Mädchens mit dem Wahrsagegeist
V. 19–24: Verhaftung des Paulus und Silas
V. 25–34: Wunderbare Befreiung beider und Bekehrung des Gefängniswärters
V. 35–39: (Offizielle) Freilassung
V. 40: Abschied von Lydia und den Brüdern

V. 11–12 a:

Zu *anachthentes* vgl. Lk 8,22; Apg 13,13; 18,21; 20,3.13; 27,2 u. ö. *euthydromein* findet sich im NT nur noch Apg 21,1.

V. 12 b:

Der Versteil ist textkritisch unsicher (vgl. die Varianten und Wikgren 1981). Der ägyptische Text ergibt kaum einen Sinn: „Mazedonien ist nicht *meris*, die *Provinz* Mazedonien ist in vier ‚Distrikte' eingeteilt... *prote* bezeichnet eine Stadt als Hauptstadt ... Aber Philippi ist – als Kolonie – weder Provinz- noch Bezirkshauptstadt" (Conzelmann 1972: 99). Wahrscheinlich ist mit Nestle/Aland[26] (der Vorschlag geht auf Johannes Clericus zurück) wie folgt zu konjizieren: statt *prote tes meridos* lies *protes meridos* (Dittographie von *te*). Dann wird korrekt gesagt, Philippi sei eine Kolonie und eine Stadt im ersten Distrikt von Mazedonien (vgl. Wikenhauser 1921: 334 f). Das Relativpronomen *hetis* reflektiert luk. Sprachgebrauch (vgl. Radl 1975: 420). Die Erläuterung über den speziellen politischen Status der Stadt Philippi ist einzigartig im luk. Schrifttum (vgl. aber noch ähnliche Erläuterungen 8,26; 13,8; 17,21). Schlägt sich in ihr eine besondere Lokalkenntnis des Lukas nieder oder geht die Erläuterung auf die Vorlage zurück?

V. 12 c:

diatribontes und *hemeras hikanas* sind sprachlich lukanisch.

V. 13–15:

Auf luk. Sprache gehen zurück: V. 13: *elaloumen*. V. 14: *tis...onomati*. V. 15: *oikos*. Inhaltlich beruht der Gang zur Gebetsstätte (V. 13) auf dem luk. Anknüpfungsschema, obwohl die in der Apg singuläre Bezeichnung *proseuche* auffällt (s. u. III). Frauen spielen in den Lukasschriften eine besondere Rolle (vgl. dazu aber einschränkend Jervell 1984: 146–157).

V. 16–18:

Ein Riß wird V. 16 Anfang sichtbar. Die folgende Erzählung V. 16–18 wird mit der luk. Überleitungswendung im Genitivus abs. („es geschah aber, als wir zur Proseuche gingen...") eingeleitet und ist nur äußerlich mit der vorhergehenden Geschichte durch das Stichwort *proseuche* verknüpft. Sie führt darin vor die Lydia-Geschichte zurück, daß das Folgende sich eigentlich auf dem Wege zur Gebetsstätte ereignet haben soll. Die Angabe „sie tat das viele Tage" (V. 18 a) sprengt dazu vollends den zeitlichen Rahmen, zu dem V. 18 b zurücklenkt: Paulus treibt den bösen Geist aus. V. 18 a steht in Spannung zu V. 16 a und geht sicher auf Lukas zurück. „Paulus muß wegen der Folgen des Ereignisses schon eine Zeitlang missioniert haben" (Conzelmann 1972: 100). Der luk. Sinn von V. 16–18 ist die Abgrenzung von Magie. Fast widerwillig (*diaponetheis* V. 18) muß sich Paulus freilich eines magischen Mittels bedienen, um den bösen Geist auszutreiben. (Zur red. Gestaltung von V. 16–18 vgl. noch Schmithals 1982: 150.)

V. 19–24:

V. 19: *exelthen* knüpft an *exelthein* und *exelthen* (V. 18 b.c) an. Der Inhalt von V. 19 („als nun ihre Herren sahen, daß die Aussicht auf ihren Verdienst ,ausgefahren' war, ergriffen sie Paulus und Silas…") bestätigt die obige Kennzeichnung des luk. Sinnes von V. 16–18 (= die Abgrenzung von Magie). Dann aber dürften V. 19 und die darauf folgende Anklage redaktionell sein, die letztere deswegen, weil sie nichts mit der vorigen Geschichte zu tun hat. Die V. 20 f genannten Vorwürfe („Diese Männer stiften Aufruhr in unserer Stadt. Sie sind Juden und verkünden Sitten, die wir als Römer weder annehmen noch befolgen dürfen") haben nichts mit dem Exorzismus des Paulus zu tun, und Lukas trägt die Vorwürfe so vor, daß sie abgewiesen werden können.

Anders Haenchen 1977, Elliger 1978: 56 f u. a.: Doch wird hier in den meisten Fällen nur vorschnell historisiert; vgl. nur Haenchen 1977: „Paulus hat sich hier gegen die tatsächlich in einer römischen ,colonia' geltenden Gesetze vergangen: Juden – obwohl sonst im großen und ganzen geduldet – dürfen unter Römern keine Propaganda für ihren Kult treiben" (483), etwas anders 477: „in V. 20 f. scheint ein Reisebericht zugrunde zu liegen, da Lukas von sich aus eine solche Anklage nicht bringen würde." Doch! S. die nachfolgende Erklärung im Text zu V. 37.

V. 23: *paraggeilantes* und *asphalos* sind sprachlich lukanisch, ebenso in V. 24 das einen Hauptsatz einleitende Relativpronomen *hos* (vgl. Radl 1975: 420).

V. 25–34:

Von Lukas dürften V. 30–34 stammen: Der Dialog (V. 30–32) entspricht der luk. Art, Szenen zu gestalten. Die Frage des Gefängniswärters („[Ihr] Herren, was soll ich tun, damit ich gerettet werde?") klingt mit der Anrede „(Ihr) Herren" an V. 19 an (die Herren des wahrsagenden Mädchens), vgl. 2,37; Lk 3,10.12.14. Andererseits wird die Szene auf die Lukas wichtige Frage der Bekehrung/Rettung zugespitzt. Die Antwort des Petrus: „Du und dein Haus werden gerettet" (V. 31) findet sich ähnlich redaktionell in der Korneliusgeschichte (11,14). Das Wort *oikos* weist auf V. 15 zurück. Die Beschreibung der Predigt (V. 32) und die Aufnahme der Prediger in das Haus (V. 33) sind redaktionell motiviert. Sprachlich sind *elalesan... ton logon tou kyriou* (V. 32) und in V. 33 *paralabon* sowie *parachrema* sicher lukanisch, ebenso in V. 34 *pepisteukos*.

V. 35–39:

Die Verse nehmen die Rahmenhandlung wieder auf, ohne das Wunder der Befreiung zu berücksichtigen. V. 37 liefert endlich das luk. Verständnis von V. 20. Silas und Paulus sind Römer; soweit Jude-Sein mit Magie assoziiert wird – eine traditionelle Verbindung (vgl. Hengel 1973: 441 f), die auch Beispiele in der Apg hat (vgl. 13,6; 19,13–16) – sind Silas und Paulus keine Juden. Die eigentlichen Schuldigen, die Magie betreiben, sind die Ankläger des Paulus und des Silas, die *kyrioi* von V. 16 und V. 19. Die Anordnung der Befreiung aus dem Gefängnis und das Geleit aus der Stadt (V. 35–39) rechtfertigen Silas und Paulus in den Augen der römischen Leserschaft.

Vgl. schön Schille 1983: „Die wahren Römer der Geschichte sind die Missionare, die man zunächst als Juden verleumdet hat. Sie achten nicht nur das römische Recht, sondern setzen seine Beachtung durch" (370).

V. 40:

Paulus und Silas gehen in das Haus der Lydia. Damit wird redaktionell zurückgelenkt auf V. 15, und die Philippi-Erzählung erfährt eine Abrundung. Man beachte das luk. Wortspiel in V. 40: *exelthontes... eiselthon... exelthan* (vgl. das Wortspiel mit *exelthein* in V. 18 f).

Bei der redaktionsgeschichtlichen Betrachtung ist die enge Verbindung der Befreiungsgeschichte in diesem Kapitel mit den in Apg 5 und Apg 12 erzählten zu beachten. An allen Stellen befreit Gott die christlichen Missionare, wobei die Geschichte Apg 16 am wunderbarsten ausgemalt ist und zusätzlich noch eine von Lukas komponierte Bekehrungserzählung enthält. Die Wundertat Gottes an den Aposteln steht somit deutlich im Dienste der Mission.

III Traditionen

Neuerdings hat Schenk 1984 die These aufgestellt: „Was Apg 16,11ff über Pl in Philippi schreibt, dürfte – neben der sekundären materialen Verwendung und Auffüllung durch auch sonst bei Lk übliche Formmuster – völlig von den pl Briefnachrichten abhängig sein" (339). M. E. ist die Begründung Schenks *nicht einmal möglich*, so daß ich sie hier nicht weiter berücksichtige und auch fernerhin Nichtbenutzung der paulinischen

188

Briefe durch Lukas annehme. Diese Zurückweisung von Schenks eher beiläufigen, aber typischen These bedeutet keine Schmälerung der Verdienste seines Kommentars.

V. 11–12 a:

Für die Annahme von Tradition spricht der chronikartige Erzählstil.

V. 13–15:

Die seltsame Wendung V. 13, „wo wir *meinten*, daß eine ‚Proseuche' sei", reflektiert vielleicht den Bericht eines Augenzeugen (vgl. Cadbury 1955: 87, der auf die merkwürdige Wendung hinweist, aber meint, sie habe vielleicht auch einen uns unerklärlichen Grund). Der Ausdruck *proseuche* spricht wegen seiner Singularität in der Apg für Tradition, ebenso der Name der Lydia, die Spezifizierung ihrer Herkunft (gegen Schille 1983: 341 f, der die Beziehung der Lydia zu Philippi in Frage stellt) und ihre Taufe. Die Oikos-Formel scheint an dieser Stelle wegen ihrer Korrespondenz mit V. 31 auf Lukas zurückzugehen, obwohl sie herkömmlich traditionell ist (vgl. Klauck 1981: 51–56) und an anderen Stellen sicher zuverlässige Tradition reflektiert (s. S. 209 zu Apg 18,8). Zu *sebomene* vgl. die zusammenfassenden Ausführungen S. 161 zu 13,43.

V. 16–18:

Die Heilungsgeschichte geht auf Tradition zurück. Sie endet stilgemäß mit dem Satz: „Und zur selbigen Stunde wich der Geist von ihr." Ihr Anfang läßt sich nicht mehr genau angeben, da die Konstruktion im Genitivus abs. lukanisch ist. Doch dürfte es sich an unserer Stelle von der Struktur her um die vollständige Geschichte eines Exorzismus handeln.

Anders Schille 1983: „Eine selbständige Exorzismuserzählung ohne Demonstration des Wunders und Chorschluß kann man sich kaum vorstellen" (346).

V. 19–24:

Die Notiz über körperliche Züchtigungen des Paulus durch die Römer (V. 22 f) dürfte vor allem aus historischen Gründen (s. u. IV) auf Tradition zurückgehen.

V. 25–34:

Die V. 25 (Anfang unsicher) – 29 zugrundeliegende Tradition kann als Befreiungswunder bezeichnet werden. Es hat zahlreiche pagane Parallelen (Euripides,

Nonnos, Philostrat – vgl. auch die aus Artapanos s. o. S. 168 [hierzu zusammenfassend Weinreich 1968: 167]). Ob Paulus und Silas bereits vorluk. Bestandteil
der Befreiungslegende waren (V. 25–29 gingen dann auf eine selbständige
Legende zurück – so Dibelius 1951: 26 f u. a.), ist nicht sicher zu entscheiden.
Ich neige dazu, ihre Einfügung auf *Lukas* zurückzuführen, denn die beiden
Missionare können ohne Sinneinbuße durch andere Personen ersetzt werden. In
diesem Fall könnte das Befreiungswunder als „Lesefrucht" des Lukas bezeichnet werden (vgl. die Erzählungen Kap. 5 und 12, die zeigen, daß Lukas die Topik
antiker Befreiungswundergeschichten kannte).

V. 37:

Das römische Bürgerrecht des Paulus gehört nicht zu den in diesem Abschnitt
erkennbaren Traditionen, dürfte aber der Lukas zur Verfügung stehenden Überlieferung angehört haben und von ihm an dieser Stelle verwendet worden sein
(vgl. Weiser 1985: 430). Es wird zusammenfassend S. 249 f zu Apg 22,24–29
erörtert werden.

IV Historisches

V. 11–12 a:

Die Reisestationen sind sicherlich historisch. Paulus spricht Phil 4,15 f selbst
von den Anfängen der Mission in Philippi. Die vom Apostel nicht ausdrücklich
genannten Stationen „Troas, Samothrake, Neapolis" verstehen sich als Etappen
auf dem Wege nach Philippi von selbst.

V. 13–15:

Auch Lydia und ihre Bindung an Philippi sind historisch. Dafür spricht neben
dem Namen die Spezifizierung, sie sei eine Purpurhändlerin. (Schilles Annahme,
sie gehöre nach Lydien [1983: 343], ist m. E. unwahrscheinlich.) Dann sind aber
auch Lydias Taufe und ihre gastliche Aufnahme der Missionare ein historisches
Faktum. – *proseuche* bezeichnet entweder ein Synagogengebäude (*proseuche* ist
„bis in die frühe Kaiserzeit in der griechischsprachigen Diaspora... die vorherr-
schende offizielle Bezeichnung für das Synagogengebäude" [Hengel 1971:
171]) oder eine Gebetsstätte. Zwar paßt zum Synagogengebäude nicht, „daß
nur Frauen da sind" (Conzelmann 1972: 99), doch kann das redaktionell sein
(s. o. S. 186). – Beim Fluß dürfte es sich um den Gangitis handeln, der sich im
Westen der Stadt bis auf zwei km näherte (vgl. Elliger 1978: 48; s. ebd. zu
geographisch-archäologischen Einzelheiten; vgl. aber noch die gesunde Skepsis

von Meeks 1983: 211 A237 gegenüber einer zu genauen Lokalisierung der Proseuche). Er spendete das für die rituellen Waschungen notwendige Wasser. – Die traditionellen Einzelangaben in V. 13 (Synagoge/Gebetsstätte, Fluß) werden wohl am besten so erklärt, daß es sich bei ihnen um historische Fakten handelt, die mit der paulinischen Erstmission in Philippi genetisch zu verbinden sind. (Ein anderer Zeitpunkt scheidet wegen V. 14 f aus.)

V. 16–18:

Die Historizität der Traditionen in diesem Abschnitt ist wohl offen. Einerseits ist zu betonen, daß Röm 15,18 f und 2Kor 12,12 *eindeutig* eine Wundertätigkeit des Paulus belegen. Andererseits ist der genetische Zusammenhang der hier vorliegenden Tradition mit einem Wunder des Paulus unsicher. Zusätzlich kann die Tradition eines Wunders des Paulus in Philippi auch auf Grund einer Wundertat an einem anderen Ort entstanden sein.

V. 22 f:

Die Mißhandlungen des Paulus und Silas durch die Römer entsprechen den Selbstaussagen des Paulus über sein und Silas' Leiden in Philippi (1Thess 2,2). Obgleich zu bedauern ist, daß 1Thess 2,2 keine näheren Angaben über den Hergang bei diesen Mißhandlungen macht, scheint doch ein genetischer Zusammenhang sicher zu sein (vgl. Walter 1978).

„In 2.Kor. 11,25 berichtet Paulus selbst, daß er dreimal die römische Prügelstrafe empfing, und in 1.Thess. 2,2 erfahren wir von ihm, er habe Thessalonich erreicht, nachdem er zuvor in Philippi Mißhandlungen erlitten hatte. Wir befinden uns… also auf historischem Boden" (Schmithals 1982: 151).

V. 25–29:

Die Historizität der in V. 25–29 berichteten Befreiung ist unbedingt zu verneinen (vgl. Zeller 1854: 253: „Jeder, der nicht sein Denken dem krassesten Wunderglauben verkauft hat, wird an dem Wunder unserer Erzählung Anstoß nehmen müssen"). Jedoch ist auf der Grundlage der Tradition von V. 22 f die Aussage möglich, daß im Zusammenhang mit den Mißhandlungen Paulus und Silas auch inhaftiert wurden. Dann hätte sich doch ein historischer Kern hinter V. 25–29 erhalten, und die Verse würden die korrekte, freilich mit mirakulösen Zügen ausgestattete Aussage über die Befreiung des Paulus und Silas enthalten. Wie 1Thess 2,2 zeigt, sind Paulus und Silas ja tatsächlich den Mißhandlungen entronnen.

Apostelgeschichte 17,1–15

I Gliederung

V. 1: Reise über Amphipolis und Apollonia nach Thessalonich

V. 2–3: Predigt in der Synagoge

V. 4: Der teilweise Erfolg der Predigt unter den Juden und der große Erfolg unter den Gottesfürchtigen und Frauen der Vornehmen

V. 5–9: Der mißglückte Anschlag der Juden von Thessalonich (gegen Paulus und Silas): Anklage gegen Jason und andere Brüder

V. 10: Flucht des Paulus und des Silas nach Beröa

V. 11–12: Der Erfolg der Predigt unter den Juden und unter den angesehenen Frauen und Männern in Beröa

V. 13: Antipaulinische Agitation der thessalonischen Juden in Beröa

V. 14–15: Flucht des Paulus im Geleit beröischer Brüder nach Athen. Auftrag an die in Beröa verbliebenen Silas und Timotheus, sobald als möglich zu Paulus zu kommen

II Redaktion

Trotz der Traditionsgrundlage einiger Stücke in diesem Abschnitt sind doch V. 1–15, die von der Mission des Paulus und Silas in Thessalonich und in Beröa berichten, von Lukas gestaltet. So haben die Berichte über die Mission in Thessalonich (V. 2–9) und in Beröa (V. 10 b–12) eine ähnliche Struktur (Beginn der Mission in der Synagoge; die Schrift als Grundlage der Predigt; Bekehrungen besonders von vornehmen Frauen; Verfolgung). Ferner sind beide Erzählungen miteinander verzahnt: V. 11 bezieht sich vergleichend auf V. 5 zurück, und V. 13 führt die Juden aus Thessalonich ein. Schließlich ist der vorliegende Abschnitt mit dem Kontext verbunden: V. 1a setzt 16,40 fort, und V. 15 leitet zum nächsten Ort, Athen, über.

V. 1:

V. 1 a ist Reisenotiz, V. 1 b bereitet V. 2 a vor.

V. 2–3:

Die Verse lassen sich vollständig redaktionell erklären: so die auf dem luk. Anknüpfungsschema beruhende Predigt zu den Juden (V. 2; vgl. bes. die an Lk 4,16 anklingende Wendung „nach seiner Gewohnheit"); ebenso der Inhalt der Predigt, daß der Christus nach der Schrift habe leiden müssen und am dritten Tage auferstand (V. 2f – vgl. Lk 24,25–27.44–46 und Apg 2,22–36; 3,18; 8,32–35; 13,27.29). Die zeitliche Angabe, Paulus habe an drei Sabbaten den Juden gepredigt (V. 2), erklärt sich durch die Beobachtung, daß „drei" eine

Lieblingszahl des Lukas ist (Lüdemann 1980: 203–205). V. 3b führt ebenso wie Apg 1,3 von der Rede in der dritten Person in die erste über (zum red. Charakter s. dort).

V. 4:

Die Notiz über einige Bekehrungen von Juden ist schematisch. Zur red. Funktion der Aussage über die Bekehrung einer Menge von Heiden vgl. u. III S. 194. Die Nachricht von der Bekehrung von Frauen der Vornehmen scheint wegen der Parallelen 17,12 (s. u.); 13,50 redaktionell verdächtig zu sein.

V. 5–9:

Der Aufstand der thessalonischen Juden gegen Paulus (V. 5) entspricht dem luk. Schema. Die Anklage auf politische Unruhestiftung (V. 6b–7 – vgl. 16,20; 24,5) ist so gestellt, daß die Leserschaft sie durchschauen und abweisen kann (vgl. Conzelmann 1977: 128–135). Zur Doppelung der Vorwürfe gegen Paulus vgl. die Anklagen der Juden gegen Jesus vor Pilatus (Lk 23,2–4 [diff. Mk]). Zur red. Zeichnung des Tumultes (*demos* [V. 5] = *ochlos* [V. 8]) vgl. 19,32f (s. u. S. 225).

V. 10:

paragenomenos ist sprachlich redaktionell, der sofortige Gang in die Synagoge lukanisch geboten.

V. 11–12 (zu V. 13 vgl. V. 5; zu V. 14–15 s. u. S. 196):

Der Relativsatz, eingeleitet mit *hoitines*…, klingt äußerlich an *hoitines*… von V. 10 an. Die Wendungen „das Wort annehmen" (vgl. Lk 8,13; Apg 8,14; 11,1 – vgl. aber auch 1Thess 1,6; 2,13), „sich so verhalten" (vgl. 7,1; 24,9), *men oun* und die Litotes *ouk oligoi* (vgl. V. 4) weisen auf den Redaktor. Die Schriftbezogenheit der christlichen Botschaft ist luk. Topos. Beide Verse variieren V. 4 (vgl. die einleitenden Bemerkungen zum Abschnitt V. 1–15), wobei als erzählerischer Kontrast die positive Haltung der Juden in Beröa im Vergleich zur ablehnenden Einstellung derer in Thessalonich hervorgehoben wird. Das Ganze geht auf luk. Erzählkunst zurück. Zur red. Bedingtheit der Bekehrung der Frauen der Vornehmen s. V. 4.

Elliger 1978 will die Bekehrung von Frauen der Vornehmen in Beröa historisch wahrscheinlich machen. Es gebe inschriftliche „Hinweise darauf, daß Frauen in Beroia eine größere Rolle gespielt haben als andernorts" (116). Doch folgt daraus keinesfalls die historische Korrektheit von 17,12.

III Traditionen

V. 1 a:

Der Versteil enthält Tradition über den Reiseweg des Paulus.

V. 4:

Die Notiz über den Erfolg der paulinischen Predigt unter den Heiden geht auf Tradition zurück, sosehr die Formulierung sich auch redaktionell verständlich machen läßt (die Aussage von der Bekehrung einer Menge [*plethos* – beachte die luk. Sprache] von gottesfürchtigen Heiden hebt auf den Kontrast zur Bekehrung von nur einigen Juden ab). Letztlich geben historische Überlegungen (s. u. IV) den Ausschlag dafür, daß V. 4 Tradition wiedergibt.

V. 5–9:

Hier liegt ein Traditionsstück zugrunde. Zu dieser Annahme führen Erzählspannungen im Text: Literarisch sind die Verse nur lose mit dem Vorangehenden verbunden. Die Gestalten des Paulus und Silas werden nirgends explizit genannt. Sie erscheinen nur hinter *autous* (V. 5 – vgl. V. 7 a), während für *autous* (V. 9) nicht mehr Paulus und Silas, sondern Jason und die übrigen (Brüder) stehen. D. h., Paulus und Silas sind von Lukas nur äußerlich mit der Szene verknüpft (vgl. als Parallele die Szene 19,32–40 – s. dort). Sodann sprechen inhaltliche Gründe für eine Annahme von Tradition in V. 5–9: 1. Das Verb *ochlopoiein* ist singulär. 2. Der Name Jason wird unvermittelt eingeführt (vgl. ähnlich die Einführung von Sosthenes [18,17] und Alexander [19,33]). Es wird auf den ersten Blick nicht einmal deutlich, ob Jason Christ ist, da er lediglich Christen (Brüder) beherbergt. Doch darf eine Zugehörigkeit zur Gemeinde wohl vorausgesetzt werden. Zudem mag er mit dem Jason von Röm 16,21 identisch sein. 3. Die Wendung „vorführen vor die Volksversammlung" *(proagagein eis ton demon)* ist juristischer Terminus (Conzelmann 1972: 103; vgl. 25,26). 4. Es ist nicht klar, wer nun eigentlich den Aufruhr gegen die Christen anführt. Grammatisch geurteilt, sind es die Juden (aber selbst in V. 9 sind die Juden scheinbar noch Subjekt), vom Kontext her aber der Pöbel. (Freilich dürfte klar sein, daß die Juden erst von Lukas eingetragen worden sind, s. o. II.) 5. Die Politarchen weisen auf Tradition:

„Die wichtigste Aufgabe dieser Beamten war die Rechtsprechung. Darüber hinaus hatten sie den Rat der Stadt einzuberufen, in dem sie den Vorsitz führten, ebenso die Volksversammlung, der sie die im Rat ausgearbeiteten Vorlagen zur Abstimmung vortrugen. Die Sonderstellung des Amtes geht auch daraus hervor, daß das Jahr nach einem Politarchen, dem *archon eponymos* (dem ‚Namen gebenden' Beamten), genannt wurde und die Politarchen auch noch nach Beendigung ihrer Amtszeit großes Ansehen genossen" (Elliger 1978: 93).

6. Die Wendung „eine Kaution erhalten" *(lambanein to hikanon)* ist zu spezifisch, um nicht auf Tradition zurückzugehen. (Freilich ist es auch ein Roman-Motiv.)

Addiert man die genannten sechs Einzelelemente, so ergibt sich noch keine runde Geschichte, wohl aber werden die Grundlinien einer (thessalonischen Gemeinde-[?]) Tradition sichtbar (vgl. ähnlich zuletzt Schille 1983: 352f). Sie hatte folgenden Inhalt: Der thessalonische Christ Jason und andere Mitchristen erlitten Nachstellungen von ihren Volksgenossen, sollten vor die Volksversammlung gestellt werden und kamen durch eine von den Politarchen angeordnete Kaution frei.

Folgende Fragen bleiben offen: 1. War eine Versammlung im Haus des Jason Bestandteil der Tradition? 2. Welche Rolle spielte der Aufruhr des Pöbels? 3. Aufgrund welcher Anklage wurde gegen Jason und die Brüder vorgegangen? (Die V. 6 b–7 genannten *beiden* Anklagepunkte ergeben einen guten luk. Sinn, s. o. S. 193 [zu Schille 1983: 351f, der die zweite Anklage V. 7 für authentisch hält].)

Zur Mission in Beröa und zu den Reisewegen des Silas und Timotheus s. u. IV.

IV Historisches

Der Reiseweg des Paulus (V. 1 a), der ihn von Amphipolis und Apollonia nach Thessalonich führte, ist sicher geschichtlich, wenn auch von Lukas historisch falsch eingeordnet (s. o. S. 21). Paulus ist auf seiner Gründungsmission in Griechenland auf der Via Egnatia von Philippi über Amphipolis und Apollonia nach Thessalonich gereist. Die nächste Station war Beröa.

Der Aufenthalt des Paulus in Thessalonich war viel länger als der Bericht voraussetzt (vgl. Lüdemann 1980: 203f). Zur Begründung: Paulus arbeitete in Thessalonich, um niemanden zu belasten (1Thess 2,9). Er erhielt dort mehrere Male aus Philippi Unterstützung (Phil 4,16). Freilich setzt ja nur der Redaktor Lukas voraus, daß Paulus lediglich drei bis vier Wochen in der Stadt war.

Die Nachricht von dem Gewinn vieler Heiden wird durch die Aussage des 1Thess als historisch erwiesen. Ebenso dürfte der Aufruhr um Jason zutreffen. Der 1Thess setzt nämlich voraus, daß die heidenchristlichen Thessalonicher von ihren Landsleuten in Schwierigkeiten gebracht wurden (1Thess 2,14). Gerade die Einzelnachricht der Kaution spricht für die Zuverlässigkeit der Tradition. Jason wurde mit anderen Christen durch einen staatlichen Übergriff (aus seinem Haus, wo gerade eine Gemeindeversammlung stattfand[?], geholt und) vor Gericht gestellt, wobei der konkrete Anklagepunkt unklar bleibt. Der Fall wurde mit Hilfe einer Kaution beigelegt. Die obigen Überlegungen können daher die Angabe des 1Thess spezifizieren. (Freilich mag sich die Begebenheit auch zu einem späteren Zeitpunkt zugetragen haben.)

V. 10 reflektiert die Existenz einer Christengemeinde in Beröa, an deren Historizität trotz fehlender paulinischer Eigenzeugnisse nicht zu zweifeln ist. Nach der Tradition 20,4 war einer der Begleiter des Paulus, Sopatros (vgl. Röm

16,21: Sosipatros), aus Beröa. Wahrscheinlich wird die dortige Gemeinde zu den Kirchen Mazedoniens gehört haben, die sich an der Kollekte beteiligten (vgl. 2Kor 8,1).

Die Reisewege des Timotheus (und des Silas) V. 14f (18,5) entsprechen nicht den Aussagen des Paulus. Lt. 1Thess 3,2 schickte Paulus Timotheus von Athen nach Thessalonich (und dieser traf Paulus in Korinth wieder). Folglich war er mit Paulus nach Athen gereist. Nach Aussage der Apg (17,14) ließ Paulus Timotheus und Silas in Beröa zurück und traf beide in Korinth wieder (18,5). Man wird die Aussagen des Paulus denen der Apg vorziehen und hinzufügen: Wahrscheinlich schickte Paulus auch Silas von Athen aus mit nach Thessalonich zurück. Die Mission von Timotheus und Silas bestand dann einerseits in der Festigung der mazedonischen Gemeinden. Andererseits dürften sie aber auch ein Geldgeschenk aus Philippi für Paulus mitgebracht haben (2Kor 11,9; s. Lüdemann 1980: 140f).

Wie ist es in der Apg zur Abwandlung der Reisewege des Timotheus und des Silas gekommen? Conzelmann 1972: 104 (ebenso Roloff 1981: 253) schreibt sie einer Vereinfachungstendenz zu. Doch ist damit noch nicht der red. Sinn wiedergegeben. Wahrscheinlich hat Lukas die auf der Stufe der Tradition korrekt wiedergegebenen Reisewege der Paulusbegleiter geändert, weil er den Abschnitt über Athen Paulus vorbehalten wollte (vgl. ähnlich Schille 1983: 352). Aus diesem Grunde handelt er dann die Reiserouten der beiden vor dem Kommen des Paulus nach Athen ab (V. 14–15), was die oben bezeichnete Veränderung von Einzelheiten nach sich zog.

Apostelgeschichte 17,16–34

I Gliederung

V. 16–20: Ankunft des Paulus in Athen und Begegnung mit den Philosophen
  16a: Reisenotiz
  16b: Der Zorn des Paulus über die Götzenbilder in der Stadt
  17–18: Paulus in der Synagoge und auf dem Markt. Reaktion der Stoiker und Epikuräer
  19–20: Paulus auf/vor dem Areopag. Inhalt seiner Lehren
V. 21: Erläuterung für die Leserschaft über die Athener
V. 22–31: Rede des Paulus auf/vor dem Areopag
  22–23: Einleitung
  24–25: I. Gott, der Schöpfer braucht keinen Tempel
  26–27: II. Die von Gott gegebenen Jahreszeiten und Grenzen und die Bestimmung des Menschen
  28–29: III. Die Gottesverwandtschaft des Menschen
  30–31: Die Möglichkeit zur Buße und das künftige Gericht
V. 32–34: Reaktion der Zuhörer: Ablehnung und Zulauf

II Redaktion

V. 16–20:

Diese Verse sind durchgehend von Lukas gestaltet. V. 16, der vom Zorn des Paulus über die in Athen vorhandenen Götzenbilder berichtet, bereitet V. 23 vor. Er ist ein luk. Übergangsvers. Zur Wendung „sein Geist ergrimmte in ihm" vgl. 15,39.

Sie „ist dreifach potenziertes orientalisches Griechisch. So schreibt aber gerade auch Lukas. Er schreibt Apg 20,10: *he psyche autou en auto,* und er unterscheidet, wo irgend möglich, das *pneuma* (die *psyche*) des Menschen von dem Menschen selbst"; vgl. Lk 1,46 f; 23,46; Apg 7,59; 19,21; Lk 8,55 (Harnack 1913 a: 13 f).

V. 17 enthält das luk. Anknüpfungsschema, doch fällt auf, daß anders als sonst von einer *gleichzeitigen* Predigttätigkeit des Apostels gegenüber den Juden in der Synagoge und auf dem Markt gegenüber den Heiden (genauer: gegenüber denen, die gerade vorbeikamen) berichtet wird. *dielegeto* erinnert ebenso wie die Predigt auf dem Markt an Sokrates (vgl. Schille 1983: 354). V. 18 entwirft ein Szenenbild mit Lokalkolorit (vgl. 19,23–40). Es ist als schriftstellerisches Gemälde anzusehen. Dabei dient die Gegenüberstellung der beiden Schulen lediglich der Schaffung eines Milieus (vgl. Conzelmann 1972: 105). Wiederum scheint Lukas eine gedankliche Parallele zu Sokrates herzustellen. Dieser setzte sich ebenso wie jetzt Paulus mit den Vertretern philosophischer Schulen auseinander, die ihm die Einführung neuer Götter vorwarfen (vgl. Plümacher 1972: 19).

„Paulus redet auf dem Markt zu jedermann – wie Sokrates. Man meint, er führe neue Götter ein – wie Sokrates. Und Sokrates ist deshalb vor Gericht gekommen und zu Tode verurteilt worden" (Haenchen 1977: 507; vgl. noch zur ganzen Frage „Sokrates und das Christentum" E. Fascher, ZNW 45.1954, S. 1–41 [Lit.]).

Lukas stellt in V. 18 wie später in V. 32 zwei Gruppen in der Hörerschaft einander gegenüber, von denen beide gegen die Verkündigung des Paulus Vorbehalte haben (vgl. ebenso 2,12). „Jesus und die Anastasis" als Verkündigungsobjekt reflektiert wohl das von Lukas beabsichtigte Mißverstehen der christlichen Verkündigung im Sinne eines Götterpaares durch die Heiden (vgl. Haenchen 1977: 497 A5). V. 19–20: Lukas nennt „des Effects seiner Erzählung wegen, um für die Rede des P.(aulus) eine würdige Scene zu gewinnen..., die allbekannte Gerichtsstätte Athens" (Overbeck 1870: 277). „Areopag" (vgl. dazu Elliger 1978: 173–179) kann zweierlei bedeuten: 1. den Areshügel, der für die Szene aber viel zu klein wäre; 2. die Gerichtsbehörde. Das letztere wird durch *en meso* (17,22; vgl. 17,33), *epilabomenoi* (ein von Lukas gern gebrauchtes Wort) und *ho Areopagites* (17,34) nahegelegt. Paulus wird mitgenommen, damit er über die neue Lehre Rechenschaft ablege. Doch ist die nachfolgende „Predigt" keine Verteidigungsrede, und V. 21 macht dann vollends klar, daß keine Anklagesituation vorliegt. Überdies zeigt sich in V. 20 der Schriftsteller wiederum am Werk, wenn er unter Aufnahme früher genannter Motive (V. 18) an die Anklage gegen Sokrates erinnert: Paulus wird vorgehalten, er führe fremde Dinge *(xenizonta tina)* ein – unter Aufnahme von V. 18: *xenon daimonion dokei kataggeleus einai*. Das scheint auf die antisokratische Anklage der Einführung von *kaina daimonia* anzuspielen (Plato, Apol 24 B; Xenophon, Mem I 1,1) (dagegen freilich Hommel 1955: 150 f). Doch fehlt als Topos der Anklage die Verführung der Jugend.

V. 21:

Dieser Vers wendet sich direkt an die Leser(innen) (vgl. 8,26; 16,12; 23,8). Die Neugierde der Athener war sprichwörtlich; vgl. die Belege bei Conzelmann 1972: 106 und den Hinweis auf Chariton I 11,6–7 (ebd., 105). Durch die Aufnahme des Topos der Neugierde der Athener fügt der Vers der ganzen Szene noch einmal Lokalkolorit hinzu. Vgl. auch die red. Attizismen *(spermologos* [V. 18], *kainoteron* [V. 21], *legein...e akouein* [V. 21] – s. dazu Norden 1913: 333–336 und die einschränkenden Bemerkungen von Plümacher 1974: 243).

V. 22–31:

Diese Verse sind als theologische Erläuterung der *Predigt*notiz von V. 18 die einzige *Rede* vor Heiden in der Apg (vgl. 14,15 ff). V. 22: Ihr Ausgangspunkt bildet ein oft zum Preise Athens gebrachter Gemeinplatz, nämlich sein durch die vielen Kultbilder und Feste begründeter Anspruch, die frömmste Stadt Griechenlands zu sein (vgl. die Belege bei Weiser 1985: 464). V. 23: Die Anknüpfung an die Altarinschrift dürfte ebenfalls auf Lukas zurückgehen. Er nimmt einen für Athen bekannten, aber archäologisch bisher nicht nachgewiesenen Typ einer Inschrift auf (dieser spricht aber gegen 17,23 von Inschriften, die unbekannten Göttern geweiht sind) und wandelt ihn für seinen Zweck (Monotheismus), mittels Ersetzung des Plurals *(theois)* durch den Singular *(theo)*, ab (vgl. Conzelmann 1972: 106 f mit Belegen). Auf der red. Ebene zeigt sich die Rede darum bemüht, durch das Motiv der Gottesverwandtschaft und der Schöpfungswerke an vorhandenes Wissen um den christlichen Gott anzuknüpfen (vgl. auch das Aratos-Zitat V. 28). Lukas hat sich kaum so, wie er Paulus reden läßt, die angemessene Heidenpredigt vorgestellt (gegen Dibelius 1951: 74 A1), denn die Areopagrede ist gar keine Predigt. Doch bleibt die Frage nach dem Verhältnis dieser wie aller Reden in der Apg zu den Predigttypen aus der Zeit des Lukas offen und ist nicht Gegenstand dieser Arbeit (s. dazu die Kommentare); vgl. jedoch noch die motivgeschichtliche Fragestellung unter III.

Nun ist zuweilen die These aufgestellt worden, die Areopagrede gehe auf eine sekundäre Überarbeitung der Apg zurück (Norden 1913: 37–55.311–332 – das Werk Nordens bleibt für die Analyse von Apg 17 grundlegend): Doch sprechen dagegen die von Harnack 1913 a beobachteten inhaltlichen Parallelen der Rede mit dem luk. Doppelwerk. Sie mögen im folgenden zusammen mit den singulären Zügen der Rede im Anschluß an Harnack aufgeführt werden, damit die red. Elemente der Areopagrede weiter deutlich werden:

1. Gott, der Schöpfer (V. 24) – vgl. Apg 4,24; 14,15. LXX.
2. Gott, der Herr (V. 24) – vgl. Apg 10,36: „Dieser ist der Herr aller". LXX.
3. Gott wohnt nicht in Tempeln (V. 24) – vgl. Apg 7,48. LXX.
4. Gott wird, da er nichts bedarf, nicht von Menschen kultisch bedient (V. 25) – in dieser Form besteht keine Parallele im luk. Doppelwerk (stoisch und LXX).
5. Gott, der Geber des Seins und aller Gaben (V. 25) – vgl. ähnlich Apg 14,17 (stoischer Hintergrund und LXX).
6. Abstammung aller Menschen von dem Einen (V. 26) – vgl., wie Jesus Lk 3,23–38 auf Adam zurückgeführt wird.
7. Gott, der Lenker der Völkergeschichte (V. 26) – vgl. ähnlich Apg 14,16.
8. Die dem Menschen gestellte Aufgabe, Gott zu finden (V. 27) – vgl. Apg 14,17.
9. Jedem Menschen ist Gott nahe (V. 27) – vgl. Apg 10,35.
10. Pantheismus (V. 28) – es besteht keine Parallele im luk. Doppelwerk. Der Pantheismus ist stoisch; vgl. aber auch LXX.
11. Göttliches *genos* der Menschheit (V. 28 f) – griechische Dichter, keine Parallele im luk. Doppelwerk.
12. Unerlaubtheit des Bilderdienstes (weil widersinnig) (V. 29) – keine Parallele im luk. Doppelwerk; vgl. aber LXX.
13. Die bisherige Unwissenheit der Menschen, über die Gott mißbilligend hinweggesehen hat (V. 30) – vgl. Apg 3,17; 13,27; 14,16.
14. In der Gegenwart ist eine neue Gottesoffenbarung ergangen, und zwar an alle Menschen (V. 30) – vgl. Lk 2,10 (dem ganzen Volk).
15. Die neue Predigt beginnt mit der Buße (V. 30) – vgl. Apg 2,38; 3,19; 13,24; 20,21; 26,20.
16. Das kommende Gericht (V. 31) – vgl. Apg 24,25.
17. Der *aner horismenos* (V. 31) – vgl. Apg 10,42.
18. Die Auferstehung Christi (V. 31) – oft in der Apg.

Von diesen achtzehn Punkten sind vierzehn im luk. Doppelwerk zu belegen. Nur vier (Nr. 4, 10, 11, 12) sind nicht nachzuweisen, aber sie bilden eben das Charakteristikum dieser Rede, „nämlich, was Lukas in der solennen Lehrrede an die Heiden sagen mußte, und sie schließen sich harmonisch seinen bekannten Gedanken an" (Harnack 1913 a: 25; ebd. folgt eine Aufstellung der stilistischen Ähnlichkeiten der Areopagrede mit dem luk. Doppelwerk).

V. 32–34:

V. 32: Vgl. die Bemerkungen oben zu V. 18: Beide Gruppen in der Hörerschaft haben Vorbehalte gegen die Verkündigung des Paulus (s. 2,12). V. 33: Vgl. Lk 4,30. V. 34: Der Vers trägt sprachlich luk. Kolorit; vgl. bes. *kollethentes, onomati, heteroi syn autois* (Lk 24,33; 8,3).

V. 16–20:

V. 16a: Die Ankunft des Paulus in Athen aus Thessalonich reflektiert Tradition (s. u. IV). V. 16b–20: Eine Traditionsgrundlage ist nicht mehr zu erkennen.

V. 22–31:

Nauck 1956 entdeckt in der Areopagrede drei verschiedene Motivgruppen: Schöpfung (V. 24–26a.27–28), Erhaltung (V. 26b), Erlösung (V. 31), und ist in der Lage, dasselbe Motivschema in der Missionsliteratur des hellenistischen Judentums nachzuweisen (Orac. Sib. Fragment I und III [Nauck 1956: 26–28 (Textanalyse). 32–34 (Vergleich mit der Areopagrede). 51f (Textabdruck in deutscher Übersetzung)]). Daneben weist er das Vorkommen desselben Schemas in frühjüdischen und frühchristlichen Schriften auf; s. die Textbeilagen Nauck 1956: 46–52 (1Clem 19,2–21,1; 33,2–6; ApConst VII 34; VIII 12; EpAp [Introitus]; Achtzehnbittengebet; Gebet Manasses). Seine Folgerung: „das in der Tradition geläufige Aufbauschema (sc. läßt es) geraten sein, die Zusammenordnung der drei Motive in der Areopagrede nicht als einen Ausdruck der theologischen Konzeption des Lukas zu bewerten. Denn es ist wahrscheinlich, daß nicht Lukas die Basis für die Missionsrede herstellt, sondern daß sie ihm aus der Missionspraxis bekannt gewesen ist" (30). Man wird sich diesem Urteil anschließen und noch hinzufügen, daß nicht Stilkritik, sondern der religionsgeschichtliche Vergleich bzw. die Motivanalyse (vgl. den Untertitel der Arbeit von Nauck) zur Annahme von Tradition führt.

Kritik an Nauck übt Haenchen 1977: „Von einem Schema creatio – conservatio – salvatio… sollte man nicht sprechen; es ist ‚nirgends als strenges Dispositionsschema durchgeführt' (Conzelmann 29), auch nicht in der Areopagrede, deren weiter Bogen sich von der Schöpfung zum Gericht spannt" (503 A4). Doch geht dieser Einwand an Naucks These vorbei. Ein strenges Dispositionsschema ist weder in der Areopagrede zu erwarten, der ja auch nach Nauck das genannte Schema nur zugrunde liegt, noch in den angeführten Texten, da auch sie – in ihrer Gattung verschieden – das genannte Motivschema nur mehr oder weniger genau reflektieren. Mit leichten Abweichungen bzw. einer gewissen Biegsamkeit ist ohnehin zu rechnen. Zu beachten ist ferner, daß Nauck das von ihm entdeckte Schema noch einmal differenziert in einen versöhnlicheren (Aristobul, Areopagrede) und einen scharf anklagenden Typ (Sib., Paulus [s. sofort]). Ersterer entschuldige die Unwissenheit der Heiden, letzterer nicht. Diese Differenzierung wird im folgenden unberücksichtigt bleiben.

V. 32–34:

V. 34: Der Name Dionysius Areopagita ist wohl traditionell. Unter dieser Voraussetzung erklärt sich am besten die red. Angabe, daß Paulus vor dem

Areopag auftrat. Vgl. Baur 1866: „war er (sc. Dionysius) aber als Areopagite bekehrt worden, so muss auch vorausgesetzt werden, dass der Apostel vor dem versammelten Gerichtshof aufgetreten sei" (194).

Ebenfalls dürfte der Name Damaris traditionell sein. Für die Annahme von Tradition spricht die Überlegung, daß Damaris – sonst nicht als Frauenname belegt (vgl. Bauer 1963: 338) – nicht in den Kontext der Rede auf/vor dem Areopag paßt. „Eine fromme Jüdin oder eine Frau in der Gemeinde wäre in Athen natürlich nicht öffentlich mit Männern zusammen" (Jervell 1984: 188 A30). Schille 1983 führt die Angaben in V. 34 auf Gründungsnachrichten zurück, „aus denen weder hervorgeht, daß Paulus die Gemeinde gründete, noch daß sie bei dieser Reise gegründet wurde" (360).

IV Historisches

Die Reise des Paulus von Thessalonich nach Athen (während der Gründungs-mission) ist historisch (s. 1Thess 3,1 f).

Bezüglich des in der Tradition verankerten Motivschemas der Areopagrede ist zu betonen, daß auch Paulus es in verschiedenen Äußerungen voraussetzt, so in der kerygmatischen Formulierung 1Thess 1,9 f (vgl. Wilckens 1974: 81–91 – anders Holtz 1978: 461–463 u. ö.) und in Röm 1,18–2,10 (vgl. Schöpfung [1,20.25], Gotteserkenntnis [1,19 f], Gottesverehrung [1,23.25], Umkehr [2,4], Gericht [2,5 f.8] und Heil [2,7.10]). Einschränkend ist zunächst anzumerken, daß das Motiv der Erhaltung weder 1Thess 1,9 f noch Röm 1,18–2,10 aus-drücklich in Erscheinung tritt. Doch ist es als Verlängerung der Schöpfungsaus-sagen vorausgesetzt. Sodann sind beträchtliche Differenzen zwischen den Äu-ßerungen des Paulus und der Tradition der Areopagrede festzustellen. Die letztere kennt zwei Beweise für die Gotteserkenntnis des natürlichen Menschen: 1. den Beweis aus den Schöpfungswerken, 2. den aus der Gottesverwandt-schaft. Letzterer ist bei Paulus wegen seiner Ansicht von der Entfremdung des Menschen von Gott undenkbar (s. Röm 1,21 u. ö.), ersterer kommt bei Paulus auch vor (s. Röm 1,20 a), doch nur als vertane Möglichkeit (vgl. Röm 1,20 b und den Zusammenhang Röm 1–3). Daher werden wir diese beiden Züge der Rede als unhistorisch streichen müssen. Gleichzeitig besteht aber wegen der bei Paulus und in Apg 17 verarbeiteten Tradition die Möglichkeit, daß letztere in einem genetischen Verhältnis zu einer von Paulus in Athen gehaltenen Rede steht, wenn denn vorausgesetzt werden darf, daß Paulus auch in Athen unter den Heiden missioniert hat. Zwar setzte sie weder bei einem unbekannten Gott an – eine solche Aufschrift hat es nie gegeben (s. o. S. 198), ferner steht der Altar im Dienste einer vom historischen Paulus nicht vertretenen Anknüpfung, die oben als redaktionell verständlich gemacht wurde – noch hielt Paulus eine Rede auf dem Areopag. Trotzdem kann angenommen werden, daß der Apostel bei seinen Missionsversuchen in Athen eine (bzw. mehrere – s. die Erläuterung sofort) Rede(n) an die Heiden gehalten hat, deren Grundlage vielleicht in der Tradition von Apg 17 aufbewahrt ist (vgl. Nauck 1956: 45). Andererseits besteht die m. E. wahrscheinlichere Möglichkeit, daß Lukas und Paulus unabhängig voneinander einen ähnlichen (zur Differenzierung s. o. S. 200) Typ von Heidenpredigt kennen. Es würde sich dann bei der oben aufgewiesenen Analogie nicht um eine Genealogie handeln.

Es gibt verschiedene mögliche Orte einer solchen Predigt: die Synagoge, der Markt, der „workshop" des Paulus (vgl. dazu Hock 1980: 37–42). Die obigen Ausführungen sollen nicht so verstanden werden, als ob Paulus nur *eine* Gründungs-Predigt gehalten hätte. Man wird vielmehr an eine Mehrzahl denken, die jeweils dieselben oben aufgewiesenen Motive enthalten hat. (Zum Missionar Paulus vgl. noch Meeks 1983: 26–28.)

Die Personen der Damaris und des Dionysios Areopagita sind wohl historisch. Doch dürften sie *nicht mit der Gründungsmission des Paulus* zu verknüpfen sein, denn das Haus des Stephanas (aus Korinth), mit dem Paulus zur Zeit seines Aufenthaltes in Athen noch nicht in Kontakt getreten sein konnte, war Erstling Achajas (1Kor 16,15). Im übrigen wird man die begründete historische Annahme äußern dürfen, daß Paulus in Athen keinen großen Missionserfolg gehabt hat, denn eine athenische Gemeinde spielt in den Missions-, Reise- und Kollektenplänen des Apostels keine erkennbare Rolle. Überdies hören wir erst um 170 n. Chr. von einer christlichen Gemeinde in Athen (Euseb, KG IV 23,2 f: Brief des Dionysius von Korinth an die Gemeinde von Athen [die ebd. aufgestellte Behauptung des Dionysius, Dionysius, der Areopagite, sei erster Bischof von Athen gewesen, gehört in das Reich der Legende]).

Im ganzen ist also die historische Ausbeute auf der Grundlage der Apg 17,16–34 erhaltenen Tradition relativ schmal. Gegen dieses Ergebnis sollte nicht eingewandt werden, Athen sei in der Apg der einzige Ort, in welchem Paulus predigte, ohne eine Verfolgung hervorzurufen. Daher sei die ganze Episode als eine gute historische Überlieferung zu betrachten (so wohl Lake/Cadbury, Beg. IV: 208). Denn das Fehlen des Verfolgungsmotivs erklärt sich daraus, daß in diesem Kapitel Paulus sich fast ausschließlich den Heiden zuwendet und die Juden nur am Rande erscheinen. (Die gebildeten Heiden Athens disputieren, werden aber nicht handgreiflich [apologetische Nebenabsicht!].) Aber auch die These von E. Meyer muß zurückgewiesen werden: „Besser als durch diesen Brief (sc. 1Thess) kann die Zuverlässigkeit des Berichts des Lukas über die Vorgänge in Athen überhaupt nicht bestätigt werden" (III: 108). Denn im 1Thess äußert sich Paulus nicht über die Vorgänge in Athen und macht keinerlei diesbezügliche Andeutungen.

Apostelgeschichte 18,1–17

I Gliederung

V. 1: Reise von Athen nach Korinth
V. 2–3: Paulus als Zeltmacher/Lederarbeiter bei Aquila und Priskilla

V. 4: Allsabbatliche Predigt des Paulus in der Synagoge
V. 5–8: Verstärkte Missionstätigkeit des Paulus
V. 9–10: Christusvision
V. 11: Zeitangabe (achtzehn Monate)
V. 12–17: Paulus vor Gallio

II Redaktion

V. 1:

Zu *meta tauta* vgl. die luk. Parallelen 7,7 (cit.); 13,20; 15,16 (cit.); Lk 5,27 (diff. Mk); 10,1; 12,4 (diff. Mt); 17,8; 18,4.

V. 2–3:

Die Verse tragen sprachlich-syntaktisch luk. Kolorit: vgl. *onomati, to genei* (vgl. 4,36; 18,24), AcI mit *dia* eingeleitet (bis); *chorizesthai* nimmt *choristheis* (V. 1) auf. Der gehäufte Partizipialstil ist gleichfalls redaktionell. Doch ist der mit *kai heuron* eingeleitete Satz ein Monstrum geworden (zur Erklärung vgl. u. III). „Alle Juden" ist eine luk. Verallgemeinerung (vgl. Lk 2,1; Apg 11,28; 21,30 u. ö. sowie Lüdemann 1980: 31 mit A37). Diese Stelle paßt an sich gut zur luk. Tendenz, Welt- und Heilsgeschichte miteinander zu verzahnen. Zu beachten ist, daß der römische Kaiser Claudius nach 11,28 hier zum zweiten Mal in eine Relation zum Heilsgeschehen gesetzt wird. Doch schließt eine red. Stimmigkeit nicht notwendig den Traditionscharakter der diesbezüglichen Nachricht aus, daß Priskilla und Aquila im Jahr des Judenedikts des Claudius nach Korinth gekommen sind und hier Paulus getroffen haben.

Hyldahl 1986 hat m.R. darauf hingewiesen, daß *prosphatos* (V. 2) sich auf die Ankunft des Paulus in Korinth bezieht. „Kurz vor seinem dortigen Eintreffen... waren Aquila und Priska aus Rom gekommen" (124). Er fährt fort: „Vom Gesichtspunkt des Verfassers der später geschriebenen Apostelgeschichte her gesehen wird damit nicht im entferntesten angedeutet, auch *Paulus* sei schon damals nach Korinth gekommen" (ebd.). M. E. ist der letzte Satz anfechtbar. Aber selbst wenn er zuträfe, wäre Hyldahls auf der Grundlage von Apg 18 geäußerte These unwahrscheinlich, daß Priskilla und Aquila um 41 n. Chr. (= das Jahr des Judenediktes des Claudius, s. u. S. 208) und Paulus erst um 49 n. Chr. nach Korinth gekommen sei(en) (ebd.). Denn auf der Stufe der Tradition liegt doch eine Verknüpfung zwischen Claudiusedikt, Aquila und Priskilla sowie Paulus vor. Mit *prosphatos* spezifiziert *Lukas* das zeitliche Verhältnis der Ankunft Aquilas und Priskillas sowie des Paulus zueinander. – Zudem bestreitet Hyldahl 1986: 122–124 wohl zu Unrecht, daß in Apg 18 Traditionen von mehr als *einem* Korinthaufenthalt eingeflossen sind (s. dazu auch o. S. 17–19).

V. 4:

Der Vers entspricht dem luk. Anknüpfungsschema. Er ist auch darin redaktionell, daß er im Vorgriff auf die nächste Einheit, V. 5–8, die beiden Zielgruppen der Predigt des Paulus bezeichnet: Juden und Heiden. Der Vers ist weiter als Überleitung zum folgenden V. 5 zu bezeichnen, der in luk. Sprache (Lüdemann 1980: 175 A48) von der verstärkten Missionstätigkeit des Apostels berichtet. Zu dieser Missionstätigkeit stellt V. 4, der Bericht von der allsabbatlichen Predigt als geringere, nur einmal pro Woche ausgeübte Missionstätigkeit, die innere Voraussetzung dar.

V. 5–8:

V. 5 b bildet sozusagen die nähere Ausführung und Explikation des Überzeugens der Juden im ersten Teil der Überleitung V. 4. Als dieses scheitert, wendet sich Paulus mit einer symbolischen Handlung (vgl. Apg 13,51; Neh 5,13) von den Juden ab und den Heiden zu (V. 6: „Euer Blut komme über euer Haupt! Ich bin unschuldig; von jetzt an werde ich zu den Heiden gehen.") Damit wird der zweite Teil der Überleitung von V. 4, das Überzeugen der Griechen, näher ausgeführt. Sprachlich ist folgendes in V. 5 f lukanisch:

V. 5: *diamartyromenos* (zum Inhalt des Bezeugens, daß nämlich Jesus der Christus ist, vgl. – red. – 9,22; 17,3; 18,28; 28,31), V. 6: die Konstruktion im Genitivus abs., *eipen pros, apo tou nyn, poreusomai. antitassomai* kommt nur hier bei Lukas vor, sosehr die Verweigerungshaltung der Juden und ihr Lästern *(blasphemeo)* für ihn typisch sind. V. 7: *onomati* (in Verbindung mit *tis*) ist redaktionell (vgl. V. 2). V. 8: *syn holo to oiko autou* gehört nach Weiser 1985 ebenso wie die Oikosformel 16,15.32.34 „zu den luk Steigerungselementen der Komposition" (424). Doch kann auch Tradition zugrunde liegen (s. u. III, S. 206).

V. 9–10:

Zu *horama* als luk. Darstellungsmittel vgl. die Bemerkungen zu 16,10. Die Christusvision steigert die Dramatik der Szene. Sie ergibt einen guten red. Sinn. Denn sie erklärt erstens die lange Dauer von Pauli Aufenthalt in Korinth (V. 11: achtzehn Monate), sie illustriert zweitens die Bedeutung der korinthischen Christengemeinde z. Zt. des Lukas (vgl. 1Clem), und sie hat drittens vor allem Überleitungscharakter zur nachfolgenden Gallio-Episode, indem sie vorausblickend ankündigt, Paulus werde kein Leid zugefügt werden.

V. 11: S. u. III.

V. 12–17:

Der Bericht vom „Prozeß" vor Gallio enthält auch red. Züge. Paulus muß kein einziges Wort sagen, damit die Anklage der Juden abgewehrt wird. Noch ehe er das Wort ergreifen kann, weist Gallio die Anklage der Juden zurück und zeigt sich damit als ein vorbildlicher Staatsmann, der in den Streit zwischen Christen und Juden nicht eingreifen will (vgl. 23,29; 25,18). Im einzelnen finden sich folgende Spuren luk. Redaktionstätigkeit: V. 12: *homothymadon, egagon... epi*, das Vorgehen der Juden gegen Paulus (vgl. 13,45.50; 14,2 u.ö.). V. 13: Die Anklage, Paulus lehre eine Gottesverehrung gegen das Gesetz *(para ton nomon)*, entspricht inhaltlich den Vorwürfen gegen den Apostel 16,20f; 17,6f; 21,28; 24,5f (vgl. Conzelmann 1977: 133–135). *sebesthai ton theon* klingt an *sebomenou ton theon* (V. 7) an. V. 14: *mellontos anoigein to stoma, eipen pros* sind sprachlich lukanisch. V. 15: Zu *onomata* (= Personen) vgl. 1,15. V. 16 reflektiert keine Redaktionstätigkeit (*apelauno* steht nur hier im NT). V. 17: *pantes* geht auf luk. Generalisierung zurück (vgl. V. 2).

Elliger 1978 entnimmt unserem Abschnitt folgende historische Information: „daß der Beklagte keine Gelegenheit bekommt, sich zu äußern, ist... nur (sic!) bei der Annahme verständlich, daß sich Gallio von vornherein die Juden mit ihren Querelen vom Leibe halten will. Deswegen interpretiert er die Anklage der Juden möglicherweise auch in einem anderen Sinn, als sie wahrscheinlich gedacht war. Mit dem *nomos,* gegen den Paulus angeblich verstößt, ist wohl, wie auch sonst, das römische Recht, nicht das jüdische Gesetz gemeint. Gallio jedoch versteht darunter das letztere, sonst könnte er nicht von vornherein den Streit als eine innerjüdische Angelegenheit abtun. So aber darf er die Sache guten Gewissens auf sich beruhen lassen. Denn sie fällt nicht in sein Ressort, da keine Gefahr für die öffentliche Sicherheit besteht. Das heißt, Gallio handelt vielleicht untadelig als Staatsmann, aber die Zurückweisung der Anklage bedeutet keineswegs eine Stellungnahme für Paulus. Der wird mit den übrigen Juden vom Bema weggetrieben (V. 16) und bleibt auch weiterhin den Anfeindungen seiner Landsleute überlassen. Nichts kann uns vor dem Verdacht bewahren, daß die antisemitischen Regungen der umstehenden Volksmenge, die sich nach Gallios Bescheid freie Bahn brechen – der Synagogenvorsteher Sosthenes wird verprügelt –, auch Gallio selbst nicht fremd waren: In Rom war er Zeuge der jüdischen Unruhen unter Claudius geworden, sein Bruder Seneca hatte von der *gens sceleratissima* gesprochen. Auch für Gallio war Paulus nur ein Jude" (236f).

Durch diese Ausführungen des gelehrten Vf.s werden die Aporien einer historisierenden Exegese vor Augen geführt. Sie weist *ohne Begründung* die redaktionsgeschichtliche Sicht zurück und verstrickt sich in historische Schwierigkeiten. Denn es ist doch undenkbar, daß Paulus nichts hätte sagen können! Ferner läßt V. 16 in der Schwebe, ob auch Paulus weggejagt wurde. Schließlich wird aus der Spannung von V. 17 zu V. 16 (s.u. III) deutlich, daß der Text zunächst auf der red. Ebene gelesen werden will. (Es ist historisch undenkbar, daß Gallio die Juden wegjagt und trotzdem danach noch ein Jude verprügelt wird.)

V. 1:

Die Reise des Paulus nach Korinth ist traditionell.

V. 2–3:

Paulus' handwerkliche Tätigkeit als Zeltmacher bzw. als Lederarbeiter (zur Übersetzung von *skenopoios* vgl. u. S. 209) bei dem Ehepaar Aquila und Priskilla einschließlich der Verbindung ihres Kommens aus Rom mit dem Judenedikt des Claudius scheint ebenfalls Tradition zu reflektieren. Damit ist gleichzeitig vorausgesetzt, daß auch die Ankunft des Paulus in Korinth auf der Stufe der Tradition in unmittelbarer Nähe des Claudius-Ediktes anzusetzen ist (s. o. S. 203 zu Hyldahls anderslautender These). Nun hatten wir o. unter II die Möglichkeit erwähnt, die Claudiusnotiz sei redaktionell und gehöre zu denjenigen Stellen des luk. Doppelwerkes, die Welt- und Heilsgeschichte miteinander verzahnen. Doch sosehr sie einen luk. Sinn ergibt, sprechen folgende Gründe für die traditionelle Herkunft von V. 2–3: 1. Die Kompaktheit der Sätze V. 2–3 läßt sich am besten durch die Hypothese erklären, verschiedene Traditionen seien in ihnen zusammengedrängt worden. 2. Daß Paulus aufgrund gleichen Handwerkes (und nicht in erster Linie aufgrund gleichen Glaubens) bei Aquila und Priskilla Aufnahme findet, ist eine singuläre und völlig untendenziöse Nachricht (hier liegt also – gegen Roloff 1981: 270 – *nicht* das luk. Anknüpfungsschema vor). 3. Für Tradition in V. 2 f (und 18 f) spricht auch, daß sich *Lukas* Aquila und Priskilla als christliche Lehrer vorstellt (V. 26 erteilen sie Apollos Nachhilfe im christlichen „Weg"), wovon in diesen Versen nichts zu spüren ist. 4. Die Angabe, Aquila stamme aus Pontus (vgl. Apg 2,9), ist eine Nachricht ohne Tendenz.

V. 5–8:

Das Kommen des Silas und Timotheus aus Mazedonien (V. 5) dürfte auf Tradition zurückgehen (vgl. 2Kor 11,9; Phil 4,15), ebenso das Lehren des Paulus im Hause des Titius Justus (V. 7) und die Bekehrung des Synagogenvorstehers Krispus (V. 8). In allen Fällen handelt es sich um konkrete Angaben ohne Tendenz. – Die Nachricht von der Bekehrung des Hauses des Krispus ist höchstwahrscheinlich ebenfalls traditionell, und zwar aus historischen Gründen (s. u. S. 211).

V. 9–10:

Die Verse scheinen keinen Anhalt in einer Tradition zu haben (s. o. S. 204).

V. 11:

Die Zeitangabe „achtzehn Monate" ist nicht auf Lukas zurückzuführen und daher traditionell.

V. 12–17:

Traditionselemente in diesem Abschnitt sind die Notiz vom „Prozeß" vor Gallio und der Name des Synagogenvorstehers Sosthenes. Wie die Tradition ausgesehen hat, aufgrund derer Lukas den (Nicht-)Prozeß vor Gallio schuf, ist schwierig zu beantworten; doch möchte ich meinen Vorschlag wiederholen, „daß Lukas eine Tradition vorfand, die einen Besuch Pauli in Korinth mit der Person des Gallio zusammenbrachte, und diese dann – im Sinne seiner Theologie – zur Episode eines Nicht-Prozesses gegen Paulus vor Gallio komponierte. Möglicherweise ist Lukas aus derselben Tradition auch die Person des Sosthenes zugeflossen, der im Anschluß an den Nicht-Prozeß von den Korinthern verprügelt wird. Das legt sich aus der Beobachtung nahe, daß die Figur des Sosthenes, literarkritisch gesehen, eigentlich nicht recht in die von Lukas komponierte Szene der Anklage der Juden und der Antwort des Gallio hineinpaßt, schien doch die Szene mit dem Verjagen der Juden vom Richterstuhl (V. 16) einen Abschluß gefunden zu haben. Dagegen klappt der nachfolgende Vers 17 mit dem Bericht über die Prügel des Sosthenes ein wenig nach und steht in Spannung zu V. 16, da er voraussetzt, daß offenbar der Synagogenvorsteher nicht weggejagt worden ist – sonst hätte das Volk ihn vor dem Richterstuhl nicht verhauen können. Ich halte es daher für das Wahrscheinlichste, daß Lukas die Personen des Gallio und Sosthenes in derselben mit einem Korinthaufenthalt Pauli verbundenen Tradition vorgefunden hat, daraus einen „Nichtprozeß" der Juden gegen Paulus vor Gallio komponierte und die Bestrafung der Juden an der von dem Synagogenvorsteher Sosthenes erlittenen Prügel exemplifizierte" (Lüdemann 1980: 179).

Weiser 1985 hat gegen diesen Vorschlag folgendes geltend gemacht:
„Daraus, daß es sich um die ‚gezielte Darstellung eines Nicht-Prozesse(s)' (Lüdemann)... handelt, ergibt sich nicht, daß Paulus am Geschehen nicht beteiligt war, sondern daß der konsequenten luk Gestaltungsabsicht zufolge Paulus selbst erst im Prozeßbericht Kap. 22–26 zu Wort kommen soll" (487). Der hohe Anteil luk. Redaktionsarbeit müsse „ebensowenig wie z. B. in der Philippi-Szene 16,19–24 zur Bestreitung einer zugrundeliegenden Anklage gegen Paulus vor dem Statthalter führen" (ebd.). Daher dürfe angenommen werden: „Es hat eine Anklage des Paulus durch Juden vor Gallio stattgefunden. Sie wurde mit einer Unzuständigkeitserklärung abgewiesen. Daraufhin verprügelte die judenfeindliche Menge den jüdischen Sprecher Sosthenes" (ebd.).
Dagegen: Weiser ist *nicht* in der Lage, den von ihm zuletzt geschilderten historischen Ablauf an den zugrundeliegenden Traditionselementen festzumachen (besonders nicht die Anklage der Juden, deren red. Charakter er S. 488 m. R. betont). Ferner bleibt eine historische Aporie: Warum verprügelte die judenfeindliche Menge den jüdischen Sprecher (sic! – Weiser nimmt hier stillschweigend eine Veränderung des Acta-Textes vor, die

noch von einem Synagogenvorsteher sprach) Sosthenes und nicht den *Juden* Paulus? Schließlich: Bei der Philippi-Szene 16,19–24 besteht eine andere Ausgangslage der Beurteilung, weil Paulus sich brieflich über die dortigen Ereignisse äußert.

Wie verhalten sich die oben eruierten Traditionselemente zueinander? Sie können m. E. in zwei Blöcke aufgeteilt werden, V. 1–11 und V. 12–17. Für diese Annahme sprechen a) literarische, b) sachliche und c) chronologische Gründe.

a) 1. Die Zeitangabe achtzehn Monate (V. 11) bezieht sich offenbar auf die V. 2–8 (10) berichtete Periode. 2. Der Satz: „Als aber Gallio Prokonsul in Achaja war…", setzt so abrupt ein, als ob vorher noch nichts über einen Korinthaufenthalt des Paulus erzählt worden wäre. Offen bleibt auch: Wer war vorher (während der achtzehn Monate [V. 11]) Prokonsul? 3. V. 12–17 sind völlig aus sich heraus verständlich und auch formkritisch als „dramatische Episode" deutlich von V. 1–11 abgehoben.

b) V. 8 heißt der Synagogenvorsteher Krispus, V. 17 dagegen Sosthenes. Nun gab es in den jüdischen Gemeinden jeweils nur *einen* Synagogenvorsteher (vgl. Lüdemann 1980: 177f). Es ist daher wahrscheinlicher, daß die Namen der beiden Synagogenvorsteher verschiedene Zeitpunkte reflektieren.

Man mag auf einen solchen Schluß erwidern, in Korinth sei eben ein neuer Synagogenvorsteher an die Stelle des alten getreten, als dieser wie Krispus den neuen Glauben angenommen habe. Doch ist eine solche Feststellung doch nur dann möglich, wenn Lukas Augenzeuge war oder er den Grundstock des ganzen Kapitels dem Tagebuch eines Paulusbegleiters verdankt. Da solche Annahmen aber ausscheiden müssen, ist auf literarischer Analyse zu bestehen und dem obigen Einwand der Vorwurf der Historisierung am falschen Objekt zu machen (vgl. Lüdemann 1980: 177f A52).

c) 1. Die Austreibung von Juden aus Rom fand wahrscheinlich im ersten Jahr des Claudius, 41 n. Chr., statt (vgl. Lüdemann 1980: 183–195). Die neuesten Kommentare ignorieren entweder diesen Befund (Schneider, Schille), oder nehmen ihn zur Kenntnis, halten dann aber wegen der Übereinstimmung mit der übrigen Paulus-Chronologie 49 n. Chr. für wahrscheinlicher als 41 n. Chr. (Weiser 1985: 489 – unter der Hand erhalten die in sich widersprüchlichen Aussagen des Orosius den gleichen Wert wie die von Dio Cassius, ein Verfahren, das keines Kommentars bedarf) oder stellen den Befund objektiv falsch dar (vgl. Roloff 1981: 270, nach dem Suetonius die Austreibung ins Jahr 49 n. Chr. *datiert*). Richtig dagegen neuerdings die bei Lüdemann 1984: 192 (A99) und 292 aufgeführten Autoren; vgl. jetzt auch Hyldahl 1986: 124 mit A26. Die „Rehabilitierung" der Angaben des Orosius durch T. Holtz (Der erste Brief an die Thessalonicher, EKK XIII, 1986, S. 18 A48) ist methodisch und sachlich unzureichend (statt „judenfeindliche Politik" lies ebd. „judenfreundliche Politik"). 2. Gallio war 51–52 n. Chr. Prokonsul in Achaja (vgl. Lüdemann 1980: 181–183).

IV Historisches

1. Zu den Traditionen in V. 1–11:

Die Reise des Paulus von Athen nach Korinth zum Zwecke der Mission befindet sich in Einklang mit den Paulusbriefen (vgl. 1Thess 3,1 f.6).

Die Tradition über die Ankunft von Priskilla und Aquila in Korinth wird durch die paulinischen Zeugnisse bestätigt. Einmal machen die Paulusbriefe wahrscheinlich, daß das Datum des Judenedikts des Claudius (= 41 n. Chr.) mit dem Zeitpunkt der paulinischen Gründungspredigt in Korinth übereinstimmt (Lüdemann 1980: 195–198). Alsdann erscheint das Ehepaar Priskilla und Aquila 1Kor 16,19 und Röm 16,3. 1Kor 16,19 läßt es die Korinther grüßen, was ihre Bekanntschaft mit ihnen voraussetzt (freilich bestritten von Schille 1983: 363). Wenn Aquila und Priskilla sich in Ephesus im Gefolge des Paulus befinden, so ist es das Wahrscheinlichste, daß sie ihn bei seinem Gründungsbesuch in Korinth kennengelernt haben.

Waren Aquila und Priskilla bereits Christen, als sie nach Korinth kamen, oder hat Paulus sie bekehrt? Ersteres scheint Lukas anzunehmen und stillschweigend vorauszusetzen (vgl. 18,26). Demgegenüber setzt die Tradition (V. 2 f) eine Zugehörigkeit des Ehepaars zur christlichen Kirche gerade nicht voraus, sondern motiviert die Assoziierung des Paulus mit Aquila und Priskilla durch den Hinweis auf den gemeinsamen Beruf. Der historische Schluß hat daher einiges für sich, daß die Eheleute erst durch die Begegnung mit Paulus zu Christen geworden sind (anders Weiser 1985: 490). (Die Erstbekehrten in Korinth waren Aquila und Priskilla nicht, denn Paulus bezeichnet die Angehörigen des Hauses des Stephanas als *aparche tes Achaias* [1Kor 16,15].)

Der Ausdruck *te kat' oikon auton ekklesia* (1Kor 16,19) bezeichnet die sich um Aquila und Priskilla sammelnde Hausgemeinde. (Vgl. zur Hausgemeinde in den Paulusbriefen Klauck 1981: 21–47. Zum Grundriß eines aus der Zeit des Paulus stammenden korinthischen Hauses vgl. Murphy-O'Connor 1983: 153–155; der Eßraum [triclinium] hatte 41 m^2.) Er vermittelt einen ersten Aufschluß über die Wohlhabenheit des Ehepaares. (Dafür sprechen ja auch ihre Reisen; aus den Paulusbriefen sind die Stationen Korinth – Ephesus – Rom rekonstruierbar.) Diese wird es ihm erlaubt haben, andere Menschen bei sich zu beschäftigen, unter die auch Paulus gefallen sein wird. Daß Paulus in Korinth Handarbeit verrichtete, steht aufgrund seiner Eigenaussage fest (1Kor 4,12 u. ö.). Die weitere Nachricht der Apg, er sei ebenso wie Aquila und Priskilla Zeltmacher bzw. Lederarbeiter *(skenopoios)* (vgl. zur Diskussion Hock 1980: 20–25; Weiß 1917: 135; Bauer 1963: 1496) gewesen, ist an den Briefen unüberprüfbar. Wegen der historischen Zuverlässigkeit der anderen Angaben in V. 2–3 wird man diese Nachricht aber nicht bezweifeln dürfen.

Paulus grüßt das Ehepaar Röm 16,3. Da die Annahme, daß Röm 16 ein Epheserbrief zugrunde liegt, mehr neue Schwierigkeiten schafft als alte löst, ist von der Zugehörigkeit von Kap. 16 zum Römerbrief auszugehen und anzunehmen, das Ehepaar befinde sich z. Zt. der Abfassung des Röm in der Welthauptstadt. Jene Anwesenheit in Rom erhält eine plausible Erklärung, wenn angenommen wird, daß es nach seiner Ausweisung im Jahre 41 gegen Ende der Regierungszeit des Claudius wieder nach Rom zurückgekehrt war. (Hier hat es lt. Röm 16,5 wieder eine Hausgemeinde um sich gesammelt.)

Wenn Paulus in Röm 16,4 das Ehepaar auch deswegen herausstreicht, weil es für Paulus sein Leben eingesetzt hatte, so darf vermutet werden, daß diese Aktion im Zusammenhang von Gefahren erfolgte, denen Paulus im Umkreis von bzw. in Ephesus ausgesetzt war (vgl. 1Kor 15,32; 2Kor 1,8f). Da diese Hilfe und die Erwähnung des Ehepaares 1Kor 16,19 seine Anwesenheit in Ephesus bis kurz vor dem dritten Besuch in Korinth voraussetzen, wird die Übersiedlung von Aquila und Priskilla nach Rom nicht lange zurückliegen. Der Rückkehr zum alten Wohnort kommt dabei eine für die paulinischen Missionspläne wichtige Bedeutung zu. Offenbar sollten sie – zusammen mit den anderen in der Grußliste genannten, dem Paulus bekannten Christen – die Ausgangsbasis der künftigen paulinischen Missionsarbeit in Spanien, die Gemeinde in Rom, auf das Kommen des Apostels vorbereiten bzw. ihm dort eine wohlwollende Aufnahme sichern (das Obige nach Lüdemann 1980: 200f).

Die Tradition vom Kommen des Silas und des Timotheus aus Mazedonien nach Korinth ist historisch glaubwürdig: Die Anwesenheit von Timotheus und Silas z.Zt. des Gründungsbesuches in Korinth ist durch die Notiz 2Kor 1,19 gesichert, die sich auf die Erstpredigt bezieht. Ferner wird die Anwesenheit der beiden Paulusbegleiter in Korinth durch das Präskript des in Korinth geschriebenen 1Thess (1,1) belegt. Daß Timotheus und Paulus nicht zur gleichen Zeit in Korinth ankamen, ergibt sich aus 1Thess 3,6, wo eine Anwesenheit des Paulus in Korinth und die Ankunft des Timotheus aus Thessalonich vorausgesetzt werden. Insofern kann nicht nur die Anordnung in Apg 18 (zunächst Arbeit bei Priskilla und Aquila, danach Ankunft des Timotheus) im ersten Teil richtig sein, sondern das Kapitel enthält auch die zutreffende Information der Anwesenheit von Timotheus und Silas beim Gründungsbesuch.

Nun ergibt sich aus den Paulusbriefen, daß Paulus auch in Korinth z.Zt. des Gründungsbesuches Geldgeschenke aus Philippi erhalten hat (vgl. Lüdemann 1980: 140f). Es hat daher eine gewisse Wahrscheinlichkeit für sich, daß Timotheus zu einer Delegation gehörte, welche die Gabe Paulus nach Korinth überbracht hat. Des Apostels Aussage, er habe Timotheus von Athen nach Thessalonich zurückgeschickt (1Thess 3,1f), steht dazu nicht im Widerspruch, kann sich der Thessalonichbesuch des Timotheus doch auch mit dem Zweck eines Abstechers nach Philippi verbunden haben. Die in luk. Sprache gekleidete Nachricht Apg 18,5, Paulus sei nach dem Kommen des Timotheus und Silas aus Mazedonien „ganz im Predigen aufgegangen", mag Verarbeitung einer mit dem Kommen von Timotheus und Silas fest verbundenen Tradition sein, die von einem Geldgeschenk der philippischen Gemeinde berichtete. Umstände und Zweck des Geldgeschenkes aus Philippi erhalten aber bei der Kombination von Briefen und Apg an diesem Punkt eine neue Beleuchtung: Timotheus hatte offenbar eine aktive Rolle bei der Aufbringung der Spende zu spielen, und der Verwendungszweck der Spende bestand wohl darin, Paulus von der Notwendigkeit der täglichen Arbeit zugunsten der Förderung der Evangeliumspredigt zu entbinden, worin die Feststellung „er ging ganz im Predigen auf" (Apg 18,5) einen richtigen historischen Kern bewahrt haben mag.

Die Tradition der Predigttätigkeit des Paulus im Hause des Titius Justus läßt sich durch die Paulusbriefe weder bestätigen noch bestreiten. Sie scheint mir historisch glaubwürdig, da Paulus in Korinth einen Ort für seine Predigttätigkeit benötigte und nicht plausibel ist, warum der Name Titius Justus erfunden worden sein soll. D. h., Paulus wohnte bei Aquila und Priskilla, predigte aber im Hause des Titius Justus. (Eine andere, m. E. unwahrscheinliche Möglichkeit besteht darin, in V. 7 einen Wohnungswechsel reflektiert zu sehen [so Theißen 1979: 251; vgl. auch Kodex D].)

Die Tradition von der Bekehrung des Krispus durch Paulus wird von den Briefen bestätigt, wenn – woran kaum ein Zweifel möglich ist – es sich bei dem Krispus 18,8 und 1Kor 1,14 um ein und dieselbe Person handelt. Paulus erwähnt 1Kor 1,14 noch die Taufe des Krispus, während Apg 18,8 allenfalls indirekt davon die Rede ist (V. 8 b). Demgegenüber berichtet Apg 18,8 von der Bekehrung des Hauses des Krispus, wovon Paulus nicht spricht. Doch darf letzteres als historisch betrachtet werden. Bekehrte sich das Haupt eines Hauses, so galt Analoges auch für die Angehörigen. Vgl. auch 1Kor 1,16 als Beleg dafür, daß Aussagen über die Taufe von Häusern ein hohes Alter haben (vgl. zum Problem Klauck 1981: 51–56). Die Bezeichnung des Krispus als Synagogenvorsteher findet sich in den Paulusbriefen nicht, doch dürfte sie historisch glaubwürdig sein. Denn das hohe Ansehen eines Synagogenvorstehers (vgl. dazu Theißen 1979: 235 f) würde gut erklären, warum Paulus in diesem Fall von seiner sonstigen Gewohnheit abwich, Neubekehrte nicht zu taufen (1Kor 1,14). War Krispus aber Synagogenvorsteher und wurde er (von Paulus getaufter) Christ, dann dürfte seine Bekehrung eine Signalwirkung in Korinth gehabt haben. V. 8 b („und viele Korinther, die [davon] hörten, glaubten und ließen sich taufen") ist daher eine historisch zuverlässige Aussage.

Die Bekehrung des Krispus fand während des Gründungsbesuches statt, denn zwischen der Erstmission in Korinth und 1Kor hat Paulus die Gemeinde nicht mehr besucht.

2. Zu den Traditionen in V. 12–17:

Ein Korinth-Aufenthalt des Paulus während des Prokonsulats des Gallio wird durch die Pauluschronologie bestätigt (Lüdemann 1980: 195–198). Doch läßt die obige Traditionsanalyse aus den angegebenen Gründen keine Aussage über einen Prozeß gegen Paulus vor Gallio zu.

Die Person des Sosthenes ist kaum mit dem Mitverfasser des 2Kor identisch. (Zudem wird ja auch nicht davon berichtet, daß Sosthenes Christ wurde.) Vielmehr ist S. der Name des Synagogenvorstehers der jüdischen Gemeinde in Korinth etwa zehn Jahre, nachdem der frühere Synagogenvorsteher Krispus sich der paulinischen Gemeinde angeschlossen hatte. Dieser Befund erlaubt den

Schluß auf eine fortdauernde jüdische Gemeinde neben der paulinischen in Korinth z. Zt. des Gallio.

Apostelgeschichte 18,18–23

I Gliederung

V. 18–19a: Reise von Korinth nach Ephesus
V. 19b–21a: Predigt des Paulus in der Synagoge von Ephesus
V. 21b–23: Reise des Paulus über Palästina nach Antiochien. Stärkung der Brüder in Phrygien und Galatien

II Redaktion

V. 18–19a:

V. 18: Sprachlich trägt der ganze Vers 18a luk. Kolorit *(prosmeinas, hemeras hikanas, tois adelphois)*. Der Ausdruck „Syrien" (vgl. 20,3; 21,3) ist red. Vorblick entweder auf die Reise nach Palästina oder auf die sich daran anschließende Reise nach Antiochien als ihren Endpunkt und Ausgangspunkt der nächsten. – V. 18b wird ein Bruch sichtbar, der auf luk. Bearbeitung einer Vorlage weist. Syntaktisch gesehen, liegt es nahe, *keiramenos* auf Aquila zu beziehen. Aquila hätte sich dann in Kenchreä, einem der beiden Häfen Korinths, das Haupt scheren lassen, weil er ein Gelübde hatte (vgl. Wellhausen 1907: 14). Doch stände das im Kontext ganz abgerissen da und nicht in einem echten Zusammenhange (vgl. Wellhausen, ebd.). Statt V. 18b als Restbestand einer Quelle anzusehen, die von einem Gelübde Aquilas berichtete *und sonst nirgends sichtbar wird*(!), ist zu fragen, ob nicht der vorliegende Text einen red. Sinn ergibt, wenn – was ja möglich ist – *keiramenos* auf Paulus bezogen wird. „Ein (Nasiräats-)Gelübde galt als verdienstliches Werk; es konnte nur am Tempel gelöst werden" (Conzelmann 1972: 117). Da Lukas das Gelübde auf dem Wege nach Jerusalem geschehen sein läßt (vgl. die obigen Bemerkungen zu „Syrien" in V. 18), ergibt die Nachricht, Paulus habe sich wegen eines Gelübdes die Haare scheren lassen, einen guten (luk.) Sinn: Paulus erweist sich auf der Fahrt nach Jerusalem (= zum Tempel) als ein treuer Erfüller des jüdischen Gesetzes (vgl. 21,23 f). Die stilistisch harte Stellung von *keiramenos* (wenn es sich auf Paulus bezieht) ist dann durch die Beobachtung zu erklären, daß bei einer Stellung von *keiramenos* unmittelbar hinter *Syrian* „und mit ihm war Priskilla und Aquila" stilistisch hart nachgetragen wäre. Der soeben angeführte Satz geht möglicherweise auf Lukas zurück, da die Anwesenheit des Ehepaars in Ephesus (vgl.

V. 19) 18,24–28 vorausgesetzt wird. Doch kann er auch Tradition reflektieren (dies scheint aus historischen Überlegungen sogar wahrscheinlicher zu sein, s. u. S. 216).

V. 19b–21a:

Der ganze Abschnitt ist eindeutig redaktionell geprägt. Dieser Schluß ergibt sich aus inhaltlichen und formalen (literarkritischen) Gründen. Der Satz „jene ließ er (in Ephesus) zurück, er selber ging aber in eine Synagoge" (V. 19) erweckt den Eindruck, als ob die Synagoge nicht in Ephesus liegt. Daß dies nicht beabsichtigt war, zeigen V. 21b, die Notiz über die Abfahrt von Ephesus, und V. 21a, der Vorblick auf ein Wiederkommen des Paulus nach Ephesus, „so Gott will" (ausgeführt in 19,1ff). Hinter „so Gott will" findet der Reisebericht V. 18–19a mit der Abfahrt des Paulus von Ephesus seine Fortsetzung. Diese auf literarkritischem Weg gewonnene Erkenntnis der red. Herkunft von V. 19b–21a kann durch Beobachtungen zum Inhalt weiter gestützt werden: V. 19b enthält das bekannte luk. Anknüpfungsschema; Paulus predigt zunächst in der Synagoge. V. 21 blickt auf eine eventuelle Rückkehr des Paulus voraus. 19,1, wo diese stattfindet, spricht aber nur von einer „Ankunft" des Paulus in Ephesus, so, als ob er das erste Mal hier ist. Also liegt eine Spannung zwischen Redaktion (in V. 19b–21a) und einer Vorlage (in V. 18.19a.21bff) (s. u. III) vor.

Den Anlaß für die Komposition von Apg 18,19b–21a können wir aus dem folgenden Text (V. 24ff) erschließen, der offenbart, daß es schon vor der Ankunft des Paulus in Ephesus Christen gab. Lukas will dann durch diese Szene Paulus „als den ersten christlichen Prediger in der Stadt erscheinen lassen" (Conzelmann 1972: 117).

V. 21b–23:

V. 23b *kathexes* ist redaktionell, ebenfalls *mathetas* (V. 23c), da dieser Ausdruck Lieblingsbezeichnung für die Jünger bei Lukas ist. Die Häufung der Partizipien ist ein luk. Stilmerkmal.

III Traditionen

Der Abschnitt V. 21b–23 stellt die Interpreten wegen seiner Knappheit vor große Rätsel.

„Die Verse... machen... den Eindruck einer Epitome, in welcher die Einzelheiten nur dem Epitomator, nicht mehr seinem Leser verständlich sind" (Conzelmann 1972: 117). Die andere Möglichkeit (von Conzelmann erwogen), Lukas selbst habe „zerstreute Nachrichten zum Ganzen einer Reise" (ebd.)

zusammengefügt, ist deswegen unwahrscheinlich, weil der red. Sinn einer solchen Reise nicht einleuchtet. Die sogenannte zweite Jerusalemreise des Paulus (11,27–30; 12,25) – eine Kreation des Lukas – ist in ihrer red. Stimmigkeit von Apg 18,22 verschieden. Sie hat auch anders als 18,22 keinen Epitomecharakter. Ebenso unmöglich ist es, „von einer topographischen Redaktion (sc. zu) reden, die gerade durch die genannten Bögen in der Route wahrscheinlich klingen soll" (Schille 1983: 368). Denn worin besteht die Redaktion? Vielmehr legt sich die Annahme nahe, Lukas habe hier ein traditionelles Stationenverzeichnis verwendet, das die Reise nach Jerusalem mit einschloß (vgl. Lüdemann 1980: 161). Er formuliert hier also in Bindung an Tradition, die V. 18–19a und V. 21b–23 umfaßt (vgl. zu den Stationen noch S. 233).

IV Historisches

Das traditionelle Stationenverzeichnis ist darin historisch, daß Paulus in der Tat von Griechenland aus eine Reise nach Palästina/Syrien unternommen hat, in deren Folge er an der Jerusalemer Konferenz teilnahm. (Demgegenüber ist zwischen dem Konferenzbesuch und der letzten Reise nach Jerusalem eine Fahrt nach Antiochien ebenso unwahrscheinlich wie eine nach Jerusalem – zu Weiser 1985: 502; vgl. auch die Bemerkungen o. S. 21.) Unter der Voraussetzung der Richtigkeit einer solchen Hypothese ergeben sich zwei mögliche Reisewege: A) Paulus ist von Cäsarea direkt nach Jerusalem gezogen (Apg 18,22b), wobei Titus ihn bereits auf seiner Fahrt von Griechenland aus begleitete. Da lt. Gal 2,1 Paulus mit Barnabas nach Jerusalem zog, hat er diesen an einem nicht mehr zu ermittelnden Ort getroffen (es ist auszuschließen, daß Barnabas von Griechenland oder Ephesus aus mit Paulus nach Palästina fuhr). Dieser Vorschlag hat den Vorteil, die Einzelstationen 18,21b–23 mit den aus den Paulusbriefen zu gewinnenden Reiseorten in Einklang bringen zu können (vgl. Lüdemann 1980: 169–173). Die schwache Stelle ist die Zuordnung des Barnabas. – B) Paulus ist mit Titus von Griechenland aus nach Cäsarea gereist, dann nach Antiochien und von hier aus mit Barnabas unter Mitnahme des Titus nach Jerusalem (zur Konferenz), anschließend zurück nach Kleinasien und Griechenland. Dieser Vorschlag hat folgende Vorteile: 1. Er tut dem Charakter des Reiseberichts 18,21b–23 Genüge, der eine Reise nach Antiochien schildert. 2. Den Paulusreisen kann Barnabas sinnvoll zugeordnet werden, der vermutlich kurz vor der Konferenz in Antiochien zu suchen sein wird (Apg 15,1ff; Gal 2,13) und mit dem Paulus (in diesem Fall) von Antiochien nach Jerusalem gezogen wäre. 3. Der Zwischenfall von Antiochien wäre der Konferenz als deren Anlaß plausibel zugeordnet (s. Lüdemann 1980: 105). Die schwache Stelle dieser Möglichkeit liegt darin, daß Apg 18,23 von keiner Reise von Antiochien nach Jerusalem berichtet und daß 18,22b *(aspasamenos ten ekklesian)* als red. Notiz angesehen werden müßte (als red. Vorwegnahme der späteren [nicht erzählten] Reise von Antiochien nach Jerusalem). Doch dürften jene beiden Schwierigkeiten nicht unüberwindlich sein, wenn an die *Geradlinigkeit* der Berichterstattung des

214

Lukas erinnert wird. (Er berichtet weder von Pauli Reise nach Arabien [Gal 1,17], sondern läßt den Apostel in Damaskus bleiben [Apg 9,19ff], noch erzählt er den korinthischen Zwischenbesuch [vgl. Lüdemann 1980: 128 mit A165].)

Apostelgeschichte 18,24–28

I Gliederung

V. 24–26: Die Predigttätigkeit des Apollos in Ephesus und seine Unterweisung durch Aquila und Priskilla
V. 27–28: Apollos' Reise nach Achaja und seine Predigt unter den Juden

II Redaktion

V. 24–26:

Sprachlich ist der Abschnitt lukanisch: Vgl. nur die einführende Wendung V. 24, „ein Jude aber namens Apollos", V. 25: *akribos*, V. 26: *parrhesiazesthai*.
V. 25: Apollos wird bewußt als „halber Christ" eingeführt, der zwar im Weg des Herrn unterwiesen wurde und genau über Jesus lehrt (*ta peri tou Iesou* – vgl. Lk 24,19), aber nur die Taufe des Johannes kennt (vgl. die red. Parallele 19,3).
V. 26: Priskilla und Aquila erläutern ihm noch genauer den Weg des Herrn, d.h., sie führen ihn in ein vollwertiges Christentum ein. „Den Widersinn, der darin liegt, daß Apollos die Lehre von Jesus genau kennen und sie nun doch erst kennen lernen soll, hat Lukas nicht empfunden" (Meyer III: 113).
Die obige Darstellung entspringt luk. Redaktionsarbeit, die den Apollos für das lukanisch verstandene paulinische Christentum retten will, andererseits aber nur mit großer Mühe an Ephesus haftende vorpaulinische Tradition unterdrücken kann.

V. 27–28:

V. 27: *paragenomenos* ist sprachlich lukanisch. V. 28: Die Predigt des Apollos zu den Juden beruht auf dem red. Anknüpfungsschema. Der Predigtinhalt (christologischer Schriftbeweis) ist redaktionell (vgl. o. zu 18,5).

III Traditionen

Der Traditionscharakter der Person des Juden *Apollos* ergibt sich aus der Spannung der Redaktionsarbeit zum verarbeiteten Material. Anscheinend haftete die Person des *christlichen* Pneumatikers Apollos (vgl. V. 25: „brennen *[zeon]* im Geist" – vgl. Röm 12,11) an Ephesus. Dieser Tradition gehört auch die vorpaulinische christliche Gemeinde an („die Brüder", V. 27), die den Apollos nach Achaja (Korinth) (zum Ort s. zu 19,1) empfiehlt.

Die z. T. vertretene Annahme, die Tradition habe von einem *nichtchristlichen* Juden gesprochen, der in der Synagoge begeisterte Lehrvorträge hielt und von Aquila und Priskilla bekehrt wurde, ist unwahrscheinlich. Dagegen spricht auch die Tatsache der Existenz eines vorpaulinischen Christentums in Ephesus. (Die Synagogenpredigt des Apollos, V. 26, beruht überdies, wie unter II klar wurde, auf dem luk. Anknüpfungsschema.) Kaum richtig ist die These, (nur) Priskilla habe Apollos unterwiesen (so Schüssler-Fiorenza 1983: 179).

Gegen den Traditionscharakter der o. angeführten Verse spricht sich Schille 1983 aus: „Wer hier vorpaulinische Spuren wittert, belastet... redaktionelle Kombinationen mit historischen Gewichten" (375). Das ist kaum richtig. Schille (ähnlich Meeks 1983: 41) übersieht, daß Lukas – des vorpaulinischen Christentums in Ephesus ansichtig – gerade mit 18,19 f zumindest indirekt (Paulus spricht ja nur in der Synagoge) die paulinische Erstpredigt für Ephesus beansprucht. – Zur Frage des historischen Apollos vgl. die Übersicht bei Weiser 1985: 505 f.

Aus historischen Gründen dürften auch *Aquila* und *Priskilla* Bestandteil einer an Ephesus haftenden Tradition gewesen sein (vgl. 1Kor 16,19). Doch ist nicht klar, ob Lukas oder bereits die Tradition Apollos dem Ehepaar erzählerisch zuordnete; letztere Annahme vertritt Weiser 1985: 508: Das Ehepaar habe Apollos bei sich *aufgenommen*, jedoch nicht genauer unterwiesen.

IV Historisches

Aus den paulinischen Briefen geht hervor, daß *Apollos* neben Paulus in Ephesus wirkte (1Kor 16,12) und auch in Korinth bekannt war, wohin er nach der Abreise des Paulus gekommen war. 1Kor 3,6 kann Paulus sagen: Er selbst habe gepflanzt und Apollos gegossen. Eine Partei in Korinth nannte sich nach Apollos (1Kor 1,12). Von Korinth war er nach Ephesus gereist und zeigte sich hier unschlüssig, ob er, wie die korinthische Gemeinde bzw. einige korinthische Gemeindeglieder wünschten, sofort nach Korinth kommen sollte (1Kor 16,12).

Die Tradition, die von dem „im Geist brennenden" Apollos sprach, dürfte historisch zuverlässig sein, denn sie wird durch die Belege des 1Kor und die daraus erschließbare enge Verbindung zwischen korinthischen Enthusiasten und Apollos bestätigt. Apollos war also urchristlicher Pneumatiker. Vom Typ her entsprach er Stephanus, Philippus, den korinthischen Pneumatikern und den Wandermissionaren der Aussendungstradition (zu ihr vgl. Lüdemann 1983: 111.136 f).

Vielleicht beweist die Gestalt des Apollos *(Alexandreus to genei)* die Existenz einer christlichen Gemeinde in Alexandrien in den vierziger Jahren (anders Schille 1983: 374).

Die obige Tradition, nach der Ephesus keine paulinische Gründung war, wird durch die Briefe indirekt bestätigt: 1. 1Kor 16,8 erweckt den Eindruck, Paulus befinde sich auf fremdem Terrain; 2. die Gemeinde von Ephesus war anders als die *paulinischen* Gründungen Galatien, Achaja und Mazedonien nicht an der Kollekte beteiligt. Man sollte sich gegen die letztere These nicht auf Apg 20,4 berufen, denn es fehlen in jener Liste ausgerechnet Namen aus Gemeinden, von denen wir mit Sicherheit wissen, daß sie an der Kollekte teilnahmen und Begleiter entsandten (Korinth, Philippi). Vgl. noch die Gründe, die Ollrog 1979 für das Fehlen der korinthischen Kollektenabgesandten angibt (56 f). Freilich dürfte der 20,4 genannte Paulusbegleiter Trophimus aus Ephesus stammen (s. 21,29).

Apostelgeschichte 19,1–7

I Gliederung

V. 1: (Während der Anwesenheit Apollos' in Korinth:) Begegnung des Paulus mit Johannesjüngern in Ephesus
V. 2–4: Gespräch über den Heiligen Geist und die Taufe
V. 5–6: Taufe der Johannesjünger durch Paulus und ihre Geistbegabung mit Zungenreden
V. 7: Zahlenangabe

II Redaktion

V. 1:

V. 1 verknüpft die Geschichte V. 1–7 mit der vorigen 18,24–28. Apollos, der die beschriebene Unterweisung durch Aquila und Priskilla in Ephesus erhält, wird nach Korinth versetzt, während Paulus nach Ephesus kommt. (Man beachte, daß ein Zusammentreffen beider vermieden wird.) V. 1 knüpft dabei an die 18,23 abgebrochene Reiseroute an. Der Apostel befindet sich in Galatien und Phrygien, dem im Inneren Kleinasiens liegenden „Hochland" *(ta anoterika mere)*, und kommt von hier nach Ephesus, wie er es 18,21 in Aussicht gestellt hatte.

V. 2–4:

V. 2–3: Die Frage des Paulus nach dem Geistempfang der Johannesjünger ist konstruiert und setzt die Zusammengehörigkeit von Taufe und Geist voraus, was die Johannesjünger infolge ihres jetzigen Status natürlich nicht wissen können. „Der merkwürdige Ausdruck ‚auf die Taufe des Johannes getauft‘ ergibt sich daraus, daß Lk gerade *nicht* von einer Taufe auf dessen *Namen* reden will" (Conzelmann 1972: 119). V. 4: Die Hand des Redaktors zeigt sich daran, daß anders als Lk 3,16 (parr. Mk 1,7 ff/Mt 3,11 f) Johannes der Täufer geradezu zum Glauben an *Jesus* aufgefordert habe (Apg 13,24 f verläuft dann wieder in synoptischen Bahnen).

V. 5–6:

V. 5: Die Taufe der Johannesjünger auf den Namen *Jesu* war durch V. 4 vorbereitet worden. V. 6: Das Reden in Zungen lenkt auf die Pfingsterzählung (Apg 2) zurück.

V. 7:

Die Zahl „zwölf" entspringt wahrscheinlich luk. Redaktion (vgl. die Zahl „sieben" Apg 19,14); sicher lukanisch ist der Ausdruck „ungefähr" *(hosei)*.

Der Abschnitt 19,1–7 weist redaktionell zu erklärende Parallelen mit 18,24–28 auf: In beiden Fällen ist den Beteiligten nur die Johannestaufe bekannt. Sie muß jeweils überhöht werden, sei es, daß Apollos über den christlichen Weg genauer informiert wird oder daß die Johannesjünger von Ephesus getauft werden und erst dann den Heiligen Geist bekommen. Indem Lukas die Geschichte parallel erzählt, sagt er indirekt: Apollos bekam ebenfalls erst infolge der Instruktion den Heiligen Geist. Lukas bekräftigt damit die in der vorigen Perikope dargelegte Ansicht, daß nichtpaulinische Formen von Christentum erst der Sanktion durch jerusalemisch-paulinische bedürfen (vgl. bereits 8,14 ff).

III Traditionen

Die Erzählung über die Existenz von *Johannesjüngern* dürfte Bestandteil einer Tradition sein. Vielleicht war ihre Berührung mit Jesusjüngern in nachösterlicher Zeit ebenfalls Element dieser Überlieferung. Jedoch ist es m. E. nicht erweislich, daß sie von der *Bekehrung* von Johannesjüngern berichtete oder daß sie an Ephesus haftete. Vielmehr benötigte Lukas die Tradition für Ephesus, um die Jünger mit Apollos zu parallelisieren und damit Apollos' Inferiorität ausdrücken zu können. Lukas hat im übrigen kein selbständiges Interesse an den Johannesjüngern.

Der Inhalt der Verkündigung des Täufers (19,4) ist, abgesehen von der red. Änderung (daß nämlich Johannes zum Glauben an Jesus aufgefordert habe), traditionell. Er stand schon in der Q-Vorlage und haftete ebenfalls nicht an der Tradition der Johannesjünger.

IV Historisches

Entweder ist der historische Kern der Tradition eine Gruppe von Johannesjüngern, die in Berührung mit christlichen Gruppen gekommen waren (vgl. Joh 1, 35–42), oder, falls erst Lukas den Kontakt zwischen Johannesjüngern und einer christlichen Gruppe konstruiert hat, die Überlieferung bestand allein in der Aussage über die Existenz einer Gruppe von Johannesjüngern. Wenn die zuerst genannte Möglichkeit zutreffen sollte, besitzen wir dafür eine Analogie in den von der johanneischen Gemeinde angegriffenen Johannesjüngern (vgl. Joh 1,20; 3,28) und in einer späteren Nachricht der Pseudoklementinen R I 54; 60 (freilich kann das auch ein red. Konstrukt sein – vgl. Lüdemann 1983: 239f). Es ist fast überflüssig zu bemerken, daß auf der Grundlage von Apg 19 nicht die Existenz von Johannesjüngern in Ephesus gefolgert werden darf. (Anders die immer noch beachtliche Arbeit von W. Baldensperger, Der Prolog des vierten Evangeliums. Sein polemisch-apologetischer Zweck, 1898, S. 93–99, der Apollos für einen Johannesjünger hält.)

Apostelgeschichte 19,8–22

I Gliederung

V. 8: Paulus' dreimonatige Predigt in der Synagoge

V. 9–10: Abwendung von der Synagoge und zweijährige Predigt in der Schule des Tyrannos

V. 11–12: Summarium: Die Wundertaten und Wunderwirkungen des Paulus

V. 13–16: Der Mißerfolg der jüdischen Zauberer und besonders der sieben Söhne des Hohenpriesters Skeuas

V. 17–20: Die Wirkungen des Mißerfolgs auf die Zauberer der Umgebung: Eingeständnis der Schuld und Verbrennung der Zauberbücher. Red. Abschlußformel (V. 20)

V. 21–22: Reisepläne des Paulus

V. 8:

Der Vers beruht auf dem luk. Anknüpfungsschema. (Es handelt sich hier nach 18,19 um die erneute Predigt zu den Juden. Erst sie wird zur Trennung von ihnen führen.) Darüber hinaus ist die Angabe der Zeitdauer der Predigt zu den Juden redaktionell, weil „drei" eine luk. Lieblingszahl ist. Ebenfalls lukanisch ist die Wendung *peithein peri tes basileias*, weil im NT nur Lukas *basileia* mit Ausdrücken der Verkündigung verbindet (vgl. 8,12). Vgl. im übrigen 28,23.31 als auffällige Parallelen zu V. 8.

V. 9–10:

Die Abwendung des Paulus in V. 9 von den Juden als Folge ihrer Schuld ist ein red. Stereotyp. Zu *hodos* vgl. u. zu V. 23. Die Aussage „alle Bewohner Asiens hörten das Wort Gottes" ist ein luk. Pleonasmus. Die Zielgruppe der Predigt, „Juden und Heiden" (V. 10; V. 17 u. ö.), findet sich ebenfalls redaktionell 18,4.

V. 11–12:

Die Verse „geben (auf Grund von Hörensagen über sudaria und simicinctia) ein summarisches Bild des Thaumaturgen Paulus, das Bild einer späteren Zeit, vgl. 5,12 ff. Die Notiz dient der Vorbereitung einer Episode: Es wird ein Kontrast zwischen dem Thaumaturgen und den Versagern geschaffen" (Conzelmann 1972: 120).

V. 13–16 (zur red. Stellung der Perikope und ihrem Sinn im Kontext s. u. zu V. 17–20):

V. 13 ist red. Einleitung der folgenden Geschichte. Der Sprachgebrauch ist lukanisch; vgl. nur *epecheiresan* (im NT *nur* bei Lukas [Lk 1,1; Apg 9,29]). Inhaltlich dürfte „die Erwähnung des Paulus in der usurpierten Beschwörungsformel" (Klein 1969: 274) redaktionell sein, denn sie ist die notwendige Voraussetzung für die Antwort des Dämons V. 15, „ermöglicht also die Expositionslosigkeit der Einzelepisode" (Klein, ebd.). V. 14: Die Zahl „sieben" ist vielleicht redaktionell (s. u. III). V. 15: *pneuma poneron* erscheint außer Mt 12,45 (Q) sonst nur noch bei Lukas: Lk 7,21; 8,2; 11,26 (= Mt 12,45); Apg 19,13.16. V. 16 trägt sprachlich ebenfalls luk. Züge: *traumatizein* ist ebenso wie *trauma* (Lk 10,34) im NT nur bei Lukas belegt (vgl. noch Lk 20,12); *amphoteroi* begegnet häufiger bei Lukas (8x) als sonst im NT (6x).

V. 17–20:

Diese Verse sind in toto der Redaktion verdächtig (vgl. für die Einzelheiten Weiser 1985: 525 f). Sie fassen summarisch die Folgen der vorherigen Erzählung zusammen. V. 17 a bezieht sich ausdrücklich auf V. 13–16 zurück. (Vielleicht ist er sogar eine Art Chorschluß und wäre dann zu V. 13–16 zu ziehen; vgl. Pereira 1983: 182–187.) V. 17 b („und sie alle befiel Furcht, und der Name des Herrn Jesus wurde gepriesen") entspricht 2,43; vgl. V. 20 („so wuchs und erstarkte das Wort des Herrn mit Macht"), der eine Parallele in 2,47 hat. Lukas gibt der vorhergehenden Geschichte, die nicht ohne Komik war (s. weiter u. III), einen religiösen Sinn. Die christliche Macht – aber sie allein – ist den Dämonen überlegen, wie es an V. 18 f demonstriert wird.

V. 21–22:

Die Verse tragen luk. Züge (vgl. bes. Radl 1975: 103 ff). Die hier anvisierte Reise des Paulus entspricht dem Beginn der Reise Jesu (Lk 9,51). Das Vokabular ist lukanisch *(eplerothe, etheto, en to pneumati)*, ebenfalls der theologische Inhalt (vgl. das göttliche *dei*) und die paarweise Sendung (vgl. u. S. 223).

III Traditionen

V. 9–10:

V. 9: Hinter der Angabe, Paulus habe zwei Jahre in der Schule *(schole)* des Tyrannos unterrichtet, steckt wohl Tradition. *schole* „konnte eine Synagoge, ein Versammlungsraum heidnischer Kultvereine oder ein Auditorium genannt werden" (Schille 1983: 378).

V. 13–16:

Die Verse sind als (traditionelle) Legende mit burlesker Grundlage bzw. als Schwank anzusprechen. Zwar ist das Stück, wie unter II deutlich wurde, von Lukas sprachlich und inhaltlich bearbeitet. Doch hat er diese Episode sicher nicht erfunden. Vielmehr dürfte er als Lesefrucht eine profane Anekdote eingearbeitet haben, die vielleicht nur von zwei Exorzisten sprach (s. *amphoteroi* [V. 16]; allerdings bezeichnet Apg 23,8 dieser Ausdruck mehr als zwei – an weiteren Stellen des luk. Doppelwerkes jedoch wie üblich nur zwei). Wäre das richtig, dürfte die Sieben-Zahl auf Lukas zurückgehen. Dibelius führt zutreffend zu V. 13–16 aus, die zugrundeliegende Tradition diene der Unterhaltung und keinerlei religiösem oder persönlichem Interesse.

„Von unberechtigten Exorzisten, die den echten bloß eine Formel abgelauscht haben, läßt sich der böse Geist nicht austreiben – dies ist der Sinn der nicht ohne Komik vorgetragenen Erzählung. Ob die mißbrauchte Formel von jeher eine christliche war, läßt sich nicht entscheiden, denn die Anekdote ist in einen Sammelbericht 19,11–13.17–19 eingebettet, und so ist uns ihr Anfang verloren gegangen. Es fehlt also die Situationsschilderung, und wir hören erst am Ende und ziemlich überraschend von dem Haus, in dem die Geschichte spielt. Selbst wenn die Beschwörungsformel von Anfang an christlich gewesen sein sollte, so sind es doch nicht christliche Interessen, welche die Erzählung geformt haben" (Dibelius 1951: 23). Klein 1969: 275 f verkennt in seiner Kritik an Dibelius, daß dieser Apg 19,13–16 auf Tradition (und nicht auf Redaktion, wie Klein, ebd. meint) zurückführt.

Zu betonen ist hier, daß nicht sprachliche, sondern inhaltliche Kriterien zur Annahme einer Tradition als Grundlage von V. 13–16 führen.

V. 21–22:

Die Reisepläne gehen wegen ihrer Detailliertheit auf Tradition zurück (Lukas, der Redaktor, formuliert sie als solche, die Paulus' eigenem Geist eingegeben worden seien), ebenso die Namen Timotheus und Erastus. Vgl. zu letzterem Röm 16,23; 2Tim 4,20; die (teilweise) Identität der drei Erastus genannten Paulusbegleiter ist möglich, aber nicht sicher. S. zu Erastus zusammenfassend Ollrog 1979: 50 f. 53.58. Zur Frage der Gleichsetzung des Erastus mit dem aus einer lateinischen Inschrift aus Korinth bekannten Erastus vgl. Klauck 1981: 33 A42.

IV Historisches

Die Notiz in V. 9, Paulus habe zwei Jahre in Ephesus gearbeitet, ist historisch glaubhaft (Lüdemann 1980: 205). Da die Orts- mit der Zeitangabe verknüpft und letztere zuverlässig ist, wird man geneigt sein, auch die Ortsangabe für historisch korrekt zu halten. *schole* dürfte den Hörsaal des Rhetors Tyrannos bezeichnen, d.h. das Privatauditorium, in dem der Rhetor zu unterrichten pflegte und das Paulus für seine Missionstätigkeit zugemietet hatte. Diese Information bereichert unser Wissen über die Modalitäten der Wirksamkeit des Paulus. (Die ephesinische Gemeinde kommt nicht in den Blick.)

Eine historische Kuriosität ist die Lesart des westlichen Textes zu V. 9: Paulus habe von der 5. bis zur 10. Stunde gelehrt (= 11–16 Uhr), d.h. während der Mittagsruhe.

Der in V. 13–16 erzählte Schwank ist schon aus formgeschichtlichen Gründen unhistorisch.

Die Reisepläne V. 21–22 sind darin historisch, daß Paulus nach 1Kor 16,5 in der Tat über Mazedonien nach Achaja (Korinth) fahren wollte. Die in V. 21 genannte Jerusalemreise hatte er 1Kor 16,4 nur erwogen, und von einer Romreise hören wir erst einige Jahre später (Röm 1,13), als Paulus auch die Reise nach Jerusalem fest beschlossen hatte (Röm 15,25). Lukas hat also an dieser Stelle eine an sich historisch korrekte, traditionelle Reisenotiz so zusammengedrängt, daß sie nicht mehr voll zutrifft. Den Timotheus hat Paulus in der Tat nach Mazedonien geschickt. Von dort sollte er weiter nach Korinth gehen (1Kor 16,10; 4,17). Ob Erastus ihn begleitet hat, ist unklar. Obwohl man in der Antike zumeist nicht allein reiste, sprechen das luk. Interesse an der paarweisen Sendung (Lk 7,18 [diff. Mt]; Apg 9,38; 10,7.20 – vgl. aber noch Jeremias 1966) und das Schweigen des Paulus wohl dagegen.

Apostelgeschichte 19,23–40

I Gliederung

V. 23: Einleitung: Der Aufruhr *(tarachos)* wegen des „Weges"
V. 24–29: Der von dem Silberschmied Demetrius angezettelte Aufstand gegen Paulus
    24–25 a: Demetrius versammelt die Handwerker
    25 b–27: Rede des Demetrius
    28–29: Reaktion der Versammlung mit Akklamation der Artemis sowie Ausbreitung der Unruhe auf die ganze Stadt samt Ergreifung zweier Paulusbegleiter, Gajus und Aristarchus
V. 30–31: Verhinderung des Auftritts des Paulus in der Volksversammlung: a) durch Jünger, b) durch befreundete Asiarchen
V. 32–34: Die allgemeine Verwirrung der Versammlung
    32: Das allgemeine Nichtwissen um den Grund zur Versammlung
    33: Der Versuch einer Verteidigungsrede durch den Juden Alexander
    34: Der Zorn der Menge gegen den Juden Alexander mit (erneuter) Akklamation der Artemis
V. 35–40: Beschwichtigungsrede des Stadtschreibers und Beilegung des Aufruhrs
    35: Das Tempelhüteramt der Stadt ist der Grund für den
    36: Appell, Ruhe zu bewahren
    37: Hinweis darauf, daß die vorgeführten Männer weder Tempelräuber noch Gotteslästerer sind
    38: Hinweis auf die dem Demetrius und den Handwerkern offenstehende Gerichtsbarkeit
    39: Hinweis auf die den Ephesern offenstehende ordentliche Volksversammlung
    40: Hinweis auf die eigene Bedrohung der illegalen Versammlung durch (mögliche) Anklage wegen grundloser Zusammenrottung. Auflösung der Versammlung

II Redaktion

V. 23:

egeneto de ist eine luk. Einleitungsformel (vgl. 4,5; 8,1; 9,32; 14,1; 16,16; 19,1), auf die eine red. Zeitangabe *(kata ton kairon ekeinon)* folgt. Die luk. Litotes *ouk oligos* (vgl. 17,4.12) wird in V. 24 noch einmal aufgenommen. *hodos* als Selbstbezeichnung des Christentums kommt absolut noch 9,2; 19,9; 22,4; 24,14.22 vor und dürfte redaktionell sein (anders Burchard 1970: 43 A10 [Lit.]). Da bereits 16,16 *(hodos soterias)*, 18,25 *(hodos tou kyriou)* und 18,26 *(hodos tou theou)* vom Weg (+ Genitiv) die Rede war, mag absolutes *hodos* (19,23) daran anknüpfen. Gleichzeitig ist V. 23 luk. Einleitungssatz zur folgenden Episode, die von einem Konflikt handeln soll, der den christlichen Weg zum Inhalt hatte.

V. 24–29.30–31:

V. 24–25 a: Die Einführung des ersten Hauptakteurs Demetrius erfolgt mit luk. *tis onomati*. Das Motiv der *ergasia* erscheint bereits 16,16. Dort war es ein wahrsagendes Mädchen, das Gewinn einbrachte, hier ist es das Anfertigen von silbernen Tempeln der Artemis. V. 25 b–27: *epistasthe* ist sprachlich lukanisch, ebenso *hikanon* (V. 26). Die Demetrius in den Mund gelegte Behauptung, in fast ganz Asien habe Paulus viel Volk überzeugt (V. 26 a), ist luk. Pleonasmus. Die Inhaltsangabe der Pauluspredigt bezieht sich zurück auf 17,29, wo bereits gegen die aus Händen gemachten Götter polemisiert war. V. 27 steigert die Gefährlichkeit des Paulus, indem auf die Möglichkeit der Zerstörung des Artemis-Heiligtums durch ihn hingewiesen wird, obgleich doch ganz Asien (beachte den Kontrast zu V. 26 [fast ganz Asien ist durch Paulus überzeugt worden]) und die ganze Welt die Artemis verehren. V. 28–29 schildern die erregte Reaktion der Handwerker, die in eine Artemisakklamation mündet. Daß die Unruhe der Handwerker auf die ganze Stadt übergreift (V. 29 a), geht auf die luk. Technik der Dramatisierung zurück. Die Sprache ist redaktionell (vgl. *eplesthe, hormesan, homothymadon*). Auf dem so gezeichneten Höhepunkt des Aufruhrs werden die Paulusbegleiter Gajus und Aristarchus ergriffen und ins Theater gezerrt (V. 29), spielen aber im Erzählablauf keine Rolle mehr (vgl. aber V. 37). Man gewinnt den Eindruck, Lukas wolle durch ihre *künstliche* Einführung den Konflikt gemäß der „Überschrift" von V. 23 als Auseinandersetzung um die christliche Verkündigung darstellen. Derselbe Eindruck verstärkt sich V. 30–31: Endlich tritt der Held auf den Plan und will natürlich in die Versammlung gehen. Doch hindern ihn daran die Jünger *(mathetai* – ein luk. Wort), und sogar einige der mit Paulus befreundeten Asiarchen lassen ihn wissen, daß er nicht gehen solle. Daraufhin spielt Paulus (ebenso wie seine Begleiter) im Erzählablauf keine Rolle mehr. Er hat also offensichtlich der Aufforderung der Brüder und der Asiarchen Folge geleistet. Die Handlung knüpft in V. 32 an V. 29 an,

224

während die beiden Episoden vom Ergreifen der Paulusbegleiter und den Ratschlägen an Paulus dazwischen liegen. (Das Stichwort *theatron* [V. 29], an das sich die Einfügung angeschlossen hatte, wird V. 31 fin., also am Ende des Einschubs, wieder aufgenommen.) Damit bestätigt sich der zu V. 29 gezogene Schluß: Lukas fügt nicht nur die Paulusbegleiter, sondern auch Paulus in die Handlung ein, um den Konflikt gemäß der „Überschrift" von V. 23 als Auseinandersetzung um die christliche Verkündigung darzustellen.

Unabhängig von dem Gesamtsinn der ganzen Perikope verbirgt sich in der Handlung der Asiarchen ein Nebenzweck des Erzählers: Die Asiarchen (zu ihnen vgl. L. R. Taylor, Beg. V: 256–262) stammten aus den vornehmsten Familien der römischen Provinz Asien. Sie bekleideten ein einjähriges Amt als Repräsentanten und Hohepriester des Asien-Städtebundes, deren halb religiöse, halb politische Aufgabe es war, die Loyalität Asiens gegenüber dem römischen Staat und Gesetz zu sichern. Dieser Bund zeichnete für die Popularität des Kultes des jeweils regierenden Kaisers und der Göttin Roma verantwortlich; zu diesem Zweck wurden Bundestempel errichtet und unterhalten. Im Lichte dieser Funktion der Asiarchen und ihres Einsatzes zugunsten des Apostels könnte Lukas durch V. 30–31 in *apologetischer* Absicht betonen: Wichtige Repräsentanten des politischen Lebens waren auf Paulus' Seite und bewahrten ihn vor Schaden, weil sie von seiner Unschuld überzeugt waren.

Nun wird freilich der Grund des Eingreifens der Asiarchen nicht eigens genannt, sondern Lukas erwähnt beiläufig, die Asiarchen seien mit Paulus befreundet gewesen (V. 31). Aus diesem Grunde muß die apologetische Erklärung derart ergänzt werden, daß Lukas mit der Freundschaft der Asiarchen die Weltläufigkeit des Christentums betont. Paulus war auch mit anderen hohen Persönlichkeiten bekannt (vgl. dazu Lüdemann 1980: 42 f). War er mit einigen sogar befreundet (die Aussage V. 30 f ist in dieser Hinsicht einzigartig – vgl. aber noch 27,3), so ist von vornherein festgestellt, daß der Apostel Paulus, ein führender Vertreter des Christentums, mit führenden Repräsentanten des römischen Staates auf derselben Stufe steht.

V. 32–34:

V. 32: Die Zeichnung des Tumultes entspringt luk. Erzählkunst, vgl. ähnlich 21,34 mit z. T. wörtlicher Übereinstimmung. Auf red. Variation dürfte die Bezeichnung der Versammlung als *ekklesia* zurückzuführen sein. Derselbe Begriff wird noch V. 39 f verwendet, während V. 30 und V. 33 *demos* steht, aber V. 33 und V. 35 *ochlos*. (Ähnlich variierend beschreibt Lukas den Aufruhr: *tarachos* [V. 23], *sygchysis* [V. 29], *stasis* [V. 40] und *systrophe* [V. 40].) V. 33 ist schwer zu verstehen: „Einige aus der Menge klärten den Alexander auf, als ihn die Juden vorschickten; Alexander aber winkte mit der Hand und wollte dem Volk eine Verteidigungsrede halten." Der Sinn ist wohl, daß die Juden sich aufgrund des Tumultes um Paulus (!) bedroht fühlten und deswegen Alexander mit dem Ziel vorschickten, die Juden von Paulus (= Christentum) zu distanzieren. V. 34: Die Erkenntnis, daß Alexander ein Jude ist, führt zu einer Akklamation der Artemis, worin ein Rückbezug auf V. 28 vorliegt. Die Angabe der Dauer von zwei Stunden steigert die Dramatik der Szene noch. Der durch Paulus verursachte Tumult entlädt sich gegen einen Juden (das erinnert entfernt an die Gallio-Episode [18,12–17], bei der sich der Volkszorn ebenfalls gegen einen Juden richtet, nachdem Paulus durch den Erzähler vom Schauplatz entfernt worden ist). Steht dahinter der Wunsch, wie Apg 16,20f zwischen Juden und Christen zu differenzieren?

V. 35–40:

Die Rede des Stadtschreibers ist von Lukas gestaltet: V. 35 gibt der Redner einen Hinweis auf das Tempelhüteramt der Stadt und begründet damit die V. 36 angesprochene Forderung nach Ruhe und Besonnenheit. V. 37 bezieht sich zurück auf V. 29, die Aktion gegen die beiden Paulusbegleiter. Indem der Redner betont, sie seien weder Tempelräuber noch Gotteslästerer, werden die Christen vor einem solchen Vorwurf in Schutz genommen. (Da der Jude Alexander nicht in Schutz genommen wird, bleibt die Berechtigung des Vorgehens gegen ihn – aus welchen Gründen immer – bestehen.) V. 38–40 beziehen sich auf die Rede des Demetrius (V. 24–29) zurück. Damit verweist der Redner auf Sachverhalte, von denen er nach Schilderung der Ereignisse gar nichts wissen kann, denn die Demetriusrede fand vor einer geschlossenen Gesellschaft statt. Demetrius selbst tritt nicht mehr auf, und die Menge weiß ja nicht, warum sie sich versammelt hat. Dennoch ist der Redner genau informiert. V. 39 bezieht sich auf V. 32 zurück (*en te ennomo ekklesia* nimmt *he ekklesia sygkechymene* auf). Wie eine Rede – des Demetrius – den Aufruhr heraufbeschworen hat, so wird er durch eine andere Rede – des Schreibers – besänftigt, die die aufgebrochenen Konfliktpunkte der Reihe nach behandelt: Bezüglich der Christen verzichtet sie auf Beweise für die Unschuld der vor die Versammlung Gezerrten (ihre Unschuld wird V. 37 kurz und bündig vorausgesetzt). Demetrius und seine Handwerker werden auf die ihnen offenstehende Gerichtsbarkeit und die Epheser auf die ordentlichen Volksversammlungen verwiesen. Eigentliches Thema der Rede ist, die Berechtigung des Aufruhrs zu bestreiten. Sie mündet daher in die Warnung vor einer drohenden Anklage wegen *stasis* (V. 40).

III Traditionen

Die Redaktionsanalyse hat ergeben, daß Lukas in die Geschichte vom Aufruhr in Ephesus die Gestalt des Paulus und die der beiden Paulusbegleiter (beide Namen hat er aus Tradition, s. u. IV) künstlich eingefügt hat, um ihr einen christlichen Anstrich zu geben. Das mußte er tun, sollte die Episode doch einen Konflikt über den „Weg" schildern (V. 23). Daher sei am Anfang dieses Arbeitsschrittes betont: Die Traditionsgrundlage der Geschichte ist profan. Damit scheiden von vornherein einige Traditionsanalysen der vorliegenden Geschichte aus: so die These Schilles (1983: 382f.390 u.ö.), 19,24–40 gehe auf eine Gemeindegründungstradition zurück. Sie ist deswegen unwahrscheinlich, weil sie den profanen Charakter unseres Stückes unberücksichtigt läßt. Das gleiche ist gegen Roloffs Vorschlag einzuwenden, der zu unserer Perikope bemerkt:

„Den Grundstock bildete wohl eine ephesinische Lokaltradition, die die Erinnerung an eine kritische Situation aus der Frühzeit der Gemeinde festhielt und die in ihr gewonnene entscheidende Erfahrung als Pointe fixierte: In ihrem Kampf gegen den Polytheismus überschreiten die Christen die Grenzen der Legalität nicht; sie sind deshalb rechtlich unangreifbar (V. 37)" (1981: 291).

Ebenso kann Weisers Vorschlag schwerlich überzeugen, nach dem Aristarch (V. 29) Bestandteil der vorluk. Überlieferung gewesen sei (1985: 543), denn der betreffende Vers ist künstlich eingefügt worden. Weisers in diesem Zusammenhang vorgebrachter Verweis darauf, daß Aristarchus in Phlm 24 „engen Kontakt mit dem in Ephesus inhaftierten Paulus hatte" (ebd.), und seine These, die Demetriusepisode und die Gefangenschaft des Paulus in Ephesus gehörten genetisch zusammen, stehen und fallen mit der Richtigkeit der (umstrittenen) These einer ephesinischen Gefangenschaft des Paulus. Sodann wird Aristarchus Phlm 24 ausdrücklich *nicht* Mitgefangener (wie Epaphras), sondern (zusammen mit Markus, Demas und Lukas) Mitarbeiter genannt. (Um Aristarchus [zu ihm und Gajus s. weiter u. IV] ging es nach Weiser aber gerade in der Tradition.)

Die Erzählung weist (ebenso wie vorher der Bericht Apg 17,16–34) beachtliches Lokalkolorit auf. Dazu gehören 1) die Gestalt des Demetrius, der durch die Anfertigung von Souvenirs des Artemistempels seinen Unterhalt verdient, 2) der Artemis-Kult in Ephesus (vgl. Elliger 1985: 113–136) – er war weltberühmt, und der Artemistempel galt als eines der sieben Weltwunder (vgl. dazu W. Ekschmitt, Die Sieben Weltwunder, Mainz 1984) –, 3) das Theater von Ephesus (vgl. dazu Elliger 1985: 140f), 4) die Gestalt des Schreibers sowie 5) das Tempelhüteramt der Stadt und 6) die Tatsache, daß es in Ephesus Judenfeindlichkeit gab. Vgl. Josephus, Ant XIV 225–230.234.237–240. 262–264. (Josephus reproduziert offizielle Dokumente, die Privilegien der Juden wie Befreiung vom Wehrdienst, Sabbatobservanz u. a. enthalten. Der Rückschluß wird erlaubt sein, daß ihnen das lebhaft bestritten worden ist; vgl. Elliger 1985: 154f.)

Obwohl also die Geschichte viele traditionelle Einzelelemente aufweist, ist es doch schwierig, eine ganze Erzählung aus Apg 19 (abzüglich der eindeutig luk. Anreicherungen) zu gewinnen. Die „Lösung" Wellhausens (1907: 17) verlagert das Problem eigentlich nur. Er hatte gemeint, Lukas habe sich in Apg 19 einer Lesefrucht des Berichtes von einem antisemitischen Tumult bedient (der unvermittelt auftretende Alexander war eines der wichtigsten Indizien). Aber solange keine literarische Analogie eines solchen Tumults beigebracht werden kann (etwa aus einem lokalen Geschichtswerk, das von einem Vorfall zwischen Juden und Artemisanhängern berichtete), bleibt Wellhausens Vorschlag nicht mehr als eine Möglichkeit, sosehr er den profanen Charakter des Stoffes ernst nimmt. Etwas wahrscheinlicher ist wohl die Annahme, daß Lukas selbst seine Fabulierkunst auf der Grundlage des ihm über Ephesus allgemein zur Verfügung stehenden Wissens in Apg 19 erprobt und die eigenen theologischen Überzeugungen von der politischen Ungefährlichkeit der Christen und zur Missionskraft des christlichen Glaubens zur Geltung gebracht hat (s. o. II).

Vgl. dagegen freilich Conzelmann 1972: „Jedoch gestaltet Lk wohl Szenerien, erfindet aber nicht Geschichten. Unerklärt bliebe das Intermezzo mit Alexander" (121). Dagegen: Das Intermezzo mit Alexander ist keine Geschichte, vielleicht aber (einst entscheidender?) Teil einer solchen Erzählung. Ein Alexander als Paulusgegner erscheint noch 1Tim 1,20; 2Tim 4,14. Steht er in irgendeiner Beziehung zum Alexander in dieser Geschichte? (Vgl. zum Problem der Traditionen in Apg 19,23–40 noch Elliger 1985: 138–140.)

Glücklicherweise hat die offene Frage der Herkunft der Traditionen in Apg 19 keine Bedeutung für die historische Frage.

IV Historisches

Paulus selbst äußert sich dreimal über Gefahren, die ihm in Ephesus gedroht haben. Einmal hat er gegen „Tiere" gekämpft (1Kor 15,32 – wohl bildlich zu verstehen [anders Hyldahl 1976: 24 f A8]), das andere Mal hat er bereits mit seinem Tode gerechnet (2Kor 1,8). Schließlich dürfte die Nachricht Röm 16,4, daß Priskilla und Aquila ihren Hals für Paulus riskiert haben, auf ein Ereignis in oder bei Ephesus zielen, bei dem Paulus' Leben in Gefahr war. (Vielleicht ist es mit dem 2Kor 1,8 genannten identisch.) Aber von den drei (bzw. zwei) Ereignissen führt kein Weg zur luk. Fassung von Apg 19,23–40, geschweige denn zur Fassung der Tradition, falls es sie denn gegeben hat. (Vgl. auch noch die obigen Einwände [S. 226 f] gegen die Thesen von Schille, Roloff und Weiser.)

Die Namen der Paulusbegleiter Gajus und Aristarchus (beide aus Mazedonien, V. 29) bezeichnen sicher historische Personen. (Daß Gajus auf Tradition zurückgeht, läßt sich aus 20,4 erweisen, wo von einem Gajus aus Derbe die Rede ist. Hätte Lukas Gajus „in 19,29 aus 20,4 in die Erzählung eingetragen, dann hätte ihm nicht entgehen können, daß dort von einem Gajus *aus Derbe* die Rede war" [Ollrog 1979: 47 A216].) Nur folgt daraus *nicht* ihre Zugehörigkeit zu einer an Ephesus haftenden Tradition (zu Ollrog 1979: 46 f A216; vgl. auch o. S. 227 zu Weiser). – Aristarchus erscheint noch 20,4 und 27,2 (vgl. Ollrog 1979: 46 f).

Fazit: Die Apg und ihre Traditionen helfen uns leider wenig dabei, die paulinische Wirksamkeit in Ephesus historisch aufzufüllen. Das historische Problem der luk. Darstellung der ephesinischen Wirksamkeit des Paulus besteht darum in folgendem: „Lukas gibt diesem Abschnitt paulinischer Wirksamkeit die längste Zeit und besitzt dafür am wenigsten altes Material" (Schille 1983: 392).

Apostelgeschichte 20,1–16

I Gliederung

V. 1–3: Reise des Paulus von Ephesus über Mazedonien nach Hellas (Achaja) und Beschluß, wegen der Nachstellungen der Juden nach Mazedonien zurückzukehren
V. 4–5: Liste der Paulusbegleiter und ihre Reise nach Troas
V. 6: Reise der mit „wir" bezeichneten Paulusbegleiter und des Apostels von Philippi nach Troas
V. 7–12: Die Geschichte des Jünglings Eutychos
V. 13–16: Reisenotizen: von Troas nach Milet

II Redaktion

V. 1–3:

Der Abschnitt weist luk. Sprachmerkmale auf (z. B. *metapempsamenos, mathetas, poreuesthai, treis, hypostrephein;* vgl. ferner den Partizipialstil). V. 1 f beziehen sich zurück auf 19,21. Paulus führt seinen weiteren Reiseweg so aus, wie er es 19,21 geplant hat: Er zieht nach Mazedonien und dann nach Hellas. V. 3, die Nachricht vom Aufstand der Juden gegen Paulus, entspricht dem luk. Schema.

V. 4–5:

hemas (V. 5) greift der Reise schon voraus. Es bezieht sich auf Troas, während die mit „wir" bezeichneten Personen erst in Philippi sind. Natürlich schließt *houtoi* (V. 5) alle vorher genannten sieben Paulusbegleiter ein. Auskünfte wie die, *houtoi* bezeichne nur die Paulusgefährten aus Asien (Tychikus und Trophimus), historisieren vorschnell (gegen Schneider 1982: 282 u. a.).

V. 6:

Die Angabe, die Gesellschaft sei nach den Tagen der ungesäuerten Brote abgefahren, ist wohl lukanisch. Lukas liebt es, jüdische Feste zur Datierung in sein Werk einzubauen (vgl. V. 16).

V. 7–12:

V. 7 geht auf den Redaktor zurück: In jenem Vers wird eine Naht sichtbar; denn *autois* erscheint ganz unvermittelt. (Lukas meint wohl die Christen in

Troas.) Der Vers enthält ferner einen *Vorblick* auf die künftigen Ereignisse: das Brechen des Brotes, die Abfahrt am nächsten Morgen, die Predigt bis Mitternacht. Er ist daher redaktionell und leitet eine Tradition ein, die im folgenden V. 8 beginnt (s. u. III). In V. 7 ist *dielegeto* sprachlich lukanisch; vgl. auch den Genitivus abs. V. 8 fallen *hikanai* und *tis... onomati* als lukanisch auf, ebenso „wir", das im Widerspruch zu „sie" von V. 12 *(egagon)* steht, ferner die Vielzahl von (luk.) Partizipien in V. 9 f. V. 11 paßt eigentlich an dieser Stelle nicht in den Ablauf der Erzählung. Denn er unterbricht die tröstende Bemerkung des Paulus über Eutychos und die damit eng zusammenhängende Reaktion der Zuhörer und ordnet sie redaktionell der V. 7 angesprochenen Thematik „Abendmahl" zu. Man darf hiergegen nicht einwenden:

„In Wirklichkeit lag bereits in der ursprünglichen Legende die erzählerische Pointe eben in der unbeirrbaren Selbstverständlichkeit, mit der Paulus unmittelbar nach erfolgter Totenerweckung den Gottesdienst fortsetzt, denn eben hierin wird seine Souveränität anschaulich. Die Konstatierung des Wunders (V. 12) bleibt demgegenüber ganz am Rande" (Roloff 1981: 297).

Dagegen: Auf V. 12 liegt ein großes Gewicht und die Abendmahlsthematik (zur Begründung s. unter IV) erscheint doch bereits im red. V. 7. Die Einfügung jener Geschichte an dieser Stelle mag dadurch bedingt sein, daß Lukas einerseits keine Traditionen für Troas besaß und andererseits noch keinen Bericht über jene Stadt gebracht hatte (vgl. 16,8). Sodann parallelisiert Lukas mit dieser Geschichte wiederum Paulus mit Petrus, von dem er bereits eine Totenerweckung (9,36–42: Auferweckung der Tabitha) berichtet hatte. Hiergegen kann nicht eingewandt werden, der Charakter unserer Geschichte sei ein anderer (profanerer). Denn jener ist durch die Eigentümlichkeit der Überlieferung begründet (s. u. S. 231 f), die Lukas abgesehen von der Raffung durch den Partizipialstil und der Einfügung des Paulus und seiner Begleiter (analog 19,23–40) ohne große Änderung übernommen haben dürfte.

V. 13–16:

Allein die Begründung für die Eile der Reise (V. 16: Paulus will spätestens bis zum Pfingstfest in Jerusalem sein und Ephesus umsegeln, damit er keine Zeit verliert) sieht nach Redaktion aus (s. auch zu V. 6). Beim Bericht über die Ankunft in Jerusalem (21,17) ist dieser Wunsch nicht mehr berücksichtigt. Überdies steht das Motiv der Eile (V. 16) in Spannung zu der folgenden Handlung des Paulus. Er schickt von Milet nach den Presbytern von Ephesus, damit er mit ihnen in Milet sprechen kann (V. 17). Das war aber viel zeitaufwendiger, als wenn er selbst in Ephesus mit ihnen geredet hätte. „Bis die Epheser hier waren, dauerte es mindestens 5 Tage (Luftlinie Milet – Ephesus ca. 50 km; der Landweg war bedeutend länger). Samos wäre ein günstigerer Treffpunkt gewesen" (Conzelmann 1972: 125). Doch will beides, Eile wie Verzögerung, als red. Motiv aufgefaßt werden.

„Der Sinn der Kombination von Eile (als Grundmotiv) und retardierenden Momenten… ist es, den Weg des Märtyrers zum Henker als freiwilligen und doch gezwungenen (vgl. die Gethsemane-Episode der Passionstradition) darzustellen" (Schille 1983: 401).

III Traditionen

V. 1–3:

Trotz der red. Form der Anordnung der Reisedaten gehen diese letztlich auf Tradition zurück (vgl. die Analyse von 19,21). Die über 19,21 hinausgehende Nachricht, Paulus sei nicht von Achaja aus nach Syrien in See gestochen, sondern habe den Umweg über Mazedonien gewählt, geht wohl auf Tradition zurück, weil sie eine tendenzlose, genaue Aussage ist und mit den detaillierten Reisebeschreibungen von V. 13–16 zusammengehört.

V. 4–5:

Die Liste der Paulusbegleiter ist sicherlich traditionell, ebenso wohl ihre Reise nach Troas, weil auch das eine präzise Angabe ohne Tendenz ist.

V. 6:

Dasselbe gilt von der Reise der mit „wir" bezeichneten Paulusbegleiter und des Apostels von Philippi nach Troas.

V. 7–12:

Die folgende Episode hat mancherlei Eigentümlichkeiten. M. Dibelius faßte sie wie folgt zusammen:

„die Haltung der Erzählung (sc. ist) so profan wie möglich. Das zeigt sich vor allem an der rationalisierten Wunderbeschreibung. Man sollte erwarten, daß Eutychus nach seinem Fstensturz tot wäre, dann würde alles Folgende ein großes Wunder sein. Aber die Wunderfrage läßt der Erzähler offen: ‚er ward als tot aufgehoben'. Paulus wirft sich auf ihn und umfängt ihn – ob es geschieht, um die Seele zu bannen oder um den Bewußtlosen zu untersuchen, bleibt ebenso in der Schwebe, wie das andere, ob Paulus als Wundertäter versichert oder als Arzt diagnostiziert: ‚sein Leben ist noch in ihm'… der skeptische Leser soll sich gerade dadurch angezogen fühlen, daß ihm die Tatsache unaufgeklärt berichtet wird: ‚sie führten den Knaben lebend herbei'… Dem profanen Schluß entspricht der profane Apparat der Erzählung, zu dem in irgendeinem Sinn auch die Lampen im Gemach gehören: nur das Zustandekommen des Unfalls und die Höhe des Sturzes wird geschildert, kein irgendwie erbauliches Motiv spielt hinein, weder wird

Gebet vor der Belebung, noch Lob Gottes nachher erwähnt. ‚Sie wurden nicht wenig getröstet' schließt das Ganze; der Bestürzung folgt nun die Beruhigung" (1951: 22 f).

Dibelius folgerte daraus, daß die Geschichte nicht auf Lukas zurückgeht.

„Es handelt sich also ursprünglich um eine profane Anekdote, wahrscheinlich mit einem Unterton von Komik. Obwohl das Gemach hell erleuchtet war, schlief der Jüngling ein; die Länge der Rede war daran schuld! Der Redner aber machte gut, was er angerichtet; wie's ihm gelang, steht dahin. Daß literarisch gebildete Christen in diesem Stil von einer Tat des Paulus erzählt haben, ist nicht gerade wahrscheinlich. Eher möchte ich annehmen, daß man eine geläufige Anekdote auf Paulus übertragen hatte, Lukas sie so vorfand und in seinen Zusammenhang einfügte" (1951: 23).

Man wird sich der Charakterisierung der Eutychos-Anekdote durch M. Dibelius anschließen können, auch wenn, anders als Dibelius es vorschlägt, Lukas selbst die Erzählung auf Paulus übertragen haben mag (s. sofort).

Welchen Charakter hatte die von Lukas an dieser Stelle eingefügte Tradition? Handelt es sich um eine bereits vor Lukas auf Paulus übertragene Anekdote (Dibelius), eine isoliert umlaufende Pauluslegende (Roloff 1981: 297), um eine Wundergeschichte (Conzelmann 1972: 125) oder um eine Art Missionsgeschichte (Schille 1983: 399)? M. E. sind alle Vorschläge dieser Art (mit der möglichen Ausnahme der These von Dibelius) unwahrscheinlich, da sie dem *profanen* Charakter der Erzählung nicht genügend Rechnung tragen. Ferner gehen sie von der m. E. voreiligen Voraussetzung aus, daß *Paulus* traditioneller Bestandteil der Erzählung war. Die Schwierigkeiten werden am ehesten durch die Hypothese beseitigt, die Tradition sei eine weitere (profane) Lesefrucht des Lukas, die er in der oben genannten Weise christianisiert hat. (Zu einer Nachbildung der Geschichte vom Jüngling Eutychos in den ActPaul [Martyrium des heiligen Apostels Paulus 1] s. Hennecke[3] II, S. 265.)

V. 13–16:

Diese Reisenotizen sind wegen ihrer Nüchternheit und Schlichtheit wohl traditionell.

„Es ist undenkbar, daß Lukas in seiner Reisedarstellung gleichgültige und unwichtige Stationen aufnahm, wenn er nicht über eine Aufzeichnung der Reiseroute verfügte. Als beweisend ist zu nennen: die Erwähnung von Attalia 14,25, wo der westliche Text bezeichnenderweise eine Missionierung ergänzt, Samothrake und Neapolis 16,11, Amphipolis und Apollonia 17,1, Caesarea und – wahrscheinlich – Jerusalem 18,22; hierher gehört auch der für die Missionsgeschichte wie für die Biographie des Paulus völlig unwichtige Satz 20,13.14 ‚Wir aber gingen voraus auf das Schiff und fuhren nach Assos, in der Absicht, dort den Paulus mitzunehmen. Denn so hatte er es angeordnet, da er selbst zu Fuß gehen wollte. Als er aber in Assos mit uns zusammentraf, nahmen wir ihn an Bord und fuhren nach Mitylene weiter'" (Dibelius 1951: 167).

Gegen eine solche Annahme wendet sich Conzelmann (1972: 125): Es folge ein reines Stationenverzeichnis. Das beweise auch hier nicht die Wiedergabe einer Quelle, sondern die Konstruktion durch den Vf.; nur dann sei es verständlich, daß die Route zunächst bis Milet durchgezogen werde. Gegen Conzelmann wird u. a. ein so belangloser Satz wie V. 14 *nicht* verständlich (vgl. zu Conzelmanns These auch Georgi 1965: 88 A338). Es bleibt daher besser bei der Hypothese von Dibelius.

IV Historisches

V. 1–3:

Die Reise des Paulus von Ephesus über Mazedonien nach Korinth ist historisch (vgl. o. die Ausführungen zu 19,21). Zweifel regen sich freilich gegenüber der Tradition, Paulus habe zur Reise nach Jerusalem den Umweg über Mazedonien und Kleinasien gewählt. Denn Röm 15,25 zeigt: Paulus hat die Kollekte aus Mazedonien und Achaja bei sich in Korinth und ist – bei allem Eingeständnis unserer Wissenslücken – wahrscheinlich unmittelbar von Korinth aus direkt nach Palästina/Syrien gesegelt. Ist diese Annahme richtig, so darf die Hypothese aufgestellt werden: Die Reiseroute der Tradition in V. 1–3 gibt die Stationen an, die Paulus zurücklegte, als er nach Palästina/Syrien fuhr und an der Jerusalemer Konferenz teilnahm (vgl. oben S. 214 zu 18,22).

V. 4–5.6:

Nach verbreiteter Meinung handelt es sich in der Liste V. 4 um die Abgeordneten der Gemeinden, die die Kollekte aufgebracht haben. Diese Annahme kann sich auf 1Kor 16,3 f; 2Kor 8,19 berufen. Aus jenen Passagen geht hervor, daß die betreffenden Gemeinden Mazedoniens und Achajas aus ihrer Mitte Mitglieder für die Kollektenüberbringung stellen (werden). Die historische Schwierigkeit einer Gleichsetzung jener Namen mit den bei der Kollektenüberbringung beteiligten Brüdern liegt in folgendem: Apg 20,4 fehlen ausgerechnet Namen aus jenen Gemeinden, von deren Beteiligung an der Kollekte wir mit Sicherheit wissen: Korinth und Philippi. Ich halte daher jene Kombination der Liste mit der Kollektenaktion für unerlaubt (anders Ollrog 1979: 52–58: 20,4 sei Teil des Wir-Berichtes; im „Wir" sprächen die Vertreter der korinthischen und philippischen Gemeinden und seien deshalb nicht 20,4 erwähnt [56 f]). Die Liste geht, allgemein gesagt, historisch auf Paulusbegleiter zurück, die ihn bei seiner Missionstätigkeit im Raume von Troas unterstützten (vgl. 2Kor 2,13). Mehr zu sagen, wäre (historisch) weniger.

V. 7–12:

Es braucht nicht extra begründet zu werden, warum die Eutychos-Episode unhistorisch ist (vgl. das oben zur profanen Vorlage Gesagte). Die Angabe „am ersten Tag der Woche" (V. 7) ist freilich darin von historischem Wert, daß damit (in der Zeit des Lukas) die christliche Feier des Sonntags zuerst belegt wird (vgl. Apk 1,10; Did 14,1; – 1Kor 16,2 ist nicht eindeutig, zumal das Sparen des Kollektengeldes *nicht* mit einem Gottesdienst verknüpft wird). Daraus folgt zwingend, daß Lukas *klasai arton* auf das Abendmahl bezieht.

V. 13–16:

Die Tradition gibt den Verlauf der Reise des Paulus (und seiner Begleiter) von Troas nach Milet (bzw. Ephesus) an, von wo aus Paulus weiter nach Palästina/ Syrien fährt (vgl. o. S. 233 zu V. 1–3 und der historischen Möglichkeit einer solchen Reise).

Apostelgeschichte 20,17–38

I Gliederung

(nach inhaltlichen Kriterien, vgl. Schneider 1982: 293)

V. 17–18 a: Äußerer Rahmen: Paulus sendet von Milet aus nach den ephesinischen Presbytern
V. 18 b–35: Rede in Milet
  18 b–27: Paulus und sein Verhalten
    18 b–21: Rückblick auf das eigene Wirken in Asien
    22–24: Vorblick auf das eigene Geschick (eingeleitet mit *kai nyn idou*)
    25–27: Unschuldserklärung (eingeleitet mit *kai nyn idou*)
  28–35: Direkte Paränese
    28–31: Weisung an die Ältesten (Vermächtnis)
    32: Übergabe der Gemeinden an Gott (eingeleitet mit *kai ta nyn*)
    33–35: Verweis auf das eigene Beispiel und auf die Worte Jesu
V. 36–38: Abschiedsszene

II Redaktion

Die Miletrede ist die einzige Ansprache des Paulus vor Christen in der Apg. Sie ist weiter darin singulär, daß sie sich zu der nach dem Abschied/Tod des Paulus entstandenen Lage äußert. Insofern ist sie eine Rede an die Adresse der luk. Kirche.

„Was in 20,18–35 durch den Mund des Paulus gesagt wird, ist sorgfältig abgewogen... da ist jeder Satz Summe und Fazit alles dessen, was Lukas in seinem Doppelwerk über die Kirche sagen will. Deshalb ist es von größtem Gewicht, wenn nun zum ersten und zum letzten Mal in der Apostelgeschichte der Begriff *ekklesia tou theou* Anwendung findet" (Lohfink 1975b: 89).

Mit dieser Beschreibung der Miletrede haben wir schon vorgegriffen und die Ansprache als redaktionell bezeichnet (vgl. Prast 1979: 28–38). Gattungsmäßig ist sie als Abschiedsrede bzw. als Testament zu bezeichnen. S. aus dem alttestamentlich-jüdischen Bereich Jos 23; 1Sam 12; 1Makk 2,49–68. Vgl. ferner Berger 1984: 75–80 zur formgeschichtlichen Frage unter Einbeziehung paganer Analogien.

Folgende Elemente gehen sicher auf Lukas zurück (Auswahl; zu weiteren luk. Spracheigentümlichkeiten in diesem Abschnitt vgl. Lambrecht 1979: 325; Prast 1979: 39–156):

V. 17–18a:

Die Existenz von Presbytern reflektiert die Konstitution der luk. Kirche (vgl. 14,23; 15,2.4.6.22f; 21,18); *paregenonto* ist sprachlich lukanisch.

V. 18b–35:

V. 19: *peirasmon* verweist die Leserschaft auf die *peirasmoi* Jesu zurück (Lk 22,28). Die Nachstellungen der Juden entsprechen dem luk. Schema. V. 20 hat eine enge Parallele in V. 27 (zur Konstruktion vgl. 10,47). V. 21: Das Paar „Juden – Heiden" (vgl. zu 18,4) und das Zeugenmotiv (vgl. im Kontext V. 23.24.26) sind redaktionell. V. 22: *kai nyn* ist ebenso wie *kai nyn* (V. 25) und *kai ta nyn* (V. 32) luk. Gliederungssignal. V. 22f enthalten das Geistmotiv und weisen auf 19,21 zurück. V. 24: *dromos* entspricht der luk. Anschauung der Tätigkeit des Paulus als einer Reise (vgl. Lüdemann 1980: 37f). V. 25: Zu *kerysson ten basileian* vgl. Lk 8,1; Apg 8,12; 19,8; 28,23.31 (Conzelmann 1977: 104–111). V. 26: Die Unschuldserklärung hat 18,6 eine auffallende Parallele. V. 27: Vgl. V. 20.

V. 28–35: V. 28 enthält das luk. Geistmotiv. V. 31 addiert die zwei Jahre und drei Monate von 19,8.10. V. 32: *to logo tes charitos autou* entspricht wörtlich 14,3; vgl. zu V. 32b Apg 26,18. V. 33: Vgl. 3,6 (Petrus-Paulus-Parallelisierung). V. 35b ist Rückverweis auf das LkEv (vgl. die Ausführungen S. 236 im Anschluß an Horn 1983).

V. 36–38:

V. 36: Das Gebetsmotiv und die Gebetsgeste sind lukanisch (vgl. 21,5 und Radl 1975: 159–162), ebenso das Motiv des feierlichen Geleits (vgl. 21,5). V. 38 weist auf V. 25 zurück.

Die Miletrede ist ein Vermächtnis des Paulus der Apg an die luk. Kirche. Lukas hat sie mit Absicht an einem Wendepunkt des Geschehens plaziert (vgl. Dibelius 1951: 151), denn Paulus geht seiner Verhaftung entgegen. Sie betont die Integrität ihres Gründers: Dieser ist in der Evangeliumsverkündigung nichts schuldig geblieben (das wird zweimal gesagt: V. 20.27). Die Folie solcher Beteuerung bildet die in der Zeit nach dem Tode des Paulus entstandene kirchliche Situation, in der gnostische Lehrer die luk. Normen in Frage stellten. Ihnen gegenüber wird Paulus selbst ins Spiel gebracht. Bereits er habe um die künftige Lage gewußt, ja sie vorausgesagt, und damit die luk. Normen abgesichert. Höchstwahrscheinlich vertraten die in V. 29 angegriffenen Lehrer eine eigene Paulusinterpretation. Man kann vermuten, daß sie eine nur den Vollkommenen zugängliche paulinische Geheimlehre besaßen (dagegen nehmen V. 20.27 Stellung) und in Ephesus und/oder Umgebung (deswegen werden die ephesinischen Presbyter Adressaten der Rede – Maddox 1982: 69 bestreitet den Bezug auf Ephesus) auftraten (vgl. die Andeutungen 2Tim 1,15 [s. 1Tim 1,3]). Insofern dient die Rede dazu, das luk. Paulusverständnis zu konsolidieren.

Der Rede, die eigentlich mit V. 32 ihren Abschluß gefunden hat, fügt Lukas eine paränetische Abzweckung hinzu: Paulus habe den Gemeinden ein Beispiel dafür gegeben, wie man anderen finanziell nicht zur Last fällt *und* wie man sich der Schwachen annehmen soll. (Offensichtlich wird der Widerspruch reflektiert: Wenn man nicht arbeitet, kann man auch nicht die Schwachen unterstützen.) „Paulus' Handarbeit hat in der Rede die Aufgabe, ein Beispiel dafür zu geben, wie die Ältesten den armen kranken Mitgliedern ihrer Kirche helfen sollen" (Lambrecht 1979: 321). Die Unterstützung der Schwachen wird durch ein Jesuswort (s. dazu u. III) begründet: „Geben ist seliger als Nehmen". Damit verweist Lukas die Leser(innen) zurück auf 2,45; 4,34 und besonders das LkEv: Es enthält Wohltätigkeitsparänese, die es zu befolgen gilt. Der luk. Paulus schärft damit seiner Gemeinde ein, die Ethik des Evangeliums zu beherzigen (vgl. Horn 1983: 50–53).

III Traditionen

In diesem Arbeitsschritt sind zwei Fragen zu unterscheiden: 1. die nach der Traditionsgrundlage der Rede, 2. die nach der Traditionsgrundlage eines Zusammentreffens mit (den) Presbytern aus Ephesus in Milet und ihrem Verhältnis zu den Reisestationen des Paulus.

1. Zur Traditionsgrundlage der Rede

V. 28: *ekklesia tou theou* erscheint im NT sonst nur noch im Corpus Paulinum. Der zweite Halbvers enthält schwere Probleme: Wer ist Subjekt? Wie ist *idiou* zu verstehen (adjektivisch oder substantivisch)? Fest steht, daß das Blut Jesu keine Bedeutung in der luk. Soteriologie hat und Lukas daher wie bereits im ersten Halbvers bewußt paulinisiert. Die oben genannten Unklarheiten mögen einfach darauf beruhen, daß Lukas formelhafte Wendungen aneinanderreiht (vgl. Conzelmann 1972: 128 f), ein weiteres Argument *für* die Benutzung von Einzeltraditionen des paulinischen Missionsbereiches und *gegen* die Verwendung von Paulusbriefen.

V. 29–31 setzen vielleicht Mk 13,21–23 voraus (vgl. Lambrecht 1979: 327 f).

V. 34: Die Aussage, Paulus habe sich von seiner Hände Arbeit ernährt, dürfte entweder auf luk. Kenntnis der paulinischen Briefe (vgl. 1Thess 2,9; 1Kor 4,12 u. ö.) oder – eher – mündliche Paulustradition zurückgehen (vgl. Apg 18,3). Für den letzteren Vorschlag spricht die Überlegung, daß Paulus' Handarbeit in den christlichen Kirchen allgemein bekannt gewesen sein dürfte (vgl. Lambrecht 1979: 321).

V. 35: Das Jesuswort „Geben ist seliger als Nehmen" findet sich so nicht in den kanonischen Evangelien oder in der frühchristlichen Literatur. Es hat eine gewisse Nähe zu einem persischen Grundsatz, der sich aus Thukydides II 97,4 rekonstruieren läßt: *didonai mallon e lambanein*, und der eine interessante Parallele in 1Clem 2,1 hat: *hedion didontes e lambanontes* (der Vf. rühmt die positiven Eigenschaften der korinthischen Gemeinde). Wahrscheinlich liegt im Jesuswort V. 35 eine Verchristlichung eines ursprünglich profanen Spruches (Sprichwort?) durch Lukas oder seine Gemeinde vor (vgl. als Analogie 26,14), wobei christliches *makarion* ursprüngliches *hedion* ersetzt hat. Zum Komparativ s. 5,29. (Vgl. zur Diskussion von V. 35 bes. Haenchen 1977: 569 f A5 [Lit.].)

Schmithals 1982 hat eine völlig andere Traditionsanalyse vorgelegt, die wegen ihrer Novität hier behandelt werden muß. Die Abschiedsrede von Milet gehe in ihrem Grundbestand auf eine traditionelle Rede zurück, die in 20,18b.19a.25a.26–32 erhalten (187f) und Teil einer Paulus-Quelle sei, die Apg 13–28 zugrunde liege (15). Die oben genannte traditionelle Rede setze „dieselbe Situation voraus, wie sie uns in den nachpaulinischen Pastoralbriefen begegnet" (190). Die gemeinsame Gegnerschaft sei eine dualistische Gnosis (1Tim 6,20; Tit 1,16), die mythologische Spekulationen kenne (1Tim 1,4; 4,7; Tit 1,13f; 3,9), sich auf das alttestamentliche Gesetz berufe (1Tim 1,7), die leibfeindlich (2Tim 2,18) und asketisch sei (Tit 1,13ff) sowie Heil nur für Pneumatiker kenne (1Tim 2,4; 4,10). Es handele sich „bei der vorliegenden Rede des Paulus in ihrer ursprünglichen Fassung um die einzige Rede des Paulus in der von Lukas benutzten Paulus-Quelle und um deren zentrales Stück. Diese Quelle verfolgte also denselben Zweck wie die Pastoralbriefe, nämlich die Bekämpfung der in die paulinischen Gemeinden eindringenden gnostischen Irrlehrer, und dürfte von demselben Verfasser stammen" (191). Lukas habe aus der gegen Gnostiker gerichteten Rede eine gegen Hyperpauliner gemacht, die die luk. Gemeinden bedrohten (190).

Zur Kritik: 1. Gegen die Rekonstruktion der Paulus-Quelle allein mit Hilfe des luk. Kontextes sprechen dieselben Gründe wie gegen die Rekonstruktion des Itinerars auf der alleinigen Grundlage der Apg (vgl. Lüdemann 1980: 54–57). 2. Schmithals' These zur ursprünglichen Miletrede ist eine Hypothese dritten Grades und deshalb extrem unwahrscheinlich. 3. Die Gnosisthese Schmithals', einer der Tragpfeiler seiner Rekonstruktion, hat sich als äußerst unwahrscheinlich erwiesen (vgl. Lüdemann 1975: 24–26; 1980: 221–226; 1983: 103–161). Es sei aber betont, daß das von Schmithals thematisierte Verhältnis der Pastoralbriefe zur Apg weitere Aufmerksamkeit verdient. (Eine andere Beurteilung der Position von Schmithals bei Plümacher 1984: 126–127.)

2. Zur Traditionsgrundlage eines Zusammentreffens des Paulus mit (den) Presbytern aus Ephesus in Milet

Die wahrscheinlichste Annahme dürfte sein, daß die Tradition von einem Aufenthalt des Paulus in Milet (auf der Durchreise?) berichtete. Anders Roloff 1981, der es für möglich hält, „daß der traditionelle Reisebericht eine Nachricht von einem Zusammentreffen des Paulus mit Abgeordneten der ephesinischen Gemeinde enthielt" (301); Conzelmann 1972: Eine Nachricht vom Zusammentreffen in Milet scheine Lukas zu besitzen (126).

IV Historisches

Die Rede kann aus den angeführten Gründen keinen Anspruch auf Historizität erheben. Ebenfalls sind erhebliche Zweifel an einem Treffen des Paulus mit ephesinischen Gesandten erlaubt, da dafür eine *Traditionsgrundlage* fehlt. Gleichwohl dürfte die Reisestation Milet historisch sein. Doch fehlen wohl die Mittel, sie historisch exakt einzuordnen. Entweder war Milet wirklich Reisestation auf Paulus' letzter Fahrt nach Jerusalem (so der luk. Kontext) oder Paulus unterbrach dort seine Reise nach Palästina/Syrien (18,22), in deren Folge er an der Jerusalemer Konferenz teilnahm.

Apostelgeschichte 21,1–36

I Gliederung

V. 1–16: Reise von Milet nach Jerusalem
  1–3 a: Von Milet nach Tyrus
  3 b–6: Der Aufenthalt bei den Jüngern in Tyrus, ihre Warnungen, nicht nach Jerusalem zu ziehen. Abschiedsszene
  7 a: Von Tyrus nach Ptolemäis
    7 b: Der eintägige Aufenthalt bei den Brüdern in Ptolemäis
  8 a: Von Ptolemäis nach Cäsarea

II Redaktion

V. 1–16:

Der Abschnitt enthält abwechselnd Reisenotizen und Kurzberichte über den Aufenthalt bei christlichen Brüdern (s. Gliederung). Das erweckt den Eindruck red. Gestaltung (obgleich damit nicht zwingend eine Traditionszugehörigkeit aller Aufenthaltsbeschreibungen ausgeschlossen werden kann – s. u. III). Durch das Schema soll wohl die Beteiligung der Kirchen Palästinas an der Reise des Paulus ausgedrückt werden.

Sprachlich finden sich über den Abschnitt verstreut einige typisch luk. Ausdrücke (Auswahl): V. 2: *anechthemen.* V. 4: *mathetas.* V. 5: *eporeuometha, propemponton.* V. 6: *hypestrepsan.* V. 7: *aspasamenoi.* V. 10: Einleitende Partizipialkonstruktion und die Wendung *tis… onomati* (vgl. zu V. 10 noch Radl 1975: 137 f).

Inhaltlich wird an folgenden Stellen red. Gestaltung sichtbar: V. 4: Die Warnungen durch den Geist, nicht nach Jerusalem zu ziehen; ähnlich 21,12 (s. die Redaktionsanalyse zu V. 10–14). V. 5: Die ergreifende Schilderung der Abschiedsszene zum Zwecke der Steigerung der Dramatik; das Gebetsmotiv (vgl. 20,36). V. 8: Der Hinweis, Philippus sei einer der Sieben gewesen, ist Rückverweis auf Apg 6 zur Erinnerung der Leser(innen). V. 11: Die Aussage, Paulus werde in Jerusalem von den Juden gebunden und den Heiden übergeben, findet in ihrem zweiten Teil eine erzählerische Ausführung in 21,33. V. 12: Paulus wird von seiner Gefolgschaft und den Christen in Cäsarea davor gewarnt, nach Jerusalem zu gehen. Die Paulus wiederholt erteilten Warnungen (vgl. vorher V. 4b) entspringen luk. Redaktionsarbeit. Sie sind eng mit dem Geistmotiv verbunden. So werden die obigen Warnungen einerseits auf den Heiligen Geist zurückgeführt, andererseits schreibt dieser dem Apostel geradezu vor, nach Jerusalem zu ziehen (vgl. 20,22; 19,21). V. 13: Paulus ist bereit, –

wie Jesus – in Jerusalem zu sterben (vgl. Haenchen 1977: 578). Das Sterben „für den Namen des Herrn Jesus" erinnert an 20,23, wo vom Leiden-Müssen des Paulus die Rede ist. V. 15–16: Das Unterkunftsmotiv findet sich häufig bei Lukas (vgl. Cadbury 1926).

V. 17–36:

V. 17–19: V. 17 enthält luk. Vokabular (vgl. *apedexanto, adelphoi*). Gleichzeitig wird in diesem Vers eine (red.) Naht sichtbar. Obwohl Paulus mit seinem Gefolge bereits in Jerusalem ist (V. 16 beschreibt die Unterbringung bei Mnason in der heiligen Stadt – s. aber die Änderung der Geographie durch D; vgl. zum Problem Weiser 1985: 596), werden mit Hilfe einer Partizipialkonstruktion im Genitivus abs., die in der Apg häufig vorkommt, Paulus und seine Begleiter nochmals dorthin befördert. Dabei steht V. 17 in Spannung zu V. 22: V. 17 begrüßt die (ganze) Gemeinde (= die Brüder) den Apostel, während lt. V. 22 (die) Mitglieder der Gemeinde hören werden, daß Paulus in der Stadt weilt. (Suhl 1975: 290 meint im Anschluß an Haenchen 1977: 581 A3 [Lit.], gerade wegen V. 22 könne V. 17 *[hoi adelphoi]* nicht die ganze Gemeinde bezeichnen. Doch sperrt sich *hoi adelphoi* dagegen; außerdem historisiert Suhl zu schnell, statt nach vorhandenen Traditionselementen zu fragen.) Falls V. 22 auf Tradition zurückgeht (vgl. unter III), so läßt sich V. 17 am besten als Redaktion verstehen. V. 18 erscheint dasselbe Leitungsgremium der Jerusalemer Gemeinde wie in Apg 15, die Presbyter. V. 19 bezieht sich eindeutig auf 15,4.12 zurück.

Lukas zeigt mit den redaktionell gestalteten Versen 17–19 das bis zum Ende gute Verhältnis der Jerusalemer Gemeinde zu Paulus. Unter dem theologischen Zwang einer solchen Anschauung unterlaufen ihm dabei die Ungeschicklichkeiten, daß er den Apostel zweimal nach Jerusalem führt (V. 16 und V. 17) und er alle Brüder den Paulus begrüßen läßt, obwohl viele der „Brüder" von der Ankunft des Apostels in der Stadt erst noch hören werden.

V. 20–21.22–26: In diesem Abschnitt sind an folgenden Stellen luk. Eingriffe zu erkennen: V. 20: Der erste Versteil enthält die Reaktion auf die (red.) Berichterstattung des Paulus (V. 19), vgl. 11,18. *myriades* (V. 20b) entspringt der luk. Steigerungstendenz (vgl. 1,15; 2,41; 4,4). V. 23–24b.26: Die Ausführungen über die Beteiligung des Paulus an einer jüdischen Zeremonie sind widersprüchlich. Nimmt man die Geschichte so, wie sie dasteht, dann berichtet sie erstens von einem Nasiräat des Paulus (V. 24a.26) und zweitens davon, daß der Apostel die Kosten für die Auslösung von vier Nasiräern übernimmt (V. 24b; vgl. V. 27). Doch dauert ein Nasiräat mindestens dreißig und nicht sieben Tage, wie Lukas anzunehmen scheint (V. 27). Daher legt sich die Vermutung nahe, daß die Ausführungen über das Nasiräat des Paulus ganz auf Lukas zurückgehen, während V. 24b Tradition reflektiert (s.u. III). (Denkt Lukas 21,24 möglicherweise an das Gelübde von 18,18? Dann hätte Paulus sich letztmalig in Kenchreä das Haupt scheren lassen und die gesamte[n] Reise[n] seither im Gelübde verharrt.) V. 25 ist (red.) Erinnerung der Leser(innen) an 15,20.

Liest man den Text im Sinne des Lukas, dann ergibt sich folgender Gedankengang:

Die Präsenz von unzähligen christlichen Eiferern und die Existenz von Gerüchten, Paulus lehre die Juden in der Diaspora den Abfall vom Gesetz, veranlassen Jakobus und die Presbyter, Paulus zu einem demonstrativen Akt seiner eigenen Gesetzestreue aufzufordern. Er soll sich mit vier Nasiräern heiligen und die Kosten für das Schneiden ihrer Haare übernehmen, damit alle erkennen: Paulus erfüllt treu das Gesetz. Diesem Rat leistet der Apostel Folge, was der Jerusalemer Gemeindeleitung von Anfang an klar war. Denn sie hatte seine treue Gesetzesbeobachtung nie in Zweifel gezogen.

Der red. Sinn des Abschnittes ist deutlich: Paulus wandelt bis zuletzt im Judentum. Er macht sich keiner Gesetzesübertretung schuldig. Im Gegenteil, er beschnitt Timotheus (16,3), unterzog sich selbst einem Gelübde (18,18) und übt sich auch während seines letzten Jerusalembesuchs in der Befolgung des Gesetzes.

V. 27–36: V. 27: Die Wendung „die Hände an jemanden legen" findet sich ebenfalls 4,3; 5,18; 12,1. V. 28 ist darin lukanisch, daß Paulus' Predigt ebenso wie vorher die des Stephanus (6,13) fälschlicherweise von den Juden als gegen das Gesetz und den Tempel gerichtet angesehen wird. V. 30–34 enthalten die luk. Schilderung eines Tumults (vgl. ähnlich 19,29.32–34). V. 31 f zeichnen dabei den staatlichen Eingriff in den Streit zwischen Juden und Christen nach bekanntem Schema.

Der red. Sinn des ganzen Abschnittes besteht darin, daß er die Erfüllung der Prophezeiung erbringt: Paulus wird von den Juden an die Heiden ausgeliefert (21,11). Damit ist die Voraussetzung für die folgenden apologetischen Reden des Apostels geschaffen, die alle Schuld an der Auseinandersetzung zwischen Christen und Juden auf die letzteren abwälzen und den Römern das Christentum angelegentlich empfehlen.

III Traditionen

V. 1–16:

Dem Bericht liegt eine Quelle zugrunde, die eine Reise des Paulus von Milet nach Jerusalem enthielt. (Zur Frage, ob es sich um die Konferenz- oder Kollektenreise handelt, s. u. S. 243.) Freilich liefert nicht der „Wir-Stil" einen Beweis für diese These, sondern der peinlich-genaue Charakter des Berichts.

Anders Schille: „Die Stationen sind nicht aus einem Itinerar abgeschrieben, sondern einer klugen Wegbeschreibung zu danken" (1983: 407).

Im folgenden sind die Fragen zu klären, ob und inwieweit die über die Reisetätigkeit hinausgehenden Nachrichten auf Tradition zurückgehen und ob sie – im positiven Fall – Bestandteil der genannten Quelle gewesen sind, die von einer Reise des Paulus von Milet nach Jerusalem berichtete.

V. 8 b–9: Die Einzelheiten des Aufenthaltes bei Philippus dürften Bestandteil der Quelle gewesen sein. Lukas erfindet nicht Geschichten, sondern berichtet im Anschluß an Tradition. Die Nachricht von den vier prophetischen jungfräulichen Töchtern des Philippus ist mit großer Wahrscheinlichkeit traditionell, denn sie paßt zu den Traditionen der Hellenisten, die von ihrer geisterfüllten Tätigkeit berichten (s. o. S. 110) und ist eine interessante Einzelheit ohne Tendenz. (Die Jungfräulichkeit war z. Zt. des Lukas wohl noch kein allgemeines kirchliches Ideal [vgl. dazu Harnack 1924: 233 A1].) Doch ist es unsicher, ob sie Bestandteil der Quelle gewesen ist.

Von Philippus und seinen drei (sic!) jungfräulichen Töchtern in Hierapolis (bzw. Ephesus) berichtet Polykrates von Ephesus (bei Euseb, KG III 31,3). Obwohl er Philippus zu den zwölf Aposteln rechnet, dürfte die Nennung der prophetischen Töchter belegen, daß die Überlieferung hier ursprünglich den Evangelisten Philippus meinte (vgl. vielleicht in diesem Sinne den Montanisten Proklus bei Euseb, KG III 31,4). S. ferner die Erzählung des Papias (bei Euseb, KG III 39,9) von dem Aufenthalt des Philippus mit seinen Töchtern in Hierapolis. Ihm unterläuft aber die gleiche Verwechslung des Evangelisten mit dem Apostel Philippus wie Polykrates (vgl. Körtner 1983: 144–146).

V. 10–14: Die Agabusgeschichte dürfte Bestandteil der Lukas vorliegenden Tradition gewesen sein. Zwar waren red. Züge nicht zu übersehen (s. o.). Doch entspringt der Name Agabus und seine prophetische Tätigkeit sicher einer Tradition. Freilich ist nicht sicher, ob Agabus an dieser Stelle der Apg zeitlich richtig eingeordnet ist. Denn 11,27 ff erscheint er ebenfalls im Zusammenhang einer Jerusalemreise des Paulus, die jedoch als Modellreise anzusehen ist – von Lukas geschaffen unter Verwendung von Einzeltraditionen, die mit Jerusalemreisen des Paulus zusammenhängen. Daher dürfte die Agabusgeschichte Bestandteil der genannten Quelle gewesen sein.

V. 16 b: Der Bericht vom Aufenthalt im Hause des Mnason geht auf Tradition zurück. Dafür sprechen 1. der red. Charakter von V. 17 ff (s. o.), 2. der Name Mnason, 3. die interessante Einzelnachricht, Christen aus Cäsarea hätten Paulus in Jerusalem Unterkunft verschafft. Damit ist gleichzeitig wahrscheinlich gemacht, daß V. 16 b zur Vorlage gehörte.

V. 17–36:

V. 17–19: Auf Tradition dürfte die Nachricht zurückgehen, Jakobus sei z. Zt. des Kollektenbesuches des Paulus Oberhaupt der Jerusalemer Gemeinde gewesen.

V. 20–26: Folgende Traditionselemente werden sichtbar: 1. Der Jerusalemer Gemeinde gehören viele Juden an, die Eiferer für das Gesetz sind (vgl. die oben S. 240 notierte Spannung zwischen V. 17 [red.] und V. 22). 2. Gerüchte kursieren, Paulus lehre die Juden Abfall vom Gesetz des Mose und rate ihnen von der Beschneidung ihrer Kinder ab (V. 21). Diese Gerüchte waren nach der bisherigen (jüdischen) Zeichnung des Apostels in der Apg gerade *nicht* zu erwarten und dürften deshalb auf Tradition zurückgehen. 3. Paulus beteiligt sich an einer jüdischen Zeremonie und übernimmt die Kosten für die Auslösung von vier Nasiräern. Ein solcher Akt galt als frommes Werk (vgl. Josephus, Ant XIX 294) und hat mit der Übernahme eines Nasiräats nichts zu tun. Schließlich mag die Angabe „sieben Tage" auf Tradition zurückgehen. Es liegt nahe, mit E. Haenchen diese Angabe auf der Stufe der Tradition mit dem Tempelbesuch des Paulus in Verbindung zu bringen: Paulus mußte mit dem betreffenden Priester die Übernahme der Auslösungskosten vereinbaren, aber gleichzeitig als ein aus dem Ausland Kommender die Reinheit wiedergewinnen.

„Dem entsprechend ging Paulus (…) mit den 4 Nasiräern zum Tempel und meldete dort 1. seine eigene Entsühnung… an, 2. aber die *ekplerosis ton hemeron tou hagnismou* (des Nasiräats der 4). Damit ließ sich das Datum festlegen, an dem die betreffenden Opfer – die er bezahlte – dargebracht werden sollten: es war der 7. Tag, an dem er selbst entsühnt werden sollte" (Haenchen 1977: 586).

V. 27: Zu „sieben" als Bestandteil der Tradition vgl. das soeben Gesagte.

Ebenfalls traditionell ist in unserem Abschnitt noch der Name des heidnischen Paulusbegleiters Trophimus in V. 29 (vgl. die Liste Apg 20,4), von dem die Paulus feindlich gesonnenen Juden sagen, er habe ihn in den Tempel geführt (dieser Vorwurf ist wohl traditionell – Lukas deklariert ihn ebenso wie die Anklage gegen Stephanus [6,13 f] als Falschzeugnis [s. o. S. 88 f und S. 94]).

Man kann noch fragen, ob nicht auch noch V. 35 Tradition reflektiert:

„Als Paulus an die Treppe kommt, wird er von den Soldaten getragen, um vor der Gewalt des andrängenden Volkes bewahrt zu bleiben. Aber wenn man eine mißliebige Person auf den Schultern trägt, entzieht man sie dem Ansturm der Menge nicht: jetzt ist sie erst recht jedem Steinwurf ausgesetzt. In Wirklichkeit läßt sich eine andrängende Menge auf andere Weise wirksam abriegeln. Paulus mußte getragen werden, weil er nach dem Lynchversuch der Menge nicht mehr imstande war, die Stufen selbst zu ersteigen. Aber das konnte Lukas nicht berichten – bei ihm wird ja Paulus sofort von eben dieser Treppe aus eine Rede halten!" (Haenchen 1977: 591).

Damit ergibt sich folgender Grundriß der Quelle: Paulus reist mit Begleitern von Milet über Cäsarea nach Jerusalem. Er erhält in Cäsarea gastliche Aufnahme beim Hellenisten Philippus und in Jerusalem beim Hellenisten Mnason. In der Jerusalemer Gemeinde, die gesetzestreu lebt und der Jakobus vorsteht, ist seine Person umstritten, denn Gerüchte kursieren, daß Paulus antinomistisch eingestellt sei und sich gegen die Beschneidung von jüdischen Knaben ausspreche. Paulus tritt dem durch die Übernahme der Auslösung von vier Nasiräern entgegen. Mit Paulus' Anwesenheit im Tempel, in den er sich zwecks eigener Entsühnung begeben hatte, endete wahrscheinlich die Quelle. Aus ihrem Inhalt (vgl. bes. die Stellung des Jakobus) geht hervor, daß sie allein auf den dritten und letzten Jerusalembesuch des Paulus paßt.

Auf nicht mehr deutliche Weise gehören die Person des Paulusbegleiters Trophimus und die sich an seiner Person entzündenden Vorwürfe gegen den Apostel („Paulus hat Heiden in den Tempel geführt" [V. 28]) zu jener Quelle (vgl. u. S. 259), vielleicht auch noch die Schilderung der Einzelheiten der Festnahme des Paulus (s. o. zu V. 35), aber das muß ganz unsicher bleiben.

Der soeben gezeichnete Gedankengang ist das beste Argument für die Annahme einer *durchlaufenden* Quelle. Denn der Bericht ist geradlinig und weist keinerlei Spannungen und Sprünge auf.

IV Historisches

Fragen wir nach der historischen Zuverlässigkeit der obigen Quelle, so muß die Antwort hierauf positiv ausfallen. Die Einzelelemente werden durch andere von Apg 21 unabhängige Nachrichten bestätigt oder als wahrscheinlich erwiesen:

Die Nachricht über den Wohnort des Hellenisten Philippus (Cäsarea) ist glaubhaft, ebenso die über die Prophetentätigkeit seiner Töchter. Das paßt gut zu dem pneumatisch-eschatologischen Charakter der Verkündigung der Hellenisten (vgl. auch TestHiob 48–50 [Beschreibung der prophetischen Tätigkeit der drei Töchter Hiobs]).

Daß der Apostel bei einem Hellenisten (Mnason) Unterkunft fand, ist wegen der früheren engen Beziehung des Paulus zu den Hellenistenkreisen gut möglich.

Bestätigt durch andere Quellen werden die Führungsstellung des Jakobus (vgl. dazu umfassend Hengel 1985) und der nomistische Charakter der Gemeinde Jerusalems in den fünfziger Jahren (vgl. Lüdemann 1983: 92 A99). Die Beteiligung des Paulus an einem Kultakt ist wegen seines Freiheitsverständnisses (vgl. 1Kor 9,19 ff) als wahrscheinlich zu erachten.

Schließlich dürfte der in V. 21 ausgesprochene Vorwurf gegen Paulus historisch sein und gibt zutreffend die Vorbehalte Jerusalemer Christen gegen den Apostel wieder.

Das Zeugnis der Apg darüber „muss nur um so höher angeschlagen werden, da es als ein ihm (sc. dem Lukas) selbst wider seinen Willen von der Macht der geschichtlichen Wahrheit aufgedrungenes anzusehen ist. Es bleibt demnach dabei, dass nach dem eigenen Zeugniss des Verfassers der Apostelgeschichte die Judenchristen in Jerusalem in dem Apostel Paulus einen Apostaten vom Gesetz und einen Prediger derselben Apostasie unter Juden und Heiden gesehen haben, und wenn sie diese Meinung von ihm gehabt haben, so wird Niemand der Schluß verargt werden können, dass sie bei Vorfällen, welche, wie die unmittelbar nachher erfolgten Auftritte das unläugbare Resultat derselben Ansicht und Gesinnung waren, nicht so gleichgültig und unbetheiligt gewesen sein können, als man gewöhnlich annimmt" (Baur 1866: 230).

Jedenfalls hatte der Vorwurf V. 21 einen Anhalt in dem, was in paulinischen Gemeinden zumindest teilweise vor sich ging. Zwar findet sich nirgendwo in den erhaltenen Briefen des Paulus eine dem Vorwurf von Apg 21,21 entsprechende Aussage. Doch waren die V. 21 dargelegten Sachverhalte mögliche Folgen für Juden, die in den paulinischen Gemeinden lebten. Wenn die Tora gegenüber der neuen Schöpfung in Christus bestenfalls vorläufig war (1Kor

7,19; Gal 6,15), konnte es nicht ausbleiben, daß geborene Juden in der Folge einer solchen Praxis vom Gesetz entfremdet wurden und ihre Kinder nicht mehr beschnitten (vgl. m. R. Hengel 1985: 97). V. 21 gibt daher eine historisch zuverlässige Information über die möglichen Folgen der paulinischen Predigt sowie Praxis unter Juden und über die Vorbehalte der Jerusalemer Gemeinde gegenüber Paulus wieder.

Nun wissen wir freilich aus dem paulinischen Eigenzeugnis, daß die letzte Jerusalemreise den Zweck hatte, die Kollekte der paulinischen Gemeinden nach Jerusalem zu bringen. Die Frage lautet, warum sich nichts darüber in der Apg 21 verarbeiteten Quelle findet. Nach den obigen Ausführungen zur historischen Zuverlässigkeit der Apg 21 verarbeiteten Quelle erscheint es ausgeschlossen, daß sie keinen Hinweis auf die Sammlung enthielt, was die Frage provoziert: Warum *tilgt* Lukas jeglichen Hinweis auf die Kollekte in jenem Kapitel? Die Dringlichkeit der Frage wird erhöht, falls Apg 24,17 eine Notiz über den Sinn der letzten Jerusalemreise des Paulus enthält. Die einzige mögliche Antwort auf die letzte Frage kann nur lauten: Lukas meidet in Apg 21 absichtlich das Kollektenthema, weil die von ihm benutzte Quelle von einem Scheitern ihrer Übergabe bzw. von ihrer Ablehnung berichtete. Lukas kann es sich wegen seiner Kirchenauffassung nicht leisten, von dem Scheitern des Einheitswerkes des Paulus in diesem Kapitel zu berichten (vgl. zu den Einzelheiten Lüdemann 1983: 96–98). – Hengel 1985 – er hält Lukas für einen Augenzeugen des letzten Jerusalembesuches des Paulus – nimmt in seinem gelehrten Beitrag zum Ausgang der Kollekte leider nicht Stellung und hält die luk. Zeichnung des Jakobus in Apg 21 für historisch zuverlässig (95 f). Doch bleibt es dann ein großes Rätsel, warum der „Augenzeuge" Lukas nach der Festnahme des Paulus von keinerlei Hilfe des Jakobus für Paulus berichtet.

Apostelgeschichte 21,37–22,29

I Gliederung

Apg 21

V. 37–40: Gespräch des Paulus mit dem Chiliarchen und Erteilung der Erlaubnis an Paulus, eine Rede vor dem Volk zu halten

Apg 22

V. 1–21: Rede des Paulus vor den Juden in Jerusalem
  1–2: Anrede. Paulus spricht aramäisch
  3–5: Paulus' Leben bis zum Damaskusereignis
  6–16: Schilderung des Damaskusereignisses
  17–21: Die Vision im Tempel von Jerusalem

V. 22–23: Die wütende Reaktion der Juden
V. 24–29: Paulus in der römischen Kaserne. Versuch der Geißelung. Berufung auf sein römisches Bürgerrecht

II Redaktion

21,37–40:

Der Abschnitt ist in toto redaktionell. Er stellt einen ersten Kontakt mit dem römischen Offizier her und betont von vornherein, daß Paulus nichts mit dem Vorwurf der *stasis* zu tun hat, der ihm in Jerusalem zur Last gelegt werden wird. Der Apostel ist nicht, wie fälschlich angenommen wird, jener Ägypter, der einen Aufstand organisiert hatte (V. 38; der Hinweis auf den Ägypter, darf nicht ohne weiteres für chronologische Berechnungen herangezogen werden [vgl. den Anachronismus 5,36 f]: zu Jewett 1982: 75 f). V. 39: Vgl. die red. Litotes *ouk asemou*. V. 40: Der Vers bereitet die nachfolgende Rede vor. Zur Rednergeste vgl. 12,17; 13,16; 26,1.

22,1–21:

V. 1: Der Anfang entspricht der Einleitung der Stephanusrede (7,2), wobei der luk. Paulus den Zweck der Ansprache an dieser Stelle präzisiert; sie geschehe „zur Verteidigung euch gegenüber". V. 2 lenkt auf 21,40b zurück: Paulus redet zu dem Volk in aramäischer Sprache (mit dem Offizier hatte er noch griechisch gesprochen). V. 3–5: V. 3 benutzt (der luk.) Paulus ein Dreierschema (vgl. 7,20–22 [von Moses]), um seinen Werdegang zu schildern: Er sei geboren *(gegennemenos)* in Tarsus, aufgezogen *(anatethrammenos)* in dieser Stadt (sc. Jerusalem), ausgebildet *(pepaideumenos)* zu den Füßen Gamaliels. Das Dreierschema war in hellenistischer Literatur üblich, um einen Bildungsgang zu bezeichnen (vgl. Lüdemann 1980: 42 [Lit.]). Der luk. Paulus (einschließlich des Vf.s der Apg) gehört also zur gebildeten Welt. V. 4–5 schildern wie bereits 7,58 f; 8,1–2; 9,1–2 die Verfolgertätigkeit des Paulus. V. 6–16: Dieser Abschnitt variiert den auch Apg 9 zugrundeliegenden „Bekehrungsbericht" (zu den Einzelheiten s. dort). Bei dem o. durchgeführten synoptischen Vergleich der drei Bekehrungsberichte sahen wir, daß 22,15 abweichend von 9,15 betont: Paulus werde vor allen Menschen Zeuge dessen sein, was er gesehen und gehört habe. Damit faßt Lukas die Bekehrung als Berufung auf, was vollends durch den nächsten Abschnitt deutlich wird. V. 17–21: Die Tempelvision interpretiert die Bekehrung als Berufung (vgl. besonders V. 21b: „Geh, denn ich werde dich weit zu den Heiden senden!"). Sprachlich lukanisch sind in V. 17–21: V. 17: *hypostrepsanti, ekstasei.* V. 18: *speuson, en tachei.* V. 19: *epistantai.* V. 21: *exapostelo.* V. 20 ist red. Rückverweis auf 7,58. Er steht in Spannung zum Kontext, der in V. 19 bereits Paulus' Verfolgertätigkeit außerhalb Jerusalems *nach* derjenigen in Jerusalem schildert, und klappt deshalb nach. Die beste Erklärung hierfür ist, daß Lukas eine Vorlage bearbeitet hat (vgl. unter III).

V. 22–23:

Die Wendung „die Stimme erheben" kommt außerhalb unserer Stelle (V. 22) im NT nur noch im luk. Doppelwerk vor (Lk 11,27; Apg 14,11). Die wütende Reaktion der Juden ist stilgemäßer Bestandteil der Szene. Die Forderung, Paulus von der Erde hinwegzunehmen (V. 22), bezieht sich auf dasselbe Ansinnen der Juden von 21,30. (25,24 wird dann auf die gegenwärtige Szene zurückverwiesen.) Die Rede des Paulus war also ein Mißerfolg. Bezeichnenderweise unterbrechen die Juden Paulus, als er von seiner Sendung zu den Heiden spricht.

V. 24–29:

Die Verse schildern die Berufung des Paulus auf sein römisches Bürgerrecht. Die Nachricht vom römischen Bürgerrecht des Apostels paßt gut zu der apologetischen Tendenz des luk. Doppelwerkes (vgl. Lüdemann 1980: 41f [Lit.]). Freilich müssen Redaktion und Tradition nicht immer im Widerspruch zueinander stehen (s.u. III). Das parallele Verhältnis dieser Szene zu 16,19–40 ist lehrreich: An beiden Stellen verzögert sich die Berufung auf das römische Bürgerrecht (vgl. 22,25 mit 16,37) und entsprechend ist Paulus vorher Gewaltsamkeiten durch die römische Behörde ausgeliefert (vgl. 22,24 mit 16,22f). Dabei wird jeweils die Grausamkeit der römischen Beamten (s. die zuletzt genannten Stellen) mit ihrer Furcht, nachdem sie vom römischen Bürgerrecht des Paulus erfahren haben (vgl. 22,29 mit 16,38), kontrastiert. Das alles hat wohl die erzählerische Absicht, das römische Bürgerrecht des Apostels hervorzuheben und „den Ap. um so deutlicher als den Schützling des römischen Staats vor jüdischer Gewaltthätigkeit erscheinen" zu lassen (Overbeck 1870: 395; vgl. ebd., 394f auch zum Verhältnis dieser Erzählung zu 16,19–40).

III Traditionen

21,39:

Zur Tradition der Herkunft des Paulus aus Tarsus und seines tarsischen Bürgerrechts s.u. S. 250.

V. 3–5.6–16:

Zu der Tradition der Verfolgertätigkeit des Paulus und des Damaskusereignisses s.o. zu Apg 9.

Dieser Abschnitt ist trotz luk. Sprachelemente in der Grundstruktur ohne V. 20 traditionell. „Lukas hätte kaum eine so massive Erscheinung Jesu, wie V. 17 f. sie aussagen, von sich aus gebildet" (Burchard 1970: 163), obwohl 9,17 auf eine Erscheinung Jesu *(ophthe)* vor Paulus verweist. Die Tradition setzt (gegen 9,28; 26,20) wohl keine paulinische Predigt in Jerusalem voraus (vgl. V. 18: „Sie [sc. in Jerusalem] werden dein Zeugnis über mich nicht annehmen"). Die Überlieferung ist darin eigenartig, daß sie Paulus' Berufung zum Heidenmissionar nicht in Damaskus, sondern anscheinend im Tempel von Jerusalem lokalisiert. Ferner wird abweichend von den paulinischen Eigenzeugnissen der Gang zu den Heiden durch die von vornherein feststehende mangelnde Bereitschaft der Jerusalemer Juden begründet, Paulus' Zeugnis anzunehmen.

V. 24–29:

Die Perikope mit der Aussage, Paulus habe das römische Bürgerrecht besessen, fügt sich, wie oben gezeigt, gut der luk. Tendenz ein. Die Einzelnachricht (nicht die Gesamtszene V. 24–29) geht aber mit großer Wahrscheinlichkeit auf Tradition zurück, denn das römische Bürgerrecht des Apostels scheint historisch zu sein (vgl. u. IV).

Anhangsweise sei bemerkt, daß Stolle 1973 – ohne Begründung – V. 23–29 für einen Bestandteil des vorluk. „Haftberichtes" hält (265 f).

IV Historisches

Zu den historischen Fragen der Verfolgertätigkeit des Paulus und des Damaskusereignisses vgl. o. S. 119 f zu Apg 9.

Die Tempelvision des Paulus ist sicherlich unhistorisch in ihrer Aussage, Paulus habe im Jerusalemer Tempel seine Berufung als Heidenapostel empfangen. Denn nach Gal 1,15 wurde Paulus bei Damaskus zum Heidenapostel berufen. Es ist eine offene Frage, wo, wann und warum eine solche Tradition ausgebildet wurde, es sei denn, man brächte den Eigenbericht des Paulus, 2Kor 12,1–5, hiermit in Zusammenhang, der gleichfalls a) von einem ekstatischen Widerfahrnis, b) von einer Vision *(idein* [Apg 22,18] – *optasiai* [2Kor 12,1]) und c) von einer Audition *(auton legonta* [Apg 22,18(.21)] – *arrheta rhemata* [2Kor 12,4]) berichtet.

Exkurs: Zum römischen Bürgerrecht des Paulus

Im folgenden soll positiv begründet werden, daß Paulus das römische Bürgerrecht besessen hat. Doch mögen zunächst einige unzureichende Argumente gegen eine solche These kritisch erörtert werden: 1. Paulus erwähnt sein römisches Bürgerrecht an keiner Stelle. Dagegen: Dazu bestand auch nirgends eine Gelegenheit – auch nicht im Peristasenkatalog 2Kor 11,23 ff (zu Wengst 1986: 95.215, der meint, aus der Nichterwähnung des Bürgerrechts in 2Kor 11,25 gehe hervor, daß Paulus darauf zumindest keinen Wert gelegt habe). 2. Paulus ist dreimal gegeißelt worden (2Kor 11,25). Dagegen: Die Lex Julia (s. zu den Einzelheiten Sherwin-White 1963: 57–60; Mommsen 1901: 89) ließ die Strafe der Geißelung an römischen Bürgern zwar nicht zu. Doch wurde gegen das Gesetz oft verstoßen (vgl. H. Windisch, Der zweite Korintherbrief, 1924, S. 356), und es ist nicht sicher, ob sich Paulus im Falle der Geißelung auf sein römisches Bürgerrecht berufen hätte. Dazu kam jeweils das Problem, wie er es überhaupt hätte beweisen können. 3. Der Widerspruch zwischen der manuellen Tätigkeit des Paulus (sie belege des Apostels Herkunft aus der unteren Mittelschicht) und seinem römischen Bürgerrecht (es weise auf Zugehörigkeit zur Oberschicht) gehe, da erstere unbestreitbar sei, zu Lasten des letzteren (Stegemann 1985: 483–485). Dagegen: Das Bürgerrecht wurde (in der frühen Kaiserzeit) keinesfalls nur an vornehme Bürger verliehen (vgl. u. S. 249 f zu den Freigelassenen). Zudem ist Paulus' handwerkliche Tätigkeit doch wohl durch seine rabbinische Ausbildung motiviert und kann daher nicht zwingend für die Bestimmung seines sozialen Status verwendet werden (anders Hock 1980: 22–25 [Lit.], gefolgt von Stegemann 1985: 483, mit dem richtigen Hinweis, daß die rabbinischen Texte zur Zusammengehörigkeit von Torastudium und Handwerk erst aus der Mitte des zweiten Jh.s stammen [aber schließt das ein höheres Alter aus?]).

Zum positiven Erweis des römischen Bürgerrechtes des Paulus: Der Apostel trägt einen römischen Namen, Paulus. Paulus ist Cognomen oder Praenomen (s. die Belege bei Cadbury 1955: 69f). Der Name erscheint im Osten selten und weist auf vornehme Herkunft (Mommsen 1901: 82 A3). Sein Gebrauch kann auf zweierlei Weise erklärt werden: a) Der lateinische Name Paulus geht auf Anpassung zurück, um soziale Kontakte oder auch den Umgang mit den römischen Behörden zu erleichtern (s. Juster 1914 [Band II]: 226 u.ö. zur Annahme lateinischer und griechischer Namen durch Juden). Dabei mag Paulus phonetisches Äquivalent von Saulus sein (doch ist der Name Paulus nach Dessau 1910: 352 keine phonetische Übersetzung des hebr. *Scha'ul* ins Griechische oder Lateinische [gegen Sherwin-White 1963: 153f]; lt. G. Mussies, in: S. Safrai/ M. Stern [Hrgg.], The Jewish People in the First Century II, 1976, S. 1052, lautete der *Scha'ul* entsprechende griechische Name *Aithetos*); vgl. den Überblick von Leon 1960: 120 über phonetische Äquivalente zwischen semitischen und römischen Namen in der Judenschaft Roms. Vielleicht will sogar Lukas (trotz Apg 13,9, einer Stelle, die voraussetzt, daß der Apostel schon vorher den Namen Paulus trug) andeuten, daß Paulus sich diesen Namen erst seit der Begegnung mit dem Prokonsul Sergius Paulus zugelegt hat. b) Der Name Paulus geht darauf zurück, daß der Apostel römischer Bürger war. Der römische Bürger hatte das Recht und die Pflicht, einen römischen Namen zu tragen (s. Juster 1914 [Band II]: 221). Wurden/waren Juden römische Bürger, nahmen sie also einen römischen Namen an. Erwägenswert erscheint dabei, daß Paulus das Bürgerrecht als Nachkomme eines Freigelassenen besaß (vgl. Cadbury 1955: 74–76 und die Einschränkungen bei Sherwin-White 1963: 151 f), denn „die rechtsgültige Freilassung eines Sklaven durch einen römischen Bürger (sc. verschaffte) diesem ohne weiteres das Bürgerrecht..., ohne daß dafür eine staatliche Genehmigung notwendig war" (Meyer 1961:

186). Freilich erwarb(en) der Freigelassene (und seine Kinder) nicht sofort uneinge-schränkt das Bürgerrecht, so daß er (sie) sich faktisch nur als Bürger zweiter Klasse betrachten konnte(n) (vgl. Meyer 1961: 186f). – Schließlich sprechen noch folgende beiden Gründe für die Historizität des römischen Bürgerrechtes des Paulus: 1. Wenn die Gefangensetzung des Apostels in Jerusalem ein Faktum ist, kann man seinen Transport nach Rom am ehesten durch die Anrufung des römischen Kaisers durch den römischen Bürger Paulus erklären (s.u. S. 263). 2. Paulus ist erstaunlich oft durch kolonisiertes Gebiet gereist (Philippi, Korinth), und sein Wunsch, nach Spanien zu reisen (Röm 15,28), kann auch daraus miterklärt werden, daß er hier sicher sein konnte, auf römische Kolonien zu treffen. Denn neben Gallien stand Spanien im Mittelpunkt gezielter Roma-nisierungspolitik (s. Meyer 1961: 319f).

Fazit: Paulus war höchstwahrscheinlich römischer Bürger. Ob er gleichzeitig das Bürgerrecht von Tarsus hatte (Apg 21,39), ist nicht ebenso sicher zu entscheiden. Immerhin braucht das tarsische Bürgerrecht das römische nicht auszuschließen, denn die Regelung, daß mit dem römischen Bürgerrecht das einer anderen Stadt unvereinbar sei, wurde schon zu Ende der Republik und im frühen Prinzipat aufgeweicht (Sherwin-White 1963: 182).

Apostelgeschichte 22,30–23,35

I Gliederung

Apg 22

V. 30: Einberufung des Synhedriums durch den Chiliarchen

Apg 23

V. 1–9: Paulus vor dem Synhedrium und Reaktion der Pharisäer und Sadduzäer
1: Unschuldserklärung
2–5: Das Zwischenspiel zwischen dem Hohenpriester Ananias und Paulus
6: Die List des Paulus
7: Streit zwischen Sadduzäern und Pharisäern
8: Erläuterung über beide Parteien
9: Parteinahme der Pharisäer für Paulus
V. 10: Geleit des Paulus in die Kaserne
V. 11: Nächtliche Audition des Kyrios: Paulus werde auch in Rom Zeugnis ablegen
V. 12–35: Paulus' Überführung nach Cäsarea und ihre Vorgeschichte
12–15: Das Komplott der Juden gegen Paulus
16–22: Mitteilung des Komplotts an Felix durch den Neffen des Paulus
23–35: Überführung nach Cäsarea mit Geleitbrief des Chiliarchen Claudius Lysias an Felix

22,30:

Dieser Vers ist red. Vorbereitung der Rede des Paulus vor dem Synhedrium. (Die historische Analyse vorwegnehmend kann gesagt werden, daß die Einberufung des Synhedriums *durch einen römischen Offizier* wohl ungeschichtlich ist [vgl. Mt 2,4], ebenso dessen Teilnahme an der Sitzung [23,10]; gegen Schürer 1979: 223; vgl. m. R. Stählin 1980: 288.)

23,1–9:

Die Szene hat einige Besonderheiten, die in der Sekundärliteratur wegen voreiliger Historisierung bisher nicht beachtet worden sind; vgl. etwa Meyer III: 66; Haenchen 1977: 572; Radl 1975: 184. Die Anwesenheit des Chiliarchen ist anders als 22,30; 23,10 nicht vorausgesetzt. Paulus scheint der Strafgewalt des Hohenpriesters (schutzlos) ausgeliefert zu sein (V. 2). Bemerkenswert ist auch der recht zerfahrene Charakter des Abschnitts. So hebt Paulus mehrmals an, ohne daß sich eine wirkliche Rede entwickelt. Ferner ist die Dialogstruktur in V. 2–5 mit drei Sprechern für Lukas ungewöhnlich. Auch Paulus' Beleidigung des Hohenpriesters samt Entschuldigung V. 5 ist ein singulärer Zug: Lukas erweist den Apostel hier als reuigen Gesetzesbrecher (freilich übertrat Paulus das Gesetz nur aus Unwissenheit). Die Besonderheiten dieser Szene lassen vermuten, daß Lukas bes. im ersten Teil unter Traditionsbindung formuliert, sosehr er dem Ganzen den Stempel seiner Theologie aufgeprägt hat, wie der folgende Durchgang zeigen wird:

V. 1 bringt noch einmal eine Unschuldserklärung („Brüder, ich habe mein Leben mit einem in jeder Hinsicht guten Gewissen vor Gott geführt bis zum heutigen Tage!"). Entgegen den antipaulinischen Vorwürfen (vgl. 21,21.27–29) habe Paulus als treuer Jude gelebt. V. 4f demonstrieren die Gesetzestreue des Paulus; er hätte Ananias nicht so angeredet, wenn er von seiner Hohenpriesterwürde gewußt hätte. V. 6–9 ergreift Paulus die Initiative, spielt die jüdischen Parteien der Sadduzäer und Pharisäer gegeneinander aus und paralysiert somit seine Richter. Der Satz, er sei Pharisäer und werde wegen der Auferstehung der Toten gerichtet (V. 6), ist ein kluger Schachzug, der sofort den gewünschten Erfolg der Spaltung der anwesenden Parteien zur Folge hat. Die Wendung „während er noch sprach" (V. 7a) entspricht der literarischen Technik der Unterbrechung. Obwohl eigentlich schon alles gesagt ist, scheint es, als werde die Rede gewaltsam abgebrochen (vgl. 10,44). Der Satz einiger Pharisäer: „Wir finden nichts Schlechtes an diesem Menschen; vielleicht hat ein Geist oder ein Engel zu ihm geredet" (V. 9), erinnert an den (red.) Rat des Gamaliel (5,38f). Bis zum Beweis des Gegenteils sei Paulus ein „rechtgläubiger" Jude.

Die ganze Episode V. 7–9 wirkt konstruiert und läßt keine Tradition erkennen. Sie ist „eine von dem Verfasser der Apostelgeschichte angelegte Szene"

(Baur 1866: 236). Die Sympathie einiger Pharisäer zu Paulus steht im übrigen in einem merkwürdigen Mißverhältnis zur Anklage, der Apostel habe Heiden in den Tempel geführt. Denn sie hätte doch den Pharisäern die Gefährlichkeit des Paulus vor Augen führen müssen. Das Mißverständnis wird m. E. durch die Hypothese befriedigend erklärt, 23,7–9 seien redaktionell, während der obige Vorwurf auf Tradition zurückgeht (s. o.).

Die genannte Hypothese bewährt sich unabhängig davon, wie man die Theologie der Pharisäer vor 70 n. Chr. einschätzen mag (vgl. die Kontroverse Rivkin 1978 – Neusner 1971); denn es ging hier immerhin um Tempelschändung durch einen Heiden. Darauf stand auch nach der Meinung der Pharisäer die Todesstrafe; vgl. die Warnungsinschrift vom herodianischen Tempel in Jerusalem: „Kein Andersbürtiger *(allogenes)* eintreten in das um das Heiligtum gehende Gitter und Gehege. Wer dabei ergriffen wird, wird sich selbst die Folge zuschreiben müssen, den Tod" (Übers. nach Deißmann 1923: 63; ebd. auch Abbildung der Inschrift); vgl. ferner mit weiteren Belegen Strobel 1980: 22–24.

V. 10:

Der Vers knüpft an 22,30 an. Er leitet zur nächsten Szene (V. 12–35) über. Zwischen V. 10 und V. 12–35 fügt Lukas

V. 11:

Paulus wird ebenso wie in Jerusalem auch in Rom Zeugnis ablegen. Damit ist auf den Romaufenthalt vorgegriffen und der große Zusammenhang aufgewiesen. Paulus' Tätigkeit steht in Einklang mit seinem Auftrag (22,15). Sein Weg steht unter dem göttlichen *dei*.

V. 12–35:

Der Abschnitt ist an folgenden Stellen sprachlich und inhaltlich von Lukas geprägt: V. 12: Genitivus abs. V. 14: Relativischer Satzanschluß mit *hoitines, heos hou*. V. 15: *nyn oun, akribesteron* (der Komparativ ist im NT nur hier und unter Bezug auf diese Stelle 23,20 sowie 18,26 und 24,22 belegt; er hat die Funktion, das vorgetäuschte Verhör als Fortsetzung des in Kap. 23 begonnenen zu zeichnen), *ta peri, tou* + Infinitiv. V. 16: *paragenomenos* (vgl. Jeremias 1980: 152 f). V. 18: *men oun*. V. 19: *epilabomenos*. V. 20–21: Der Bericht des Neffen des Paulus nimmt die Erzählung von V. 12–15 auf (vgl. als Analogie die Wiederholung von 10,30–32 in 11,4–17). V. 22: *men oun* und der Übergang in die direkte Rede wie in 1,4; 17,3 u. ö. V. 23–25: V. 23: Die numerische Ausstattung der Eskorte (200 Soldaten, 70 Reiter, 200 Leichtbewaffnete) steht im Mißverhältnis zu ihrer Aufgabe, eine *geheime* Mission auszuführen. Lukas übertreibt hier wie sonst und verwickelt sich damit in erzählerische Widersprüche (vgl. 11,27–30). V. 24 enthält einen luk. Übergang von direkter in indirekte Rede. V. 26–30: Der Brief des Claudius Lysias an Felix ist in toto redaktionell: V. 26, das Briefpräskript, entspricht in der Form dem Präskript des (luk.) Briefes 15,23 ff (vgl. 2Makk 11,16.22.27.34). V. 27 enthält luk. *syllambanein* (im Sinne von „verhaften" wie Lk 22,54; Apg 1,16; 12,3 [vgl. Schneider 1982: 339 A36]). Die Aussage des Briefes über die Inhaftierung des Paulus stimmt nicht völlig mit dem Bericht 21,30–38; 22,22–29 überein. Nach dem vorliegenden Brief hat der Chiliarch einen römischen Bürger vor den Juden gerettet, lt. 21,33.38 verhaftet er ihn als einen Aufrührer und erfährt erst später von dem römischen Bürgerrecht des Apostels. Nach dem Brief hätte der Chiliarch die Ankläger des Paulus aufgefordert, sich an den Statthalter in Cäsarea zu wenden. Demgegenüber hören wir davon nichts in der vorhergehenden Erzählung. Diese Spannungen dürfen *nicht* zugunsten der Annahme von Tradition ausgewertet werden. Denn hier macht Lukas ein weiteres Mal von der Freiheit Gebrauch, dieselben Erzählungen mit nur ungefähr übereinstimmendem Inhalt zu bieten (vgl. ähnlich das Verhältnis von 11,14 zu 10,5.32 und von 11,15 zu 10,44), und läßt den Chiliarchen von seinem „aktuellen" Wissensstand her argumentieren sowie sein Fehlverhalten 22,24 großzügig vergessen. V. 29: Die Wendung *zetemata tou nomou* erscheint ähnlich 18,15. V. 30: Die Einladung an die jüdischen Ankläger, vor Felix die Anklage vorzubringen, ist erst nach der erfolgreichen Ausführung des Transportes des Paulus denkbar.

H. Conzelmann führt zum Brief V. 26–30 zutreffend aus:

„... er dient der Beleuchtung der Situation vom römischen Standpunkt (so wie Lk diesen versteht) aus: Die juristische Unschuld wird vom ersten römischen Funktionär, der sich mit der Sache befaßt hat, bestätigt. Die Sicht ist dieselbe wie in der Gallio-Szene: Der Römer stellt nicht fest, daß das Christentum mit dem Judentum identisch sei, sondern daß der ganze Handel Rom nichts angehe" (Conzelmann 1972: 139).

V. 31 berichtet von der Ausführung des V. 23 beschriebenen Befehls. *dia nyktos* nimmt *apo trites horas tes nyktos* (V. 23) auf. Dabei setzt Lukas voraus, daß Antipatris noch während der Nacht erreicht werden kann (vgl. m. R. Weiser 1985: 623). Anders Hengel 1983: „In einem Marsch, der die Nacht mit einschließt, erreicht die Truppe das ca. 60 km von Jerusalem entfernte Antipatris" (173). Doch ist eine solche Auffassung nur möglich, wenn man ungenaue Ausdrucksweise des Lukas an dieser Stelle voraussetzt und gleichzeitig eine im allgemeinen korrekte Auffassung von der Geographie Palästinas.

III Traditionen

23,1–9:

Oben wurde der Vorschlag begründet, Lukas formuliere in V. 1–5 unter Traditionseinfluß. Das kann nun dahin spezifiziert werden, daß Lukas von der Beleidigung des Hohenpriesters durch Paulus wußte (vgl. Schwartz 1963:

166 f), diese korrekt wiedergab (V. 3), aber durch V. 5 im Sinne seiner eigenen Theologie abänderte. Ferner mag die Tradition davon berichtet haben, daß Paulus der Strafgewalt des Hohenpriesters ausgeliefert war.

23,12–35:

Der Bericht sticht von V. 1–9 durch seine relative Breite und Konkretheit ab: Planung eines Mordanschlages gegen Paulus, seine Aufdeckung durch den Neffen des Apostels, Verlegung des Paulus von Jerusalem nach Cäsarea, die Namen Claudius Lysias, Felix – das sind Einzelheiten, die auf Tradition zurückgehen dürften. Zellers Frage, „wie dem Verfasser alle diese Einzelheiten so genau bekannt sein konnten" (1854: 287), beantwortet man am besten durch die Hypothese, der Vf. habe an dieser Stelle eine Tradition verwendet, die die aufgezählten Einzelheiten zum Inhalt hatte.

Ganz anders Schmithals 1982: „Auch in dem vorliegenden Abschnitt lassen sich keine Spuren einer Quelle entdecken. Wir haben es mit einer originalen Erzählung des Schriftstellers Lukas zu tun, der keine historischen Informationen zugrunde liegen dürften und die ganz aus den schriftstellerischen Tendenzen des Lukas verstanden werden will" (209).

Offenbar setzte die Tradition eine vorhergehende Verhandlung nicht voraus. (Der red. V. 15 [s.o. unter II zu *akribesteron*] läßt demgegenüber das vorgetäuschte Verhör als Fortsetzung des V. 1 begonnenen erscheinen.) Man wird vermuten können, daß bereits in der Tradition die Verschwörung und ihre Aufdeckung verbunden gewesen sind.

Hengel 1983: 173–175 hat darauf hingewiesen, daß Apg 23 ein exaktes geographisches Wissen voraussetzt (Burg Antonia, Antipatris, Cäsarea) und die Handlung im Lichte der Zeitgeschichte plausibel sei. Josephus hätte die Aktion des Claudius Lysias kaum sachgemäßer darstellen können. Daher müsse der Bericht „letztlich" von einem Augenzeugen (= Lukas) herrühren (175). Doch wird man sich eine solche Beurteilung nicht zu eigen machen können. Lukas bestimmt nämlich die Entfernung Jerusalem – Antipatris falsch (er setzt voraus, daß eine Distanz von 60 km in einer Nacht zurückgelegt werden kann, s.o. S. 253), und – wichtiger – ein im allgemeinen zutreffendes Lokalkolorit belegt nicht zwingend die Historizität einer Szene (vgl. Apg 19,23–40). S. auch o. S. 18 zur „Karl-May-Regel".

Hengels Auffassung, der Bericht gehe letztlich auf den Augenzeugen Lukas zurück, ist genau das, was der Schriftsteller Lukas erreichen wollte: Der Bericht läßt für einen Augenzeugen praktisch keinen Raum, da sich alles Geschehen (Verschwörung, Verrat, Verlegung des Paulus) im Verborgenen vollzieht, aber gerade Lukas gibt durch die genannten Geheimnismotive dem Leser zu verstehen, warum die Episode bisher unbekannt geblieben und erst jetzt von ihm selbst ans Licht der Öffentlichkeit gebracht worden ist.

IV Historisches

Hypothetisch können folgende historische Tatsachen als Grundlage der Tradition in diesem Kapitel angenommen werden:

1. Paulus war der Strafgewalt des Hohenpriesters ausgeliefert und hatte diesen beleidigt. Begründung: M.E. kann kein einleuchtendes Motiv für die Ausbildung einer solchen Tradition angegeben werden.

2. Die Verlegung des Paulus von Jerusalem nach Cäsarea zum Statthalter Felix auf Veranlassung des Claudius Lysias. (Die Einzelheiten der Verlegung müssen unbestimmt bleiben und sind z.T. stark novellistisch.)

3. Die Verlegung hatte prozeßtechnische Gründe (Cäsarea war Sitz des Statthalters, des obersten Richters der Provinz) und ferner ein Motiv in der Bedrohung des Paulus durch seine jüdischen Feinde. Diese Einzelheit (der Tradition) wird bestätigt durch den Gesamtzusammenhang des letzten Jerusalemaufenthaltes des Apostels: Paulus wurde im Zusammenhang eines jüdischen Aufruhrs gegen ihn festgesetzt (bzw. in Schutzhaft genommen). Es liegt nahe, im Anschluß an E. Schwartz den Anlaß der Festnahme in dem Vorwurf zu sehen, Paulus habe Heiden in den Tempel geführt (21,28; 24,6):

> „Der Nichtjude, der den inneren Tempelraum betrat, war vogelfrei. Ließen die Juden es sich gefallen, so schritt die römische Behörde natürlich nicht ein: veranlaßte aber, wie es Paulus schuld gegeben wurde, ein geborener Jude einen Heiden das Verbot zu übertreten und reizte dies die Juden zu einem Aufstand auf, so konnte er allerdings wegen *seditio* belangt und zum Tode verurteilt werden" (1963: 165f).

Der Vorwurf der Juden hatte höchstwahrscheinlich keinen Anhalt an dem, was wirklich in Jerusalem geschehen war. Paulus respektierte jüdische Gebräuche, soweit sie nicht die Existenz der Heidenchristenheit bedrohten, und sah bewußt davon ab, Judenchristen zu Heidenchristen zu machen. Der erwähnte Vorwurf läßt sich aber gut als antipaulinische Polemik von Judenchristen verstehen (vgl. die Exegese von 21,21).

4. Die Frage, ob die Tradition die Einzelheiten des Komplotts und seiner Aufdeckung durch den Neffen des Paulus historisch zutreffend gezeichnet hat, kann wohl nie beantwortet werden. (Die Beteiligung des Synhedriums am Komplott kann natürlich angesichts der red. Stimmigkeit auf Lukas zurückgehen.) Die einschlägigen Szenen sind novellistisch ausgestaltet, und es ist z.B. unwahrscheinlich, daß der Neffe so ohne weiteres Gehör beim Chiliarchen gefunden hätte. Ein historisches Faktum ist allerdings die Existenz einer Schwester und eines Neffen des Paulus in Jerusalem (lebhaft bestritten von Schille 1983: 428f), die vielleicht Paulus bei seinem letzten Jerusalemaufenthalt von Nutzen gewesen sind.

I Gliederung

V. 1: Ankunft der Jerusalemer Delegation in Cäsarea – bestehend aus dem Hohenpriester Ananias, einigen Presbytern und dem Rechtsanwalt Tertullus
V. 2–6 a.8 b: Anklagerede des Tertullus (V. 6 b–8 a sind textkritisch sekundär)
V. 9: Bekräftigung der Anklagen durch die Juden
V. 10–21: Verteidigungsrede des Paulus
V. 22–23: Vertagung der Entscheidung durch Felix
V. 24–26: Felix und Paulus
V. 27: (Nach Ablauf von zwei Jahren:) Ablösung des Felix durch Festus

II Redaktion

Die Szene ist wohl in toto von Lukas gestaltet.

V. 1:

Der Vers führt 23,30 erzählerisch weiter. Die Juden schicken gemäß der Anweisung des Hauptmanns Claudius Lysias Ankläger gegen Paulus zu Felix nach Cäsarea.

V. 2–6 a.8 b:

Die Anklagerede des Rhetors Tertullus beginnt mit einer Captatio benevolentiae (V. 2–4), die eine Entsprechung in der Verteidigungsrede des Paulus (V. 10–21) finden wird (V. 10). Die beiden Anklagepunkte gegen Paulus sind bereits aus vorhergehenden Episoden bekannt: 1. Paulus errege in der ganzen Welt unter allen Juden Aufstände (V. 5); 2. Paulus habe versucht, den Tempel zu schänden (V. 6). Die erste Anklage erscheint bereits 17,6 als Vorwurf der Juden gegen Paulus, die zweite bezieht sich auf 21,28 zurück.

V. 9:

Die Bekräftigung der Vorwürfe durch die Juden steigert die Dramatik; *houtos echein* ist eine luk. Wendung (vgl. 7,1; 17,11).

V. 10–21:

Die Verteidigungsrede des Paulus ist eng auf die Anklage bezogen. V. 10, die Captatio benevolentiae, entspricht V. 2–4. *pollon* nimmt *polles* (V. 2) auf. Dabei entsteht die falsche Angabe, Felix sei schon seit „vielen Jahren … Richter über dieses Volk", d. h. Prokurator in Judäa gewesen. (Felix war es allenfalls erst kurze Zeit, s. unter IV und Lake/Cadbury, Beg. IV: 300 für einen Parallelfall.) V. 11: *dynamenou sou epignonai* nimmt *dynese… epignonai* (V. 8) auf. Die Angabe, Paulus sei vor zwölf Tagen nach Jerusalem gekommen, ist aus einer Addition der sieben Tage aus 21,27 und der fünf Tage aus 24,1 gewonnen. V. 12 bezieht sich auf die Anklagepunkte, zunächst auf den letztgenannten (Anklage der Tempelschändung), dann auf den Vorwurf der Erregung von Aufständen. V. 14–15 zeichnen in luk. Manier positiv das Christentum des Paulus: Es besteht in Schriftgläubigkeit (V. 14) und der Hoffnung auf Gott, die inhaltlich in der Erwartung der Auferstehung der Gerechten und Ungerechten besteht (V. 15). V. 16 enthält noch einmal eine luk. Unschuldserklärung des Paulus:

„Darum übe ich mich auch selbst, allezeit ein unverletztes Gewissen gegen Gott und die Menschen zu haben" (vgl. 23,1; 13,46; 18,6; 20,26).

V. 17 überrascht darin, daß Paulus' Ziel des letzten Jerusalembesuchs darin besteht, „für mein Volk Liebesgaben zu bringen und zu opfern" (s. dazu unter III). V. 18–19 wiederholen 21,27 unter nochmaliger Zurückweisung des Vorwurfs, Paulus habe Aufruhr erweckt (*ochlou*, V. 18, bezieht sich zurück auf *ochlou*, V. 12). V. 20–22 betonen abermals Paulus' Unschuld: Weder die asiatischen Juden (von Kap. 21) noch die anwesenden Juden können eine Unrechtstat des Paulus nachweisen. V. 21 bezieht sich zurück auf die (erste) Verhandlung vor dem Synhedrium. Schon damals (23,6) habe Paulus gesagt, er werde wegen der Auferstehung verklagt.

V. 22–23:

Der Abschnitt leitet zur nächsten Episode (V. 24–26) über. Felix' Wissen um den christlichen Weg (V. 22 [zu *hodos* vgl. V. 14 und zu 18,25]) wird in V. 24b erzählerisch erläutert. Der Aufschub der Entscheidung des Felix bis zur Ankunft des Chiliarchen Claudius Lysias dient dem Zweck, die im folgenden geschilderte Begegnung zwischen Paulus und Felix und dem Apostel und Festus zeitlich zu ermöglichen. Die Erleichterung der Haft des Paulus auf Veranlassung des Felix ist ein luk. Motiv (vgl. 27,3).

V. 24–26:

Als sprachlich lukanisch fallen auf: V. 24: *paragenomenos, metepempsato, tes eis Christon…pisteos.* V. 25: *dialegomenou, metalabon, metakalesomai.*

V. 26: *metapempomenos, homilei.*

Inhaltlich reflektieren die Verse darin luk. Apologetik, daß Paulus in Felix und Drusilla interessierte Zuhörer findet (V. 24). „Das Interesse hochgestellter Kreise am Christentum ist ein lukanisches Motiv" (Conzelmann 1972: 143). Sodann enthält V. 25 (Paulus spricht über Gerechtigkeit, Enthaltsamkeit, kommendes Gericht) eine auf die Situation hin (die Ausschweifungen des Felix waren notorisch) entworfene Charakteristik des luk. Christentums. Sie belegt, daß Lukas „wenig Zusammenhang mit dem eigentlichen Urchristentum mehr hat" (Weiß 1897: 60). V. 26 stimmt mit dem überlieferten Charakter-Bild des Felix überein (aus Josephus und Tacitus – vgl. Meyer III: 46–54; Schürer 1973: 460–464). Es steht an dieser Stelle in gewisser Spannung zu V. 22f, die ein positives Bild von Felix zeichnen. Doch erklärt die Angabe (V. 26), Felix erhoffe ein Bestechungsgeld für die Freilassung des Paulus – was natürlich nach der Predigt von V. 25 als Möglichkeit für Paulus nicht in Frage kommen kann – an dieser Stelle, warum Paulus trotz erwiesener Unschuld nicht freikommt. Zusätzlich wird ein weiteres Mal von Lukas (nach 16,16–24 und 19,23–27; vgl. vorher 3,6; 5,1–11; 8,18–20) der Konflikt Geld – Evangelium fixiert (vgl. Horn 1983: 55).

V. 27:

Die Angabe „zwei Jahre" geht nach Lukas auf die Dauer der Haft des Paulus. *pleroun* ist luk. Vorzugswort (ebenso *charis*). Der Hinweis (V. 27b), Felix habe deswegen Paulus nicht freigelassen, weil er den Juden einen Gefallen erweisen wollte, erinnert an 12,3 und gibt einen weiteren, in Spannung zu V. 26 stehenden Grund dafür, warum Paulus nicht frei kam. Die Absicht von V. 22 ist vergessen, den Fall zu entscheiden, wenn der Chiliarch Claudius Lysias kommt.

III Traditionen

An mehreren Stellen werden Traditionselemente sichtbar:

V. 1: Der Rechtsanwalt Tertullus und der Hohepriester Ananias. (Zur Möglichkeit der Zugehörigkeit von V. 1b [die Anklageerhebung] zur Tradition vgl. u. zu V. 22f.)

V. 17: Lukas hat die ihm aus einer anderen Quelle bekannte Tradition über die Kollekte, die er in Kap. 21 aus red. Gründen unterdrückte, hier beiläufig einfließen lassen.

Freilich ist die andere Möglichkeit nicht völlig von der Hand zu weisen, daß Lukas den jüdischen Brauch kennt, bei der Pilgerreise nach Jerusalem Almosen mitzubringen. Das ergäbe auch einen guten luk. Sinn. In diesem Falle wäre die Notiz gar nicht zwingend auf die Kollekte zu beziehen (vgl. Pereira 1983: 225–227).

V. 22–23: Sosehr jene Verse im jetzigen Rahmen einen Sinn haben (sie bereiten die nächste Szene, V. 24–26, vor), spricht doch folgende Beobachtung von E. Schwartz für zugrundeliegende Tradition:

In *anebaleto autous ho Phelix* und *diagnosomai ta kath' hymas* „können die Pronomina nicht die beiden Parteien zusammenfassen, sondern nur diejenigen bezeichnen, die etwas von Felix wollen, die petitores; und das waren die Juden" (1963: 161 A2). Im luk. Kontext freilich sind sie auf die Juden *und* Paulus zu beziehen (Paulus war seit V. 10 der Sprecher).

Die Tradition enthielt demnach die Nachricht von der Anklageerhebung der jüdischen Behörde (Ananias, Tertullus) gegen Paulus vor Felix (in Wirklichkeit: Festus – s.u. S. 262 f) in Cäsarea (vgl. V. 1 b). Als Anklagepunkt kann man den o. S. 243 zu Apg 21,28 und in den allgemeinen Erwägungen S. 255 als traditionell erwiesenen Vorwurf der Tempelschändung substituieren.

V. 24–26: Zum Traditionscharakter der Charakterisierung des Felix vgl. unter II.

V. 27: Den Amtswechsel Felix – Festus kennt Lukas aus einer Tradition. Sie berichtete davon, daß Paulus Gefangener in Cäsarea war, als der Wechsel sich ereignete (vgl. die ähnliche Tradition über den Korinthaufenthalt des Paulus z. Zt. des Claudius). Auch die Angabe der Dauer, „zwei Jahre", geht auf Tradition zurück (vgl. Haenchen 1977: 83).

Zu Schmithals 1982: Es „findet sich die Zwei-Jahres-Frist auch 28,30 (vgl. 19,10)… mit lukanischer Tendenz… (sc. der Herausstellung der politischen Harmlosigkeit des Christentums)" (215). Gegen Schmithals: Warum sollen die zwei Jahre hier die politische Harmlosigkeit aussagen?

Aus historischen Gründen dürften sich die „zwei Jahre" auf die Dauer der Amtszeit des Felix beziehen; s. sofort.

IV Historisches

Sämtliche rekonstruierten Traditionselemente dürften einen hohen historischen Wahrscheinlichkeitsgrad haben.

V. 1: Die Namen des Hohenpriesters Ananias (etwa von 47–59 n. Chr. Hoherpriester [vgl. Schürer 1979: 231]) und des Rechtsanwaltes Tertullus (aus anderen Quellen nicht bekannt).

V. 17: Die Nachricht über die Kollekte, denn sie wird von den Paulusbriefen her bestätigt (vgl. aber die Einschränkungen unter III).

V. 22–24: Die Anklageerhebung der Juden vor Felix ist nach der Verlegung des Paulus nach Cäsarea plausibel. Doch wird sie sich in Wirklichkeit erst zu Beginn der Amtszeit des Felix-Nachfolgers Festus ereignet haben (s.u. S. 262 f).

V. 27: Die Angabe über eine zweijährige Prokuratur des Felix stimmt zu der Kombination der Aussagen des Tacitus (Ann XIII 14: Nero setzt den Bruder des Felix, Pallas, Ende des Jahres 55 als Leiter der kaiserlichen Finanzverwaltung [= *libertus a rationibus*] in Rom ab und beraubt ihn jeglichen Einflusses) und des

Josephus (Ant XX 182: Nach der Ablösung des Felix durch Festus verklagen die Führer der Juden von Cäsarea Felix beim Kaiser Nero. Nur wegen der Fürsprache des Pallas, den Nero *zu jener Zeit* hoch schätzte *[malista de tote dia times agon ekeinon* – man beachte *tote]*, wurde die Klage offenbar abgewiesen). Die von Josephus gebrachte Nachricht ist wohl nicht ausschließlich Klatsch (so Conzelmann 1972: 139 im Anschluß an E. Schwartz), sondern darin zutreffend, daß Pallas sich zu einer Zeit zugunsten seines Bruders eingesetzt hat, als Nero ihn in hohen Ehren hielt (s. die Partikel *tote*). Das war nach seiner Absetzung nicht mehr der Fall. (Eine andere Auffassung des Pallas-Problems vertritt Jewett 1982: 77–80 [Lit.]. Es bedarf einer neuen umfassenden Untersuchung.)

Aus den als zuverlässig erkannten Traditionselementen ergibt sich folgende historische Sequenz: Paulus war in Cäsarea in römischer Haft. Die jüdische Behörde, angeführt vom Hohenpriester Ananias, reiste nach Cäsarea, um einen Prozeß unter Felix gegen Paulus zu erreichen, und brachte einen im römischen und jüdischen Recht erfahrenen Anwalt, Tertullus, mit. Zu diesem Prozeß kam es unter Felix' zweijähriger Prokuratur nicht, wohl aber zu einem Auftritt der jüdischen Behörde vor Felix. Ein Prozeß fand wahrscheinlich deswegen nicht statt, weil Paulus erst gegen Ende der Amtszeit des Felix nach Cäsarea kam (im Jahre 55 – vgl. zu den Daten Lüdemann 1980: 197f A101), oder Felix hat aus unbekannten Gründen den Prozeß verschleppt.

Schwartz hält ein Gespräch zwischen Felix in Begleitung Drusillas und Paulus für historisch wahrscheinlich. Paulus habe nämlich eine Geldspende nach Jerusalem gebracht, und Felix konnte diese ihm wohlbekannte Tatsache als Grund zur Annahme nehmen, daß Paulus nicht unvermögend war und Unterstützung durch christliche Brüder erhalten könnte (1963: 160–162). Doch scheitert das am durchweg red. Charakter des Abschnittes V. 24–26.

Apostelgeschichte 25

I Gliederung

V. 1–5: Festus und die Führer der Juden in Jerusalem
  1: Festus kommt von Cäsarea nach Jerusalem
  2–3: Anklage der Hohenpriester und der Ersten der Juden gegen Paulus und ihr Wunsch, Paulus nach Jerusalem überführen zu lassen (um ihm unterwegs aufzulauern)
  4–5: Ablehnung dieses Wunsches durch Festus und Aufforderung an die Juden, die Anklage in Cäsarea vorzubringen, wohin er sich begeben werde
V. 6–12: Prozeß vor Festus in Cäsarea
  6: Reise des Festus von Jerusalem nach Cäsarea zur Eröffnung des Prozesses
  7: Anklage der Juden

8: Verteidigung des Paulus
9: Scheinfrage des Festus zur möglichen Überführung des Paulus nach Jerusalem
10–11: Berufung des Paulus an den Kaiser
12: Festus gibt der Berufung des Paulus statt
V. 13–22: Festus erzählt Agrippa über Paulus. Agrippas Wunsch, Paulus anzuhören
V. 23–27: (Am nächsten Tag:) Agrippa und Bernikes feierlicher Einzug. Vorstellung des Paulus durch Festus. Festus' Wunsch, mit Agrippas Hilfe ein Begleitschreiben (für den Kaiser) abzufassen, das den Grund der Verhaftung des Paulus angibt

II Redaktion

V. 1–5:

An folgenden Stellen wird luk. Sprache sichtbar (Auswahl): V. 1: *treis*. V. 3: *metapempsetai*. V. 4: *men oun*. Inhaltlich variieren V. 2 f den aus 23,15 bekannten Gedanken: Die Juden wollen Paulus in einen Hinterhalt locken. Deswegen bitten sie hier Festus, Paulus nach Jerusalem zu schicken. Die Ablehnung des Begehrens der Juden durch Festus steht in Spannung zu V. 9. Doch läuft die erwartete Antwort auf die Scheinfrage V. 9 auf dieselbe Antwort wie V. 4 f hinaus. Die Spannung läßt sich also redaktionell verständlich machen und darf nicht zu quellenkritischen Operationen verwendet werden.

Der Abschnitt sieht wie eine Dublette zu Kap. 24 aus. Hier wie dort erscheinen die (Führer der) Juden vor dem Prokurator (einmal in Cäsarea, dann in Jerusalem), um eine Anklage gegen Paulus vorzubringen. Es ist wohl sicher, daß sich Lukas der Parallelität beider Szenen bewußt war. Zum red. Sinn und zur Auswertung dieser Beobachtung vgl. u. S. 262.

V. 6–12:

Sprachlich fallen folgende Wörter als lukanisch auf (Auswahl): V. 6: *diatripsas*. V. 7: *paragenomenou, katapherontes, apodeixai*. V. 7: Genitivus abs. V. 9: *katathesthai*. V. 10: *eipen*. V. 11: *axion thanatou pepracha* (vgl. Lk 23,15; Apg 25,25; 26,31), *men oun*. V. 12: *syllalesas*.

Dieser Abschnitt hat noch deutlicher als V. 1–5 einen Dublettencharakter zu Kap. 24. V. 7 ist eine Wiederholung von 24,2 ff. Doch erfahren wir (anders als dort) nichts über den Inhalt der Vorwürfe der Juden (die Leserschaft weiß ja Bescheid). Eine ähnliche Entsprechung besteht zwischen V. 8 und 24,10 ff, die die Verteidigung des Paulus schildern. Auch in V. 8 wird nur summarisch von der Verteidigung des Paulus berichtet, gleichwohl anders als bei den Vorwürfen der Juden (V. 7) spezifiziert V. 8 bündig die Verteidigung des Apostels:

„Ich habe weder gegen das Gesetz der Juden noch etwas gegen den Tempel noch gegen den Kaiser etwas verbrochen" (vgl. zum luk. Sinn Conzelmann 1977: 133 f).

V. 9 variiert den Gedanken von 24,27, daß der Prokurator den Juden einen Gefallen erweisen wollte. Zu diesem Zweck läßt Lukas Festus die Scheinfrage stellen, ob er Paulus nach Jerusalem überführen und dort richten lassen solle. Der Gedanke ist redaktionell. (Zum „Widerspruch" von V. 9 und V. 4 s. o. zu V. 4). Die erwartete Antwort wird für V. 10–11 und V. 12 benötigt, wo das der Leserschaft und Paulus schon lange zuvor angesagte Kommen nach Rom (19,21; 23,11) auf der Erzählebene ausgesagt werden kann. V. 10 ist ein luk. Vorblick auf die später erzählte Berufung an den Kaiser. „Die Worte des Paulus: *epi tou bematos Kaisaros hestos eimi, hou me dei krinesthai* können nur ausdrücken, was nachher einfacher gesagt wird: *Kaisara epikaloumai*" (Mommsen 1901: 94 A6).

Wellhausen hat freilich gemeint, eine Spannung zwischen V. 10 und V. 11 f aufweisen zu können: V. 10 beziehe sich auf das Gericht des Prokurators, erst V. 11 f auf das des Kaisers. Er schreibt: „Wie kann er (sc. Paulus) dann aber zum Schluß… doch von dem Prokurator an den Kaiser appellieren, und zwar in Einem Atem, als widerspreche nicht das eine dem anderen, sondern folge daraus!" (1914: 52). Doch erledigen sich die Schwierigkeiten, wenn man V. 10 als luk. Vorblick versteht.

Paulus appelliert V. 11 an den Kaiser, und Festus entspricht dieser Berufung in V. 12: „Du hast Berufung an den Kaiser eingelegt; du sollst vor den Kaiser kommen."

V. 13–22:

Der Bericht des Festus über Paulus an Agrippa wiederholt bereits Bekanntes (vgl. eine ähnliche Erzähltechnik in Apg 10 f) und bereitet die nächste Szene vor:

V. 23–27:

Zur Sprachanalyse vgl. Radl 1975: 200 f. Das Zusammentreffen des Paulus mit Agrippa und Bernike (vgl. V. 13) bringt die Erfüllung des V. 22 ausgesprochenen Wunsches Agrippas, Paulus kennenzulernen. V. 24–27 wird Paulus (von Festus) nochmals vorgestellt und V. 25 hält wiederum fest: Paulus hat nichts Todeswürdiges getan. Die Szene vor Agrippa und Bernike ist eine Dublette derjenigen vor Felix und Drusilla (24,24–26). Sie dient redaktionell dazu, den welthistorischen Anspruch des luk. Paulus hervorzuheben. Mit dem Auftritt des Paulus vor dem König Agrippa erfüllt sich zudem 9,15.

III Traditionen

Der oben aufgewiesene Dublettencharakter von Kap. 24 und 25 dürfte – unter Verarbeitung der Ergebnisse der Analyse von Kap. 24 – wie folgt auszuwerten sein: Lukas besitzt für Kap. 25 einen Bericht von einem Prozeß vor

Festus, den er bereits aus red. Gründen in Kap. 24 zugrundegelegt und mit Reden der beiden Parteien ausstaffiert hat. Die Kap. 25 verarbeitete Tradition schließt wohl aus, daß schon einmal gegen Paulus öffentlich verhandelt worden ist, „sei es vor dem Synedrium in Jerusalem, sei es vor dem römischen Prokurator in Cäsarea in Gegenwart der Mitglieder des Synedriums" (Wellhausen 1914: 51).

Die Tradition dürfte eine Aussage über die Berufung an den Kaiser enthalten haben. Da sie in der Regel nur römischen Bürgern möglich war, dürfte die Tradition Paulus' Berufung an den Kaiser unter Bezug auf sein römisches Bürgerrecht geschildert haben. Demgegenüber beschränkt Lukas die Möglichkeit der Berufung an den Kaiser offenbar nicht auf Römer (vgl. 25,10 f; 28,18 f). Er hat an dieser Stelle einen ursprünglichen Zusammenhang ebenso zerrissen wie in Kap. 16, wo er die Notwendigkeit der Beschneidung des Timotheus im Gegensatz zur Tradition falsch begründete (s. o. S. 183).

V. 23–27: Wir wüßten gerne, ob die Szene vielleicht auf Tradition zurückgeht. Dafür spricht vielleicht, daß 24,24–26 ihr nachgebildet ist. Doch gibt es wohl keine Möglichkeit, die Konturen der Tradition zu bestimmen (vielleicht ein Treffen des Paulus mit dem Geschwisterpaar – aber zu welchem Zweck?).

IV Historisches

Höchstwahrscheinlich hat vor Festus in Cäsarea ein Prozeß unter Beteiligung der jüdischen Führung Jerusalems gegen Paulus stattgefunden, in dessen Folge Paulus unter Berufung auf sein römisches Bürgerrecht an den Kaiser appellierte (zu den rechtlichen Fragen vgl. Mommsen 1901; Cadbury, Beg. V: 297–338; Stolle 1973: 266 A97; Haenchen 1977: 638 f A3; J. Bleicken, Senatsgericht und Kaisergericht, AAWG.PH 53, Göttingen 1962). Der unmittelbare Grund hierfür ist nicht klar. (War der Apostel wegen Erregung von Aufruhr zum Tode verurteilt worden oder befürchtete er einen solchen Urteilsspruch?) Soviel aber kann gesagt werden, daß damit eine Ausführung seines Planes sichergestellt wurde, nach Beendigung der Kollektenaktion in die Hauptstadt des römischen Reiches zu reisen.

Apostelgeschichte 26

I Gliederung

II Redaktion

Das ganze Kapitel ist eine red. Konstruktion mit dem Zweck, Bekanntes zu variieren und zusätzlich noch einmal den Öffentlichkeitsanspruch des Christentums zu demonstrieren. Einen Sinn im Handlungsablauf hat die große Verteidigungsrede des Paulus (V. 2–23) nicht mehr, da durch die Appellation an den Kaiser und ihre Billigung durch Festus die Romreise bereits feststeht.

V. 2–23:

Nach der Captatio benevolentiae in V. 2–3 (vgl. 24,10) geben V. 4–8 einen summarischen Rückblick auf das Leben des Paulus und auf die Anklage gegen ihn, wobei V. 8 wie vorher 24,15 den gut jüdischen Glauben des Paulus hervorhebt: Gott weckt Tote auf (vgl. V. 23). Paulus werde wegen der Hoffnung Israels gerichtet (V. 6 f; vgl. 28,20; 23,6; s. dazu Haacker 1985 [Lit.]: Haacker meint, mit dem Bekenntnis zur Hoffnung Israels solidarisiere sich der luk. Paulus und damit Lukas selbst mit Israel und damit auch mit den in der Gegenwart des Lukas lebenden Juden; doch vgl. Apg 28,28 [s. u. S. 274]).
V. 9–23 variieren die Bekehrungsgeschichten von Kap. 9 und Kap. 22 (vgl. zur Einzelanalyse Apg 9). Einige Abweichungen von den Parallelen lassen die luk. Aussageabsicht hervortreten: V. 14 enthält den Satz „Saul, Saul, was verfolgst du mich? Es ist schwer für dich, gegen den Stachel auszuschlagen." Die zweite Vershälfte ist entweder ein griechisches Sprichwort (vgl. 20,35 c als Herrenwort) oder geht auf Euripides (Bacch 794 f) zurück (vgl. die Kommentare). Lukas zeigt damit (ein weiteres Mal) seine Bildung und drückt theologisch aus: Ein Widerstreben gegen Gott ist vergeblich. Eine Sachparallele liegt im (red.) Gamalielwort Apg 5,38 f vor. V. 16 b spricht von einer Erscheinung Jesu vor Paulus (*ophthen soi*) – damit ist an die Christophanie des historischen Paulus erinnert (vgl. 1Kor 15,8 und bereits Apg 9,17 [nicht als Bestandteil der Erzählung von der Bekehrung des Paulus, sondern als Teil der Rede des Ananias]). V. 16–18 schildern ausdrücklich eine in der Christophanie begründete Sendung des Paulus zu den Heiden. V. 20 ist Anrede an die Leserschaft, nämlich Buße zu tun und sich Gott zuzuwenden (vgl. Conzelmann 1977: 90–92). V. 21 bezieht sich mit dem Partizip *syllabomenoi* auf 23,27 zurück. V. 22 f führen in formelhafter Sprache das christologische Kerygma aus. Paulus habe nur das verkündigt, was „die Propheten und Mose als zukünftig angesagt haben, daß der Messias dem Leiden unterworfen sei, daß er als der Erste aus der Auferste-

hung der Toten Licht verkünden werde dem Volk und den Heiden" (V. 22 f –
vgl. V. 6 f).

V. 24–29:

V. 24 unterbricht der Heide Festus die Rede des Paulus nicht zufällig beim
Thema Auferstehung (vgl. 17,31 f). V. 25 assoziiert die paulinische Predigt mit
sophrosyne (ein ganz und gar unpaulinischer Terminus!). Der Paulus von Festus
vorgeworfenen *mania* steht die griechische Tugend der *sophrosyne* gegenüber,
die Paulus besitzt. „Er spricht ‚Worte der Wahrheit und Besonnenheit', welche
darum die objektive Wahrheit aussagen" (Haenchen 1977: 658). V. 26 unterstreicht den Öffentlichkeitsanspruch des luk. Christentums: „Es ist nicht im
Winkel geschehen" (vgl. Wengst 1986: 112–131). V. 27 zeichnet Agrippa als
treuen Juden, der lt. V. 28 bis an die Schwelle der Bekehrung geführt wird.

V. 30–32:

Dieser Abschnitt läßt Agrippa und Festus aussprechen: Paulus ist unschuldig:
Hier hat die Apologetik erzählerisch ihren Höhepunkt erreicht.

Ein Abschnitt III (und demgemäß auch IV) muß hier entfallen, da Apg 26
(abgesehen von den traditionellen Elementen der Bekehrungs/Berufungsge-
schichte [s. o. S. 120 f]) ebenso wie 25,13–27 eine red. Komposition des Lukas
ist. (Hingewiesen sei allerdings auf Schille 1983, der 26,16–18 als „Ordina-
tionsformel" identifiziert [450 f].) Vgl. Wellhausen 1914: „Das Ergebnis von
25,13–26,32 ist null; es bleibt beim Alten. Mit Recht hält Weizsäcker den
ganzen Abschnitt für eine bloße Wucherung" (53).

Apostelgeschichte 27

I Gliederung

V. 1–5: Fahrt von Cäsarea nach Myra
V. 6–44: Der Schiffbruch auf der Fahrt von Myra nach Malta
    6–8: Mühsame Fahrt von Myra nach Guthafen
    9–12: Weiterfahrt trotz der Warnung des Paulus
    13–20: Schiffbruch
    21–26: Ermutigung der Schiffsinsassen durch Paulus

27–32: Die Sichtung von Land und der von Paulus verhinderte Fluchtversuch der Seeleute
33–38: Die Mahlzeit auf der See und die Entlastung des Schiffes
39–44: Die Strandung des Schiffes und die Rettung aller

II Redaktion

V. 1–5:

V. 1: „Italien" steht hier wie 18,2 und 27,6 für Rom; *tou* + Infinitiv und *onomati* sind sprachlich lukanisch, ebenso V. 2: *epibantes, anechthemen*. V. 3: *katechthemen*. Die Aussage, der Hauptmann Julius habe Paulus erlaubt, sich von seinen Freunden pflegen zu lassen, erinnert an 24,23. Die Römer beweisen somit ihren Respekt gegenüber Paulus. Der Gedanke der freundlichen Gesinnung erscheint ähnlich 28,2 (vgl. auch 19,31). V. 4 a: Die Konstruktion Präposition (hier *dia*) + AcI ist häufig bei Lukas. V. 5: *katelthomen* ist sprachlich lukanisch.

V. 6–44:

Die Redaktionsanalyse hat von folgender Beobachtung auszugehen: Weite Teile des Textes bedienen sich technischer nautischer Ausdrücke und lassen vergessen, daß es sich um einen Bericht von der Fahrt des Paulus und seiner Begleiter handelt. Ferner fällt – damit zusammenhängend – auf: Der Text nennt Paulus nur an vier Stellen und diese lassen sich ohne Schwierigkeiten aus der Handlung ausgrenzen.

Nun wird vielfach gesagt: „Daß Paulus Apg 27 nur in den Einschüben eine besondere Rolle spielt, stimmt völlig mit der Lage überein: Paulus fuhr nach Rom als ein auf Leben und Tod Angeklagter in einen Gefangenentransport eingereiht... Auch daß das Nautische in Apg 27 besonders hervortritt..., erklärt sich daraus, daß die anderen Reisen in der günstigen Jahreszeit erfolgen und darum keine ungewöhnlichen nautischen Maßnahmen erfordern" (Kratz 1979: 336f).

Doch historisieren diese Überlegungen vorschnell. Zunächst geht es doch um die literarische Gestalt des Textes.

Bei den genannten vier ausgrenzbaren Stellen handelt es sich um folgende Verse:
V. 9–11; V. 21–26; V. 31.33–36; V. 43.

Zu V. 9–11. 21–26:

Die angesprochenen Stellen zeichnen Paulus als Propheten des Unglücks, dessen Rat nicht befolgt wird (V. 9–11), und als Propheten der schließlichen

Rettung (V. 21–26), die deswegen geschehe, weil Paulus nach göttlichem Plan *(dei)* vor den Kaiser in Rom treten solle (vgl. 25,11 f.21.25–27; 26,32) und Gott ihm alle Fahrtgenossen geschenkt habe (V. 24; vgl. V. 44 b). Der Apostel bezieht sich V. 21.26 ausdrücklich auf den Rat zurück, den er vor dem Unglück gegeben hatte (V. 21 b: „Man hätte auf mich hören und von Kreta nicht abfahren sollen, dann wäre uns dieses Unglück [*hybris* – vgl. V. 10] und der Schaden [*zemia* – vgl. V. 10] erspart geblieben." Vgl. ferner die Aufnahme von *parainein* [V. 9] in V. 22 und von *psyche* [V. 10] in V. 22 b). Gleichzeitig weist V. 26 auf 28,1 voraus.

Zu V. 31.33–36:

Paulus fordert, nachdem der Fluchtplan der Seeleute durch ihn vereitelt wurde (V. 31), alle Schiffsinsassen dazu auf, Speise zu sich zu nehmen (V. 33–36). Die Verknüpfung nach vorne (V. 37 ff) ist uneben: V. 37 wird mitten hinein zwischen dem Essen und dem Sattwerden die Zahl der Fahrtgenossen mit 276 angegeben. Diese Zahl ist offenbar ein Rest des alten Berichtes, der nichts mit Paulus zu tun hatte. Der Anlaß des Einschubes V. 31.33–36, in dessen Mitte ein Mahl steht, ergab sich Lukas vielleicht aus dem V. 38 berichteten Essen. Vgl. als Analogie V. 12, die Beratung, die möglicherweise den äußeren Anlaß gegeben hatte, den Rat des Paulus V. 9–11 einzuschieben.

Zu V. 43:

Die Soldaten wollen die Gefangenen wegen des Schiffbruchs töten, damit niemand entfliehe (V. 42). Der Hauptmann aber hat vor, Paulus zu retten (vgl. bereits seine V. 3 gezeichnete Freundlichkeit Paulus gegenüber), und befiehlt, erst sollten die des Schwimmens Kundigen über Bord springen, dann die Nicht-schwimmer auf Schiffstrümmern ans Land gelangen. Da wir nicht explizit erfahren, was mit Paulus geschieht, für den der Hauptmann doch die obigen Anordnungen gegeben hat, ist zu schließen:

„Die Erzählung von dem klugen Beschluß des Centurio hat... mit Paulus nichts zu tun; sie gehört in die Beschreibung der Seereise und ist durch die Einfügung von vier Worten zu einer Paulus-Nachricht gemacht worden" (Dibelius 1951: 173).

Lukas drückt mit den vier Einlagen folgendes aus:

1. Paulus ist – obwohl Gefangener – derjenige, der die Fäden in der Hand hat und als einziger Ruhe bewahrt. Wurde seine erste Rede (V. 10) noch abgelehnt (V. 11) und erfolgte auf seine zweite (V. 21–26) keine Reaktion, so erfährt die dritte (V. 31.33–34) eine positive Reaktion (V. 32.36). Paulus ist für alle

zum Vorbild geworden, und die Mahlszene mit dem Dank an Gott (V. 35) wird zum Höhepunkt (vgl. Reicke 1948: 410; Kratz 1979: 331 f).

2. Der Schiffbruch ist für Lukas ein erzählerisches Mittel, um zu zeigen, daß die Romreise in Übereinstimmung mit Gottes Plan steht. Widrigkeiten der Natur können den göttlichen Plan nicht aufhalten.

3. Die Errettung des Paulus (und sämtlicher Mitreisenden) aus Seenot erweist den Apostel in den Augen der Leser(innen) ein weiteres Mal als unschuldig (vgl. D. Ladouceur, HThR 73.1980, S. 435–449 [Lit. und Quellen für diese *populäre* Anschauung, die vor einem römischen Gericht wohl keine Anerkennung gefunden hätte]).

4. Unter der Voraussetzung der Richtigkeit der sofort folgenden Bestimmung der Vorlage zeigt sich Lukas Apg 27 ein weiteres Mal in der hellenistischen Literatur bewandert. Er berücksichtigt mit der Übernahme der Vorlage den Geschmack hellenistischer Leser(innen) (s. Plümacher 1972: 14).

III Traditionen

V. 1–5:

Der Name Julius des Hauptmanns von der augusteischen Kohorte (V. 1) dürfte Tradition reflektieren, ebenso der Name des thessalonischen Christen Aristarchus (V. 2). Sein Auftauchen zu Beginn dieser Reise ist um so bemerkenswerter, als er auch bereits bei der letzten Jerusalemreise Paulus' Reisebegleiter gewesen ist (19,29; 20,4).

Die Reise von Cäsarea über Sidon und Zypern entlang nach Myra (nach den ActPaul wirkte der Apostel hier als wundertätiger Missionar [s. Hennecke[3] II, S. 229 f. 251 f]) könnte auf Tradition zurückgehen. Denn sie ist im Verhältnis zur nachfolgenden Episode geradlinig sowie knapp und sachkundig (V. 5) erzählt (dieser Unterschied ist u. a. gegen die These Weisers geltend zu machen, V. 1–5 seien Bestandteil des nachfolgenden Reiseberichtes gewesen [1985: 659–661]). Doch kann sie ebenso auf Lukas zurückgehen, der dann mit ihr die nachfolgende Reise vorbereitet hätte.

V. 6–44:

Der Bericht über den nachfolgenden Schiffbruch ist nach Ausgrenzung der red. Zutaten in sich geschlossen. V. 8 („…wir kamen an einen Ort, Guthafen genannt, in dessen Nähe die Stadt Lasäa lag") wird von V. 12 aufgenommen („weil nun der Hafen zum Überwintern ungeeignet war, faßte die Mehrheit den Beschluß, von da wegzufahren…"). Ja, man kann geradezu sagen, daß erst die Ausgrenzung von V. 9–11 den ursprünglichen Zusammenhang wieder verständlich macht.

V. 20 („als aber mehrere Tage lang weder Sonne noch Sterne schienen und ein

268

nicht geringes Unwetter anhielt, schwand schließlich alle Hoffnung, daß wir gerettet würden") wird von V. 27 („als aber die vierzehnte Nacht angebrochen war…, vermuteten um Mitternacht die Schiffsleute, daß sich ihnen irgendwelches Land nähere") direkt weitergeführt.

Zu V. 43: s. o. S. 267

V. 31.33–36: Einzig diese Verse können nicht glatt literarisch ausgegrenzt werden, nur ungefähr. Zu berücksichtigen ist, daß die Flucht (V. 30) ein Romanmotiv ist. Der Handlungsablauf (in der Tradition) ist freilich klar: Das Schiff nähert sich dem Land, und deswegen werfen die 276 Schiffsinsassen das Getreide (oder ihre Nahrungsvorräte? – vgl. V. 18 f) ins Meer, um das Schiff zu erleichtern.

Die eruierte Tradition fällt durch ihre Detailkenntnisse der Navigation auf und weicht von den Seefahrtsberichten Apg 20,1–21,16 durch ihre Ausführlichkeit und die nautischen termini technici ab (Apg 20,1–21,16 finden sich nur an zwei Stellen seemännische Fachausdrücke: 21,1: *euthydromein* und 21,3: *anaphainein; apophortizesthai*). Die Erzählung entspricht den mannigfachen Parallelen von Seefahrtsgeschichten antiker Literatur (vgl. Plümacher 1972: 14 f A43; Robbins 1978), die ähnlich wie sie im Wir-Bericht erzählen und teilweise in die dritte Person Plural (vgl. 27,17) übergehen. (In vielen Fällen standen die Fahrten des Odysseus Pate [Od IX f].) Sie hat zu dem Bericht von der Reise von Cäsarea nach Myra wohl keine genetische Beziehung und ist auch nicht der Bericht eines Augenzeugen (das „Wir" gehört gattungsmäßig den Seefahrtserzählungen an), sondern eine literarische Größe, eine Lesefrucht, die Lukas an den o. angeführten Stellen um die Gestalt des Paulus bereichert hat. Angesichts der Fülle von Belegen, die zuletzt Weiser 1985: 660 aufgeführt hat (vgl. noch B. E. Perry, The Ancient Romances, Berkeley 1967, S. 326 f), sollte nicht länger darüber gestritten werden. Besonders interessant ist Lukian, De Mercede 1 f über einen „Sitz im Leben" jenes Erzähltyps: Manche Leute erfinden Geschichten ihrer Rettung aus einem Schiffsunglück, um als Gottesfreunde zu gelten und Unterstützung zu erhalten. Lediglich offen ist die Frage, ob Lukas eine komplette Vorlage übernommen hat oder womöglich selbst in Anlehnung an hellenistische Vorbilder formuliert hat (so Schille 1983: 469). Doch bleibt im letzten Fall unbeantwortet, wieso die Gestalt des Paulus so nahtlos ausgegrenzt werden kann.

IV Historisches

V. 1–5:

Falls die Reisestationen hinter V. 1–5 auf Tradition zurückgehen, dürften sie eine historisch zuverlässige Information über die letzte Reise des Paulus geben und vielleicht auf den Bericht des Aristarchus zurückgehen. Doch bleibt aus den unter III genannten Gründen ein letzter Zweifel. Sollten die Reisestationen nicht auf Tradition zurückgehen, so ist nicht gesichert, ob die Traditionselemente (Aristarchus, Julius von der augusteischen Kohorte) an dieser Stelle historisch korrekt von Lukas eingeordnet worden sind.

V. 6–44:

Die Verse (ohne red. Zutaten) entspringen einer Lesefrucht des Lukas und haben wohl keinen historischen Anhaltspunkt. Die Annahme von Dibelius 1951, „daß die Erinnerung an die stürmische Fahrt des Paulus nach Italien – kraft eigener Augenzeugenschaft oder fremder Überlieferung im Besitz des Verfassers" (14) den Anlaß für die Komposition dieser Seefahrt gegeben hat, ist daher unnötig, obgleich absolute Sicherheit nicht zu erreichen ist. Paulus hat auf seiner letzten Reise nach Rom höchstwahrscheinlich bis Malta keinen Schiffbruch erlitten, wohl aber wird er dorthin gesegelt sein, denn der Bericht 28,11 ff dürfte zuverlässige Tradition einer Fahrt von Malta nach Rom wiedergeben (s. u. S. 274).

Apostelgeschichte 28,1–10

I Gliederung

V. 1–2: Rettung auf Malta und freundliche Aufnahme
V. 3–6: Paulus' Überwindung der Giftschlange
V. 7–10: Weitere Wunder des Paulus
   7: Paulus' Aufnahme bei dem Ersten der Insel, Poplios
   8: Heilung des Vaters des Poplios durch Paulus
   9: Summarium: Paulus' Wirksamkeit als Wundertäter
   10: Ehrung durch die Malteser und Versorgung für die Weiterfahrt

II Redaktion

V. 1–2:

Sprachlich lukanisch sind in V. 1: *diasothentes* (vgl. 27,44), in V. 2: *pareichon*. Freundliche Aufnahme nach einem Schiffbruch gehört zum Topos der Reiseberichterstattung (vgl. Robbins 1978: 229 f [Belege]). Lukas hätte sich dann bei der Komposition dieser Szene an ein literarisches Vorbild gehalten. Die Paulus und seinen Begleitern durch die Barbaren erwiesene *philanthropia* erinnert an die freundliche Behandlung des Paulus durch den Hauptmann Julius (27,3: *philanthropos*). – Übrigens wird das Schicksal der nichtchristlichen

Schiffbrüchigen nicht weiter behandelt, denn es ist für die weitere Handlung entbehrlich.

V. 3–6:

Eindeutig red. Züge sind die gehäuften Partizipien (V. 3), die direkte Rede (V. 4), *men oun* (V. 5) und der Genitivus abs. (V. 6). Lukas will mit diesem profanen Wunder (ein Bezug auf Jesus fehlt) die überragende Macht des göttlichen Menschen Paulus zeigen. (Bezeichnenderweise wird im Gegensatz zu 14,11–18 nicht die Meinung abgelehnt, Paulus sei ein Gott.) Sodann zeigt Lukas mit dieser Geschichte: Nichts – auch nicht ein an sich tödlicher Schlangenbiß – kann den Haupthelden an der Erreichung seines von Gott gesetzten Zieles hindern (vgl. Lk 10,19).

V. 7–10:

An folgenden Stellen wird luk. Sprachgebrauch sichtbar: V. 7: *hyperchen, choria, onomati, anadexamenos, treis, exenisen*. V. 8: *egeneto de* + Inf., *pros hon, eiselthon, proseuxamenos, epitheis tas cheiras* (vgl. V. 10). V. 9: *hoi loipoi, proserchonto*. V. 10: *hoi kai, anagomenois, ta pros*.

Bei der Niederschrift von V. 8–9 scheint Lukas Lk 4,38–41 vor Augen gehabt zu haben. Unter dieser Voraussetzung werden folgende Parallelen verständlich: Lk 4,38: *synechomene pyreto megalo* (diff. Mk) entspricht *pyretois kai dysenterio synechomenon* (Apg 28,8); Lk 4,40 a: *asthenountas* (diff. Mk) entspricht *astheneias* (Apg 28,9); Lk 4,40 b: *tas cheiras epititheis* (diff. Mk) entspricht *epitheis tas cheiras* (Apg 28,8). Einmal handelt es sich um die Heilung einer Mutter (Lk), dann eines Vaters (Apg). – Ferner spricht für die obige These dieselbe Reihenfolge: Wunder (Lk 4,38–39/Apg 28,8)/Summarium (Lk 4,40–41/Apg 28,9), die durch Mk 1,29–34 vorgegeben ist. Apg 28,8–9 kann daher wohl als luk. Komposition auf der Grundlage von Lk 4,38–41 betrachtet werden (zu Kirchschläger 1979: 521, der in Apg 28,8–9 eine „Tradition" verarbeitet sieht).

Der red. Sinn von V. 7–10 entspricht dem von V. 3–6: Paulus' Macht als göttlicher Mensch wird demonstriert. Gleichzeitig unterstreicht Paulus' Umgang mit dem „Ersten" der Insel ein weiteres Mal die Gesellschaftsfähigkeit bzw. Weltläufigkeit des Christentums (vgl. Paulus' sonstigen Umgang mit höhergestellten Personen in der Apg).

III Traditionen

Die Geschichte von Paulus' Überwindung einer Giftschlange ist entweder eine von Lukas eingesetzte Lesefrucht (vgl. Dibelius 1951: 15 A1), die in profanen Wundererzählungen eine Traditionsbasis hat (vgl. die Kommentare), oder geht auf eine spät entstandene Personallegende zurück (vgl. Schille 1983: 471 f [Aretalogie]).

Der Name Poplios (die griechische Form des römischen Pränomens Publius), ebenso die Erläuterung, Poplios sei Erster der Insel *(protos tes nesou)* gewesen, reflektieren wohl Tradition, denn dieser Titel ist für *Malta* auch sonst bezeugt (vgl. Wikenhauser 1921: 343–346). Lukas dürfte also eine Tradition benutzt haben, die den Malta-Aufenthalt des Paulus mit der Person des Ersten der Insel, Poplios, zusammenbrachte (vgl. als Analogie Apg 18,12–17). Man kann dieses Urteil für zu optimistisch halten und die genannten Traditionselemente auf allgemeines Wissen des Lukas zurückführen. Doch wäre in diesem Fall kaum zu erklären, wie Lukas zutreffend vom „Ersten der Insel" hätte sprechen können.

IV Historisches

Die Tradition eines Malta-Aufenthaltes des Paulus dürfte historisch zutreffen, ebenfalls seine chronologische Einordnung. Er fand statt, als Paulus sich als Gefangener auf dem Wege nach Rom befand. (Vorher ist keine Möglichkeit eines Malta-Aufenthaltes des Paulus gegeben.) Über die Person des Ersten der Insel, Poplios, sind keine weiteren Angaben möglich. (Kurioserweise hält Judge 1964: 24 offenbar V. 6 für eine historisch zuverlässige Aussage.)

Apostelgeschichte 28,11–31

I Gliederung

V. 11–16: Fahrt von Malta nach Rom und Empfang durch die christlichen Brüder daselbst. Paulus' Privilegien in der römischen Gefangenschaft: Private Wohnung unter Aufsicht eines Wachsoldaten
V. 17–28: Paulus' Treffen mit den römischen Juden und seine Predigt. (V. 19 ist sekundär)
V. 30–31: Paulus' zweijährige ungehinderte Predigttätigkeit (in seiner römischen Wohnung[?])

II Redaktion

V. 11–16:

Folgende Sprachelemente sind lukanisch: V. 11: *treis* (vgl. V. 12), *anechthemen*. V. 14: *adelphous* (vgl. V. 15).

V. 14–16 wird eine Spannung sichtbar (vgl. als Parallelfall 21,15–18 und den Kommentar von Weiser 1985: 672). V. 14b berichtet von Paulus' und seiner Begleiter Ankunft in Rom *(kai houtos eis ten Rhomen elthamen)*, während V. 16a eine nochmalige Ankunft in Rom schildert (V. 15a berichtet in Einklang mit V. 16a und in Spannung zu V. 14b davon, daß die christliche Gemeinde Paulus Gesandte entgegenschickt nach Forum Appii [= 43 Meilen von Rom entfernt] und Tres Tabernae [= 33 Meilen von Rom entfernt]). Conzelmann (1972: 158) hat die Spannung wie folgt erklärt: Lukas habe durch V. 14b die Ankunft in Rom vorweggenommen. Doch ist der (auch von Conzelmann verschwiegene) Grund hierfür nicht recht ersichtlich. (Oder soll V. 14b als Hysteron-Proteron zu verstehen sein, welches das endgültige Reiseziel vorwegnimmt und zugleich den sprachlich geschickten Anschluß *kakeithen* [V. 15] ermöglicht?) Wahrscheinlicher erscheint die andere, von Haenchen (1977: 687) vertretene Möglichkeit, V. 14b sei Teil eines Reiseberichtes, V. 15 dagegen red. Ausmalung dessen, worum es Lukas ging, nämlich um den Empfang des Paulus durch die römische Gemeinde, ähnlich dem durch die Jerusalemer Kirche 21,17. Freilich kommt Lukas aber später nicht mehr darauf zurück, weil die Existenz jener Christengemeinde für die Gespräche mit den Juden hinderlich gewesen wäre (vgl. die Nicht-Erwähnung der Jerusalemer Gemeinde Apg 22–26). V. 16: Der Vers paßt an sich gut zur red. Sicht des Lukas, daß die Römer Paulus im allgemeinen wohl gesonnen waren (vgl. 27,3 als Parallele zu V. 16 und den römischen Schutz des Paulus vor den Juden Apg 22–26). Doch müssen sich Redaktion und Tradition nicht immer widersprechen.

V. 17–28:

Die Verse sind in toto lukanisch (vgl. ebenso Roloff 1981: 370, der in dieses Urteil auch noch V. 30–31 einschließt). Der Abschnitt zeichnet sich durch besonders zahlreiche luk. Sprachmerkmale aus; vgl. nur für V. 17: *egeneto de +* Inf., *treis, sygkalesasthai, synelthonton, andres adelphoi, enantion, lao, ethesi, patroois.* Daher mag eine weitere Untersuchung der luk. Sprache des Abschnitts entfallen.

Inhaltlich behandelt Lukas ein letztes Mal Paulus' Verhältnis zu den Juden und wiederholt früher Gesagtes. V. 17: Paulus hat weder gegen sein Volk noch gegen die väterlichen Sitten gehandelt (vgl. 25,8; 21,21). V. 18f: Die Juden hätten ihn zum Appell an den Kaiser gezwungen, nachdem die Römer ihn freilassen wollten (vgl. 25,9–12). V. 20: Paulus sei wegen der Hoffnung Israels gefangen (vgl. 23,6; 24,15f; 26,6). V. 21f stehen im Widerspruch zu V. 15. V. 15 setzt im Gegensatz zu V. 21f eine römische Christengemeinde voraus. Sie wird V. 21f wohl deswegen nicht erwähnt, weil Lukas Paulus als Erstprediger in Rom benötigt, um ihn hier den Dialog mit den stadtrömischen Juden aufnehmen zu lassen. (Anders Roloff 1981: Lukas schweige über die Gemeinde, weil er weiß, daß ihr Verhältnis zu Paulus nicht eindeutig war [372]. Seine ebd. ausgesprochene Meinung, Lukas hätte im Falle der Richtigkeit der obigen Auffassung die Existenz römischer Christen in V. 15 ebenfalls verschweigen müssen, leuchtet nicht ein, s. o. zu V. 15.) V. 23: Die Verbindung von *basileia* mit Verben der Verkündigung ist lukanisch (vgl. zu 19,8 und V. 31). Die Predigt vor den Juden faßt nochmals das luk. Kerygma zusammen. V. 24 f: Die Reaktion der Juden ist redaktionell so gezeichnet, um den Eindruck zu erwecken, daß es mit der Mehrzahl von ihnen hoffnungslos steht.

A. Harnack hat freilich gemeint, daß der Satz V. 24: „Und die einen ließen sich von seinen Worten überzeugen, die anderen blieben ungläubig", schlecht zu der Schlußfolgerung V. 28 passe: „So sei euch also kund, daß dieses Heil Gottes den Heiden gesandt wurde; und die werden es hören." Daher sei V. 24 Bestandteil einer Überlieferung. V. 24 zeige „doch eine Wirkung, mit welcher die furchtbare Verfluchung des Jesaja-Zitats nur schlecht stimmt; sie kommt wie aus der Pistole geschossen" (1906: 93 A3). Doch zeigen 17,4; 19,9 ähnliche red. Reaktionen der Juden auf die paulinische Predigt. Sodann liegt inhaltlich der Akzent darauf, daß die Pauluspredigt Entzweiung unter den Juden bewirkt. V. 24 läßt sich daher gut als red. Vorbereitung des Folgenden verstehen (vgl. Roloff 1981: 374).

V. 26–28: Das Zitat wiederholt nochmals, daß sich die Evangeliumspredigt nur noch an die Heiden richtet (s. 13,46 f; 18,6). Conzelmann (1977: 135–138 u. ö.) behält darin Recht, daß die luk. Kirche heidenchristlich ist (vgl. den Überblick von Sanders 1984 [Lit.]), sosehr man das in seinen historischen Konsequenzen bedauern mag.

V. 30–31:

V. 30: Die Sprache ist lukanisch *(enemeinen, apedecheto, eisporeuomenous).* V. 31 schildert – redaktionell – die ungehinderte Evangeliumspredigt des Paulus in Rom. Dahinter steckt ein Stück apologetischen Bemühens. Dem römischen Staat wird gesagt: So sollte es sein.

III Traditionen

Traditionell dürfte die Reise von Malta nach Rom sein. Vielleicht kommt Aristarchus als Berichterstatter in Frage (Weiser 1985: 673 rechnet den Reisebericht noch zur aufgenommenen Seefahrterzählung von Apg 27).

Die Erzählung über den Empfang des Paulus durch Vertreter der römischen Gemeinde (V. 15) war nicht mehr Bestandteil der Tradition (s. o. S. 273 zur red. Gestalt der Szene). Freilich war Lukas die Existenz der römischen Gemeinde bekannt, falls er nicht überhaupt in Rom sein Doppelwerk geschrieben hat (von den neueren Kommentatoren vertritt freilich allein Roloff 1981: 5 [„Italien"] diese These).

Die Angaben über die Gefangenschaft des Paulus in Rom (V. 16.30) dürften auf Überlieferung zurückgehen, weil nicht recht erfindlich ist, warum Lukas die spezifischen Angaben von V. 16 (die Koine-Lesart ist sekundär, vgl. Conzelmann 1972: 159) und V. 30 gemacht hätte. *enemeinen... en idio misthomati* wird fast einhellig mit „in seiner eigenen Mietwohnung" übersetzt. Doch gibt es keinen Beleg für diese Übersetzung von *misthoma*; mit gleichem Recht kommt als Übersetzung in Frage: „er lebte auf eigene Kosten" (vgl. Bauer 1963: 1036; Lake/Cadbury, Beg. IV: 348; und zur Kontroverse die Lit. bei Schneider 1982: 420 A95).

Vielfach wird aus der Angabe „zwei Jahre" erschlossen, daß Vf. von der danach eingetretenen Änderung (Paulus' Martyrium – s. 20,18–38) gewußt und sie aus apologetischen Gründen verschwiegen habe (vgl. Haenchen 1977: 692; Conzelmann 1972: 160; s. noch Schneider 1982: „Für die Konzeption des Lukas geht der zweijährige Aufenthalt des Gefangenen Paulus unmittelbar seinem Tod voraus" [412]). Doch ist das eine Überinterpretation, denn unsere Erzählung läßt nicht zwingend einen negativen Ausgang des Prozesses erwarten (vgl. m. R. Weiß 1917: 294). Man kann lediglich sagen, daß Lukas wegen der Andeutungen Apg 20,18–38 u. ö. von einem Märtyrertod des Paulus wußte, es aber vorzog, nicht von ihm zu berichten. *Wann* dieser sich ereignete, ist weder aus den Traditionselementen des Textes noch aus dem red. Kontext zu erschließen.

IV Historisches

Ein historisches Faktum ist die Tradition, daß Paulus von Malta nach Rom transportiert wurde.

Die Angaben der Überlieferung über die Gefangenschaft des Paulus sind wohl historisch zuverlässig. Es war die *custodia libera et aperta et in usum hominis instituta,* bei welcher der Angeklagte in der Regel zwei, im Falle des Paulus einem Soldaten zur Bewachung übergeben war. Bei ihr war es denkbar, daß der Gefangene seinen Geschäften nachging. Paulus wird also unabhängig von der Frage der korrekten Übersetzung von *misthoma* seinen Handwerksberuf ausgeübt und von dem Verdienst den ihn bewachenden Soldaten mitverköstigt haben (vgl. zum Obigen Wikenhauser 1921: 360; Sherwin-White 1963: 108–119).

In Rom ist Paulus, so dürfen wir aus 1Clem 5,5–7 folgern, als Märtyrer gestorben:

1 Clem 5,5–7: „5. Wegen Eifersucht und Streit zeigte Paulus den Kampfpreis der Geduld; 6. siebenmal in Ketten, vertrieben, gesteinigt, Herold im Osten wie im Westen empfing er den echten Ruhm für seinen Glauben; 7. er lehrte die ganze Welt Gerechtigkeit, kam bis an die Grenzen des Westens *(terma tes dyseos)* und legte vor den Machthabern Zeugnis ab; so schied er aus der Welt und gelangte zu dem heiligen Ort, das größte Beispiel der Geduld."

Der Text ist bereits stark stilisiert und enthält Elemente einer „rhetorisch stilisierten Lobrede, der das antike Motiv von dem wahren Weisen als Kämpfer in der Arena des Geistes als Modell gedient hat" (Bornkamm 1969: 119). Die Wendung „Grenzen des Westens" geht entweder darauf zurück, daß Vf. aus Röm 15,24 f.28 die Durchführung einer Spanienmission erschlossen hat (vgl. auch die wahrscheinliche Verwendung von

2Kor 11,23–33 in V. 6 Anfang), oder bezeichnet Rom als die Grenze des Westens (für Vf. sind der westlichste Punkt *und* der Ort des Martyriums identisch [vgl. Lindemann 1979: 78]). Trotz der genannten Stilisierung sowie des Befundes, daß von den Umständen des Todes des Apostels nichts gesagt ist, steht aber die Tatsache seines gewaltsamen Todes in Rom (1Clem ist Schreiben der röm. Gemeinde) nicht in Zweifel, denn die Worte „er legte vor den Machthabern Zeugnis ab" *(martyresas epi ton hegoumenon)* beziehen sich auf den Märtyrertod (vgl. 1Tim 6,13; MPol 1,1; 19,1.21 f), eine Interpretation, die durch den unmittelbar folgenden Satz noch bestärkt wird: „und so schied er aus der Welt" *(kai houtos apellage tou kosmou)*. Vgl. Bornkamm 1969: 119.

Der genaue Zeitpunkt des Todes des Paulus entzieht sich unserer Kenntnis. Man hat an die neronische Christenverfolgung im Jahre 64 gedacht, die Tacitus (Ann XV 44) eingehend beschreibt (vgl. auch Sueton, Caes Nero 16). Doch kommt auch ein früherer Termin in Frage, falls Paulus in dem durch Berufung an den Kaiser erzwungenen Prozeß für schuldig befunden wurde (vgl. Weizsäkker 1902: 457 f). Überdies legen allgemeine chronologische Erwägungen nahe, das Ankunftsdatum des Paulus in Rom vor 60 n. Chr. anzusetzen (vgl. Lüdemann 1980: Ankunft und Festnahme in Jerusalem 52 oder 55 [272 f], daraus folgt 54 oder 57 als Ankunftsdatum in Rom – eine andere Berechnung bei Jewett 1982: 81 f: 61 als terminus ad quem der Ankunft des Paulus in Rom [m. E. eine aus fragwürdigen Voraussetzungen durchgeführte Berechnung]).

Falls Phil aus Rom stammt (von den neueren Actakommentatoren entscheidet sich allein Roloff 1981: 372 für diese These), so wirft wenigstens dieser Brief ein Licht in das Dunkel der paulinischen „Wirksamkeit" in der Hauptstadt. In diesem Fall würde Phil 1,15–17 auf die römische Situation zielen, und man könnte sie mit einer nicht mehr zu spezifizierenden Gegnerschaft gegen Paulus in Verbindung bringen (vgl. dazu Lüdemann 1983: 152–158; und vgl. die Heranziehung des Phil [neben Kol und Phlm] für die Zeichnung der Gegensätze in der römischen Gemeinde durch Weiß 1917: 292–298 und Meyer III: 490–500). Aber leider ist die Abfassung des Phil (und des Phlm und Kol) in Rom nicht sicher (vgl. die Einleitungen und Kommentare).

Literaturverzeichnis

Vorbemerkung: Um Raum zu sparen, wurden die benutzten Arbeiten von Anfang an abgekürzt zitiert, nämlich unter Angabe des Verfassernamens und des Erscheinungsjahres der benutzten Ausgabe. Im allgemeinen werden Literatur*hinweise* an der betreffenden Stelle vollständig nachgewiesen, aber nicht ins Verzeichnis aufgenommen. Ebenfalls nicht ins Verzeichnis aufgenommen wurden Wörterbuchartikel aus RAC, TRE, ThWNT und EWNT. Zum Umfang der benutzten Literatur s. o. S. 29.

Aejmelaeus, Lars: Wachen vor dem Ende, Schriften der Finnischen Exegetischen Gesellschaft 44, Helsinki *1985.*

Aune, David E.: Prophecy in Early Christianity and the Ancient Mediterranean World, Grand Rapids *1983.*

Barrett, Charles Kingsley: Luke the Historian in Recent Study, London *1961.*

–: Light on the Holy Scripture from Simon Magus (Acts 8,4–25), in: J. Kremer (Hrg.), Les Actes des Apôtres, BEThL 48, Gembloux-Leuven *1979,* S. 281–295.

Bauer, Walter: Griechisch-deutsches Wörterbuch zu den Schriften des Neuen Testaments und der übrigen urchristlichen Literatur, Berlin – New York [5]*1958* (= *1963*).

Bauernfeind, Otto: Die Apostelgeschichte, ThHK 5, Leipzig 1939; Nachdruck in: ders., Kommentar und Studien zur Apostelgeschichte, hrg. v. V. Metelmann, WUNT 22, Tübingen *1980.*

Baur, Ferdinand Christian: Paulus, der Apostel Jesu Christi, Stuttgart *1845*; 2. Aufl. hrg. v. E. Zeller, I.II, Leipzig *1866. 1867.*

The Beginnings of Christianity I–V, edd. by F.J.F. Jackson – K. Lake, London 1920–1933 (abgekürzt: Beg. I–V).

Benz, Ernst: Die Vision, Stuttgart *1969.*

Berger, Klaus: Formgeschichte des Neuen Testaments, Heidelberg *1984.*

Bernheim, Ernst: Lehrbuch der historischen Methode und der Geschichtsphilosophie I.II, Leipzig [5+6]*1908*; Nachdruck New York 1960.

Beyschlag, Karlmann: Simon Magus und die christliche Gnosis, WUNT 16, Tübingen *1974.*

Bihler, Johannes: Die Stephanusgeschichte im Zusammenhang der Apostelgeschichte, MThS.H 16, München *1963.*

Bornkamm, Günther: Paulus, UB 119, Stuttgart u. a. *1969* ([5]*1983*).

Bovon, François: Tradition et rédaction en Actes 10,1–11,18, in: ThZ 26. *1970,* S. 22–45.

–: Luc le théologien, Neuchâtel – Paris *1978.*

–: Lukas in neuer Sicht, Biblisch-Theologische Studien 8, Neukirchen-Vluyn *1985.*

Brinkman, John A.: The Literary Background of the „Catalogue of the Nations" (Acts 2,9–11), in: CBQ 25. *1963,* S. 418–427.

Bruce, Frederick Fyvie: The Acts of the Apostles, London [2]*1952.*

Bultmann, Rudolf: Exegetica, hrg. v. E. Dinkler, Tübingen *1967.*

–: Das Evangelium des Johannes, KEK 2, Göttingen [10]*1968.*

–: Die Geschichte der synoptischen Tradition, FRLANT 29, Göttingen [9]*1979.*

–: Theologie des Neuen Testaments, hrg. v. O. Merk, UTB 630, Tübingen [9]*1984.*

Burchard, Christoph: Der dreizehnte Zeuge, FRLANT 103, Göttingen *1970.*

–: A Note on *RHEMA* in JosAs 17:1f; Luke 2:15,17; Acts 10:37, in: NT 27. *1985,* S. 281–295.

Buss, Matthäus F.-J.: Die Missionspredigt des Apostels Paulus im Pisidischen Antiochien, fzb 38, Stuttgart *1980.*

Busse, Ulrich: Die Wunder des Propheten Jesus, Stuttgart [2]*1979.*

Cadbury, Henry Joel: Lexical Notes on Luke-Acts I, in: JBL 44. *1925,* S. 214–227.

–: Lexical Notes on Acts III, in: JBL 45. *1926,* S. 305–322.

–: The Making of Luke-Acts, New York *1927;* Nachdruck zuletzt London 1968.

–: The Book of Acts in History, London *1955.*

–: Four Features of Lucan Style, in: L.E. Keck – J.L. Martyn (Hrgg.), Studies in Luke-Acts (FS P. Schubert), Nashville – New York *1966;* Nachdruck Philadelphia 1980, S. 87–102.

Campenhausen, Hans von: Das Bekenntnis im Urchristentum, in: ZNW 63. *1972,* S. 210–253.

Cohen, Shaye J.D.: The Temple and the Synagogue, in: T.G. Madsen (Hrg.), The Temple in Antiquity, Religious Studies Monograph Series 9, Provo, Utah *1984,* S. 151–174.

–: Was Timothy Jewish (Acts 16: 1–3)? Patristic Exegesis, Rabbinic Law, and Matrilineal Descent, in: JBL 105. *1986,* S. 251–268.

Conzelmann, Hans: Die Apostelgeschichte, HNT 7, Tübingen [2]*1972.*

–: Theologie als Schriftauslegung, BEvTh 65, München *1974.*

–: Die Mitte der Zeit, BHTh 17, Tübingen [6]*1977.*

–: Geschichte des Urchristentums, GNT 5, Göttingen [4]*1978* ([5]*1983).*

Dauer, Anton: Johannes und Lukas, fzb 50, Würzburg *1984.*

Deißmann, Adolf: Licht vom Osten, Tübingen [4]*1923.*

Dessau, Hermann: Der Name des Apostels Paulus, in: Hermes 45. *1910,* S. 347–368.

Dibelius, Martin: Herodes und Pilatus, in: ZNW 16. *1915,* S. 113–126 = in: ders., Botschaft und Geschichte I, Tübingen 1953, S. 278–292.

–: Rezension zu E. Meyer, Ursprung und Anfänge des Christentums, in: DLZ 45. *1924,* Sp. 1635–1643.

–: Aufsätze zur Apostelgeschichte, hrg. v. H. Greeven, FRLANT 60, Göttingen *1951* ([5]*1968).*

–: Die Formgeschichte des Evangeliums, hrg. v. G. Bornkamm, Tübingen [6]*1971.*

Dietrich, Wolfgang: Das Petrusbild der lukanischen Schriften, BWANT 94, Stuttgart u.a. *1972.*

Dietzfelbinger, Christian: Die Berufung des Paulus als Ursprung seiner Theologie, WMANT 58, Neukirchen-Vluyn *1985.*

Dinkler, Erich: Philippus und der *ANER AITHIOPS* (Apg 8,26–40), in: E.E. Ellis – E. Gräßer (Hrgg.), Jesus und Paulus (FS W.G. Kümmel), Göttingen *1975,* S. 85–95.

Droysen, Johann Gustav: Historik: Vorlesungen über Enzyklopädie und Methodologie der Geschichte, hrg. v. R. Hübner, München = Darmstadt [3]*1958.*

Dunn, James D.G.: Jesus and the Spirit, London *1975.*

Dupont, Jacques: Les Sources du Livre des Actes, Bruges *1960.*

–: Etudes sur les Actes des Apôtres, LeDiv 45, Paris *1967.*

–: Nouvelles Etudes sur les Actes des Apôtres, Paris *1984.*

Easton, Burton Scott: The Pastoral Epistles, New York *1947.*

Elliger, Winfried: Paulus in Griechenland, SBS 92/93, Stuttgart *1978.*

–: Ephesos: Geschichte einer antiken Weltstadt, UB 375, Stuttgart u.a. *1985.*

Ellis, Edward Earle: Prophecy and Hermeneutic in Early Christianity, WUNT 18, Tübingen = Grand Rapids *1978.*

Emmelius, Johann-Christoph: Tendenzkritik und Formengeschichte: Der Beitrag Franz Overbecks zur Auslegung der Apostelgeschichte im 19. Jahrhundert, FKDG 27, Göttingen *1975.*

Friedrich, Gerhard: Lukas 9,51 und die Entrückungschristologie des Lukas, in: P. Hoffmann – N. Brox – W. Pesch (Hrgg.), Orientierung an Jesus (FS J. Schmid), Freiburg – Basel – Wien 1973, S. 48–77 = in: ders., Auf das Wort kommt es an, hrg. v. J.H. Friedrich, Göttingen *1978,* S. 26–55.

–: Die Verkündigung des Todes Jesu im Neuen Testament, Biblisch-Theologische Studien 6, Neukirchen-Vluyn *1982* (²1985).

Gasque, W.Ward: A History of the Criticism of the Acts of the Apostles, BGBE 17, Tübingen *1975.*

Georgi, Dieter: Die Geschichte der Kollekte des Paulus für Jerusalem, ThF 38, Hamburg *1965.*

Goldstein, Jonathan A.: I Maccabees, AncB 41, Garden City, New York *1976.*

Goltz, Eduard von der: Das Gebet in der ältesten Christenheit, Leipzig *1901.*

Gräßer, Erich: Das Problem der Parusieverzögerung in den synoptischen Evangelien und in der Apostelgeschichte, BZNW 22, Berlin – New York ³*1977.*

–: Die Parusieerwartung in der Apostelgeschichte, in: J. Kremer (Hrg.), Les Actes des Apôtres, BEThL 48, Gembloux-Leuven *1979,* S. 99–127.

Haacker, Klaus: Das Pfingstwunder als exegetisches Problem, in: O. Böcher – K. Haacker (Hrgg.), Verborum Veritas (FS G. Stählin), Wuppertal *1970,* S. 125–131.

–: Dibelius und Cornelius: Ein Beispiel formgeschichtlicher Überlieferungskritik, in: BZ NF 24. *1980,* S. 234–251.

–: Das Bekenntnis des Paulus zur Hoffnung Israels nach der Apostelgeschichte des Lukas, in: NTS 31. *1985,* S. 437–451.

Haenchen, Ernst: Die Apostelgeschichte, KEK 3, Göttingen ⁷*1977.*

Hahn, Ferdinand: Die Himmelfahrt Jesu: Ein Gespräch mit Gerhard Lohfink, Bib. 55. *1974,* S. 418–426.

–: Das Problem alter christologischer Überlieferungen in der Apostelgeschichte unter besonderer Berücksichtigung von Act 3,19–21, in: J. Kremer (Hrg.), Les Actes des Apôtres, BEThL 48, Gembloux-Leuven *1979,* S. 129–154.

Harnack, Adolf (von): Geschichte der altchristlichen Litteratur bis Eusebius I.1.2 II.1.2, Leipzig 1893. 1893. *1897.* 1904.

–: Beiträge zur Einleitung in das Neue Testament I: Lukas der Arzt, Leipzig *1906.*

–: Beiträge zur Einleitung in das Neue Testament III: Die Apostelgeschichte, Leipzig *1908.*

–: Beiträge zur Einleitung in das Neue Testament IV: Neue Untersuchungen zur Apostelgeschichte und zur Abfassungszeit der synoptischen Evangelien, Leipzig *1911.*

–: Ist die Rede des Paulus in Athen ein ursprünglicher Bestandteil der Apostelgeschichte?, in: TU 39.1, Leipzig *1913a,* S. 1–46.

–: Judentum und Judenchristentum in Justins Dialog mit Trypho, in: TU 39.1, Leipzig *1913b,* S. 47–92.

–: Die Mission und Ausbreitung des Christentums in den ersten drei Jahrhunderten I.II, Leipzig ⁴*1924;* mehrere Nachdrucke.

Hedrick, Charles W.: Paul's Conversion/Call: A Comparative Analysis of the Three Reports in Acts, in: JBL 100. *1981,* S. 415–432.

Hengel, Martin: Maria Magdalena und die Frauen als Zeugen, in: O. Betz – M. Hengel – P. Schmidt (Hrgg.), Abraham unser Vater (FS O. Michel), AGJU 5, Leiden – Köln, *1963,* S. 243–256.

–: Proseuche und Synagoge: Jüdische Gemeinde, Gotteshaus und Gottesdienst in der Diaspora und in Palästina, in: G. Jeremias u.a. (Hrgg.), Tradition und Glaube (FS K.G. Kuhn), Göttingen *1971,* S. 157–184.

–: Judentum und Hellenismus, WUNT 10, Tübingen ²*1973.*

279

–: Zwischen Jesus und Paulus: Die „Hellenisten", die „Sieben" und Stephanus (Apg 6,1–5; 7,54-8,3), in: ZThK 72. *1975*, S. 151–206.

–: Die Zeloten, AGJU 1, Leiden – Köln [2]*1976*.

–: Zur urchristlichen Geschichtsschreibung, Stuttgart *1979* ([2]1984).

–: Der Historiker Lukas und die Geographie Palästinas in der Apostelgeschichte, in: ZDPV 99. *1983*, S. 147–183.

–: Jakobus der Herrenbruder – der erste „Papst"?, in: E. Gräßer – O. Merk (Hrgg.), Glaube und Eschatologie (FS W. G. Kümmel), Tübingen *1985*, S. 71–104.

Hock, Ronald F.: The Social Context of Paul's Ministry, Philadelphia *1980*.

Holtz, Traugott: „Euer Glaube an Gott": Zu Form und Inhalt von 1Thess 1,9 f, in: R. Schnackenburg u. a. (Hrgg.), Die Kirche des Anfangs (FS H. Schürmann), EThSt 38, Leipzig – Freiburg – Basel – Wien *1978*, S. 459–488.

Holtzmann, Heinrich Julius: Die Apostelgeschichte, HC 1.2, Tübingen – Leipzig [2]*1892* ([3]1901).

–: Harnacks Untersuchungen zur Apostelgeschichte, in: DLZ 29. *1908*, Sp. 1093–1099.

Hommel, Hildebrecht: Neue Forschungen zur Areopagrede Acta 17, in: ZNW 46. *1955*, S. 145–178, = in: ders., Sebasmata II, WUNT 32, Tübingen 1984, S. 83–113.

Horn, Friedrich Wilhelm: Glaube und Handeln in der Theologie des Lukas, GTA 26, Göttingen *1983*.

Hyldahl, Nils: Die paulinische Chronologie, AThD 19, Leiden *1986*.

Irmscher, Johannes (Hrg.): Lexikon der Antike, Leipzig = Bayreuth [6]*1985*.

Jacquier, Eugène: Les Actes des Apôtres, EtB 17, Paris *1926*.

Jeremias, Joachim: Paarweise Sendung im Neuen Testament, in: ders., Abba, Göttingen *1966*, S. 132–139.

–: Jerusalem zur Zeit Jesu, Göttingen [3]1962; Nachdruck *1969*.

–: Neutestamentliche Theologie I, Gütersloh *1971* ([3]1979).

–: Die Sprache des Lukasevangeliums, KEK Sonderbd., Göttingen *1980*.

Jervell, Jacob: The Unknown Paul, Minneapolis *1984*.

Jewett, Robert: Paulus-Chronologie, München *1982*.

Judge, Edwin A.: Christliche Gruppen in nichtchristlicher Gesellschaft, Neue Studienreihe 4, Wuppertal *1964*.

Juster, Jean: Les Juifs dans l'Empire romain I–II, Paris *1914*.

Kirchschläger, Walter: Fieberheilung in Apg 28 und Lk 4, in: J. Kremer (Hrg.), Les Actes des Apôtres, BEThL 48, Gembloux – Leuven *1979*, S. 509–521.

Klauck, Hans Josef: Hausgemeinde und Hauskirche im frühen Christentum, SBS 103, Stuttgart *1981*.

–: Gütergemeinschaft in der klassischen Antike, Qumran und im NT, in: RdQ 11. *1982*, S. 47–79.

Klein, Günter: Die zwölf Apostel, FRLANT 77, Göttingen *1961*.

–: Rekonstruktion und Interpretation, BEvTh 50, München *1969*.

Knox, John: „Fourteen Years Later": A Note on the Pauline Chronology, in: JR 16. *1936*, S. 341–349.

–: The Pauline Chronology, in: JBL 58. *1939*, S. 15–29.

–: Chapters in a Life of Paul, New York – Nashville *1950* = London 1954.

–: Acts and the Pauline Letter Corpus, in: L. E. Keck – J. L. Martyn (Hrgg.), Studies in Luke-Acts (FS P. Schubert), Nashville – New York *1966*; Nachdruck Philadelphia 1980, S. 279–289.

Koch, Dietrich-Alex: Geistbesitz und Wundermacht: Erwägungen zur Tradition und zur lukanischen Redaktion in Act 8,5–25, in: ZNW 77. *1986*, S. 64–82.

Körtner, Ulrich H. J.: Papias von Hierapolis, FRLANT 133, Göttingen *1983*.

Kraabel, A. Thomas: The Disappearance of the „God-Fearers", in: Numen 28. *1981,* S. 113–126.

Kränkl, Emmeram: Jesus, der Knecht Gottes, BU 8, Regensburg *1972.*

Kratz, Reinhard: Rettungswunder, EHS.T 123, Frankfurt *1979.*

Krauss, Samuel: Talmudische Archäologie III, Leipzig *1912;* Nachdruck Hildesheim 1966.

Kremer, Jacob: Pfingstbericht und Pfingstgeschehen, SBS 63/64, Stuttgart *1973.*

Kümmel, Werner Georg: Römer 7 und die Bekehrung des Paulus, UNT 17, Leipzig 1929; Nachdruck München *1974.*

–: Einleitung in das Neue Testament, Heidelberg [18]*1973* ([21]1983).

Kürzinger, Josef: Papias von Hierapolis und die Evangelien des Neuen Testaments, Eichstätter Materialien Abt. Philosophie u. Theologie 4, Regensburg *1983.*

Lambrecht, Jan: Paul's Farewell-Address at Miletus (Acts 20, 17–38), in: J. Kremer (Hrg.), Les Actes des Apôtres, BEThL 48, Gembloux-Leuven *1979,* S. 307–337.

Leon, Harry J.: The Jews of Ancient Rome, Philadelphia *1960.*

Lesky, Albin: Geschichte der griechischen Literatur, Bern – München [2]*1963.*

Lindars, Barnabas: New Testament Apologetic, London [2]*1973.*

Lindemann, Andreas: Paulus im ältesten Christentum, BHTh 58, Tübingen *1979.*

Linton, Olof: The Third Aspect, in: StTh 3. *1951,* S. 79–95.

Löning, Karl: Die Saulustradition in der Apostelgeschichte, NTA NF 9, Münster *1973.*

Lohfink, Gerhard: Eine alttestamentliche Darstellungsform für Gotteserscheinungen in den Damaskusberichten (Apg 9; 22; 26), in: BZ NF 9. *1965,* S. 246–257.

–: Paulus vor Damaskus, SBS 4, Stuttgart [3]*1967.*

–: Die Himmelfahrt Jesu, StANT 26, München *1971.*

–: Der Losvorgang in Apg 1,26, in: BZ NF 19. *1975 a,* S. 247–249.

–: Die Sammlung Israels, StANT 39, München *1975 b.*

Loisy, Alfred: Les Actes des Apôtres, Paris *1920;* Nachdruck Frankfurt 1973.

Lüdemann, Gerd: Untersuchungen zur simonianischen Gnosis, GTA 1, Göttingen *1975.*

–: Paulus, der Heidenapostel I: Studien zur Chronologie, FRLANT 123, Göttingen *1980.*

–: Paulus, der Heidenapostel II: Antipaulinismus im frühen Christentum, FRLANT 130, Göttingen *1983.*

–: Paul, Apostle to the Gentiles: Studies in Chronology, Philadelphia *1984.*

Luz, Ulrich – Smend, Rudolf: Gesetz, Biblische Konfrontationen 15, Stuttgart u. a. *1981.*

Maddox, Robert: The Purpose of Luke-Acts, FRLANT 126, Göttingen *1982.*

Marshall, Ian Howard: The Acts of the Apostles, TNTC 5, Grand Rapids *1980.*

Mattill, Andrew Jacob: Luke as a Historian in Criticism since 1840, PhD Vanderbilt *1959.*

Meeks, Wayne A.: The First Urban Christians. The Social World of the Apostle Paul, New Haven – London *1983.*

Metzger, Bruce M.: Ancient Astrological Geography and Acts 2: 9–11, in: W. W. Gasque – R. F. Martin (Hrgg.), Apostolic History and the Gospel (FS F. F. Bruce), Exeter *1970,* S. 123–133.

Meyer, Eduard: Ursprung und Anfänge des Christentums *I–III,* Stuttgart – Berlin [1–3]1921–1923 (abgekürzt: Meyer I–III).

Meyer, Ernst: Römischer Staat und Staatsgedanke, Zürich = Darmstadt [2]*1961.*

Mönning, Bernd H.: Die Darstellung des urchristlichen Kommunismus nach der Apostelgeschichte des Lukas, theol. Diss. Göttingen *1978.*

Mommsen, Theodor: Die Rechtsverhältnisse des Apostels Paulus, in: ZNW 2. *1901,* S. 81–96.

Muhlack, Gudrun: Die Parallelen von Lukas-Evangelium und Apostelgeschichte, TW 8, Frankfurt u. a. *1979.*

Murphy-O'Connor, Jerome: Saint Paul's Corinth, Good News Studies 6, Wilmington, Delaware *1983.*

Nauck, Wolfgang: Die Tradition und Komposition der Areopagrede. Eine motivgeschichtliche Untersuchung, in: ZThK 53. *1956,* S. 11–52.

Nestle, Wilhelm: Legenden vom Tod der Gottesverächter, in: ders., Griechische Studien, Stuttgart 1948; Nachdruck Aalen *1968,* S. 567–596.

Neudorfer, Heinz-Werner: Der Stephanuskreis in der Forschungsgeschichte seit F. C. Baur, Gießen – Basel *1983.*

Neusner, Jacob: The Rabbinic Traditions about the Pharisees before 70 I–III, Leiden *1971.*

Norden, Eduard: Agnostos Theos, Berlin – Leipzig *1913* (^{2}1923); mehrere Nachdrucke.

Ollrog, Wolf-Henning: Paulus und seine Mitarbeiter, WMANT 50, Neukirchen-Vluyn *1979.*

O'Neill, John Cochrane: The Theology of Acts in its Historical Setting, London ^{2}*1970.*

Overbeck, Franz: Kurze Erklärung der Apostelgeschichte von Dr. W. M. L. deWette, Vierte Auflage bearbeitet und stark erweitert von lic. th. F. Overbeck, Leipzig ^{4}*1870.*

–: Über das Verhältnis Justins des Märtyrers zur Apostelgeschichte, in: ZWTh 15. *1872,* S. 305–349.

–: Über die Christlichkeit unserer heutigen Theologie, Leipzig ^{3}*1903;* Nachdruck Darmstadt 1963.

Pereira, Francis: Ephesus: Climax of Universalism in Luke-Acts, Jesuit Theological Forum Studies 10.1, Amand, Indien *1983.*

Petersen, Norman R.: Literary Criticism for New Testament Critics, Philadelphia *1978.*

Pfleiderer, Otto: Das Urchristentum I.II, Berlin ^{2}*1902.*

Plümacher, Eckhard: Lukas als hellenistischer Schriftsteller, StUNT 9, Göttingen *1972.*

–: Lukas als griechischer Historiker, PRE.S 14 (*1974*), Sp. 235–264.

–: Acta-Forschung 1974–1982 (Fortsetzung und Schluß), in: ThR 49. *1984,* S. 105–169.

Prast, Franz: Presbyter und Evangelium in nachapostolischer Zeit, fzb 29, Stuttgart *1979.*

Preuschen, Erwin: Die Apostelgeschichte, HNT 4.1, Tübingen *1912.*

Radl, Walter: Paulus und Jesus im lukanischen Doppelwerk, EHS.T 49, Bern – Frankfurt *1975.*

Reicke, Bo: Die Mahlzeit mit Paulus auf den Wellen des Mittelmeers Act 27,33–38, in: ThZ 4. *1948,* S. 401–410.

–: Glaube und Leben der Urgemeinde, AThANT 32, Zürich *1957.*

Remus, Harold: Pagan-Christian Conflict over Miracle in the Second Century, Patristic Monograph Series 10, Cambridge (Mass.) *1983.*

Rengstorf, Karl-Heinrich: „Geben ist seliger denn Nehmen", in: O. Michel – U. Mann (Hrgg.), Die Leibhaftigkeit des Wortes (FS A. Köberle), Hamburg *1958,* S. 23–33.

Rese, Martin: Alttestamentliche Motive in der Christologie des Lukas, StNT 1, Gütersloh *1969.*

Riddle, Donald W.: Paul: Man of Conflict, Nashville *1940.*

Rivkin, Ellis: A Hidden Revolution, Nashville *1978.*

Robbins, Vernon K.: By Land and by Sea: The We-Passages and Ancient Sea Voyages, in: C. H. Talbert (Hrg.), Perspectives on Luke-Acts, Special Studies Series 5, Danville – Edinburgh *1978,* S. 215–242.

Roloff, Jürgen: Das Kerygma und der historische Jesus. Historische Motive in den Jesus-Erzählungen der Evangelien, Göttingen [2]*1973.*

–: Die Apostelgeschichte, NTD 5, Göttingen *1981.*

Ropes, James Hardy: An Observation on the Style of S. Luke, in: HSCP 12. *1901,* S. 299–305.

Rüsen, Jörn: Historische Vernunft: Grundzüge der Historik I, KVR 1489, Göttingen *1983.*

Sanders, Ed Parish: Jesus and Judaism, London *1985 a.*

–: Paulus und das palästinische Judentum, StUNT 17, Göttingen *1985 b.*

Sanders, Jack T.: The Salvation of the Jews in Luke-Acts, in: Ch. H. Talbert (Hrg.), Luke-Acts. New Perspectives from the Society of Biblical Literature Seminar, New York *1984,* S. 104–128.

Schaff, Adam: Geschichte und Wahrheit, Wien – Frankfurt – Zürich *1970.*

Schenk, Wolfgang: Die Philipperbriefe des Paulus, Stuttgart u. a. *1984.*

Schiffman, Lawrence H.: At the Crossroads: Tannaitic Perspectives on the Jewish-Christian Schism, in: E. P. Sanders – A. I. Baumgarten – A. Mendelsohn (Hrgg.), Jewish and Christian Self-Definition II, Philadelphia – London *1981,* S. 115–156. 338–352.

Schille, Gottfried: Die Apostelgeschichte des Lukas, ThHK 5, Berlin *1983* ([2]*1984*).

Schläger, G.: Die Ungeschichtlichkeit des Verräters Judas, in: ZNW 15. *1914,* S. 50–59.

Schmidt, Paul Wilhelm: De Wette-Overbecks Werk zur Apostelgeschichte und dessen jüngste Bestreitung, in: FS zum 500-jährigen Bestehen der Universität Basel, Basel *1910,* S. 1–53 (245–295).

Schmithals, Walter: Die Apostelgeschichte des Lukas, ZBK.NT 3.2, Zürich *1982.*

Schneckenburger, Matthias: Über den Zweck der Apostelgeschichte, Bern *1841.*

Schneider, Gerhard: Das Evangelium nach Lukas I.II, ÖTK 3, Gütersloh – Würzburg *1977* ([2]*1984*).

–: Die Apostelgeschichte I.II, HThK 5, Freiburg – Basel – Wien *1980. 1982.*

–: Lukas, Theologe der Heilsgeschichte, BBB 59, Königstein – Bonn *1985.*

Schottroff, Luise: Frauen in der Nachfolge Jesu in neutestamentlicher Zeit, in: W. Schottroff – W. Stegemann (Hrgg.), Traditionen der Befreiung II, München – Gelnhausen u. a. *1980,* S. 91–133.

Schottroff, Luise – *Stegemann,* Wolfgang: Jesus von Nazareth – Hoffnung der Armen, UB 639, Stuttgart u. a. *1978* ([2]*1981*).

Schürer, Emil: Rezension zu A. Harnack, Lukas der Arzt, in: ThLZ 31. *1906,* Sp. 405–408.

–: The History of the Jewish People in the Age of Jesus Christ (175 B. C. – A. D. 135) I.II, edd. by G. Vermes – F. Millar – M. Black, Edinburgh *1973. 1979.*

Schüssler-Fiorenza, Elisabeth: In Memory of Her, New York *1983.*

Schwartz, Eduard: Gesammelte Schriften V: Zum Neuen Testament und zum frühen Christentum, Berlin *1963.*

Schwegler, Albert: Das nachapostolische Zeitalter in den Hauptmomenten seiner Entwicklung II, Tübingen *1846.*

Schweizer, Eduard: Zu Apg 1,16–22, in: ThZ 14. *1958,* S. 46.

Seccombe, David: Was there Organized Charity in Jerusalem before the Christians?, in: JThSt NS 29. *1978,* S. 140–143.

Sherwin-White, Adrian Nicholas: Roman Society and Roman Law, Oxford *1963.*

–: The Roman Citizenship, Oxford [2]*1973.*

Siegert, Folker: Gottesfürchtige und Sympathisanten, in: JSJ 4. *1973,* S. 109–164.

Solin, Heikki: Juden und Syrer im westlichen Teil der römischen Welt, in: ANRW II.29.2, Berlin – New York *1983.* S. 587–789. 1222–1249.

Stählin, Gustav: Die Apostelgeschichte, NTD 5, Göttingen [7]*1980.*

Stegemann, Wolfgang: Zwei sozialgeschichtliche Anfragen an unser Paulusbild, in: EvErz 37. *1985,* S. 480–490.

Stolle, Volker: Der Zeuge als Angeklagter, BWANT 102, Stuttgart u. a. *1973.*

Storch, Rainer: Die Stephanusrede Ag 7,2–53, theol. Diss. Göttingen *1967.*

Strobel, August: Die Stunde der Wahrheit, WUNT 21, Tübingen *1980.*

Suhl, Alfred: Paulus und seine Briefe, StNT 11, Gütersloh *1975.*

Talbert, Charles H. (Hrg.): Perspectives on Luke-Acts, Danville – Edinburgh *1978.*

–: Luke-Acts. New Perspectives from the Society of Biblical Literature Seminar, New York *1984.*

Theißen, Gerd: Urchristliche Wundergeschichten, StNT 8, Gütersloh *1974.*

–: Studien zur Soziologie des Urchristentums, WUNT 19, Tübingen *1979* ([2]*1983*).

Trilling, Wolfgang: Zur Entstehung des Zwölferkreises: Eine geschichtliche Überlegung, in: R. Schnackenburg u. a. (Hrgg.), Die Kirche des Anfangs (FS H. Schürmann), EThSt 38, Leipzig = Freiburg – Basel – Wien *1978,* S. 201–220.

Trocmé, Etienne: Le „Livre des Actes" et l'histoire, EHPhR 45, Paris *1957.*

Vielhauer, Philipp: Zum Paulinismus der Apostelgeschichte, in: EvTh 10. 1950, S. 1–15 = in: ders., Aufsätze zum Neuen Testament I, ThB 31, München *1965,* S. 9–27.

Vogler, Werner: Judas Iskarioth, ThA 42, Berlin *1983.*

Vogt, Joseph: Tacitus und die Unparteilichkeit des Historikers, in: H. Hommel u. a. (Hrgg.), Studien zu Tacitus (FS C. Hosius), Stuttgart *1936,* S. 1–20.

Walker, William O.: Acts and the Pauline Corpus Reconsidered, in: JSNT 24. *1985,* S. 3–23.

Walter, Nikolaus: Die Philipper und das Leiden: Aus den Anfängen einer heidenchristlichen Gemeinde, in: R. Schnackenburg u. a. (Hrgg.), Die Kirche des Anfangs (FS H. Schürmann), EThSt 38, Leipzig – Freiburg – Basel – Wien *1978,* S. 417–434.

–: Fragmente jüdisch-hellenistischer Historiker, JSHRZ I.2, Gütersloh *1976* ([2]*1980*).

–: Apostelgeschichte 6,1 und die Anfänge der Urgemeinde in Jerusalem, in: NTS 29. *1983,* S. 370–393.

Weinreich, Otto: Religionsgeschichtliche Studien, Darmstadt *1968.*

Weinstock, Stefan: The Geographical Catalogue in Acts 2, 9–11, in: JRS 38. *1948,* S. 43–46.

Weiser, Alfons: Die Apostelgeschichte I.II, ÖTK 5, Gütersloh – Würzburg *1981. 1985.*

–: Das „Apostelkonzil" (Apg 15,1–35): Ereignis, Überlieferung, lukanische Deutung, in: BZ NF 28. *1984,* S. 145–167.

Weiß, Johannes: Ueber die Absicht und den literarischen Charakter der Apostelgeschichte, Göttingen *1897.*

–: Das Urchristentum, hrg. v. R. Knopf, Göttingen *1917.*

Weizsäcker, Carl Heinrich: Das apostolische Zeitalter der christlichen Kirche, Tübingen – Leipzig [3]*1902.*

Wellhausen, Julius: Noten zur Apostelgeschichte, NGG.PH 1, Berlin *1907,* S. 1–21.

–: Einleitung in die drei ersten Evangelien, Berlin [2]*1911.*

–: Kritische Analyse der Apostelgeschichte, AGG.PH NF 15.2, Berlin *1914.*

Wendt, Hans Hinrich: Die Apostelgeschichte, KEK 3, Göttingen [5]*1913.*

Wengst, Klaus: Pax Romana: Anspruch und Wirklichkeit, München *1986.*

Wikenhauser, Alfred: Die Apostelgeschichte und ihr Geschichtswert, NTA 8, Münster *1921.*

–: Doppelträume, in: Bib. 29. *1945,* S. 100–111.

Wikgren, Allen P.: The Problem in Acts 16:12, in: E. J. Epp – G. D. Tee (Hrgg.), New Testament Textual Criticism (FS B. M. Metzger), Oxford *1981*, S. 171–178.

Wilckens, Ulrich: Die Missionsreden der Apostelgeschichte, WMANT 5, Neukirchen-Vluyn [3]*1974.*

Wilcox, Max: The „God-Fearers" in Acts – A Reconsideration, in: JSNT 13. *1981,* S. 102–122.

Wrede, William: Vorträge und Studien, hrg. v. A. Wrede, Tübingen *1907.*

Zahn, Theodor: Die Apostelgeschichte des Lucas II, Leipzig [1-2]*1921.*

Zeller, Eduard: Die Apostelgeschichte nach ihrem Inhalt und Ursprung kritisch untersucht, Stuttgart *1854.*

Zimmermann, Alfred F.: Die urchristlichen Lehrer, WUNT 2.12, Tübingen *1984.*

Zimmermann, Heinrich: Neutestamentliche Methodenlehre, bearb. v. K. Kliesch, Stuttgart [7]*1982.*

Zingg, Paul: Das Wachsen der Kirche, OBO 3, Freiburg – Göttingen *1974.*

Zuntz, Günther: Opuscula Selecta, Manchester *1972.*

Gerd Lüdemann

Paulus der Heidenapostel

Band I: Studien zur Chronologie

(Forschungen zur Religion und Literatur des Alten und Neuen Testaments, Band 123)
1980. 301 Seiten, Leinen

„Der Versuch, die paulinische Chronologie allein aus den echten Paulinen zu gewinnen, ist ein berechtigtes Anliegen. Dem Verfasser gelingt es in hervorragender Weise, die Indizien so zusammenzustellen, daß sie beweiskräftig werden. Das Buch ist in vielerlei Weise anregend. Man liest es mit Gewinn."   *Ordenskorrespondenz*

Band II: Antipaulinismus im frühen Christentum

(Forschungen zur Religion und Literatur des Alten und Neuen Testaments, Band 130)
1983. 322 Seiten, Leinen

Ausgehend von der Tübinger Schule F. C. Baurs analysiert Lüdemann die Paulusgegnerschaft in den ersten beiden Jahrhunderten. Er kommt zu dem Ergebnis, daß der Antipaulinismus in diesem Zeitraum genetisch vermittelt ist und daß sein Ursprung in der judenchristlichen Gemeinde Jerusalems der vierziger Jahre gelegen haben muß.
„Ebenso wie das erste ist auch dieses zweite Buch anregend und spannend geschrieben."
Zeitschrift für Kirchengeschichte

Christoph Burchard

Der dreizehnte Zeuge

Traditions- und kompositionsgeschichtliche Untersuchung zu Lukas' Darstellung der Frühzeit des Paulus. (Forschungen zur Religion und Literatur des Alten und Neuen Testaments, Band 103)
1970. 196 Seiten, kartoniert

„Die Paulusdarstellung der Apostelgeschichte bildet eine der umstrittensten und spannungsreichsten Zonen auf der Landkarte der neutestamentlichen Forschung."   *Theologische Literaturzeitung*

„Burchard offers us a stimulating discussion of Luke's theological standpoint, and his study of tradition and redaction is of considerable interest."   *Biblica Pontificium Institutum Biblicum*

Eckhard Plümacher

Lukas als hellenistischer Schriftsteller

Studien zur Apostelgeschichte. (Studien zur Umwelt des Neuen Testaments, Band 9)
1972. 164 Seiten, kartoniert

„Das Buch bietet für die Apg-Forschung reiches literarisches Vergleichsmaterial, das vielfach im Text abgedruckt ist. Plümacher stellt den Schriftsteller Lukas letztlich als einen Verkündiger vor, der nicht eigene Bedürfnisse befriedigte, sondern seinen Leserkreis im Auge hatte. Der Hauptertrag der Arbeit liegt im Nachweis der schriftstellerischen Traditionsgebundenheit des Apg-Verfassers."
Biblische Zeitschrift

Vandenhoeck & Ruprecht · Göttingen und Zürich

Ernst Haenchen

Die Apostelgeschichte

Geleitwort von Erich Gräßer. (Kritisch-exegetischer Kommentar über das Neue Testament, Band 3). 17., durchges. u. verb. Aufl. (7. Aufl. dieser Auslegung). 1977. 717 Seiten, 1 Faltkarte, Leinen

„Die Reichhaltigkeit des hier Gebotenen zusammen mit dem ebenfalls neu hinzugekommenen, ausführlichen Sachregister läßt den Kommentar nebenbei zu einem regelrechten Lexikon der Acta-Forschung werden."
Zeitschrift für Kirchengeschichte

„Die Leserschaft ist dankbar für dieses kompendiöse Werk, das in der Geschichte der Kommentare einen Markstein darstellt."   *Deutsches Pfarrerblatt*

Jürgen Roloff

Die Apostelgeschichte

(Das Neue Testament Deutsch, Band 5). 17. Aufl. (1. Aufl. dieser neuen Fassung). 1981. IV, 389 Seiten, 1 Karte, kartoniert

„Ein exegetisch sorgfältig erarbeiteter, informationsreicher, theologisch gehaltvoller sehr guter Kommentar."   *Theologische Revue*

„Hier liegt endlich ein gut lesbarer, nicht nur dem Fachmann verständlicher Kommentar zur Apostelgeschichte vor."   *Freiburger Rundbrief*

Gustav Stählin

Die Apostelgeschichte

7. Aufl. 1980. IV, 343 Seiten, 1 Karte, kartoniert

„Ein eingehendes Studium dieses Werkes wird sich befruchtend auswirken für die kirchliche und unterrichtliche Praxis. Es sei deshalb sehr empfohlen."
Evangelisches Schulblatt Zürich

„Die gediegene, kritisch abgewogene und in einer durchsichtigen Sprache vorgetragene Auslegung verdient Anerkennung."   *Theologische Revue*

„Das Buch ist nicht nur wissenschaftliches Ergebnis, sondern es führt uns die Größe der Apostelgeschichte und ihrer Verkündigungsaussage immer neu vor Augen. Darum gehört es in den Dienst der Gemeinde."
Kirchenblatt für die reformierte Schweiz

Vandenhoeck & Ruprecht · Göttingen und Zürich